復旦哲學·中國哲學文獻叢書

壹

東亞《家禮》文獻彙編

中國篇 ①

主編
吳震 [日]吾妻重二 [韓]張東宇

上海古籍出版社

圖書在版編目(CIP)數據

東亞《家禮》文獻彙編 / 吴震,(日) 吾妻重二,(韓) 張東宇主編. —上海:上海古籍出版社,2024.1
ISBN 978-7-5732-0965-8

Ⅰ.①東… Ⅱ.①吴… ②吾… ③張… Ⅲ.①朱熹(1130-1200)—家禮 Ⅳ.①K892.27

中國國家版本館 CIP 數據核字(2023)第 219075 號

東亞《家禮》文獻彙編(全十三册)
吴震,(日) 吾妻重二,(韓) 張東宇 主編
上海古籍出版社出版發行
(上海市閔行區號景路 159 弄 1-5 號 A 座 5F 郵政編碼 201101)
(1) 網址:www.guji.com.cn
(2) E-mail:guji1@guji.com.cn
(3) 易文網網址:www.ewen.co
上海天地海設計印刷有限公司印刷
開本 890×1240 1/32 印張 238.25 插頁 66 字數 4,874,000
2024 年 1 月第 1 版 2024 年 1 月第 1 次印刷
ISBN 978-7-5732-0965-8
B·1363 定價:1980.00 元
如有質量問題,請與承印公司聯繫

《東亞〈家禮〉文獻彙編》編委會

「十四五」國家重點圖書出版專項規劃項目
國家古籍整理出版專項經費資助項目
上海市教育委員會科研創新計劃重大項目（2017–01–07–00–07–E00004）
復旦大學哲學學院、上海儒學院資助項目

《東亞〈家禮〉文獻彙編》總序

《家禮》是南宋時期朱熹的名著，書名的意思就是在「家」中進行的「禮儀」，其内容主要涵蓋了冠、婚、喪、祭四大禮儀。此書作爲日常生活中必備的、簡便而實用的禮儀手册，對後世影響深遠。在衆多的中國禮儀書籍中，很難找到如朱熹《家禮》這般在日常生活實踐中産生如此重大影響的文獻。

「重大影響」包括影響的深度和廣度兩個方面。「深度」指的是《家禮》中的冠、婚、喪、祭等各種儀式從南宋時期開始成爲家中舉行的儀式典範，大大改變了以前的儒家儀式實踐和家族、宗族結合的方式。「廣度」指的是這種影響不限於中國，還擴展到整個東亞地區，包括中國、朝鮮、琉球、越南、日本等國家。這一「廣度」的影響，當然是朱子學在這一地區廣泛流通的結果，不過，由於過去的朱子學研究主要集中在哲學思想或倫理道德方面，諸如理氣論、心性論等，往往忽視了禮儀方面的研究，因此，「東亞家禮」這個主題過去也没有引起人們的廣泛關注。

然而，回顧歷史，不僅在朱子學中，而且在儒家思想中，禮儀與哲學思想就像車之兩輪，無疑是至關重要的兩個方面，這一點從孔子思想的核心是「仁」和「禮」兩個要素就能一目瞭然。就朱熹本人而言，如後文所述，他將「禮」視爲「理」的重要組成部分。總而言之，我們還有兩個重要的研究課題：儒家和朱子學中的禮儀實踐問題，以及「家禮」在東亞各國的接受和轉變問題。

這套彙編爲《家禮》研究提供了基礎資料，這些資料來自中國、日本、朝鮮和越南等國家，可以説是前所未有的寶貴資源。

一、朱子學與《家禮》——禮與理

首先，讓我們看看朱熹眼中的「禮」是什麽。簡而言之，禮是「理」的具體表現。朱熹在《論語集注》中提出了著名的定義：

> 禮者，天理之節文，人事之儀則也。（《學而篇》「禮之用，和爲貴」章）

「天理之節文」意指抽象的天理以有品節、有文彩的方式呈現出來；「人事之儀則」意指它成爲人類應該遵循的規則。在朱熹的思維中，這個定義是明確且不可動摇的。此外，還有如下的説明：

禮，即理之節文也。(《爲政篇》「孟懿子問孝」章)

禮者，天理之節文也。(《顔淵篇》「顔淵問仁」章)

這些例子也都强調禮是將「理」具體化的形式。

朱熹還進一步指出「禮即理」的觀點：

禮即理也。但謂之理，則疑未有形跡之可言；制而爲禮，則有品節文章之可見矣。人事如五者，固皆可見其大概之所宜，然到禮上，方見其威儀法則之詳也。(《朱文公文集》卷六十《答曾擇之一》)

換句話説，僅僅談論「理」，往往容易陷於抽象，而不够彰明昭著，然而當「理」以「禮」的形式具體化時，就「有品節文章之可見」，人們就能比較充分地理解其行爲準則。這個「禮即理」的觀點强調了禮儀與理本來是不可分割的，因此，作爲「人事之儀則」的禮儀對人非常重要。

關於「禮」和「理」，朱熹還有以下言論：

「克己復禮」，不可將「理」字來訓「禮」字。克去己私，固即能復天理。不成克己後，便都没事？惟是克去己私了，到這裏恰好著精細底工夫，故必又復禮，方是仁。聖人卻不只説克己爲仁，須説「克己復禮爲仁」。见得禮，便事事有個自然底規矩準則。(《朱子語類》

卷四十一,《論語》二十三·顏淵篇上「顏淵問仁」章,第十八條)

正淳問:「程子曰:『禮,即理也。不是天理,便是人欲。』尹氏曰:『禮者,理也。去人欲,則復天理。』《或問》不取尹説,以爲失程子之意,何也?」曰:「某之意,不欲其只説復理而不説『禮』字。蓋説復禮,即説得著實;若説作理,則懸空,是個甚物事?」(《朱子語類》卷四十一,第八十六條)

據此,「克己復禮」中的「復禮」一詞不能用「復理」代替。僅僅提到「復理」會使其變得過於抽象和難以捉摸,很難與「精細底工夫」産生關聯,而「禮」作爲一種「規矩準則」,只有通過實際執行才能産生切實的工夫,才能成爲「仁」,因而又與「天理」相符。這裏提到的「《或問》」是指《論語或問》,「尹氏」是尹焞,在該書第十二卷顏淵篇中收載了相關的討論。「程子曰:『禮,即理也。不是天理,便是人欲』」是程頤的話,《河南程氏遺書》中有如下表述:

視聽言動,非理不爲,即是禮,禮即是理也。不是天理,便是私欲。人雖有意於爲善,亦是非禮。無人欲即皆天理。(《河南程氏遺書》卷十五,第十五條)

朱熹的「禮」的定義是對程頤「禮即是理」思想的繼承與發展。綜上所述,可以概括爲:抽象的「理」(principle ,general rule)是通過具體的「禮」(form ,ritual)來表現的,只有通過具體堅實的實踐,人們才能實現「仁」這一理想。換句話説,爲了實現「仁」或「天理」,「禮」的具體實踐是不可或缺的。

總之，在朱熹看來，「禮」是人們必須遵循的準則，也是與「理」相關的本質要素。朱熹編寫《家禮》作爲冠婚喪祭禮儀的實用手册，并在晚年致力於研究中國古代禮儀制度，編寫浩瀚的《儀禮經傳通解》，這些作爲并非偶然，而是與朱子學的核心理念有著密切的關係。

二、《家禮》的位置

衆所周知，儒家禮儀的經典中，有所謂的「三禮」文獻，即《儀禮》《周禮》和《禮記》，它們自古一直傳承下來。其中，在禮儀實踐方面，最爲重要的是《儀禮》。然而，《儀禮》成書於公元前六世紀左右，故有些内容已經不再適應時代的變化。在漢唐時代，隨著社會的變化，各種與儀禮相關的實踐手册逐漸問世，其中具有代表性的是敦煌出土的各種唐代「書儀」類文獻。及至十世紀中國近世時期，北宋的司馬光參酌《儀禮》，對其中涉及家庭禮儀的部分進行了大幅度修改，撰成《書儀》一書；朱熹吸取了程頤的某些觀點，在《書儀》的基礎上編撰了《家禮》一書。《儀禮》與《書儀》《家禮》的關係可以下圖表示：

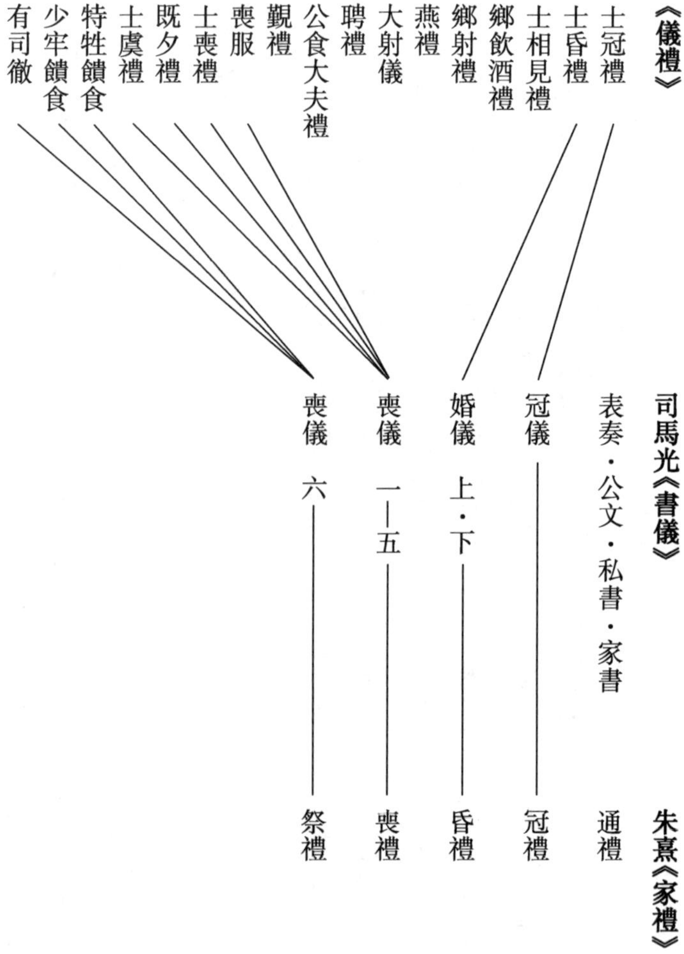

（《儀禮》《書儀》《家禮》的相互關係圖）

在此可以看出，《儀禮》詳細記録了貴族階層各種場合的儀式，而《書儀》和《家禮》則縮小範圍，專注於家庭方面的日常儀式，特別是冠婚喪祭。當然，考慮到時代因素，添加了其他世俗禮儀，對古代儀式進行損益以便於當時的人們施行，也是《家禮》的重要特點之一。

《家禮》在禮書中的地位，相當於所謂的「儀注」。本來，禮學涉及的領域十分廣泛，但總括起來，可以分爲兩個方面：一個是「經學」的領域，另一個是「禮制」的領域。其中《家禮》就屬於「禮制」，而且屬於「儀注」領域。《家禮》所涉，不屬於國家層次，而是私人層次，因此相當於「私家儀注」。這些定義，可以如下表示：

經學——《儀禮》《周禮》《禮記》的注釋、著作

　目的：闡明禮儀的基本原則

禮制——禮儀實踐的著作

　目的：禮儀實踐的應用方式

　1. 通禮——實踐諸禮的資料彙編
　2. 儀注——國家層次（政書）、私人層次（私家儀注）
　3. 名物——器物、服飾等的考訂

（禮學文獻的分類圖）

就「經學」方面來説，《周禮》《儀禮》《禮記》等「三禮」文獻的注釋是其代表性著述，如《十三經注疏》以及胡培翬《儀禮正義》、孫詒讓《周禮正義》等各家注解本，都有詳盡精密的注釋。

在「禮制」方面，朱熹、黄榦《儀禮經傳通解》，江永《禮書綱目》，秦蕙田《五禮通考》等書，收集整理了歷代禮儀制度方面的文獻資料。這些文獻資料并不限於上述「三禮」文獻中的任何一種，而廣泛涉及吉、凶、軍、賓、嘉等各種禮儀，因此《四庫全書總目》將其分類爲「通禮」。由此可見，作爲「經學」的「三禮」之書主要闡明了禮的基本原則，而作爲「禮制」的「通禮」之書則以「三禮」經典爲依據，注重禮儀實踐的應用方式。

除「通禮」文獻以外，還有禮儀的實踐手册（manual），也即記載儀式程式的各種禮書。這類禮書就是所謂的「儀注」，大致可分爲國家舉行的國家禮儀和個人實施的私人禮儀（順便一提，在李氏朝鮮時期，通常不稱爲「儀注」而稱爲「儀軌」）。《四庫全書總目》對「公私儀注」有如下解釋：

> 案：公私儀注，《隋志》皆附之「禮類」。今以朝廷制作，事關國典者，隷「史部政書類」中。其私家儀注，無可附麗，謹彙爲「雜禮書」一門，附「禮類」之末。（《四庫全書總目》卷二十二・經部二十二・禮類四）

據此,「儀注」諸書中「事關國典者」被歸類於「政書」,而「私家儀注」則被分類爲「雜禮書」。作爲國家層次的儀注書,《四庫全書總目》列舉了唐朝《大唐開元禮》、宋朝《政和五禮新儀》、明朝《明集禮》等,另一方面,司馬光《書儀》、朱熹《家禮》等則被歸類爲「雜禮書」。當然,所謂「雜禮書」不過是一種文獻分類方式,是以經學爲正統的意識形態下所作的分類而已,然而事實上,正如上面所述,《家禮》作爲家庭禮儀的實踐手册,在士庶兩個階層的日常生活中發揮了重要作用,儒家禮儀的實踐性品格正是通過《家禮》的推廣得到了全面展現。

儒家禮儀(包括「家禮」)還涉及禮儀行爲過程中如何使用「儀器」、身著何種「禮服」等問題,隨之而產生了儀器、禮服等「名物」的學問知識,聶崇義的《三禮圖集注》就是這方面的重要著作,對禮儀的器物、服飾等作了詳盡的考證。

三、《家禮》的作者問題

清代朱子學專家、朱子學的捍衛者王懋竑提出了「《家禮》僞作説」,該説被《四庫全書總目》的編者所采納,長期以來幾乎是學界的「共識」。但是經過當代學者的深入研究,王懋竑的「僞作説」被證明是莫大的誤解,《家禮》爲朱熹自撰,已然是不可動摇的史實。關於這個問題的

來龍去脈，吾妻重二的論著有詳細的梳理和考證，歸納而言，要點如下。〔一〕

王懋竑認爲，根據李方子《朱子年譜》的記載，《家禮》作於乾道六年（一一七〇），但是，卻没有明確的文獻記録表明朱熹完成了《家禮》一書，因此王懋竑推斷《朱子年譜》的上述記載并非事實。王懋竑甚至認爲朱熹的《家禮序》（見《朱文公文集》卷七十五）也是後人的僞作。然而，王懋竑的説法存在根本的史實錯誤，故他的「僞作説」是不能成立的。理由大致有以下六點：

1. 王懋竑全面否定了李方子《朱子年譜》所載乾道六年《家禮》成書的記録，但是并不能由此推斷《家禮》爲僞作。《年譜》的這個記載，應該理解爲朱子《家禮》的部分内容作於此時。

2. 王懋竑的文獻考察也存在不少遺漏，他并没有充分考察陳淳、黄榦、方大琮等人有關《家禮》序跋中的記載，對其中的一些序跋，王懋竑甚至從未提及。

3. 王懋竑以爲朱熹的《家禮序》是僞作，但是，宋版《纂圖集注文公家禮》卷首翻刻有朱熹親筆的《序》，對王懋竑之説構成了有力的反證。

4. 《家禮》在朱熹死後不久，相繼出版了五羊本、餘杭本、嚴州本等多種版本，參與出版的陳淳、黄榦、廖德明、楊復等都是朱熹門人，他們都認爲此書乃朱熹自著，對此表示了極大的敬

〔一〕 吾妻重二：《愛敬與儀章：東亞視域中的〈朱子家禮〉》（吴震等譯，上海古籍出版社，二〇二一年），第十七至十九頁。

意。倘若此書是他人僞作，不會出現這種情况。王懋竑認爲當時《家禮》已經盛行，故這些弟子不願公開聲明《家禮》爲僞，這個説法是强詞奪理。

5. 王懋竑對於《家禮》一時丢失，而後被某人找到這一記録表示嚴重質疑。然而，在朱熹的那個時代，某部著作在作者本人不知情的情况下被人擅自出版，這種情况時有發生。例如朱熹的《論語集注》和《周易本義》便發生過這類事情。相關史實可以參見《朱子語類》卷十九第七十條、《朱文公文集》卷六十《答劉君房二》等記載。因此，《家禮》被重新發現這一情况，不能成爲《家禮》僞作説的有力證據。

6. 根據王懋竑《家禮後考》《家禮考誤》(《白田草堂存稿》卷二)的説法，《家禮》的内容有一些前後矛盾之處。但是，這些現象應該這樣解釋：今本《家禮》不是朱熹生前完成的「足本」，而是朱熹完成的「稿本」。若以有些説法不一致爲根據，從根本上否定朱熹《家禮》，以爲是後人的「僞作」，這是非常草率的推論。

四、《家禮》的特色

朱熹《家禮》是一部劃時代的著作，其特色主要體現在三個方面。

第一，作爲禮書的重要性。在中國，最重要的古典禮書當然是《儀禮》，可以説《儀禮》是中國古代禮書文獻的代表。與之不同，《家禮》則是中國近世（宋元明清）的禮書代表，而《家禮》作爲中國傳統社會的禮儀實踐手册，在一定意義上，可以説是儒學的「新經典」。

第二，《家禮》内容的普遍性。所謂「普遍性」，意謂超越了社會階層的局限，而普遍適用於不同階層的日常生活。根據朱熹的設想，《家禮》的禮儀規範不再受制於身份或官品的限定，强調「士」與「庶」都可按自己的實際情況，從事適當的禮儀實踐。舉例來説，關於祭祀家族祖先的「祠堂」，《家禮》指出：

> 古之廟制不見於經，且今士庶人之賤，亦有所不得爲者，故特以祠堂名之，而其制度亦多用俗禮。（《家禮》第一《通禮·祠堂》）

也就是説，廟制在古代禮制中没有明確的論述，但現在「士庶人」都可以製作「祠堂」以代之，便於祭祀祖先。另外，關於神主（又稱「牌位」）的書寫樣式，可以寫上「宋故某官、某公、諱某、字某之第幾神主」，如果没有「官封」的話，也可省略，僅以「生時所稱」爲號（《家禮》第四《喪禮·題木主》）。要之，這些非常具體的禮節規範，説明不管是士人還是庶人都能實行與其身份相應的禮儀，這就反映出朱子《家禮》製定的禮儀規範是十分靈活的。

在古代中國，禮儀被認定是只有特權階層才能遵守并享受的，《禮記·曲禮篇》「禮不下庶人，刑不上大夫」一語表明了「禮」的階層性。由此，禮儀規範的製定便將一般庶民剔除在外。但朱熹《家禮》并没有設定這種階層差别。從官方角度看，宋王朝繼承了傳統的國家禮制，在禮儀實踐上還保持著諸多階層性的規定。然而《家禮》卻與這種國家層面的禮制不同，提倡了超越階層的士庶社會都能通用的新禮制。這種禮學構思可以説是「儀禮的開放」，也充分反映了朱子學「聖人可學而至」的平等主義人性觀。而當《家禮》傳入東亞地區之後，得以在當地廣泛普及，其根本緣由也正在於《家禮》的普遍性和開放性。

第三，《家禮》的廣泛影響。如上所述，《家禮》一書超出了中國的地域範圍，還對朝鮮、日本、越南、琉球等東亞地區産生了重要影響，構成了東亞地域的一種文化現象。有關《家禮》的注釋、解説的書籍在東亞地區層出不窮，推行《家禮》禮儀的案例也不勝枚舉，足以證明《家禮》具有廣泛的感化力。從歷史上看，在東亞地區，朱子《家禮》的影響力其實并不亞於《四書章句集注》，因爲《四書集注》畢竟是一種經典知識，而《家禮》更是一種生活知識，與人們的日常生活、行爲方式有著更爲密切的關聯。至於《家禮》在東亞地區的社會影響以及文本流傳的具體情況，尚有待於今後的深入研究。

五、本彙編的内容、編輯方針等

（一）内容與編輯方針

本彙編收録了東亞國家中用漢文撰寫的有關《家禮》的主要作品。其内容如下：

系列一：中國《家禮》文獻

1.（宋）朱熹撰，（宋）楊復附注，吾妻重二彙校《家禮》
2.（宋）朱熹撰，（宋）楊復、劉垓孫注《纂圖集注文公家禮》
3.（元）鄭濤《浦江鄭氏家範》
4.（明）胡廣等《性理大全書·家禮》
5.（明）馮善《家禮集説》
6.（明）丘濬《文公家禮儀節》
7.（明）朱廷立《家禮節要》
8.（明）宋纁《四禮初稿》

9.（明）呂維祺《四禮約言》
10.（清）孫奇逢《家禮酌》
11.（清）張汝誠《家禮會通》
12.（清）武先慎《家禮集議》
13.（清）索寧安《滿洲四禮集》

系列二：日本《家禮》文獻

1. 林鵝峰《泣血餘滴》
2. 林鵝峰《祭奠私儀》
3. 小宅處齋《慎終日録・威公》
4. 中村惕齋《慎終疏節　追遠疏節》
5. 中村惕齋《慎終疏節通考　追遠疏節通考》
6. 中村惕齋《親尊服義》
7. 新井白石《家禮儀節考》
8. 室鳩巢《文公家禮通考》
9. 三宅尚齋《朱子家禮筆記》

25. 淺見絅齋校點《家禮》

系列三：朝鮮《家禮》文獻

1. 李滉《退溪先生喪祭禮答問》
2. 曹好益《家禮考證》
3. 金長生《家禮輯覽》
4. 李縡《四禮便覽》
5. 鄭重器《家禮輯要》
6. 朴聖源《禮疑類輯》
7. 丁若鏞《四禮家式》

系列四：越南《家禮》文獻

1. 陶胡公、陶宜齋、范甫《三禮輯要》
2. 裴秀嶺《四禮略集》
3. 杜輝琬《文公家禮存真》
4. 佚名《家禮略編》

文獻的排序是中國、日本、朝鮮、越南，基本上按照著者生年先後排列。不過，日本的《家禮》文獻中的第二十四和第二十五并非著作，而是和刻本文本，因此將此兩部放在該系列的末尾。

雖然這些作品的數量已經相當可觀，但并不是全部，還有許多其他相關著作。由於本彙編旨在向中文學界提供《家禮》文本，因此我們只選擇了漢文著作，但實際上還有許多以日語、喃字、韓語等書寫的《家禮》文獻。例如，越南的《壽梅家禮》是越南最廣泛使用的《家禮》文獻，現在還能在書店買到其越南語譯本，但其中多用喃字，所以在此不得不舍棄。

（二）編集經過

本彙編的整理出版最初是由復旦大學吴震教授提議的。筆者自二〇一〇年以來出版的《家禮文獻集成・日本篇》（關西大學出版部）系列引起了吴震教授的關注。此後，吴震教授投入東亞儒學研究，開始關注東亞地域朱子《家禮》文獻的整理工作。

隨後，吴震教授於二〇一七年五月申請到上海市教育委員會科研創新計劃的重大項目資助，題爲「東亞地域《朱子家禮》文獻整理及其思想研究」。同年十月十三日，由吴震教授主持，在復旦大學哲學學院舉行了該項目的「課題論證會」。其時，韓國延世大學的張東宇教授作爲朝鮮《家禮》文獻整理的負責人，筆者作爲日本和越南《家禮》文獻整理的負責人，一起參加了會議，并製定了具體的計劃。張東宇教授是韓國《家禮》研究的領軍人物，二〇〇九年十一月，筆者在韓國安東市的韓國國學研究院主持國際研討會「朱子《家禮》與東亞的文化交涉」時，張東宇教授也參加了會議，并作了報告。自那時起，張東宇教授一直積極參與《家禮》文獻的研究工作。另外，在上述「課題論證會」中，關西大學博士生佐藤瑞淵女士也出席了會議。

二〇一九年二月，吴震教授、杭州師範大學申緒璐先生、佐藤瑞淵女士和筆者一行四人訪問越南河内的漢喃研究院，調查越南《家禮》文獻，留下了美好的回憶。我們在漢喃研究院得到了院長阮俊强教授和研究員丁克順教授的大力支持，幫助查閲和複製了不少資料。

此後，我們積極展開標點和解題工作，尤其是在標點方面，得到了許多年輕研究者的協助。在這個過程中，由於新冠疫情的影響，這項工作一度有所停頓，但最終能够以現在的面貌出版成果，實在是一大幸事。在此，筆者代表編委由衷感謝所有相關人員。同時我們也希望本彙編的出版能够展現《家禮》一書的當代意義，并進一步推動東亞地區的《家禮》研究。

［日］吾妻重二

二〇二三年十月十五日於大阪

《東亞〈家禮〉文獻彙編》凡例

一、本書收《家禮》文獻五十一種，分中國篇、日本篇、朝鮮篇、越南篇，各篇内原則上依著者生年先後排列。

二、底本原有分隔符○、方框□保留，陰文格式改黑括号【】，雙行注改單行。

三、底本引文與通行本文字不同，除確實有誤者，一般不改。凡摘引有删略者，若不影響文意，亦不補。

四、凡校改者，或出校記説明，或加校改符號以資識别：凡删除之文字，以圓括號（）表示；凡增、改之文字，以六角括號〔〕表示。凡底本闕字或字迹無法辨識者，以缺字框□表示。

五、異形字、異體字、俗字等，一般改爲通行繁體字，特殊情况則予以保留。

六、圖表一般影印，少數底本不清者，另外繪製。

七、各本體例不一，整理者亦有不同考量，如有特殊情況，在各本「解題」内説明。

《東亞〈家禮〉文獻彙編》總目

中國篇

第一册

第二册

第三册

日本篇

第一册

第二册

第三册

第四册

朝鮮篇

第一册

第二册

家禮

（宋）朱熹　撰
（宋）楊復　附注
［日本］吾妻重二　彙校

《家禮》解題

［日］吾妻重二

一

《家禮》一書是南宋朱熹（公元一一三〇—一二〇〇）所撰，是「冠婚喪祭」禮儀的實施手册，在日後産生了巨大的影響。隨著朱子學的廣泛滲透，《家禮》也成爲人們所熟知的書，很多人都按著《家禮》所述進行了儒教的日常禮儀。然而，《家禮》的這種意義，在過去並没有受到充分的關注。

《家禮》具有的劃時代意義，大概可以從三個方面加以説明。

第一，《家禮》作爲禮文獻的重要性。就禮文獻之古典而言，《儀禮》十七篇當然是很重要的，但是《儀禮》是中國先秦時代的古書，内容相當繁瑣，逐漸變得不合乎時代的要求。因此，北宋的司馬光抽取其中冠婚喪祭的部分，並在禮儀的具體記述方面加以損益，按照當時人們的需要撰寫了《書儀》十卷。不過，此《書儀》的記述仍舊複雜，且囉唆，因此，朱熹在此基础上进一步加以整理與删減，撰寫了《家禮》五篇。其内容分爲「通禮」與「冠婚喪祭」四禮，目録也十分明晰，易於了解。「冠婚喪祭」從此也成爲了家喻户曉的名詞。

如果説《儀禮》是古代禮文獻的代表，《家禮》則是中國近世（宋元明清）禮文獻的代表。《家禮》之後，很多註解、解説陸續出現，也可以説，《家禮》已成爲儒教中的「新古典」。

第二，《家禮》具有「士」與「庶」都受用的内容。换句話説，此書具有特權階層與一般庶民都可實行的開放性。在中國古代，禮只是特權階層纔能享受的，這一點在《禮記・曲禮篇上》「禮不下庶人，刑不上大夫」一句中有典型的表現。雖然此句所述較爲極端，似乎也不太合乎歷史實際，不過，一般庶民没有行禮的資格這一觀念，一直相當頑固，難以反駁。這種「禮的階級性」在宋代官方禮制的規定中也有明顯的表現，即依不同的階級與身份，頗爲嚴格地規定了行禮的資格及其具體内容。然而，《家禮》則没有預設這種階級性的差别。可以説，《家禮》是不分士庶、人人都可以實行的禮儀書。這種特色當然反映了「人人都可以成爲聖人」這一朱子學的平等主義的人類觀。《家禮》爲東亞世界的人們所接受，其基本原因也應該在於這種開放性。一般的看法可能認爲，朱子學是封閉的、僵化的思想，然而這種説法，還有很多探討的餘地。

第三，《家禮》一書的影響超越中國範圍，擴展到了韓國、越南、日本、琉球等東亞世界。東亞世界有關《家禮》的註釋、撰述及論文十分豐富，可充分説明其影響的程度非同一般。其影響之大，可能也不亞於朱熹的《四書集注》。

原來，禮乃是區分「文明」與「野蛮」的重要標誌。例如，明代丘濬（公元一四二一—一四九五）在《文公家禮儀節》的《序》中曾説：

禮之在天下，不可一日無也。中國所以異於夷狄，人類所以異於禽獸，以其有禮也。禮其可一日無乎！成周以儀持世，上自王朝以至於士庶人之家，莫不有其禮。

這一思想，其實不僅是中國，而且也是近世東亞各國家的一個共同認識。關於這一點我們可以從韓國首都首爾的正門南大門的正式名稱「崇禮門」以及琉球王宫首里城的正門懸掛的扁額「守禮之邦」得到充分的瞭解，這些名稱是向國内外宣揚自己乃是崇尚禮儀、保持文明的國家的象徵。顯而易見，在過去的東亞國家中，禮已成爲區分「文明」與「野蛮」的核心指標了。

日本的著名朱子學者貝原益軒（公元一六三〇—一七一四）有云：

禮者天地之常，人之儀則也，則謂人之規距也。無禮，則無人間之規矩，而同於禽獸。因此應自幼即謹守禮儀。人之行爲，事事應有禮。若萬事有禮，則有條理而易行，心亦定而安。若無禮，則條理差失，紊亂而不行，心亦不安。故禮乃不可不行者也。（《和俗童子訓》卷一，原文是日文）

可以説，益軒作爲朱子學者，很好地瞭解禮的意義，其立場完全與丘濬相同。

既然如此，我們應當再一次關注並研究《家禮》在東亞近世時期所具有的影響。這種研究也是闡明「儒學史」或「朱子學史」展開的一個重要環節。

二

在此需要指出的是：《家禮》乃是朱熹的自撰。以前有所謂的《家禮》「僞作説」，認爲此書不是朱熹自作，而是他人假托朱熹的名字所作的僞書，這也成爲過去《家禮》的研究不振的原因之一。此「僞作説」由清代王懋竑提出以後，爲《四庫全書總目》所繼承，經過長期流傳，不少人信奉此説。然而近年來，通過包括我在内的研究者的探討，已經證明了這個説法是不對的。《家禮》雖然是朱熹的未定稿，但確實是朱熹本人所撰的重要著作。

三　版本及其簡稱

本書是朱熹《家禮》的校勘本，現就所用底本和校本的版本資料及其簡稱説明如下。

○底本

宋版《家禮》五卷（周復本，中國國家圖書館善本室藏，山東友誼出版社《孔子文化大全》所收影印本，一九九二年）＝**宋**

○校本

洪氏公善堂覆宋刊本（清光緒六年刊，美國新澤西：普林斯頓大學葛斯德圖書館藏）＝**公**

《纂圖集註文公家禮》十卷　楊復附注　劉垓孫增注（南宋刊本，存卷三、卷四，東京：東京大學東洋文化研究所藏）＝**集**

《纂圖集註文公家禮》十卷　楊復附注　劉垓孫增注（南宋刊本，存卷六、卷七，北京：中國國家圖書館善本室藏，編號一〇四〇八）＝**集**

《朱子成書》所收《家禮》　［元］黄瑞節編（至正元年日新書堂刊，臺北：臺北故宫博物院藏）＝**成**

《性理大全》卷一八至卷二一　［明］胡廣等編（明内府刊本，山東友誼出版社《孔子文化大全》影印本，一九八九年）＝**性**

明版《家禮》五卷（上海：上海圖書館藏）＝**明**

文淵閣四庫全書本《家禮》五卷（上海古籍出版社影印本，大阪：關西大學圖書館藏）＝**庫**

《校訂朱子家禮》五卷　［清］郭嵩燾撰（光緒十七年思賢講舍刊，北京：中國科學院圖書館藏）＝**郭**

和刻本《家禮》五卷（淺見絅齋點，寬政四年刊，大阪：關西大學圖書館藏）＝**和**

上記和刻本欄外所附校記＝**和校**

○其他

黄榦《書晦庵先生家禮》（《勉齋先生黄文肅公文集》卷二〇，元刊本影印，中國國家圖書館古籍珍本叢刊第九十册所收，北京：書目文獻出版社）＝**黄**

朱熹《家禮序》（《晦庵先生朱文公文集》卷七五，明刊本影印，四部叢刊本，臺灣：商務印書館）＝**朱**

程頤《作主式》（《河南程氏文集》卷一〇，《二程集》標點本，北京：中華書局，一九八一年）＝**程**

關於上列各本，以下略作説明。首先，底本宋版《家禮》五卷（宋）爲南宋末周復本，卷一至卷三及卷四的末尾部分是由抄本所補。筆者通過中國友人得到了中國國家圖書館善本室所藏該本宋版的複製本，此後注意到山東友誼出版社《孔子文化大全》影印收録的版本亦即此本。

用於校勘的公善堂本（公）爲上列宋版的忠實的覆刻本，兩者之間僅有極少的文字差異。本書所用乃是筆者作爲海外派遣研究員在美期間複印的普林斯頓大學葛斯德圖書館藏本。京都大學人文科學研究所亦藏有此本。明版（明）也是宋版的覆刻本，但有少數文字被修改，卷首《家禮圖》亦有若干差異。

《纂圖集註文公家禮》（集），中國國家圖書館藏本與東京大學東洋文化研究所藏本爲同一版本，首先使用東文研所藏殘本進行校勘，其他部分的校勘則用北京圖書館藏本。此本爲南宋時期的刊本。又，《性理大全》本（性）則用《孔子文化大全》所收的影印本。關於此本，該《大全》未作解説，大致是明代内府刊本，也有可能是清康熙年間的内府重修本，要之，在《性理大全》各本當中，這是最好的一個善本，這一點是毋庸置疑的。

郭嵩燾《校訂朱子家禮》（郭），實際上幾乎未作相關的文字校訂，相反，誤字脱字甚多。所謂「校訂」，只是欲將當時流行的丘濬《文公家禮儀節》恢复至《家禮》本來的體裁，作爲校訂所用的版本似乎竝不具有什麽重要價值。對於其中的誤字及脱字，一一加以注記，反而會招致混亂，但爲了揭示該書之性格，本書附記了這些文字差異。此書的價值毋寧在於其中所附的注釋部分，今後在撰述《家禮》譯注之際會有一定的利用價值。

此外，包括宋版在内，周復本系統的版本（公、明、庫）將楊復等注作爲《家禮附録》一併列入卷末。又，「庫」本與「郭」本完全没有刊載圖。

四　兩種系統的版本

關於《家禮》的版本，大致説來，有兩個系統，謹説明如下。

兩種系統是指，周復五卷本的系統及《性理大全》本的系統，可作如下整理：

A　周復五卷本的系統——宋版、公善堂覆宋刊本、明版、四庫全書本、郭嵩燾本

B　《性理大全》的系統——纂圖集註本、朱子成書本、性理大全本、和刻本

關於這兩種系統之間的異同有許多案例，首先就B《性理大全》系統的最爲明顯的案例，列舉如下：

底本〔宋〕	〔集、成、性、和〕
啓櫝	搢笏啓櫝(本書三四頁)
酹于茅上	酹于茅上，以盞盤授執事者出笏(三四頁)
(闕)	古禮明日饗送(從)者，今從俗(七六頁)
爲甥也。爲從母，謂母之姊妹也。爲姊妹之子也	爲甥(也)，謂姊妹之子也。爲從母，謂母之姊妹也(一〇三頁)
使其主祭告訖，題	告畢改題(一五一頁)
祖前稱孝孫	(闕)(一七四頁)
初祖	始祖(一八三、一八五頁)

可見，有不少僅見於「集」「成」「性」「和」四本一致的字句，這就説明這四個本子屬於同一系統的版本。

另一方面，如上述案例所示，重要的是，A周復本系統的各本都與底本(宋)一致。也就是説，「宋」「公」「明」「庫」「郭」各本，又自成一種系列。這裏須注意的是，在這些A系統的各本當中，「明」「庫」「郭」三本以及「明」「庫」二本，彼此之間具有密切的關係。以下試列若干案例：

底本〔宋〕	〔明、庫、郭〕
東面	東向（五八頁）
西面	西向（五八頁）
乃降	賓降　〔成、性、和〕作「賓乃降」（五九頁）
慰禮	慰意（一〇八頁）
孝子某官某，敢昭告於皇考某官府君、皇妣某封某氏	〔闕〕（一八八頁）

底本〔宋〕	〔明、庫〕
某郡姓名	具位姓名（一五七頁）
奠即云奠	禭奠隨事（一五七頁）
降等叩首	降等去言（一六〇頁）
須似	須是（附録二〇八頁）
有事	有是（附録二一二頁）

其中，由上面一組可知，郭嵩燾本的底本不是宋版而是四庫全書本或明版，由下面一組可知，四庫全書本的底本亦非宋版而是明版。另按，後一組案例中的「具位姓名」與「繸奠隨事」，《性理大全》本亦同，然而這或許是明版參照《性理大全》本的結果。由此可知的是，明版基本上根據宋版，但同時也汲取了部分B系統的版本，而成爲四庫全書本及郭嵩燾本的藍本。

另一方面，在B《性理大全》系統的版本中，「成」「性」「和」三本以及「性」「和」二本，彼此亦有很近的關係。下列案例便説明了這一點：

底本〔宋〕	〔成、性、和〕
升屋中霤	自前榮升屋中霤（八〇頁）
香合、珓杯	合盞（八八頁）
帥	率（一四八頁、二處）
聞喪　奔喪	聞喪　奔喪　治葬（一〇九頁）
治葬	（闕）（一一二頁）

在上述案例中特別引人注目的是，「聞喪　奔喪」與「治葬」在宋版中被分章處理，而在「成」「性」「和」當中則成一章。這説明在B系統當中，「成」「性」「和」三本具有很强的繼承

關係。

此外，僅「性」「和」兩本互相一致的顯例則可列舉如下：

底本〔宋〕	〔性、和〕
降等不用年	（闕）（一五六頁）
降等即用面簽，云「某人靈筵　具位姓某狀。謹封」	（闕）（一五六頁）
奉毛血、首心	瘞毛血，奉首心（一八五頁）
（闕）	牲用彘則曰剛鬣（一七三頁）

另須注意的是，只有這兩個本子均將底本的「司馬公」作「司馬溫公」。

由此可見，和刻本所用之底本乃是B系統特別是《性理大全》本之系統的版本。和刻本爲五卷本，體裁上與A周復本系統類似，但是，版本內容則屬於B《性理大全》本系統。不過，在和刻本欄外的校記中，有個別地方採用了《性理大全》所附的校勘，故其底本似非《性理大全》本。若此，我們可以推測和刻本是以依據《性理大全》本而成立的五卷本作爲自身的底本。

又，和刻本在卷首載有與《性理大全》本相同的《家禮圖》，此可見和刻本屬於《性理大全》系統之版本則可無疑。

五　本書凡例

關於《家禮》校勘的凡例，如下所示：

一、首先示以底本即宋版正文，繼而在頁末注明各本的文字差異。即便顯是誤字，亦不避繁冗予以注明。

二、宋版正文有字跡漫漶不清者，據公善堂本及明版補之。

三、正文所附小注，改行降一字，或用小字。

四、宋版中，有將正文列爲雙行注的情況，這大多是由於刻版的版面關係而導致的。對此，將作爲正文而不作爲注來處理。

五、斷句一依《性理大全》本。引文部分另加「　」或『　』。另爲方便閱讀，據文意適當改行。

六、俗字及異體字不一一注明。如下所示，用上列字而不用下列字。又，「於」「于」等字，大多通用，省去校勘。

禮—礼　竝—並　期—朞　稱—称　鑑—鑒　昏—昬　酬—酧　卻—却

算—筭　腳—脚　無—无　盡—尽　聲—声　氈—氊　怪—恠　禰—祢

辭—辤　稟—禀　況—况　皋—臯　爐—炉　攜—携　體—体　徇—狥

卺—巹　嘅—㮣　壅—壠　敍—叙敘

七、如上所述，收《家禮附録》者有「宋」及「公」「明」「庫」四本。「性」本將《家禮附録》所收楊復等注分散置於各條之下，引用方式詳略不同，不能作爲校勘之用。因此，關於《家禮附録》，若是底本「宋」本與「公」「明」「庫」本之間有文字差異，注明與「性」本的異同。

八、《家禮附録》中的六圖，用公善堂本（公），這是因爲宋版所載圖像有失鮮明之故，當然就圖的内容本身看，宋版與公善堂本完全一致。

九、目録部分，一依底本，添入少許文字，爲讀者便利故。

目録

家禮［第四］

家禮［第五］

序

黄　榦[一]

昔者聞諸先師曰：「禮者，天理之節文，人事之儀則也。」蓋自天高地下，萬物散殊，而禮之制已存乎其中矣。於五行則爲火，於四序則爲夏，於四德則爲亨，莫非天理之自然而不可易。人稟五常之性以生，則禮之體始具於有生之初。形而爲恭敬辭遜，著而爲威儀度數，則又皆人事之當然而不容已也。聖人沿人情而制禮，既本於天理之正。隆古之世，習俗醇厚，亦安行於是理之中。

世降俗末，人心邪僻，天理堙晦，於是始以禮爲强世之具矣。先儒取其施於家者，著爲一家之書，爲斯世慮至切也。晦庵朱先生，以其本末詳略猶有可疑，斟酌損益，更爲《家禮》，務從本實，以惠後學。蓋以天理不可一日而不存，則是禮亦不可一日而或缺也。先生教人，自格物致知、誠意正心，以脩[二]其身，皆所以正人心，復天理也，則禮其可緩與。迨其晚年，討論家鄉侯國

[一] 編者按：此標題與撰者名爲編者所加。
[二] 「脩」字，黄榦《勉齋集》作「修」。

王朝之禮，以復三代之墜典，未及脱藁，而先生殁矣。此百世之遺恨也。則是書已就而切於人倫日用之常，學者其可不盡心與。

趙君師恕之宰餘杭也，廼取是書鋟諸木以廣其傳〔二〕。蓋有意乎武城絃歌之遺事。學者得是書而習之，又於先生所以教人者深致意焉。然後知是書之作，無非天理之自然，人事之當然，而不可一日缺也。見之明，信之篤，守之固，禮教之行庶乎有望矣。嘉定丙子夏至，門人黄榦敬書〔三〕。

〔二〕「以廣其傳」四字，《勉齋集》作「以廣傳」。

〔三〕黄榦序文，公、集、成、性、明、庫、郭、和等諸本均闕。

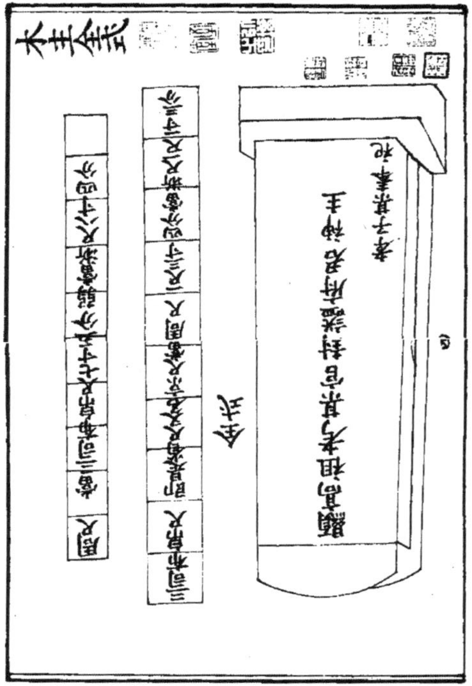

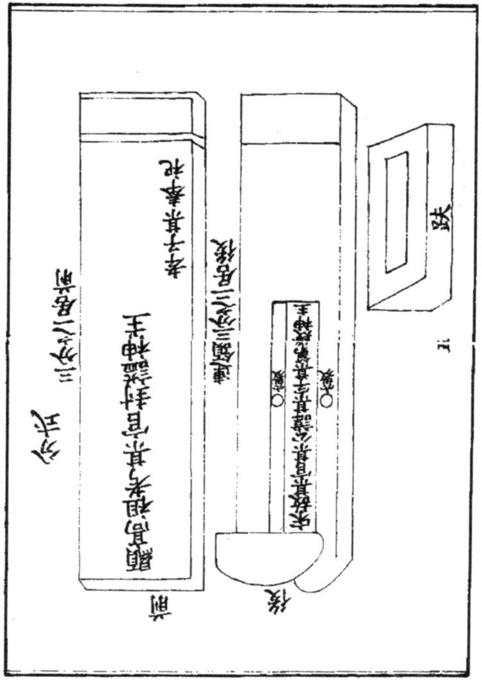

（編者按：此兩圖，公本、庫本、郭本均闕）

識語

潘時舉〔一〕

伊川程先生云：「作主用栗，取法於時月日〔二〕辰。趺方四寸，象歲之四時。高尺有二寸，象十二月。身博三十分，象月之日。厚十二分，象日之辰身趺皆厚一寸二分。剡上五分爲圓首，寸之下勒前爲領〔三〕而判之，一居前，二居後前四分，後八分。陷中以書爵姓名行曰〔四〕宋〔五〕故某官某公諱某字某第幾神主。陷中長六寸，闊一寸，合之植於趺身去〔六〕趺上一尺八分，并趺高一尺二寸。竅其旁以通中，如身厚三之一謂圓徑四分，居二分之上謂在七寸二分之上。粉塗其前，以書屬稱屬謂高曾祖考，稱謂官

〔一〕編者按：此標題與撰者名爲編者所加。

〔二〕「月日」二字，成、性、和本作「日月」二字。

〔三〕「領」字，成、性本作「頟」字。

〔四〕「曰」字，成、性、和本作「書曰」二字。

〔五〕「宋」字，程、成、性、和本闕。

〔六〕「去」字，程、成、性、和本作「出」字。

或號行，如處士秀才幾郎幾公〔一〕，旁題主祀之名曰孝子某奉祀。加贈易世，則筆滌而更之水以洒〔二〕廟牆，外改，中不改。」

程先生木主之制，取象甚精，可以爲萬世法。然用其制者多失其真，往往不考〔三〕周尺〔四〕之長短故也。蓋周尺當今省尺七寸五分弱，而《程氏文集》與《温公書儀》多誤注〔五〕爲五寸五分弱，而所謂省尺者亦莫知其爲何尺。時舉舊嘗質之晦翁先生。答云：「省尺乃是京尺，温公有圖子。所謂三司布帛尺者是也。」繼從會稽司馬侍郎家求得此圖。其間有古尺數等，周尺居其右，三司布帛尺居其左。以周尺校之布帛尺，正是七寸五分弱。於是造主之制始定。今不敢自隱，因圖主式及二尺長短，而著伊川之説於其旁，庶幾用其制者可以曉然無惑也。嘉定癸酉季秋乙卯，臨海潘時舉仲善父識。

〔一〕「公」字，程本作「翁」字。
〔二〕「洒」字，程、成、性、明、和本作「灑」字。
〔三〕「考」字，成、性、和本作「攷」字。
〔四〕「周」字，成、性、和本作「用」字。
〔五〕「注」字，性、和本作「註」字。

家禮敘〔一〕

朱　熹〔二〕

凡禮，有本有文。自其施於家者言之，則名分之守、愛敬之實，其本也。冠昏〔三〕喪祭儀章度數者，其文也。其本者，有家日用之常體，固不可以一日而不脩〔四〕。其文又皆所以紀綱人道之始終〔五〕，雖其行之有時、施之有所，然非講之素明、習之素熟，則其臨事之際，亦無以合宜而應節，是亦〔六〕不可以〔七〕一日而不講且習焉者〔八〕也。

三代之際，禮經備矣。然其存於今者，宮廬器服之制、出入起居之節，皆已不宜於世。世之

〔一〕「敘」字，朱、和本作「序」字。
〔二〕編者按：「朱熹」二字爲編者所加。
〔三〕「昏」字，明、庫本作「婚」字。
〔四〕「脩」字，性、郭本作「修」字。
〔五〕「始終」二字，朱、和校作「終始」二字。
〔六〕「亦」字，朱、和校闕。
〔七〕「以」字，成、性本闕。
〔八〕「者」字，朱本闕。

君子，雖或酌以古今之變，更爲一時之法，然亦或詳或略，無所折衷，至或遺其本而務其末，緩於實而急於文。自有志好禮之士，猶或不能舉其契〔一〕，而困於貧窶者，尤患其終不能有以及於禮也。

熹之愚，蓋兩病焉。是以嘗獨究〔二〕觀古今之籍〔三〕，因其大體之不可變者而少加損益於其間，以爲一家之書。大抵謹名分、崇愛敬以爲之本，至其施行之際，則又略浮文、務〔四〕本實，以竊自附於孔子從先進之遺意。誠願得與同志之士熟講而勉行之，庶幾古人所以脩〔五〕身齊家之道、謹終追遠之心，猶可以復見，而於國家所以崇〔六〕化導民之意，亦或有小補云〔七〕。

〔一〕「契」字，公、成、性、庫、郭、和本作「要」字。
〔二〕「究」字，朱本闕。
〔三〕「籍」字，和本作「藉」字。
〔四〕「務」字，朱、郭本作「敦」字，成、性本作「敷」字。
〔五〕「脩」字，庫、郭本作「修」字。
〔六〕「崇」字，朱、和校作「敦」字。
〔七〕「小補云」，集本後有「新安朱熹仲晦父書」八字。

家禮第一〔一〕

朱　氏〔二〕

通禮〔三〕

此篇所著，皆所謂有家日用之常體，不可一日而不脩〔四〕者。

祠堂

此章本合在《祭禮》篇。今以報本反始之心，尊祖敬宗之意，實有家名分之守〔五〕，所以開業傳世之本

〔一〕「家禮第一」四字，集本作「文公家禮卷第一」七字，性本作「家禮二」三字，庫本作「家禮卷一」四字，郭本作「朱子家禮卷一」六字，和本作「家禮卷之一」五字，成本闕。

〔二〕「朱氏」二字，集、成、性、郭、和本闕，庫本作「宋朱子撰」四字。

〔三〕「通禮」二字，集本作「通禮第一」四字。

〔四〕「脩」字，庫、郭本作「修」字。

〔五〕「守」字，庫本作「首」字。

也，故特著此，冠于篇端，使覽者知所以先立乎其大者。而凡後篇所以〔二〕周旋升降出入向背之曲折，亦有所據以攷〔三〕焉。然古之廟制不見於經，且今士庶人之賤，亦有所不得爲者。故特以祠堂名之，而其制度亦多用俗禮云。

君子將營宮室，先立祠堂於正寢之東。

祠堂之制三間。外爲中門，中門之外爲兩階，皆三級。東曰阼階，西曰西階，階下隨地廣狹以屋覆之，令可容家衆敘立。又爲遺書、衣物、祭器庫及神廚於其東。繚以周垣，別爲外門，常加扃閉。若家貧地狹，則止爲〔三〕一間，不立廚庫，而東西壁下置立兩櫃，西藏遺書、衣物，東藏祭器亦可。正寢，謂前堂也。地狹則於聽事之東亦可。

凡祠堂所在之宅，宗子世守之，不得分析。

○凡屋之制，不問何向背，但以前爲南，後爲北，左爲東，右爲西。後皆放〔四〕此。

爲四龕以奉先世之神主。

祠堂之內，以近北一架爲四龕。每龕內置一卓。大宗及繼高祖之小宗，則高祖居西，曾祖次之，祖次

〔二〕「所以」二字，郭本闕。
〔三〕「攷」字，集、庫、郭本作「考」字。
〔三〕「爲」字，成、性、和本作「立」字。
〔四〕「放」字，集、郭本作「倣」字。

之，父次之。繼曾祖之小宗，則不敢祭高祖，而虚其西龕一。繼祖之小宗，則不敢祭曾祖，而虚其西龕二。繼禰之小宗，則不敢祭祖，而虚其西龕三。若大宗世數未滿，則亦虚其西龕，如小宗之制。

神主皆藏於櫝中，置於卓上，南向。龕外各垂小簾，簾外設香卓於堂中，置香爐〔一〕香合〔二〕於其上。兩階之間，又設香卓，亦如之。

非嫡長子，則不敢祭其父。若與嫡長同居，則死而後其子孫爲立祠堂於私室，且隨所繼世數爲龕，俟其出而異居，乃備其制。若生而異居，則預〔三〕於其地立齋以居，如祠堂之制，死則因以爲祠堂。

○主式見《喪禮·治葬》章〔四〕。

旁親之無後者，以其班祔。

伯叔祖父母祔于高祖，伯叔父母祔于曾祖，妻若兄弟若兄弟之妻祔于祖，子姪祔于父，皆西向。主櫝竝如正位。姪之父自立祠堂，則遷而從之。

○程子曰：「無服之殤不祭。下殤之祭，終父〔五〕母之身。中殤之祭，終兄弟之身。長殤之祭，終兄弟

〔一〕「爐」字，郭本作「鑪」字。

〔二〕「合」字，性、和本作「盒」字。

〔三〕「預」字，郭本作「豫」字。

〔四〕「主式見喪禮治葬章」八字，成、性本作「主式見喪禮及前圖」八字，郭本闕。

〔五〕「父」字，成本作「人」字。

之子之身。成人而無後者，其祭終兄弟之孫之身。此皆以義起者也。」

置祭田，

初立祠堂，則計見田，每龕取其二十之一，以爲祭田。親盡則以爲墓田。後凡正位祔者〔一〕，皆放〔二〕此。宗子主之，以給祭用。上世初未置田，則合墓下子孫之田，計數而割之。皆立約聞官，不得典賣。

具祭器。

牀席，倚卓，盥盆，火爐〔三〕，酒食之器，隨其合用之數，皆具貯於庫中而封鎖之，不得它〔四〕用。無庫則貯於櫃中。不可貯者，列於外門之內。

主人晨謁於大門之內。

主人，謂宗子，主此堂之祭者。晨謁，深衣，焚香再拜。

出入必告。

主人主婦，近出，則入大門，瞻禮而行。歸亦如之。經宿而歸，則焚香再拜。遠出經旬以上，則再拜焚

〔一〕「祔者」二字，集、成、性、和本作「祔位」二字。
〔二〕「放」字，集、郭本作「倣」字。
〔三〕「爐」字，郭本作「鑪」字。
〔四〕「它」字，性、和本作「他」字。

香，告云「某將適某所，敢告」，又再拜而行。歸亦如之，但告云：「某今日歸自某所，敢見。」經月而歸，則開中門，立於階下，再拜，升自阼階，焚香，告畢，再拜，降，復位，再拜。餘人亦然，但不開中門。

○凡主婦，謂主人之妻。

○凡升降，惟主人由阼階。主婦及餘人，雖尊長，亦由西階。

○凡拜，男子再拜，則婦人四拜，謂之俠〔一〕拜。其男女相答拜，亦然。

正、至、朔、望則參。

正、至、朔、望前一日，灑掃〔二〕齊宿〔三〕。厥明，夙興，開門軸簾，每龕設新果一大盤於卓上，每位茶盞托〔四〕、酒盞盤各一於神主櫝前。設束茅、聚沙於香卓前，別設一卓於阼階上，置酒注盞盤一于其上，酒一缾〔五〕於其西。盥盆、帨巾各二於阼階下東南。有臺架者在西，爲主人親屬所盥，無者在東，爲執事者所盥。巾皆在北。

主人以下，盛服入門就位。主人北面於阼階下，主婦北面於西階下。主人有母，則特位於主婦之前。

〔一〕「俠」字，和本作「夾」字。
〔二〕「掃」字，郭本作「埽」字。
〔三〕「齊宿」二字，集、性、郭、和本作「齋宿」二字。
〔四〕「茶盞托」三字，郭本作「設茶盞托」四字。
〔五〕「缾」字，集、成、性、和本作「瓶」字。

主人有諸父諸兄，則特位於主人之右少前，重行西上。有諸母姑嫂姊，則特位於〔一〕主婦之左少前，重行東上。諸弟在主人之右少退。子孫、外執事者，在主人之後，重行西上。主人弟之妻及諸妹在主婦之左，少退。子孫婦女、内執事者在主婦之後，重行東上。

立定，主人盥，帨，升，啓櫝〔二〕，奉諸考神主，置於櫝前。主婦盥，帨，升，奉諸妣神主，置於考東。次出祔主亦如之。命長子長婦或長女，盥，帨，升，分出諸祔主之卑者，亦如之。

皆畢，主婦以下先降復位。主人詣香卓前，降神，焚香〔三〕，再拜〔四〕。執事者盥，帨，升，開瓶，實酒于注。一人奉注，詣主人之右，一人執盞盤，詣主人之左。主人跪，執事者皆跪。主人受注，斟酒，反注，取盞盤奉之。左執〔五〕盤，右執〔六〕盞，酹于茅上〔七〕，俛伏，興，少退，再拜，降，復位，與在位者皆再拜，參神。

主人升〔八〕，執注斟酒。先正位，次祔位，次命長子斟諸祔位之卑者。主婦升，執茶筅〔九〕。執事者，執湯

〔一〕「於」字，成、性本闕。
〔二〕「啓櫝」二字，集、成、性、和本作「搢笏啓櫝」四字。
〔三〕「焚香」二字，集、成、性、和本作「搢笏焚香」四字。
〔四〕「再拜」二字，集、成、性、和本作「再拜少退立」五字。
〔五〕「執」字，和本作「取」字。
〔六〕「執」字，和本作「取」字。
〔七〕「酹于茅上」四字，集、成、性、和本後尚有「以盞盤授執事者出笏」九字。
〔八〕「主人升」三字，集、成、性、和本作「主人升搢笏」五字。
〔九〕「筅」字，郭本作「盞」字。

瓶隨之，點茶如前。命長婦或長女亦如之。子、婦、執事者，先降，復位。主人主婦〔一〕分立於香卓之前東西，再拜，降，復位，與在位者皆再拜，辭神而退。

○冬至，則祭始祖畢，行禮如上儀。

○望日，不設酒，不出主。主人點茶，長子佐之，先降。主人立於香卓之南，再拜乃降。餘如上儀。

○準禮，「舅没則姑老」，不預於祭。又曰「支子不祭」，故今專以世嫡宗子夫婦爲主人主婦。其有母及諸父母兄嫂者，則設特位於前如此。

○凡言盛服者，有官則幞頭，公服，帶，靴，笏。進士則幞頭，襴衫，帶。處士則幞頭，皂衫，帶。無官者，通用帽子，衫，帶。又不能具，則或深衣，或涼衫。有官者，亦通服帽子以下，但不爲盛服。婦人則假髻，大衣〔二〕，長裙。女在〔三〕室者，冠子，背子。衆妾，假髻，背子。

俗節則獻以時食。

節，如清明、寒食、重午、中元、重陽之類，凡鄉俗所尚者。食如角黍，凡其節之所尚者，薦以大盤，間以

〔一〕「主人主婦」四字，集、成、性、和本作「主人出笏與主婦」七字。
〔二〕「衣」字，集本作「衫」字。
〔三〕「在」字，庫本作「有」字。

蔬果。禮如正、至、朔日之儀。

有事則告。

如正、至、朔日之儀。但獻茶酒，再拜，訖，主婦先降，復位。主人立於香卓之南，祝執版立於主人之左，跪讀之，畢，興。主人再拜，降，復位。餘並同。

○告授官，祝版云：「維年歲月朔日，子孝〔一〕某某官某〔二〕，敢昭告于皇〔三〕某親某官封謚府君，皇〔四〕某親某封某氏。某以某月某日，蒙恩授某官。奉承先訓，獲霑祿位。餘慶所及，不勝感慕。謹以酒果，用伸虔告。謹告。」貶降則言：「貶某官，荒墜先訓，皇〔五〕恐無地。」謹以後同〔六〕。若弟子，則言某之某某，餘同。

○告追贈，則止告所贈之龕。別設香卓於龕前，又設一卓於其東，置淨水、粉盞、刷子、硯、墨、筆〔七〕於

〔一〕「子孝」二字，郭本作「孝子」二字。

〔二〕「子孝某某官某」六字，集、成、性、和本作「孝子某官某」五字。

〔三〕「皇」字，成、性、和本作「故」字。

〔四〕「皇」字，成、性、和本作「故」字。

〔五〕「皇」字，郭、和本作「惶」字。

〔六〕「謹以後同」四字，郭本作「謹告」二字。

〔七〕「硯墨筆」三字，和本作「硯筆墨」三字。

其上。餘竝同。但祝版云：「奉某月某日制書，贈皇〔一〕某親某官，皇〔二〕某親某封。某奉承先訓，竊位于朝，祗奉恩慶，有此褒〔三〕贈。祿不及養，摧咽難勝。」謹以後同。若因事特贈，則別爲文以敍其意。告畢，再拜，主人進，奉主置卓上。執事者洗去舊字，別塗以粉，俟乾，命善書者改題所贈官封。陷中不改。洗水以灑〔四〕祠堂之四壁。主人奉主置故處，乃降復位。後同。

○主人生嫡長子，則滿月而見，如上儀。但不用祝。主人立於香卓之前，告曰：「某之婦某氏，以某月某日生子，名某。敢見。」告畢，立於香卓東南，西向。主婦抱子進，立〔五〕於兩階之間，再拜，主人乃降復位。後同。

○冠昏別見〔六〕本篇。

○凡言祝版者，用版長一尺，高五寸，以紙書文，黏於其上。畢則揭而焚之。其首尾皆如前。但於

〔一〕「皇」字，成、性、和本作「故」字。
〔二〕「皇」字，成、性、和本作「故」字。
〔三〕「褒」字，和本作「封」字，和校稱「『封』一作『褒』」。
〔四〕「灑」字，集、成本作「洒」字。
〔五〕「立」字，庫本作「見」字。
〔六〕「別見」二字，集、成、性、和本作「則見」二字。

皇〔一〕高祖考、皇〔二〕高祖妣，自稱孝元〔三〕孫，於皇〔四〕曾祖考、皇〔五〕曾祖妣，自稱孝曾孫，於皇〔六〕祖考、皇〔七〕祖妣，自稱孝孫，於皇〔八〕考、皇〔九〕妣，自稱孝子。有官封謚則皆稱之，無則以生時行第稱號加于府君之上，妣曰某氏夫人。凡自稱，非宗子不言孝。

○告事之祝，四龕〔一〇〕共爲一版。自稱以其最尊者爲主，止告正位，不告祔位，茶酒則并設之。

或有水火盜賊，則先救祠堂，遷神主、遺書，次及祭器，然後及家財。易世則改題主〔一一〕而遞遷之。

改題遞遷，禮見《喪禮·大祥章》。大宗之家，始祖親盡則藏其主於墓所。而大宗猶主其墓田，以奉其墓祭，歲率宗人一祭之，百世不改。其第二世以下祖親盡，及小宗之家高祖親盡，則遷其主而埋之。其墓

〔一〕「皇」字，成、性、和本作「故」字。
〔二〕「皇」字，成、性、和本作「故」字。
〔三〕「元」字，郭本作「玄」字。
〔四〕「皇」字，成、性、和本作「故」字。
〔五〕「皇」字，成、性、和本作「故」字。
〔六〕「皇」字，成、性、和本作「故」字。
〔七〕「皇」字，成、性、和本作「故」字。
〔八〕「皇」字，成、性、和本作「故」字。
〔九〕「皇」字，成、性、和本作「故」字。
〔一〇〕「龕」字，集、成、性、和本作「代」字。
〔一一〕「主」字，郭本作「神主」二字。

田則諸位迭掌，而歲率其子孫一祭之，亦百世不改也。

深衣制度〔二〕

此章本在《冠禮》之後。今以前章已有其文，又平日之常服，故次前章。

裁用白細布，度用指尺。

中指中節爲寸。

衣全四幅，其長過脇，下屬於裳。

用布二幅，中屈下垂，前後共爲四幅，如今之直領衫，但不裁破腋下。其下過脇而屬於裳處，約圍七尺二寸，每幅屬裳三幅。

裳交解十二幅，上屬於衣，其長及踝。

用布六幅，每幅裁爲二幅，一頭廣，一頭狹，狹頭當廣頭之半。以狹頭向上而聯〔三〕其縫，以屬於衣。其

〔二〕「深衣制度」，郭本此章闕。

〔三〕「聯」字，集、成、性、和本作「連」字。

屬衣處，約圍七尺二寸，每三幅屬衣一幅。其下邊及踝處，約圍丈四尺四寸。

圓袂，

用布二幅，各中屈之，如衣之長。屬於衣之左右而縫合〔一〕其下以爲袂。其本之廣，如衣之長，而漸圓殺之以至袂口，則其徑一尺二寸。

方領，

兩襟相掩，衽在腋下，則兩領之會自方。

曲裾，

用布一幅，如裳之長。交解裁之，如裳之制。但以廣頭向上，布邊向外，左掩其右，交映垂之，如燕尾狀。又稍裁其内旁太〔二〕半之下，令漸如魚腹，而末爲〔三〕鳥喙，内向綴於裳之右旁〔四〕。

黑緣，

緣用黑繒，領表裏各二寸。袂口、裳邊表裏各一寸半。袂口布外，别此緣之廣。

〔一〕「縫合」二字，和本作「合縫」二字。

〔二〕「太」字，集、庫、和本作「大」字。

〔三〕「爲」字，和本作「如」字。

〔四〕「内向綴於裳之右旁」句，集、成、性、和本後有「禮記，深衣續衽鉤邊，鄭註，鉤邊如今曲裾」一句，集本爲小字注，「註」字，成本作「注」字，「如」字，集、成、性本作「若」字。

大帶，

帶用白繒。廣四寸，夾縫之。其長圍腰而結於前，再繚之爲兩耳，乃垂其餘爲紳，下與裳齊，以黑繒飾其紳。復以五采絛廣三分，約其相結之處，長與紳齊。

緇冠，

糊紙爲之。武高寸許，廣三寸，袤四寸。上爲五梁，廣如武之袤而長八寸，跨頂前後，下著於武。屈其兩端各半寸，自外向内而黑漆之。武之兩旁半寸之上，竅以受笄。笄用齒骨凡白物。

幅巾，

用黑繒六尺許，中屈之。右邊就屈處爲横幗，左邊反屈之。自幗左四五寸間，斜縫向左，圓曲而下，遂循左邊，至于兩末，復反所縫餘繒，使之向裏。以幗當額前裹〔一〕之。至兩髻〔二〕旁，各綴一帶，廣二寸，長二尺，自巾外過頂〔三〕後，相結而垂之。

黑履。

白絇繶純綦。

〔一〕「裹」字，成、性、和本作「褁」字。
〔二〕「髻」字，集本作「耳」字，成、性本作「鬢」字。
〔三〕「頂」字，和本作「項」字。

司馬氏居家雜儀

此章本在《昏禮》之後。今按此乃家居平日之事，所以正倫理、篤恩愛者，其本皆在於此。必能行此〔一〕，然後其儀章度數有可觀焉。不然，則節文雖具，而本實無取，君子所不貴也。故亦列於首篇，使覽者知所先焉。

凡爲家長，必謹守禮法，以御羣子弟及家衆。分之以職謂使之掌倉廩、廄庫、庖廚、舍業、田園之類〔二〕，授之以事謂朝夕所幹及非常之事〔三〕，而責其成功。制財用之節，量入以爲出，稱家之有無，以給上下之衣食及吉凶之費，皆有品節而莫不均壹。裁省冗費，禁止奢華，常須稍存贏餘，以備不虞。

凡諸卑幼，事無大小，毋得專行，必咨稟於家長。

《易》曰：「家人有嚴君焉，父母之謂也。」安有嚴君在上而其下敢直行自恣不顧者乎。雖非父母，當

〔一〕「此」字，和本作「之」字。
〔二〕「謂使之……田園之類」句，郭本闕此注。
〔三〕「謂朝夕所幹及非常之事」句，郭本闕此注。

時爲家長者，亦當咨稟而行之，則號令出於一人，家政始可得而治矣〔一〕。

凡爲子，爲婦者，毋得蓄私財。俸禄及田宅所入，盡歸之父母舅姑。當用則請而用之，不敢私假，不敢私與。

《内則》曰〔二〕：「子婦無私貨，無私畜〔三〕，無私器，不敢私假，不敢私與。婦或賜之飲食、衣服、布帛、佩帨、茝蘭，則受而獻諸舅姑。舅姑受之則喜，如新受賜。若反賜之則辭。不得命，如更受賜，藏之以待乏。」鄭康成曰：「待舅姑之乏也。不得命者，不見許也。」又曰：「婦若有私親兄弟將與之，則必復請其故賜，而后〔四〕與之。」夫人子之身，父母之身也。身且不敢自有，況敢有私財〔五〕乎。若父子異財，互相假借，則是有子富而父母貧者，父母飢〔六〕而子飽者。賈誼所謂「借父耰鉏，慮有德色，母取箕箒，立而誶語」。不孝不義，孰甚於此。茝，昌改切。耰，音憂。誶音碎。

〔一〕「易曰……可得而治矣」句，郭本闕此注。
〔二〕「内則曰」以下注，郭本闕此注。
〔三〕「畜」字，成、性、庫、和本作「蓄」字。
〔四〕「后」字，成、性、庫、和本作「後」字。
〔五〕「私財」二字，成、性、和本作「財帛」二字。
〔六〕「飢」字，庫本作「饑」字。

凡子事父母孫事祖父母同〔一〕，婦事舅姑孫婦亦同〔二〕，天欲明，咸起盥音管，洗手也〔三〕漱，櫛阻瑟切，梳頭也〔四〕總所以束髮，今之頭𦅾〔五〕，具冠帶丈夫，帽子、衫帶。婦人，冠子、背子〔六〕。昧爽謂天明暗相交之際〔七〕，適父母舅姑之所，省問。

丈夫唱喏〔八〕，婦人道萬福。仍問侍者，夜來安否何如。侍者曰安，乃退。其或不安節，則侍者以告。此即禮之晨省也。

父母舅姑起，子供藥物。

藥物〔九〕乃關身之切務，人子當親自檢數調煮供進，不可但委婢僕。脱若有誤，即其禍不測。

婦具晨羞，

〔一〕「孫事祖父母同」句，郭本闕此注。

〔二〕「孫婦亦同」句，郭本闕此注。

〔三〕「音管，洗手也」句，郭本闕此注。

〔四〕「阻瑟切，梳頭也」句，郭本闕此注。

〔五〕「所以束髮，今之頭𦅾」句，郭本闕此注。

〔六〕「丈夫，帽子、衫帶。婦人，冠子、背子」句，郭本闕此注。

〔七〕「謂天明暗相交之際」句，郭本闕此注。「相交之際」四字，和本作「交際之時」四字。

〔八〕「丈夫唱喏……禮之晨省也」段，郭本闕此注。

〔九〕「藥物……其禍不測」段，郭本闕此注。

俗謂〔一〕點心。《易》曰：「在中饋。」《詩》云：「惟酒食是議。」凡烹調飲膳，婦人之職也。近年婦女驕倨，皆不肯入庖廚。今縱不親執刀匕，亦當檢校監視，務令精潔。

供具畢，乃退，各從其事。將食，婦請所欲於家長謂父母舅姑，或當時家長也。卑幼各不得恣所欲〔二〕，退具而共〔三〕之。尊長舉筯，子婦乃各退就食。丈夫婦人各設食於他所，依長幼而坐。其飲食，必均壹。幼子又食於他所，亦依長幼席地而坐。男坐於左，女坐於右。及夕食亦如之。既夜，父母舅姑將寢，則安置而退丈夫唱喏，婦人道安置。此即禮之昏定也〔四〕。

居閑無事，則侍於父母舅姑之所，容貌必恭，執事必謹，言語應對，必下氣怡聲。出入起居，必謹扶衛之。不敢涕唾喧呼於父母舅姑之側。父母舅姑不命之坐，不敢坐。不命之退，不敢退。

凡子受父母之命，必籍記而佩之，時省而速行之。事畢則返命焉。或所命有不可行者，則和色柔聲，具是非利害而白之，待父母之許，然後改之。若不許，苟於事無大害者，亦當曲從。

〔一〕「俗謂……務令精潔」段，郭本闕此注。
〔二〕「謂父母舅姑……不得恣所欲」段，郭本闕此注。
〔三〕「共」字，集、成、性、郭、和本作「供」字。
〔四〕「丈夫唱喏……禮之昏定也」段，郭本闕此注。

若以父母之命爲非而直行己志，雖所執皆是，猶爲不順之子。況未必是乎。

凡父母有過，下氣怡色柔聲以諫。諫若不入，起敬起孝。悦則復諫。不悦，與其得罪於鄉黨州閭，寧熟諫。父母怒，不説〔一〕而撻之流血，不敢疾怨，起敬起孝。

凡爲人子弟者，不敢以貴富〔二〕加於父兄宗族加謂恃其富貴，不率卑幼之禮〔三〕。

凡爲人子者，出必告，反必面。有賓客，不敢坐於正廳有賓客，坐於書院。無書院，則坐於廳之旁側〔四〕。升降不敢由東階，上下馬不敢當廳。凡事不敢自擬於其父。

凡父母舅姑有疾，子婦無故不離側，親調嘗藥餌而供之。父母有疾，子色不滿容，不戲笑，不宴遊，舍置餘事，專以迎醫檢方合藥爲務。疾已，復初。

《顔氏家訓》曰〔五〕：「父母有疾，子拜醫以求藥。」蓋以醫者親之存亡所繫，豈可傲忽也。

凡子事父母，父母所愛，亦當愛之。所敬，亦當敬之。至於犬馬盡然，而況於人乎。

〔一〕「説」字，集、成、性、庫、郭、和本作「悦」字。
〔二〕「貴富」二字，集、郭本作「富貴」二字。
〔三〕「加謂恃其富貴，不率卑幼之禮」句，郭本闕此注。
〔四〕「有賓客……廳之旁側」段，郭本闕此注。
〔五〕「《顔氏家訓》曰……豈可傲忽也」段，郭本闕此注。

凡子事父母，樂其心，不違其志，樂其耳目，安其寢處，以其飲食，忠養之。幼事長，賤事貴，皆倣此。

凡子婦未敬未孝，不可遽有憎疾，姑教之。若不可教，然後怒之。若不可怒，然後笞之。屢笞而終不改，子放婦出，然亦不明言其犯禮也。子甚宜其妻，父母不悦，出。子不宜其妻，父母曰「是善事我」，子行夫婦之禮焉，没身不衰〔一〕。

凡爲宫室，必辨内外，深宫固門。内外不共井，不共浴堂，不共厠。男治外事，女治内事。男子，晝無故不處〔二〕私室，婦人，無故不窺中門。男子夜行以燭，婦人有故出中門，必擁蔽其面如蓋頭、面帽之類〔三〕。男僕，非有繕修及有大故謂水火盜賊之類〔四〕，不入中門。入中門，婦人必避之，不可避亦謂如水火盜賊之類〔五〕，亦必以袖遮其面。女僕，無故不出中門。有故出中門，亦必擁蔽其面

〔一〕「子不宜其妻……没身不衰」二十三字，郭本闕。
〔二〕「處」字，和本作「居」字。
〔三〕「如蓋頭、面帽之類」句，郭本闕此注。
〔四〕「謂水火盜賊之類」句，郭本闕此注。
〔五〕「亦謂如水火盜賊之類」句，郭本闕此注。

雖小婢，亦然〔一〕。鈴下蒼頭，但主通内外之言，傳致内外之物，毋得輒升堂室入〔二〕庖廚。

凡卑幼於尊長，晨亦省問，夜亦安置丈夫唱喏，婦人道萬福安置〔三〕。坐而尊長過之則起，出遇尊長於塗則下馬。不見尊長，經再宿以上則再拜，五宿以上則四拜。賀冬至正旦，六拜，朔望，四拜。凡拜數，或尊長臨時減而止之，則從尊長之命〔四〕。

吾家同居宗族衆多，冬至〔五〕、朔、望，聚於堂上此假設南面之堂。若宅舍異制，臨時從宜。丈夫處左，西上，婦人處右，東上左右謂家長之左右，皆北向，共爲一列，各以長幼爲序婦以夫之長幼爲序，不以身之長幼爲序。共拜家長畢，長兄立於門之左，長姊立於門之右，皆南向。諸弟妹以次拜訖，各就列。丈夫西上，婦人東上，共受卑幼拜以宗族多，若人人致拜則不勝煩勞，故同列共受之。受拜訖，先退。後輩立受拜於門東西，如前輩之儀。若卑幼自遠方至，見尊長，遇尊長三人以上同處者，先共再拜，敍寒暄，問起居訖，又三再拜而止晨夜，唱喏，萬福安置。若尊長三人以上同處，亦三而止，皆〔六〕所

〔一〕「雖小婢，亦然」句，郭本闕此注。
〔二〕「入」字，郭本作「輒入」二字。
〔三〕「丈夫唱喏，婦人道萬福安置」句，郭本闕此注。
〔四〕「五宿以上……則從尊長之命」三十六字，郭本闕。
〔五〕「冬至」二字，公、明、庫本作「冬正」二字。
〔六〕「皆」字，成、性、和本闕。

以避煩也。

凡受女壻〔一〕及外甥拜，立而扶之扶謂揭策〔二〕。外孫則立而受之可也。

凡節序及非時家宴，上壽於家長，卑幼盛服序立，如朔望之儀。先再拜〔三〕，子弟之最長者一人進，立於家長之前，幼者一人搢笏，執酒盞，立於其左，一人搢笏，執酒注，立於其右。長者搢笏，跪，斟酒，祝曰：「伏願某官備膺五福，保族宜家。」尊長飲畢，授幼者盞注，反其故處。長者出笏，俛伏，興，退，與卑幼皆再拜。家長命諸卑幼坐，皆再拜而坐。家長命侍者徧酢諸卑幼，諸卑幼皆起，序立〔四〕如前，俱再拜。就坐，飲訖，家長命易服。皆退易便服，還復就坐。

凡子始生，若爲之求乳母，必擇良家婦人稍温謹者乳母不良，非惟敗亂家法，兼令所飼之子性行亦類之〔五〕。子能食，飼之〔六〕，教以右手。子能言，教之自名及唱喏、萬福安置。稍有知，則教之以恭

〔一〕「壻」字，成本作「婿」字。
〔二〕「扶謂揭策」四字，郭本闕此注。
〔三〕「先再拜……還復就坐」部分，郭本闕。
〔四〕「序立」二字，和本作「敍立」二字。
〔五〕「乳母不良，非惟敗亂家法，兼令所飼之子性行亦類之」句，郭本闕此注。
〔六〕「飼之」二字，郭本作「食」字。

敬尊長。有不識尊卑長幼者，則嚴訶禁〔一〕之。

古有胎教〔二〕，況於已生。子始生未有知，固舉以禮，況於已有知。孔子曰：「幼成若天性，習慣如自然。」《顔氏家訓》曰：「教婦初來，教子嬰孩。」故於其始有知，不可不使之知尊卑長幼之禮。若侮詈父母，毆擊兄姊，父母不加〔三〕訶禁，反笑而奬之，彼既未辨好惡，謂禮當然，及其既長，習已〔四〕成性，乃怒而禁之，不可復制。於是父疾其子，子怨其父，殘忍悖逆，無所不至。蓋父母無深識遠慮，不能防微杜漸，溺於小慈，養成其惡故也。

六歲，教之數謂一十百千萬〔五〕與方名謂東西南北〔六〕，男子始習書字，女子始習女工之小者。七歲，男女不同席，不共食。始誦〔七〕《孝經》、《論語》，雖女子亦宜誦之。自七歲以下，謂之孺子，早寢晏起，食無時。

〔一〕「訶禁」二字，和本作「呵禁」二字。
〔二〕「古有胎教……養成其惡故也」段，郭本闕此注。
〔三〕「加」字，和本作「知」字。
〔四〕「已」字，性、和本作「以」字。
〔五〕「謂一十百千萬」句，郭本闕此注。
〔六〕「謂東西南北」句，郭本闕此注。
〔七〕「誦」字，和本作「讀」字。

八歲，出入門户及即席飲食，必後長者。始教之以廉讓〔一〕。男子誦《尚書》，女子不出中門。九歲，男子誦《春秋》及諸史，始爲之講解〔二〕，使曉義理。女子亦爲之講解《論語》、《孝經》及《列女傳》、《女戒》之類，略曉大意古之賢女，無不觀圖史以自鑑。如曹大家之徒，皆精通經術，議論明正。今人或教女子以作歌詩、執俗樂，殊非所宜也〔三〕。

十歲，男子出就外傅，居宿於外。讀《詩》、《禮》〔四〕，傅爲之講解，使知仁義禮知〔五〕信。自是以往，可以讀《孟》、《荀》、《楊子》〔六〕，博觀羣書。凡所讀書，必擇其精要者而讀之如《禮記》：《學記》、《大〔七〕學》、《中庸》、《樂記》之類。它〔八〕書倣此〔九〕。其異端非聖賢之書，傳宜禁之，勿使妄觀以惑亂

〔一〕「廉讓」二字，性、郭、和本作「謙讓」二字。
〔二〕「講解」二字，和本作「講説」二字。
〔三〕「古之賢女……非所宜也」段，郭本闕此注。
〔四〕「讀詩禮……楊子」二十五字，郭本闕此部分。
〔五〕「知」字，和本作「智」字。
〔六〕「楊子」二字，性、和本作「揚子」二字。
〔七〕「大」字，公本作「太」字。
〔八〕「它」字，成、性、和本作「他」字。
〔九〕「如《禮記》……它書倣此」段，郭本闕此注。

其志。觀書皆通，始可學文辭〔一〕。女子則教以婉娩，音晚。婉娩，柔順貌〔二〕聽從，及女工之大者女工謂蠶桑織績裁縫及爲飲膳，不惟正是婦人之職，兼欲使之知衣食所來之艱難，不敢恣爲奢麗。至於纂組華巧之物，亦不必習也〔三〕。

未冠笄者〔四〕，質明而起，總角，靧靧，音悔，洗面也面，以見尊長，佐長者供養。祭祀則佐執酒食。若既冠笄，則皆責以成人之禮，不得復言童幼矣。

凡内外僕妾，雞初鳴咸起，櫛總，盥漱，衣服。男僕，灑掃〔五〕廳事及庭，鈴下蒼頭灑掃〔六〕中庭。女僕灑掃〔七〕堂室〔八〕，設倚卓，陳盥漱櫛靧之具。主父、主母〔九〕既起，則拂牀襞襞，音壁，疊衣

〔一〕「觀書皆通，始可學文辭」句，郭本闕此注。
〔二〕「娩，音晚。婉娩，柔順貌」段，郭本闕此注。
〔三〕「女工謂……亦不必習也」段，郭本闕此注。
〔四〕「未冠笄者……不得復言童幼矣」段，郭本闕此段。
〔五〕「掃」字，郭本作「埽」字。
〔六〕「掃」字，郭本作「埽」字。
〔七〕「掃」字，郭本作「埽」字。
〔八〕「堂室」二字，和校稱「『堂室』一作『室堂』」。
〔九〕「主母」二字，和本作「主婦」二字。

也〔一〕衾，侍立左右，以備使令，退而具飲食。得間則浣濯紉縫，先公後私。及夜，則復拂牀展衾。當晝，内外僕妾，惟主人之命，各從其事，以供百役。

凡女僕〔二〕，同輩謂兄弟所使謂長者爲姊，後輩謂諸子舍所使謂前輩爲姨《内則》云：「雖婢妾，衣服飲食必後長者。」鄭康成曰：「人貴賤不可以無禮。故使之序長幼。」。務相雍睦，其有鬭争者，主父、主母聞之即訶禁之。不止即杖之，理曲者杖多，一止，一不止，獨杖不止者。

凡男僕，有忠信可任者重其禄，能幹家事次之。其專務欺詐，背公徇私，屢爲盜竊，弄權犯上者，逐之。

凡女僕，年滿不願留者，縱之。勤舊少過者，資而嫁之。其兩面二舌，飾虚造讒，離間骨肉者，逐之。屢爲盜竊者，逐之。放蕩不謹者，逐之。有離叛之志者，逐之。

家禮卷一終〔三〕

〔一〕「襞，音壁，疊衣也」句，郭本闕此注。

〔二〕「凡女僕……獨杖不止者」段，郭本闕此段。

〔三〕「家禮卷一終」五字，庫本作「家禮卷一」四字，郭本作「朱子家禮卷一終」七字，和本作「家禮卷之一畢」六字，成、性本闕，集本下尚有「右通禮附註凡十一條」九字。

家禮第二〔一〕

冠禮〔二〕

冠

男子，年十五至二十皆可冠。

司馬公〔三〕曰：「古者二十而冠，所以〔四〕責成人之禮。蓋將責爲人子，爲人弟，爲人臣，爲人少者之行於其人，故其禮不可以不重也。近世以來，人情輕薄，過十歲而總角者少矣。彼責以四者之行，豈知之哉。

〔一〕「家禮第二」四字，集本作「文公家禮卷第二」七字，庫本作「家禮卷二」四字，郭本作「朱子家禮卷二」六字，和本作「家禮卷之二」五字，成、性本闕。
〔二〕「冠禮」二字，集本作「冠禮第二」四字。
〔三〕「司馬公」三字，性、和本作「司馬温公」四字。
〔四〕「所以」二字，性、和本作「皆所以」三字。

往往自幼至長，愚騃若〔一〕一，由不知成人之道故也。今雖未能遽革，且自十五以上，俟其能通《孝經》、《論語》，粗知禮義，然後冠之，其亦可也。」

必父母無期以上喪，始可行之。

大功未葬，亦不可行。

前期三日，主人告于祠堂，

古禮筮日，今不能然。但正月内擇一日可也。主人謂冠者之祖父，自爲繼高祖之宗子者。若非宗子，則必繼高祖之宗子主之。有故則命其次宗子。若其父自主之，告禮見《祠〔二〕堂章》〔三〕。祝版前同〔四〕，但云：「某之子某，若某之某親之子某，年漸長成，將以某月某日加冠於其首。」謹以後同〔五〕。若族人以宗子之命自冠其子，其祝版亦以宗子爲主，曰：「使介子某。」

○若宗子已孤而自冠，則亦自爲主人。祝版前同〔六〕，但云：「某將以某月某日加冠於首。」謹以後

〔一〕「若」字，集本作「如」字。

〔二〕「祠」字，庫本作「伺」字。

〔三〕「告禮見祠堂章」六字，郭本闕。

〔四〕「前同」二字，郭本闕。

〔五〕「謹以後同」四字，郭本闕。

〔六〕「前同」二字，郭本闕。

同〔一〕。

戒賓。

古禮筮賓，今不能然。但擇朋友賢而有禮者一人可也。是日主人深衣詣其門，所戒者出見如常儀。啜茶畢，戒者起，言曰：「某有子某，若某之〔二〕某親有子某，將加冠於其首，願吾子之教之也。」對曰：「某不敏，恐不能供事，以病吾子。敢辭。」戒者曰：「願吾子之終教之也。」對曰：「吾子重有命，某敢不從。」地遠則書初請之辭爲書，遣子弟致之。所戒者辭，使者固請，乃許而復書曰：「吾子有命，某敢不從。」

○若宗子自冠，則戒辭但曰：「某將加冠於首。」後同。

前一日，宿賓，

遣子弟以書致辭曰：「來日，某將加冠於子某，若某親某子某之首〔三〕。吾子將涖〔四〕之。敢宿。某上某人。」答書曰：「某敢不夙興。某上某人。」

○若宗子自冠，則辭之所改，如其戒賓。

陳設。

〔一〕「後同」二字，郭本闕。
〔二〕「某之」二字，性本作「某子」二字。
〔三〕「若某親某子某之首」句，和校稱「某子間疑脱『之』字」。
〔四〕「涖」字，性本作「莅」字，和本作「蓼」字。

設盥帨於廳事，如祠堂之儀。以帟幕爲房於廳事之南北〔一〕。或廳事〔二〕無西階〔三〕，則以堊畫而分之。後〔四〕放〔五〕此。

厥明，宿興〔六〕，陳冠服。

有官者，公服、帶、靴、笏，無官者，襴衫、帶、靴，通用皂衫、深衣、大帶、履、櫛、纚、掠，皆以卓子陳於房中〔七〕，東領北上。酒注、盞盤亦以卓子陳于服北。幞頭、帽子、冠并〔八〕巾，各以一盤盛之，蒙以帕，以卓子陳于西階下。執事者一人守之。長子則布席于阼階上之東少北，西向。衆子則少西，南向。

○宗子自冠，則如長子之席少南。

主人以下序立。

主人以下，盛服就位。主人阼階下少東，西向。子弟親戚僮僕在其後，重行西向北上。擇子弟親戚習

〔一〕「南北」二字，成、性、明、庫、郭、和本作「東北」二字。
〔二〕「廳事」二字，郭本作「廳前」二字。
〔三〕「西階」二字，成、性、明、庫、郭、和本作「兩階」二字。
〔四〕「後」字，和本作「后」字。
〔五〕「放」字，郭本作「倣」字。
〔六〕「宿興」二字，成、性、明、庫、郭、和本作「夙興」二字。
〔七〕「皆以卓子陳於房中」句，成、性、和本闕「以」字，和校稱「『皆卓』之間疑脱『以』字」。
〔八〕「并」字，成、性、和本作「筓」字，郭本作「竝」字。

禮者一人爲儐，立於門外，西向。將冠者，雙紒、四䙆衫、勒帛、采屨，在房中，南面〔二〕。若非宗子之子，則其父立於主人之右，尊則少進，卑則少退。

宗子〔三〕自冠，則服如將冠者，而就主人之位。

賓至，主人迎入〔三〕升堂。

賓自擇其子弟親戚習禮者爲贊冠者，俱盛服至門外，東面〔四〕立，贊者在右，少退。儐者入告主人。主人出門左，西向再拜，賓答拜。主人揖贊者，贊者報揖，主人遂揖而行。賓、贊從之，入門分庭而行，揖讓而至階，又揖讓而升。主人由阼階先升，少東，西向。賓由西階繼升，少西，東向。贊者盥，帨，由西階升，立於房中，西向。儐者筵于東序，少北，西面〔五〕。將冠者出房，南面〔六〕。

若非〔七〕宗子之子，則其父從出迎賓，入從主人後賓而升，立於主人之右，如前。

賓揖。將冠者就席，爲加冠巾。冠者適房，服深衣，納履，出。

〔二〕「南面」二字，明、庫、郭本作「南向」二字。
〔三〕「宗子」二字，成、性、和本作「○宗子」。
〔三〕「入」字，集本作「立」字。
〔四〕「東面」二字，明、庫、郭本作「東向」二字。
〔五〕「西面」二字，明、庫、郭本作「西向」二字。
〔六〕「南面」二字，明、庫、郭本作「南向」二字。
〔七〕「若非」二字，成、性、和本作「○若非」。

賓揖。將冠者出房〔一〕，立于席右，向席。贊者取櫛𩬊掠，置于席左，興，立於將冠者之左。賓揖，將冠者即席西向〔二〕，贊者即席，如其向跪，進〔三〕爲之櫛，合紒，施掠。乃降〔四〕，主人亦降。賓盥畢，主人揖，升，復位。執事者以冠巾盤進。賓降一等，受冠笄，執之，正容徐詣將冠者前，向之祝曰：「吉月令日，始加元服。棄爾幼志，順爾成德。壽考維〔五〕祺，以介景福。」乃跪加之。贊者以巾跪進。賓受加之，興，復位，揖。冠者適房，釋四䙆衫，服深衣，加大帶，納履，出房。正容南向，立良久。

○若宗子自冠，則賓揖之就席，賓降盥畢，主人不降。餘竝同。

再加帽子。服皂衫，革帶，繫鞋。

賓揖。冠者即席跪。執事者以帽子盤進。賓降二等受之，執以詣冠者前，祝之曰：「吉月令辰〔六〕，乃

〔一〕「出房」二字，集本闕。

〔二〕「西向」二字，集、成、性、明、庫、郭、和本作「西向跪」三字。

〔三〕「進」字，集、成、性、和本闕。

〔四〕「乃降」二字，明、庫、郭本作「賓降」二字，成、性、和本作「賓乃降」三字。

〔五〕「維」字，和本作「惟」字。

〔六〕「令辰」二字，成本作「令晨」二字。

申爾服。謹爾威儀，淑順〔一〕爾德。眉壽永年〔二〕，享受胡福〔三〕。」乃跪加之，興，復位，揖。冠者適房，釋深衣，服皂衫，革帶，繫鞋，出房立。

三加幞頭。公服，革帶，納靴，執笏。若襴衫，納靴。

禮如再加，惟執事者以幞頭盤進。賓降，没階受之。祝辭曰：「以歲之正，以月之令，咸加爾服。兄弟具在，以成厥德。黄耇無疆，受天之慶。」贊者徹帽，賓乃加幞頭。執事者受帽，徹櫛，入于房。餘並同。

乃醮。

長子，則儐者改席于堂中間少西，南向。衆子，則仍故席。贊者酌酒于房中，出房立于冠者之左。賓揖。冠者就席右，南向，乃取酒詣席前〔四〕，北向，祝之曰：「旨酒既清，嘉薦令芳〔五〕，拜受祭之，以定爾祥。承天之休，壽考不忘。」冠者再拜，升席南向，受盞。賓復位，東向答拜。冠者進席前，跪，祭酒，興，就席末，跪，啐酒，興，降席，授贊者盞，南向再拜。賓東向答拜。冠者遂拜贊者。贊者賓左東向，少退答拜。

賓字冠者，

〔一〕「淑順」二字，集本作「俶順」二字，性、郭、和本作「淑慎」二字。

〔二〕「永年」二字，郭本作「萬年」二字。

〔三〕「胡福」二字，集本作「斯服」二字，成、性、和本作「遐福」二字。

〔四〕「詣席前」三字，成、性、和本作「就席前」三字。

〔五〕「令芳」二字，和本作「芬芳」二字。

賓降階，東向。主人降階，西向。冠者降自西階，少東南向。賓字之曰：「禮儀既備，令月吉日，昭告爾字。爰字孔嘉，髦士攸宜，宜之于嘏，永受保之，曰伯某父。」仲叔季，唯所當。冠者對曰：「某雖不敏，敢不夙夜祗奉。」賓或别作辭，命以字之之意亦可。

出就次。

賓請退。主人請禮賓。賓出就次。

主人以冠者見于祠堂。

如《祠堂章》内生子而見之儀。但改告辭曰：「某之子某，若某親某之子某，今日冠畢，敢見。」冠者進立於兩階間，再拜。餘竝同。

○若宗子自冠，則改辭曰：「某今日冠畢，敢見。」遂再拜，降復位。餘竝同。

○若冠者私室有曾祖祖〔二〕以下祠堂，則各因其宗子而見。自爲繼曾祖以下之宗，則自見。

冠者見于尊長。

父母，堂中南面坐。諸叔父兄在東序，諸叔父南向，諸兄西向。諸婦女在西序，諸叔母姑南向，諸姊嫂東向。冠者北向拜父母。父母爲之起。同居有尊長，則父母以冠者詣其室拜之，尊長爲之起。還就東西

〔二〕「曾祖祖」三字，集本作「曾祖位」三字。

序，每列再拜，應答拜者答拜〔一〕。若非宗子之子，則先見宗子及諸尊於父者於堂，乃就私室見於父母及餘親。

○若宗子自冠，有母則見于母如儀。族人宗之者皆來見於堂上。宗子西向拜其尊長，每列再拜，受卑幼者拜。

乃禮賓。

主人以酒饌延賓及儐贊者〔二〕，酬之以幣而拜謝之。幣多少隨宜，賓贊有差。

冠者遂出，見于鄉先生及父之執友。

冠者拜，先生執友皆答拜。若有誨之，則對如對賓之辭，且拜之，先生執友不答拜。

笄

女子許嫁，笄。

年十五，雖未許嫁亦笄。

〔一〕「答拜」二字，成、性、和本僅作「答」字。

〔二〕「儐贊者」三字，郭本作「擯贊者」三字，庫本作「賓贊者」三字。

母爲主。

宗子主婦則於中堂。非宗子而與宗子同居，則於私室。與宗子不同居，則如上儀。

前期三日，戒賓。一日宿賓，

賓亦擇親姻婦女之賢而有禮者爲之。以牋紙書其辭，使人致之。辭如冠禮，但「子」作「女」，「冠」作「笄」，「吾子」作「某親」或「某封」。○凡婦人自稱於己之尊長則曰兒，卑幼則以屬。於夫黨，尊長則曰新婦，卑幼則曰老婦，非親戚而往來者各以其黨爲稱。後〔二〕放〔三〕此。

陳設。

如冠禮，但於中堂布席如衆子之位。

厥明，陳服，

如冠禮，但用背子、冠笄。

序立。

〔二〕「後」字，和校稱「『後』下有『皆』字」。

〔三〕「放」字，郭本作「仿」字。

主婦如主人之位。將笄者，雙紒、衫子〔一〕，房中南面。

賓至，主婦迎入升堂。

如冠禮，但不用贊者。主婦升自阼階。

賓爲將笄者加冠笄，適房服背子。

略如冠禮，但祝用始加之辭，不能則省。

乃醮，

如冠禮，辭亦同。

乃字，

如冠禮，但改祝辭「髦士」爲「女士」。

乃禮賓〔二〕，皆如冠儀。

家禮卷二終〔三〕

〔一〕「子」字，郭本作「于」字。

〔二〕「乃禮賓」句，郭本「乃禮賓」三字前有「笄者見于尊長」六字。

〔三〕「家禮卷二終」五字，庫本作「家禮卷二」四字，郭本作「朱子家禮卷二終」七字，和本作「家禮卷之二畢」六字，成、性本闕，集本後有「右冠禮附註凡九條」八字。

家禮第三〔一〕

昏禮〔二〕

議昏

男子年十六至三十，女子年十四至二十，

司馬公〔三〕曰：「古者男三十而娶，女二十而嫁。今令文，男年十五，女年十三以上，竝聽昏嫁。今爲此説，所以參古今之道，酌禮令之中，順天地之理，合人情之宜也。」

身及主昏者無期以上喪，乃可成昏。

〔一〕「家禮第三」四字，集本作「文公家禮卷第三」七字，庫本作「家禮卷三」四字，郭本作「朱子家禮卷三」六字，和本作「家禮卷之三」五字，成、性本闕。

〔二〕「昏禮」二字，集本作「昏禮第三」四字。

〔三〕「司馬公」三字，性、和本作「司馬温公」四字。

大功未葬，亦不可主昏。

○凡主昏，如冠禮主人之法，但宗子自昏則以族人之長爲主。

必先使媒氏往來通言，俟女氏許之，然後納采。

司馬公〔一〕曰：「凡議昏姻，當先察其壻〔二〕與婦之性行及家法何如，勿苟慕其富貴。壻苟賢矣，今雖貧賤，安知異時不富貴乎。苟爲不肖，今雖富盛〔三〕，安知異時不貧賤乎。婦者，家之所由盛衰也。苟慕其一時之富貴而娶之，彼挾其富貴，鮮有不輕其夫而傲其舅姑，養成驕妬之性，異日爲患，庸有極乎。借使因婦財以致富，依婦勢以取貴，苟有丈夫之志氣者，能無愧乎。又世俗好於襁褓童幼之時，輕許爲昏，亦有指腹爲昏者，及其既長，或不肖無賴，或身有惡疾，或家貧凍餒，或喪服相仍，或從宦遠方，遂至棄信負約，速獄致〔四〕訟者多矣。是以先祖太尉嘗曰：『吾家男女，必俟既長，然後議昏。既通書，不數月必成昏。』故終身無此悔，乃〔五〕子孫所當法也。」

〔一〕「司馬公」三字，性、和本作「司馬溫公」四字。
〔二〕「壻」字，成本作「婿」字。
〔三〕「盛」字，集本作「貴」字。
〔四〕「致」字，庫本作「至」字。
〔五〕「乃」字，成本闕。

納采

納其采擇之禮，即今世俗所謂言定也。

主人具書，

主人即主昏者。書用牋紙，如世俗之禮。若族人之子，則其父具書，告于宗子。

夙興，奉以告于〔一〕祠堂。

如告冠儀。其祝版前同，但〔二〕云：「某之子某〔三〕，若某〔四〕之某親之子某，年已長成，未有伉儷，已議娶某官某郡姓名之女。今日納采，不勝感愴。」謹以後同〔五〕。

○若宗子自昏，則自告。

乃使子弟爲使者如女氏。女氏主人出見使者。

〔一〕「于」字，成、性、和本闕。

〔二〕「前同但」三字，郭本闕。

〔三〕「子某」二字，郭本作「子」字。

〔四〕「某」字，郭本作「親某」二字。

〔五〕「謹以後同」四字，郭本闕。

使者盛服如女氏。女氏亦宗子爲主人〔一〕，盛服出見使者。非宗子之女，則其父位於主人之右，尊則少進，卑則少退。啜茶畢，使者起致辭曰：「吾子有惠，貺〔二〕室某也〔三〕。某之某親某官有先人之禮，使某請納采。」從者以書進，使者以書授主人。主人對曰：「某之子若妹姪孫惷愚，又弗能教。吾子命之，某不敢辭。」北向再拜。使者避，不答拜。使者請退俟命，出就次。若許嫁者於主人爲姑姊，則不云「惷愚，又弗能教」，餘辭竝同。

遂奉書以告于祠堂。

如壻家之儀。祝版前同，但〔四〕云：「某之第幾女，若某親某之第幾女〔五〕，年漸長成，已許嫁某官某郡姓名之子，若某親某。今日納采，不勝感愴。」謹以後同〔六〕。

出以復書授使者，遂禮之。

主人出，延使者升堂，授以復書。使者受之，請退。主人請禮賓，乃以酒饌禮使者。使者至是始與主

〔一〕「主人」二字，性、和本作「主主人」三字。
〔二〕「貺」字，庫本作「祝」字。
〔三〕「也」字，和校稱「『也』當作『男』」。
〔四〕「前同但」三字，郭本闕。
〔五〕「若某親某之第幾女」八字，成、和本闕。
〔六〕「謹以後同」四字，郭本闕。

人交拜揖，如常日賓客之禮。其從者亦禮之别室。皆酬以幣。

使者復命壻氏。主人復以告于祠堂。

不用祝。

納幣

古禮有問名、納吉。今不能盡用，止用納采、納幣，以從簡便。

納幣

幣用色繒。貧富隨宜，少不過兩，多不踰十。今人更〔二〕用釵釧、羊酒、果實之屬〔三〕，亦可。

具書，遣使如女氏。女氏受書，復書，禮賓，使者復命，竝同納采之儀。

禮如納采，但不告廟。使者致辭，改「采」爲「幣」。從者以書、幣進，使者以書授主人。主人對曰：「吾子順先典，貺某重禮，某不敢辭，敢不承命。」乃受書。執事者受幣，主人再拜。使者避之，復進請命。

〔二〕「更」字，成本作「便」字。

〔三〕「屬」字，和本作「類」字，和校稱「『類』一作『屬』」。

主人授以復書。餘竝同。

親迎

前期一日，女氏使人張陳其壻之室。

世俗謂之鋪房，然所張陳者，但氈褥、帳幔、帷幙〔一〕應用之物。其衣服鏁〔二〕之篋笥，不必陳也。

○司馬公〔三〕曰：「文中子曰：『昏娶而論財，夷虜之道也〔四〕。』夫昏姻者，所以合二姓之好，上以事宗廟，下以繼後世也。今世俗之貪鄙者，將娶婦，先問資裝之厚薄，將嫁女，先問聘財之多少，至於立契約云，某物若干某物若干，以求售其女者。亦有既嫁而復欺紿負約者。是乃駔儈〔五〕賣婢鬻奴之法，豈得謂之士

〔一〕「幙」字，集本作「幕」字。
〔二〕「鏁」字，集、性、郭本作「鎖」字。
〔三〕「司馬公」三字，性、郭、和本作「司馬温公」四字。
〔四〕「昏娶而論財，夷虜之道也」十字，郭本闕。
〔五〕「駔儈」二字，庫本作「狙儈」二字。

大夫昏姻哉。其舅姑既被欺紿，則殘虐〔一〕其婦，以攄其忿。由是愛其女者，務厚其資裝以悅其舅姑者〔二〕，殊不知彼貪鄙之人不可盈厭，資裝既竭，則安用汝女哉。於是質其女〔三〕以責貨於女氏。貨有盡而責無窮，故昏姻之家往往終爲仇讎矣。是以世俗生男則喜，生女則戚，至有不舉其女者，用此故也。然則議昏姻有〔四〕及於財者，皆勿與爲昏姻可也。」

厥明，壻家設位于室中。

設倚卓子〔五〕兩位，東西相向。蔬果、盤盞、匕筯如賓客之禮，酒壺在東位之後。又以卓子置合巹一於其南，又南北設二盥盆勺於室東隅。又〔六〕設酒壺盞注於室外或別室，以飲從者。

〇〔七〕巹音謹，以小匏一判而兩之。

女家設次于外。〇初昏，壻盛服。

世俗新壻帶花勝以擁蔽其面，殊失丈夫之容體，勿用可也。

〔一〕「殘虐」二字，郭本作「賤虐」二字。
〔二〕「者」字，郭本闕。
〔三〕「其女」二字，成本作「其母」二字。
〔四〕「有」字，郭本作「而」字。
〔五〕「子」字，庫本作「於」字。
〔六〕「又」字，庫、郭本作「右」字。
〔七〕「〇」符，郭本闕。

主人告于祠堂，

如納采儀。祝版前同，但〔一〕云：「某之子某，若某親之子某，將以今日親迎于某官某郡某氏，不勝感愴。」謹以後同〔二〕。

○若宗子自昏，則自告。

遂醮其子而命之迎。

先以卓子設酒注盤盞於堂上。主人盛服，坐於堂之東序，西向。設壻席於其西北，南向。壻升自西階，立於席西，南向。贊者取盞斟酒，執之詣壻席前。壻再拜升席〔三〕，南向，受盞，跪，祭酒，興，就席末，跪，啐酒，興，降西〔四〕，授贊者盞。又再拜，進詣父坐前，東向跪。父命之曰：「往迎爾相，承我宗事。勉率以敬，若則有常。」壻曰：「諾。惟恐不堪，不敢忘命。」俛伏，興，出。非宗子之子，則宗子告于祠堂，而其父醮于私室如儀，但改「宗事」爲「家事」。

○若宗子已孤而自昏，則不用此禮。〔五〕

〔一〕「前同但」三字，郭本闕。

〔二〕「謹以後同」四字，郭本闕。

〔三〕「壻再拜升席」五字，郭本作「再拜升壻」四字。

〔四〕「西」字，集、成、性、和本作「席西」二字，明、庫、郭本作「席」字。

〔五〕「若宗子」段，郭本闕。

壻出，乘馬。

以二燭前導。

至女家，俟于次。

壻下馬于大門外，入俟于次。

女家主人告于祠堂。

如納采儀。祝版前同，但〔一〕云：「某之第幾女，若某親某之第幾女，將以今日歸于某官某郡姓名，不勝感愴。」謹以後同〔二〕。

遂醮其女而命之。

女盛飾，姆相之，立於室外，南向。父坐東序，西向，母坐西序〔三〕，東向。設女席於母之東北，南向。贊者醮以酒，如壻禮。姆導女出於母左。父起，命之曰：「敬之戒之，夙夜無違爾〔四〕舅姑之命。」母送至西階上，爲之整冠斂帔〔五〕，命之曰：「勉之敬之，夙夜無違爾閨門之禮。」諸母姑嫂姊送至于中門之内，爲之整裙

〔一〕「前同但」三字，郭本闕。

〔二〕「謹以後同」四字，郭本闕。

〔三〕「西向母坐西序」六字，郭本闕。

〔四〕「爾」字，集、成、性、和本闕。

〔五〕「斂帔」二字，郭、和本作「斂帔」二字。

衫，申以父母之命曰：「謹聽〔一〕爾父母之言，夙夜無愆。」非宗子之女，則宗子告于祠堂，而其父醮於私室如儀。

主人出迎，壻入奠鴈〔二〕。

主人迎壻于門外，揖讓以入。壻執鴈〔三〕以從，至于廳事。主人升自阼階，立，西向。壻升自西階，北向跪，置鴈〔四〕於地。主人侍者受之。壻俛伏，興，再拜。主人不答拜。若族人之女，則其父從主人出迎，立於其右，尊則少進，卑則少退。

○凡贄用生鴈〔五〕，左首以生色繒交絡之。無則刻木爲之。取其順陰陽往來之義。程子曰：「取其不再偶也。」

姆奉女出登車。

姆奉女出中門。壻揖之，降自西階。主人不降。壻遂出，女從之。壻舉轎簾以俟。姆辭曰：「未教，不足與爲禮也。」女乃登車。

〔一〕「聽」字，和校稱『聽』一作『思』」。
〔二〕「鴈」字，郭本作「雁」字。
〔三〕「鴈」字，郭本作「雁」字。
〔四〕「鴈」字，郭本作「雁」字。
〔五〕「鴈」字，郭本作「雁」字。

壻乘馬，先婦車。

婦車亦以二燭前導。

至其家，導婦以入。

壻至家，立于廳事，俟婦下車，揖之，導以入。

壻婦交拜。

婦從者布壻席於東方，壻從者布婦席於西方。壻盥于南，婦從者沃之，進帨。婦盥于北，壻從者沃之，進帨。壻揖婦，就席。婦拜，壻答拜。

就坐，飲食畢，壻出。

壻揖婦，就坐。壻東婦西。從者斟酒設饌。壻婦祭酒，舉殽。又斟酒，壻揖，婦舉飲，不祭，無殽。又取卺，分置壻婦之前〔二〕，斟酒，壻揖，婦舉飲，不祭，無殽。壻出，就他室。姆與婦留室中。徹饌，置室外，設席。壻從者餕婦之餘，婦從者餕壻之餘。

復入，脱服。燭出。

壻脱服，婦從者受之。婦脱服，壻從者受之。

〔二〕「前」字，和本作「間」字。

○司馬公〔一〕曰：「古詩云『結髮爲夫婦』，言自小〔二〕年束髮即爲夫婦，猶李廣言『結髮與匈奴戰』也。今世俗昏姻，乃有結髮之禮，謬誤可笑，勿用可也。」

主人禮賓。

男賓於外廳，女賓於中堂。〔三〕

婦見舅姑

明日夙興，婦見于舅姑。

婦夙興，盛服，俟見。舅姑坐於堂上，東西相向。各置卓子於前。家人男女少於舅姑者，立於兩序，如冠禮之敍。婦進立於阼階下，北面拜舅，升，奠贄幣于卓上〔四〕。舅授〔五〕之，侍者以入。婦降，又拜畢，詣西

〔一〕「司馬公」三字，性、和本作「司馬温公」四字。

〔二〕「小」字，明、庫、郭、和本作「少」字。

〔三〕「男賓於外廳，女賓於中堂」句，集本句後有「註曰：古禮明日饗送者，今從俗」十二字，成、性、和本句後有「古禮明日饗從者，今從俗」十字。

〔四〕「卓上」二字，集、成、性、和本作「卓子上」三字。

〔五〕「授」字，集、成、性、明、庫、郭、和本作「撫」字。

階下，北面拜姑，升，奠贄幣。姑舉以授侍者。婦降又拜。

○若非宗子之子而與宗子同居，則先行此禮於舅姑之私室。與宗子不同居，則如上儀。

舅姑禮之。

如父母醮女之儀。

婦見于諸尊長。

婦既受禮，降自西階。同居有尊於舅姑者，則舅姑以婦見於其室，如見舅姑之禮。還拜諸尊長〔一〕于兩序，如冠禮，無贄。小郎、小姑，皆相拜。非宗子之子而與宗子同居，則既受禮，詣其堂上拜之，如舅姑禮，而還見于兩序。其宗子及尊長不同居，則廟見而后〔二〕往。

若冢婦則饋于舅姑。

是日食時，婦家具盛饌酒壺，婦從者設蔬果卓子于堂上舅姑之前，設盥盤于阼階東南，帨架在東。舅姑就坐，婦盥，升自西階，洗盞斟酒，置舅卓子上。降，俟舅飲畢，又拜。遂獻姑進酒，姑受飲畢，婦降拜。

〔一〕「尊長」二字，郭本作「尊」字。
〔二〕「后」字，成、性、和本作「後」字。

遂執饌，升，薦于舅姑之前，侍立姑後，以俟卒食，徹飯〔一〕。侍者徹餘〔二〕饌，分置别室。婦就餕姑之餘，婦從者餕舅之餘，壻從者又餕婦之餘。非宗子之子，則於私室如儀。

舅姑饗之。

如禮婦之儀。禮畢，舅姑先降自西階，婦降自阼階。

廟見

三日，主人以婦見于祠堂。

古者三月而廟見。今以其太〔三〕遠，改用三日。如子冠而見之儀，但告辭曰：「子某之婦某氏敢見。」餘竝同。

〔一〕「飯」字，集本作「饌」字。
〔二〕「餘」字，性、和本闕。
〔三〕「太」字，成本作「大」字。

壻見婦之父母

明日，壻往見婦之父母。

婦父迎送揖讓，如客禮〔二〕。拜即跪而扶之。入見婦母，婦母闔門左扉，立于門内，壻拜于門外。皆有幣。婦父非宗子，即先見宗子夫婦，不用幣，如上儀。然後見婦之父母。

次見婦黨諸親。

不用幣。婦女相見如上儀。

婦家禮壻，如常儀。

親迎之夕，不當見婦母及諸親及設酒饌。以婦未見舅姑故也。

家禮卷三終〔三〕

〔二〕「客禮」二字，和校稱「『客』一作『賓』」。

〔三〕「家禮卷三終」五字，庫本作「家禮卷三」四字，郭本作「朱子家禮卷三終」七字，和本作「家禮卷之三畢」六字，成、性本作「此五字闕」四字，集本後有「右昏禮附註凡十三條」九字。

家禮〔一〕

喪禮〔二〕

初終

疾病，遷居正寢。

凡疾病，遷居正寢，内外安静以俟氣絶。男子不絶於婦人之手，婦人不絶於男子之手。

既絶乃哭。○復。

侍者一人，以死者之上服嘗經衣者，左執領，右執要，升屋中霤〔三〕，北面招以衣，三呼曰：「某人復。」

〔一〕「家禮」二字，公、明本作「家禮第四」四字，集本作「文公家禮卷第四」七字，性本作「家禮三」三字，庫本作「家禮卷四」四字，郭本作「朱子家禮卷四」六字，和本作「家禮卷之四」五字，成本闕。

〔二〕「喪禮」二字，集本作「喪禮第四」四字。

〔三〕「升屋中霤」四字，成、性、和本作「自前榮升屋中霤」七字。

畢，卷衣，降，覆尸上。男女哭擗無數。

○上服，謂有官則公服，無官則襴衫、皂衫、深衣。婦人，大袖、背子。呼某人者，從生時之號。

立喪主、

凡主人謂長子，無則長孫承重以奉饋奠。其與賓客爲禮，則同居之親且尊者主之。

主婦、

謂亡者之妻，無則主喪者之妻。

護喪、

以子弟知禮能幹者爲之。凡喪事，皆稟之。

司書、司貨。

以子弟或吏僕〔二〕爲之。

乃易服，不食。

妻子婦妾皆去冠及上服，被髮。男子扱上衽，徒跣。餘有服者，皆去華飾。爲人後者爲本生父母，及女子已嫁者，皆不被髮徒跣。諸子，三日不食。期九月之喪，三不食，五月三月之喪，再不食。親戚鄰里爲

〔二〕「吏僕」二字，和本作「使僕」二字。

糜粥以食之。尊長强之，少食可也。

○扱上衽，謂插衣前襟之帶。華飾，謂錦繡〔一〕、紅紫、金玉、珠翠之類。

治棺，

護喪命匠擇木爲棺。油杉爲上，栢〔二〕次之，土杉爲下。其制方直，頭大足小，僅取容身，勿令高大及爲虚簷高足。内外皆用灰漆，内仍用瀝清〔三〕溶瀉，厚半寸以上，煉熟〔四〕秫米灰鋪其底，厚四寸許，加七星版〔五〕，底四隅各釘大鐵鐶，動則以大索貫而舉之。

○司馬公〔六〕曰：「棺欲厚，然太厚則重而難以致遠。又不必高大，占地使壙中寬，易致摧毀。宜深戒之。椁雖聖人所制，自古用之，然板木歲久終歸腐爛，徒使壙中寬大不能牢固，不若不用之爲愈也。孔子葬鯉，有棺而無椁，又許貧者還葬而無椁〔七〕。今不欲用，非爲貧也，乃欲保安亡者耳〔八〕。」

〔一〕「錦繡」二字，集本作「錦綉」二字。
〔二〕「栢」字，明、庫、郭本作「柏」字。
〔三〕「瀝清」二字，成、性、和本作「瀝青」二字。
〔四〕「煉熟」二字，成、性、和本作「以煉熟」三字。
〔五〕「版」字，集、性、和本作「板」字。
〔六〕「司馬公」三字，性、和本作「司馬温公」四字。
〔七〕「椁」字，集本作「槨」字。
〔八〕「耳」字，成、性本作「爾」字。

○程子曰，雜書有松脂入地，千年爲伏苓[一]，萬年爲琥珀之説。蓋物莫久於此，故以塗棺。古人已有用之者。

訃告[二]于親戚僚友。

護喪、司書爲之發書。若無則主[三]自訃親戚，不訃僚友。自餘書問悉停。以書來弔者，竝須卒哭後答之。

沐浴　襲　奠　爲位　飯含

執事者設幃及牀，遷尸，掘坎。

執事者以幃障[四]卧内。侍者設牀[五]於尸牀前，縱置之。施簀去薦，設席枕，遷尸其上，南首，覆以衾。掘坎于屏處潔地。

〔一〕「伏苓」二字，成、性、和本作「茯苓」。
〔二〕「訃告」二字，郭本作「赴告」二字。
〔三〕「主」字，成、性、明、庫、郭、和本作「主人」二字。
〔四〕「幃障」二字，集、明、庫、郭本作「幃幛」二字。
〔五〕「牀」字，集、成本作「床」字。

陳襲衣、

以卓子陳于堂前東壁下，西領南上。幅巾一，充耳二，用白纊如棗核大，所以塞耳者也。幎目，帛方尺二寸，所以覆面者也。握手，用帛長尺二寸，廣五寸，所以裹〔一〕手者也。深衣一，大帶一，履二〔二〕，袍、襖、汗衫、袴、韈〔三〕、勒帛、裹〔四〕肚之類，隨所用之多少。

沐浴、飯含之具。

以卓子陳于堂前西壁下，南上。錢三，實于小箱，米二升，以新水淅令精，實于盌。櫛一，沐巾一。浴巾二，上下體各用其一也。

乃沐浴，

侍者以湯入。主人以下皆出帷外〔五〕，北面。侍者沐髮，櫛之，晞以巾，撮爲髻。抗衾而浴，拭以巾。剪

〔一〕「裹」字，集、成本作「褁」字。
〔二〕「二」字，集本作「一」字。
〔三〕「袴韈」二字，集、成、性、郭、和本作「袴襪」二字。
〔四〕「裹」字，集、成本作「褁」字。
〔五〕「帷外」二字，和本作「幃外」二字。

爪，并〔一〕沐浴餘水、巾櫛〔二〕，棄于坎而埋之。

襲。

侍者設〔三〕襲牀於幃〔四〕外，施薦、席、褥、枕。先置大帶、深衣、袍、襖、汗衫、袴、韈〔五〕、勒帛、裹〔六〕肚之類於其上，遂舉以入，置浴牀之西，遷尸其上〔七〕，悉去病時衣及復衣，易以新衣，但未着〔八〕幅巾、深衣、履。

徙尸牀，置堂中間，

卑幼則各於室中間。餘言堂〔九〕者放此。

乃設奠。

執事者以卓子置脯醢，升自阼階。祝盥手，洗盞斟酒，奠于尸東，當肩，巾之。

〔一〕「并」字，成、性、明、庫、郭、和本作「其」字。

〔二〕「巾櫛」二字，成、性、和本作「并巾櫛」三字。

〔三〕「設」字，成、性、和本作「别設」二字。

〔四〕「幃」字，集本作「帷」字。

〔五〕「袴韈」二字，集、成、性、郭、和本作「袴襪」二字。

〔六〕「裹」字，集本作「褁」字。

〔七〕「其上」二字，成、性、和本作「於其上」三字。

〔八〕「着」字，集、成、性、郭、和本作「著」字。

〔九〕「堂」字，成、性、和本作「在堂」二字。

○祝以親戚爲之。

主人以下，爲位而哭。

主人坐於牀東奠北。衆男應服三年者，坐其下，皆藉〔一〕以稾〔二〕。同姓期、功以下，各以服次坐于其後，皆西面〔三〕南上。尊行以長幼坐于牀東北壁下，南向西上，藉〔四〕以席薦。主婦、衆婦女坐于牀西，藉以稾〔五〕。同姓婦女，以服爲次，坐于其後，皆東向南上。尊行以長幼坐于牀西北壁下，南向東上，藉以席薦。妾婢立於婦女之後。別設幃以障内外。異姓之親，丈夫坐於帷〔六〕外之東，北向西上。婦人坐於帷〔七〕外之西，北向東上。皆藉以席，以服爲行，無服在後。

○若内喪，則同姓丈夫尊卑坐于帷外之東，北向西上。異姓丈夫坐于帷外之西，北向東上。

〔一〕「藉」字，和本作「籍」字。
〔二〕「稾」字，集、和本作「藁」字，郭本作「藁」字。
〔三〕「西面」二字，成、性、和本作「西向」二字。
〔四〕「藉」字，和本作「籍」字。
〔五〕「稾」字，集、和本作「藁」字，郭本作「藁」字。
〔六〕「帷」字，成、性、和本作「幃」字。
〔七〕「帷」字，和本作「幃」字。

○三年之喪，夜則寢於尸旁，藉槀〔一〕枕塊。病羸〔二〕者，藉以草薦可也。期以下，寢於側近。男女異室。外親歸家可也。

乃飯含。

主人哭盡哀，左袒，自前扱於腰之右，盥手，執箱以入。侍者一人，插匙于米盌，執以從，置于尸西。以幎巾入，徹枕覆面〔三〕。主人就尸東，由足而西，牀上坐，東面舉巾，以匙抄〔四〕米，實于尸口之右，并實一錢。又於左於中亦如之。主人襲所袒衣，復位。

侍者卒襲，覆以衾。

加幅巾、充耳，設幎目，納履。乃襲深衣，結大帶，設握手〔五〕，乃覆以衾。

〔一〕「槀」字，集、和本作「藁」字，郭本作「稾」字。

〔二〕「病羸」二字，成、性、和本作「羸病」二字，郭本作「痛羸」二字。

〔三〕「以幎巾入，徹枕覆面」八字，成、性、和本作「徹枕，以幎巾入，覆面」八字，集本作「徹枕，以幎巾，覆面」七字。

〔四〕「抄」字，郭本作「鈔」字。

〔五〕「握手」二字，和本作「握手巾」三字。

靈座　魂帛　銘旌

置靈座，設魂帛，

設椸於尸南，覆以帕。置倚〔一〕卓其前，結白絹爲魂帛，置倚〔二〕上。設香爐、香合、玟杯〔三〕、注、酒果於卓子上。侍者朝夕設櫛類奉養之具，皆如平生。

○司馬公〔四〕曰：「古者鑿木爲重以主其神，今令式亦有之。然士民之家，未嘗識也。故用束帛依神，謂之魂帛，亦古禮之遺意也。世俗皆畫影，置於魂帛之後。男子生時有畫像，用之猶無所謂。至於婦人生時深居閨門，出則乘輜軿，擁蔽其面，既死，豈可使畫工直入深室〔五〕，揭掩面之帛，執筆訾相，畫其容貌。此殊爲非禮。又世俗或用冠帽衣履，裝飾如人狀，此尤鄙俚，不可從也。」

立銘旌。

〔一〕「倚」字，和本作「椅」字。
〔二〕「倚」字，和本作「椅」字。
〔三〕「香合、玟杯」四字，成、性、和本作「合盞」二字。
〔四〕「司馬公」三字，性、和本作「司馬温公」四字。
〔五〕「深室」二字，和本作「深屋」二字。

以絳帛爲銘旌。廣終幅。三品以上九尺，五品以下〔一〕八尺，六品以下七尺。書曰：「某官某公之柩。」無官，即隨其生時所稱。以竹爲杠，如其長，倚於靈座之右。

不作佛事。

司馬公〔二〕曰：「世俗信〔三〕浮屠誑誘。於始死及七七日、百日、期年、再期、除喪，飯僧設道場，或作水陸大會，寫經造像，修建塔廟，云：『爲此〔四〕者，滅彌天罪惡，必生天堂，受種種快樂。不爲者，必入地獄，剉燒舂磨，受無邊波吒之苦。』殊不知，人生含氣血知痛癢，或剪爪剃髮，從而燒斫之，已不知苦。況於死者，形神相離，形則入於黄壤，朽腐消滅，與木石等。神則飄若風火，不知何之。借使剉燒舂磨，豈復知之。且浮屠所謂天堂地獄者，計亦以勸善而懲惡也。苟不以至公行之，雖鬼可得而治〔五〕乎。是以唐廬州刺史李丹〔六〕與妹書曰：『天堂無則已，有則君子登。地獄無則已，有則小人入。』世人親死而禱浮屠，是不以其親爲君子而爲積惡有罪之小人也。何待其親之不厚哉。就使其親實積惡有罪，豈賂浮屠所能免乎。此則中

〔一〕「以下」二字，郭本作「以上」二字，和校稱「『五品以下』之『下』當作『上』」。
〔二〕「司馬公」三字，性、和本作「司馬温公」四字。
〔三〕「信」字，集本作「言」字。
〔四〕「此」字，性、郭、和本作「死」字。
〔五〕「治」字，和校稱「一作『私』字」。
〔六〕「李丹」二字，集、成、性、和本作「李舟」二字。

智所共知，而舉世滔滔信奉之，何其易惑而難曉也。甚者至有傾家破産然後已。與其如此，曷若早賣田營墓而葬之乎。彼天堂地獄，若果有之，當與天地俱生。自佛法未入中國之前，人死而復生者亦有之矣。何故無一人誤入地獄，見閻羅等十王者耶。不學者固不足言〔一〕，讀書知古者亦可以少悟矣。」

執友親厚之人，至是入哭可也。

主人未成服而來哭者，當服深衣，臨尸哭盡哀。出，拜靈座，上香〔二〕，再拜，遂弔主人，相持〔三〕哭盡哀。

主人以哭對，無辭。

小斂

祖　括髮　免　髽　奠　代哭

厥明，

謂死之明日。

〔一〕「不足言」三字，成、性、和本作「不足與言」四字。

〔二〕「上香」二字，和本作「焚香」二字。

〔三〕「相持」二字，成、性、明、庫、郭本作「相向」二字。

執事者陳小斂衣衾，

以卓陳于堂東北壁下。據死者所有之衣，隨宜用之。若多，則不必用〔一〕也。衾用複者。絞，横者三，縱者一，皆以細布或綵，一幅而析其兩端〔二〕爲三。横者取足以〔三〕周身相結〔四〕，縱者取足以〔五〕掩首至足而結於身中。

設奠，

設卓子于阼階東南，置奠饌及盃〔六〕注于其上，巾之。設盥盆、帨巾各二于饌東。其東有臺者，祝所盥也。其西無臺者，執事者所盥也。别以卓子設潔滌盆、新拭巾於其東，所以洗盃〔七〕拭盃〔八〕也。此一節至遣〔九〕竝同。

〔一〕「不必用」三字，集、成、性、明、庫、郭、和本作「不必盡用」四字。
〔二〕「兩端」二字，郭本作「兩頭」二字。
〔三〕「足以」二字，成本作「足」字。
〔四〕「相結」二字，成本闕。
〔五〕「足以」二字，成本作「足」字。
〔六〕「盃」字，成、性、明、庫、郭、和本作「盞」字。
〔七〕「盃」字，成、性、明、庫、郭、和本作「盞」字。
〔八〕「盃」字，成、性、明、庫、郭、和本作「盞」字。
〔九〕「遣」字，郭本作「遣奠」二字。

具括髮麻、免布、髽麻，

括髮，謂麻繩撮髻，又以布爲頭帑也。免，謂裂布或縫絹廣寸〔二〕，自項向前，交於額上，卻遶髻，如著掠頭也。髽，亦用麻繩撮髻〔三〕，竹木爲簪也。設之皆于別室。

設小斂床〔三〕，布絞、衾衣，

設小斂床〔四〕，施薦席褥于西階之西。鋪絞衾〔五〕衣，舉之升自西階，置于尸南。先布絞之橫者三於下，以備周身相結。乃布縱者一於上，以備掩首及足也。衣或顛或倒，但取正方，唯上衣不倒。

乃遷襲奠，

執事者遷置靈座西南，俟設新奠乃去之。後凡奠皆放〔六〕此。

遂小斂。

〔一〕「或縫絹廣寸」五字，郭本闕。

〔二〕「撮髻」二字，成本作「撮髽」二字。

〔三〕「床」字，集、性、庫、郭、和本作「牀」字。

〔四〕「床」字，性、庫、郭、和本作「牀」字。

〔五〕「衾」字，郭本闕。

〔六〕「放」字，集本作「倣」字。

侍者盥手舉尸，男女共扶助之，遷于小斂床〔一〕上。先去枕而舒絹疊衣，以藉其首。仍卷兩端，以補兩肩空處。又卷衣，夾其兩脛，取其正方。然後以餘衣掩尸，左衽不紐。裹〔二〕之以衾，而未結〔三〕以絞，未掩其面。蓋孝子猶俟其復生〔四〕，欲時見其面故也。斂畢，則〔五〕覆以衾。

主人主婦，憑尸哭擗。

主人西向，憑尸哭擗。主婦東向，亦如之。○凡子於父母，憑之。父母於子、夫於妻，執之。婦於舅姑，奉之。舅於婦，撫之。於昆弟，執之。凡憑尸，父母先，妻子後。

袒括髮，免髽于別室。

男子斬衰者，袒括髮。齊衰以下至同五世祖者，皆袒免于別室。婦人髽于別室。

還，遷尸牀于堂中。

〔一〕「床」字，成、性、庫、郭、和本作「牀」字。
〔二〕「裹」字，集本作「裹」字。
〔三〕「未結」二字，公、郭本作「末結」二字。
〔四〕「生」字，成本作「上」字。
〔五〕「則」字，成、和本作「別」字。

執事者徹襲床〔一〕，遷尸其處。哭者復位。尊長坐，卑幼立。

乃奠。

祝帥執事者盥手舉饌，升自阼階，至靈座前。祝焚香，洗盞斟酒奠之。卑幼者皆再拜。侍者巾之。

主人以下哭盡哀，乃代哭不絶聲。

大斂

厥明，

小斂之明日，死之第三日也。

○司馬公〔二〕曰：「《禮》曰『三日而斂』者，俟其復生也。三日而不生，則亦不生矣。故以三日爲之禮也。今貧者喪具或未辦，或漆棺未乾，雖過三日，亦無傷也。世俗以陰陽拘忌，擇日而斂，盛夏之際，至有汁出蟲流，豈不悖哉。」

執事者陳大斂衣衾，

〔一〕「床」字，成、性、庫、郭、和本作「牀」字。
〔二〕「司馬公」三字，性、和本作「司馬温公」四字。

以卓子陳于堂東壁下。衣無常數，衾用有綿〔一〕者。

設奠具。

如小斂之儀。

舉棺入，置于堂中少西，

執事者先遷靈座及小斂奠於旁側。役者舉棺以入，置于牀西，承以兩凳。若卑幼則於別室。役者出，侍者先置衾于棺中，垂其裔於四外。

〇司馬公〔二〕曰：「周人殯于西階之上。今堂室異制或狹小，故但於堂中少西而已。今世俗多殯於僧舍，無人守視，往往以年月未利，踰數十年不葬，或爲盜賊所發，或爲僧所棄。不孝之罪，孰大於此。」

乃大斂。

侍者與子孫婦女俱盥手，掩首，結絞，共舉尸納于棺中。實生時所落髮齒〔三〕及所剪爪于棺角，又揣其空缺〔四〕處，卷衣塞之，務令充實，不可搖動。謹勿以金玉珍玩置棺中，啓盜賊心。收衾，先掩足，次掩首，次

〔一〕「綿」字，郭本作「緜」字。

〔二〕「司馬公」三字，性、和本作「司馬温公」四字。

〔三〕「髮齒」二字，成、性、和本作「齒髮」二字。

〔四〕「缺」字，成、性、明、庫、郭、和本作「缺」字。

掩左，次掩右，令棺中平滿。主人主婦憑哭盡哀。婦人退入幕下〔一〕，乃召匠加蓋下釘。徹牀，覆柩以衣。祝〔二〕取銘旌，設跗于柩東，復設靈座於故處。留〔三〕婦人兩人守之。

○司馬公〔四〕曰：「凡動尸舉柩，哭擗無算。然斂殯〔五〕之際，亦當輟哭臨視，務令安固，不可但哭而〔六〕已。」

○按古者大斂而殯，既大斂，則累墼塗之。今或漆棺未乾，又南方土多螻蟻，不可塗殯，故從其便。

設靈床〔七〕于柩東。

牀、帳、薦、席、屏、枕、衣、被〔八〕之屬，皆如平生時。

乃設奠。

如小斂之儀。

〔一〕「幕下」二字，成、性、明、庫、郭、和本作「幕中」二字。
〔二〕「祝」字，成本闕。
〔三〕「留」字，成本作「令」字。
〔四〕「司馬公」三字，性、和本作「司馬温公」四字。
〔五〕「斂殯」二字，成、性、和本作「殯斂」二字。
〔六〕「而」字，成本作「高」字。
〔七〕「床」字，性、庫、郭、和本作「牀」字。
〔八〕「被」字，和校稱「『被』一作『衾』」。

主人以下各歸喪次。

中門之外，擇朴〔二〕陋之室爲丈夫喪次。斬衰，寢苫枕塊，不脱絰帶，不與人坐焉〔三〕。非時見乎母也，不及中門。齊衰，寢席。大功以下異居者，既殯而歸，居宿於外，三月而復寢。婦人次于中門之内别室，或居殯側，去帷帳衾褥之華麗者，不得輒至男子喪次。

止代哭者。

成服

厥明，

大斂之明日，死之第四日也。

五服之人，各服其服，入就位，然後朝哭相弔如儀。

○其服之制，一曰，斬衰三年。

〔二〕「朴」字，郭本作「樸」字。

〔三〕「坐焉」二字，郭本作「共席坐」三字。

斬，不緝也。衣裳皆用極麤〔一〕生布，旁及下際皆不緝也〔二〕。裳，前三幅，後四幅，縫内向，前後不連。每幅作三輒。輒謂屈其兩邊相著而空其中也。衣長過腰，足以掩裳上際，縫外向。背有負版，用布方尺八寸，綴於領下垂之。前當心有衰，用布長六寸，廣四寸，綴於左衿之前。左右有辟領，各用布方八寸，屈其兩頭相著爲廣四寸，綴於領下。在負版兩旁，各攙負版一寸。兩腋下有衽〔三〕，各用布三尺五寸，上下各留一尺正方，一尺之外，上於左旁裁入六寸，下於右旁裁入六寸，便於盡處相望斜裁。卻以兩方左右相沓，綴於衣兩旁，垂之向下，狀如燕尾，以掩裳旁際也。冠比衣裳用布稍細，紙糊爲材，廣三寸，長足跨頂，前後裹〔四〕以布，爲三輒，皆向右，縱縫之。用麻繩一條，從額上約之，至頂後交過前，各至耳，結之以爲武。屈冠兩頭，入武内，向外反屈之，縫於武。武之餘繩垂下爲纓，結於頤下。首絰〔五〕，以有子麻爲之，其圍九寸，麻本在左。從額前向右圍之，從頂過後，以其末加於本上，又以繩爲纓以固之，如冠之制。腰絰，大七寸有餘，兩股相交，兩頭結之，各存麻本，散垂三尺。其交結處，兩旁各綴細繩繫之。絞帶，用有子麻繩一條，大半腰絰，中屈之爲兩股，各一尺餘，乃合之，其大如絰。圍腰從左過後至前，乃以其右端穿兩股間而反插於

〔一〕「麤」字，郭本作「粗」字，成、性本作「麄」字。
〔二〕「皆不緝也」四字，性、和本「皆不緝也」後尚有「衣縫向外」四字。
〔三〕「衽」字，明本作「袵」字。
〔四〕「裹」字，郭本作「裏」字。
〔五〕「首絰」之前，成、性、和本有「〇」。和校稱「圈疑當刪去」。

右，在絰之下。苴〔一〕杖〔二〕，用竹，高齊心，本在下。屨〔三〕亦粗〔四〕麻爲之。婦人則用極麤〔五〕生布爲大袖、長裙、蓋頭，皆不緝。布頭⿰糹須〔六〕、竹釵、麻屨。衆妾〔七〕則以背子代大袖。凡婦人皆不杖。

其正服則子爲父也。其加服則嫡孫，父卒，爲祖若曾高祖承重者也。父爲嫡子，當爲後者也。其義服則婦爲舅也。夫承重，則從服也。爲人後者，爲所後父也。爲所後祖承重也。夫爲人後，則妻從服也。妻爲夫也。妾爲君也。

二曰，齊衰三年，

齊，緝也。其衣裳冠制，竝如斬衰，但用次等麤〔八〕生布，緝其旁及下際。冠以布〔九〕爲武及纓。首絰以無子麻爲之，大七寸餘，本在右，末繫本下，布纓。腰絰，大五寸餘。帶〔一〇〕，以布爲之，而屈其右端尺餘。

〔一〕「苴」字，成、性、和本作「苴」字。
〔二〕「苴杖」二字，明、庫、郭本作「其杖」二字。
〔三〕「屨」字，集本作「履」字。
〔四〕「粗」字，庫本作「麤」字。
〔五〕「麤」字，成、性、郭、和本作「粗」字。
〔六〕「⿰糹須」字，成本作「鬚」字。
〔七〕「妾」字，郭本闕此字。
〔八〕「麤」字，成、性、和本作「麄」字，郭本作「粗」字。
〔九〕「以布」二字，庫、郭本作「以下」二字。
〔一〇〕「帶」字，集、性、明、庫、郭、和本作「絞帶」二字。

杖〔一〕，以桐爲之，上圓下方。婦人服同斬衰，但布用次等爲異，後皆放〔二〕此。

其正服則子爲母也。士之庶子爲其母同，而爲父後則降也。其加服則嫡孫，父卒，爲祖母若曾高祖母〔三〕承重者也。母爲嫡子，當爲後者也。其義服則婦爲姑也。夫承重，則從服也。爲繼母也。爲慈母，謂庶子無母而父命他妾之無子者慈己也。繼母爲長子也。妾爲君之長子也。

杖期〔四〕，

服制同上，但又用次等生布。

其正服，則嫡孫，父卒祖在，爲祖母也。其降服〔五〕，則爲嫁母、出母也。其義服，則爲父卒繼母嫁而已從之者也。夫爲妻也。子爲父後，則爲出母、嫁母無服。繼母出則無服也。

不杖期〔六〕，

服制同上，但不杖，又用次等生布。

〔一〕「杖」字，庫本作「丈」字。
〔二〕「放」字，成、性、郭、和本作「倣」字。
〔三〕「曾高祖母」四字，郭本作「高曾祖母」四字。
〔四〕「杖期」二字，郭本作「齊衰杖期」四字。
〔五〕「降服」二字，庫本作「服降」二字。
〔六〕「不杖期」三字，郭本作「齊衰不杖期」五字。

其正服，則爲祖父母。女雖適人，不降也。庶子之子爲父之母，而爲祖後則不服也。爲伯叔父也。爲兄弟也。爲衆子男女也。爲兄弟之子也。爲姑姊妹女在室及適人而無夫與子者也。婦人無夫與子者，爲其兄弟姊妹及兄弟之子也。妾爲其子也。其加服，則爲嫡孫若曾元〔一〕孫當爲後者也。女適人者，爲兄弟之爲父後者也。其降服，則嫁母、出母爲其子，子〔二〕雖爲父後，猶服也。妾爲其父母也。其義服，則繼母、嫁母爲前夫之子從己者也。爲伯叔母也。爲夫兄弟之子也。繼父同居，父子皆無大功之親者也。妾爲女君也。妾爲君之衆子也。舅姑爲嫡婦也。

五月〔三〕，

服制同上。

其正服，則爲曾祖父母。女適人者不降也。

三月〔四〕。

服制同上。

〔一〕「元」字，集、成、性、和本作「玄」字。
〔二〕「子」字，郭本闕。
〔三〕「五月」二字，郭本作「齊衰五月」四字。
〔四〕「三月」二字，郭本作「齊衰三月」四字。

其正服，則爲高祖父母。女適人者不降也。其義服，則繼父不同居者，謂先〔一〕同今異，或雖同居而繼父有子，已有大功以上親者也。其元不同居者，則不服。

三曰，大功九月。

服制同上，但用稍粗熟布，無負版、衰、辟領。首絰五寸餘，腰絰四寸餘。

其正服，則爲從父兄弟姊妹，謂伯叔父之子也。爲衆孫男女也。其義服，則爲衆子婦也。爲兄弟子之婦也。爲夫之祖父母、伯叔父母、兄弟子之婦也。夫爲人後者，其妻爲本生舅姑也。

四曰，小功五月。

服制同上，但用稍熟細〔二〕布，冠左縫。首絰四寸餘，腰絰三寸餘。

其正服，則爲從祖祖父、從祖祖姑，謂祖之兄弟姊妹也。爲兄弟之孫。爲從祖父、從祖姑，謂從祖祖父之子〔三〕，父之從父兄弟〔四〕也。爲從父兄弟之子也。爲從祖兄弟姊妹，謂從祖父之子，所謂再從兄弟姊妹者〔五〕也。爲外祖父母，謂母之父母也。爲舅，謂母之兄弟也。爲甥也。爲從母，謂母之姊妹也。爲姊妹之

〔一〕「先」字，郭本作「始」字。
〔二〕「熟細」二字，集本作「細熟」二字。
〔三〕「從祖祖父之子」六字，和本作「從祖之子」四字，和校稱「『祖之』之間《大全》有『祖父』字」。
〔四〕「兄弟」二字，集、成、性、明、庫、郭、和本作「兄弟姊妹」四字。
〔五〕「者」字，成本闕。

子也〔一〕。爲同母異父之兄弟姊妹也。其義服，則爲從祖祖母也。爲夫兄弟之孫也。爲從祖母也。爲夫從兄弟之子也。爲夫之姑姊妹，適人者不降也。女爲兄弟姪之妻，已適人亦不降也。爲娣姒婦，謂兄弟之妻相名，長婦謂次婦曰娣婦，娣〔二〕婦謂長婦曰姒婦也。庶子爲嫡母之父母、兄弟、姊〔三〕妹，嫡母死則不服也。母出則爲繼母之父母、兄弟、姊妹也。爲庶母慈己者，謂庶母之乳養己者也。爲嫡孫若曾元〔四〕孫之當爲後者之婦，其姑在則否也。爲兄弟之妻也。爲夫之兄弟也。

五曰，緦麻三月。

服制同上，但用極細熟布。首絰三寸，腰絰二寸，竝用熟麻。纓亦如之。

其正服，則爲族曾祖父、族曾祖姑，謂曾祖之兄弟姊妹也。爲兄弟之曾孫也。爲族祖父、族祖姑，謂族曾祖父之子也。爲從父兄弟之孫也。爲族父、族姑，謂族祖父之子也。爲從祖兄弟之子也。爲族兄弟姊妹，謂族父之子，所謂三從兄弟姊妹也。爲曾孫元〔五〕孫也。爲外孫也。爲從母兄弟姊妹，謂從母之子也。

〔一〕「爲甥也。爲從母，謂母之姊妹也。爲姊妹之子也」十八字，集本作「爲甥，謂姊妹之子也。爲從母，謂母之姊妹也」十七字，成、性、和本作「爲甥也，謂姊妹之子也。爲從母，謂母之姊妹也」十八字，和校稱「『甥也』之『也』，恐衍」。

〔二〕「娣」字，和本作「次」字。

〔三〕「姊」字，郭本作「娣」字。

〔四〕「元」字，集、成、性、和本作「玄」字。

〔五〕「元」字，集、成、性、和本作「玄」字。

爲外兄弟，謂姑之子也。爲内兄弟，謂舅之子也。其降服，則庶子爲父後者爲其母，而爲其母之父母兄弟姊妹則無服也。其義服，則爲族曾祖母也。爲夫兄弟之曾孫也。爲族祖母也。爲夫從兄弟之孫也。爲族母也。爲夫從祖兄弟之子也。爲庶孫之婦也。士爲庶母，謂父妾之有子者也。爲乳母也。爲婿〔二〕也。爲妻之父母，妻亡而别娶亦同，即妻之親母雖嫁出，猶服也。爲夫之曾祖、高祖也。爲夫之從祖祖父母也。爲兄弟孫之婦也。爲夫兄弟孫之婦也。爲夫之從祖父母也。爲從父兄弟子之婦也。爲夫從兄弟子之婦也。爲夫從父兄弟之妻也。爲夫之從父姊妹，適人者不降也。爲夫之外祖父母也。爲夫之從母及舅也。爲外孫婦也。女爲姊妹之子婦也。爲甥婦也。

凡爲殤服，以次降一等。

凡年十九至十六爲長殤，十五至十二爲中殤，十一至八歲爲下殤。應服期者，長殤降服大功九月，中殤七月，下殤小功五月。應服大功以下，以次降等。不滿八歲，爲無服之殤，哭之以日易月。生未三月，則不哭也。男子已娶，女子許嫁，皆不爲殤。

凡男爲人後、女適人者，爲其私親皆降一等。私親之爲之也亦然。

女適人者降服，未滿被出，則服其本服。已除，則不復服也。

〔二〕「婿」字，集、成、性、明、庫、郭、和本作「壻」字。

○凡婦服夫黨，當喪而出則除之。

○凡妾爲其私親，則如衆人。

成服之日，主人及兄弟始食粥。

諸子食粥。妻妾及期九月，疏食水飲，不食菜菓〔一〕。五月三月者，飲酒食肉，不與宴樂。自是無故不出。若以喪事及不得已而出入，則乘樸馬布鞍、素轎布簾。

凡重喪未除而遭輕喪，則制其服〔二〕而哭之，月朔設位，服其服而哭之。既畢，返重服。其除之也，亦服輕服。若除重喪而輕服未除，則服輕服以終其餘日。

朝夕哭奠　上食

朝奠，

每日晨起，主人以下皆服其服，入就位。尊長坐哭，卑者立哭。侍者設盥櫛之具于靈牀〔三〕側，奉魂帛

〔一〕「菓」字，集、成、性、郭、和本作「果」字。

〔二〕「其服」二字，庫本作「其」字。

〔三〕「牀」字，集本作「床」字。

出就靈座，然後朝奠。執事者設蔬果脯醢，祝盥手，焚香，斟酒。主人以下再拜，哭盡哀。

食時上食，

如朝奠儀。

夕奠。

如朝奠儀。畢，主人以下奉魂帛入就靈牀〔二〕，哭盡哀。

哭無時。

朝夕之間，哀至則哭於喪次。

朔日，則於朝奠設饌。

饌用肉魚麪米食羹飯各一器，禮如朝奠之儀。

有新物則薦之。

如上食儀。

〔二〕「牀」字，集、成本作「床」字，性本作「坐」字。

弔奠賻

凡弔，皆素服。

幞頭衫帶，皆以白生絹[二]爲之。

奠用香、茶、燭、酒、果，

有狀。或用食物即別爲文。

賻用錢帛。

有狀。惟親友分厚者有之。

具刺通名，

賓主皆有官，則具門狀，否則名紙題其陰面。先使人通之，與禮物[三]俱入。

入哭，奠訖，乃弔而退。

[二]「白生絹」三字，郭本作「生白絹」三字。

[三]「禮物」二字，集本作「禮」字。

既通名，喪家炷火然〔一〕燭布席，皆哭以俟。護喪出迎賓入〔二〕至廳事，進揖曰：「竊聞某人傾背，不勝驚怛。敢請入酹，并伸慰禮〔三〕。」護喪引賓入，至靈座前，哭盡哀，再拜焚香，跪酹茶酒，俛伏，興。護喪止〔四〕哭者。祝跪，讀祭文奠賻狀於賓之右，畢，興。賓主皆哭盡哀。賓再拜，主人哭出，西向，稽顙再拜。賓亦哭，東向答拜，進曰：「不意凶變，某親某官，奄忽傾背，伏惟哀慕，何以堪處。」主人對曰：「某罪逆深重，禍延某親，伏蒙奠酹，并賜臨慰，不勝哀感。」又再拜，賓答拜，又相向哭盡哀。賓先止，寬譬〔五〕主人曰：「脩短有數，痛毒奈何，願抑孝思，俯從禮制。」乃揖而出。主人哭而入。護喪送至廳事，茶湯而退。主人以下止哭。

○若亡者官尊即云「薨逝」，稍尊即云「捐館」。生者官尊則云「奄棄榮養」，存亡俱無官即云「色養」。若尊長拜賓，禮亦同此，惟其辭各如啓狀之式，見卷末〔六〕。

〔一〕「然」字，集、成、性、和本作「燃」字。

〔二〕「出迎賓入」四字，集、成、性、和本作「出迎賓，賓入」五字。

〔三〕「慰禮」二字，明、庫、郭本作「慰意」二字。

〔四〕「止」字，庫本作「至」字。

〔五〕「寬譬」二字，和本作「寬慰」二字。

〔六〕「惟其辭各如啓狀之式，見卷末」十二字，郭本闕。

聞喪　奔喪〔一〕

始聞親喪，哭。

親謂父母也。以哭答使者，又哭盡哀，問故。

易服，

裂布爲四脚白布衫，繩帶麻屨。

遂行。

日行百里，不以夜行。雖哀戚，猶辟害也。

道中哀至則哭。

哭避市邑喧繁之處。

○司馬公〔二〕曰：「今人奔喪及從柩行者，遇城邑則哭，過則止，是飾詐之道也。」

〔一〕「奔喪」，成、性、和本作「奔喪　治葬」四字。

〔二〕「司馬公」三字，性、和本作「司馬温公」四字。

望其州境、其縣境、其城、其家，皆哭。

家不在城，則〔一〕望其鄉哭。

入門，詣柩前，再拜，再變服，就位哭。

初變服如初喪，柩東西面〔二〕坐，哭盡哀。又變服如小斂〔三〕，亦如之〔四〕。

後四日，成服。

與家人相弔。賓至，拜之如初。

若未得行，則爲位不奠，

設倚子〔五〕一枚，以代尸柩，左右前後設位，哭如儀〔六〕，但不設奠。若喪側無子孫，則此中設奠如儀。

變服〔七〕，

〔一〕「則」字，成、性、和本闕。
〔二〕「西面」二字，集、成、性、和本作「西向」二字。
〔三〕「小斂」二字，成、性、和本作「大小斂」三字。
〔四〕「亦如之」三字，集本作「大斂亦如之」五字。
〔五〕「倚子」二字，集、成、性、和本作「椅子」二字。
〔六〕「如儀」二字，郭本作「無儀」二字。
〔七〕「變服」二字，和校稱「『變服』疑當作『成服』」。

亦以聞後之第四日。

在道至家，皆如上儀。

若喪側無子孫，則在道朝夕爲位設奠，至家但不變服。其相弔拜賓如儀。

若既葬〔一〕，則先之墓哭拜。

之墓者，望墓哭，至墓哭〔二〕拜，如在家之儀。未成服者，變服於墓，歸家詣靈座前哭拜，四日成服如儀。已成服者亦然，但不變服。

齊衰以下〔三〕，聞喪，爲位而哭。

尊長於正堂，卑幼於別室。

〇司馬公〔四〕曰：「今人皆擇日舉哀。凡悲哀之至，在初聞喪即當哭之，何暇擇日。但法令有不得於州縣公廨舉哀之文，則在官者當哭於僧舍，其它〔五〕皆哭於本家可也。」

若奔喪，則至家成服。

〔一〕「若既葬」三字，集、成本作「〇若既葬」。

〔二〕「至墓哭」三字，郭本闕。

〔三〕「齊衰以下」四字，集、成本作「〇齊衰以下」。

〔四〕「司馬公」三字，性、和本作「司馬温公」四字。

〔五〕「它」字，集、成、性、和本作「他」字。

奔喪者，釋去華盛之服，裝辦即行。既至，齊衰望鄉而哭，大功望門而哭，小功以下至門而哭。入門詣柩前哭，再拜，成服，就位，哭弔如儀。

若不奔喪，則四日成服。

不奔喪者，齊衰，三日中朝夕爲位會哭。四日之朝成服亦如之。大功以下，始聞喪，爲位會哭，四日成服亦如之。皆每月朔爲位會哭，月數既滿，次月之朔乃爲位會哭而除之。其間，哀至則哭可也。

治葬〔一〕

三月而葬。前期擇地之可葬者。

司馬公〔二〕曰：「古者，天子七月，諸侯五月，大夫三月，士踰月而葬。今五服年月，敕王公以下，皆三月而葬。然世俗信葬師之説，既擇年月日時，又擇山水形勢，以爲子孫貧富貴賤賢愚壽夭盡繫於此，而其爲術又多不同，争論紛紜，無時可決，至有終身不葬，或累世不葬，或子孫衰替，忘失處所，遂棄捐不葬者，正

〔一〕「治葬」二字，成、性、和本闕。
〔二〕「司馬公」三字，性、和本作「司馬温公」四字。

使殯葬實能致人禍福。爲子孫者亦豈忍使其親臭腐暴露而自求其利耶〔一〕。悖禮傷義，無過於此。然孝子之心，慮患深遠，恐淺則爲人所扣〔二〕，深則濕潤速朽，故必求土厚水〔三〕深之地而葬之，所以不可不擇也。」或曰〔四〕：「家貧鄉遠，不能歸葬，則如之何。」公曰：「子游問喪具。夫子曰：『稱家之有亡〔五〕。』子游曰：『有亡〔六〕烏〔七〕乎齊〔八〕。』夫子曰：『有，亡〔九〕過禮。苟亡〔一〇〕矣，斂手足形，還葬，懸棺而窆〔一一〕，人豈有非之者哉。』昔廉范千里負喪，郭平自賣營墓，豈待豐富然後葬其親哉。在禮，未葬不變服，食粥，居廬，寢苫，枕塊，蓋閔親之未有所歸，故寢食不安，奈何舍之出遊，食稻衣錦，不知其何以爲心哉〔一二〕。世人又有遊宦没

〔一〕「耶」字，性、郭、和本作「邪」字。
〔二〕「扣」字，性、和本下有注「音骨」二字。
〔三〕「水」字，庫本作「小」字。
〔四〕「曰」字，成、性、和本作「問」字。
〔五〕「有亡」二字，性、和本作「有無」二字。
〔六〕「有亡」二字，集、性、和本作「有無」二字。
〔七〕「烏」字，集、成、性、和本作「惡」字，性、和本下有注「音烏」二字。
〔八〕「齊」字，性、和本下有注「子細切」三字。
〔九〕「有亡」二字，集、成、性、和本作「有毋」二字，庫、郭本作「有無」二字。
〔一〇〕「苟亡」二字，集、性、和本作「苟無」二字。
〔一一〕「窆」字，性、和本下有注「彼歛切」三字。
〔一二〕「哉」字，郭本闕。

於遠方，子孫火焚其柩，收燼歸葬者。夫孝子愛親之肌體，故斂而藏之。殘毀它〔一〕人之尸，在律猶嚴，況子孫乃悖謬如此。其始蓋出於羌胡之俗，浸染中華，行之既久，習以爲常，見者恬然曾莫之怪。豈不哀哉。延陵季子適齊，其子死，葬於嬴博之間。孔子以爲合禮。必也不能歸葬，葬于其地可也。豈不猶愈於焚之哉。扫音骨〔二〕，惡音烏，齊子細切〔三〕，窆彼斂反〔四〕。」

○程子曰：「卜其宅兆，卜其地之美惡也。非陰陽家所謂禍福者也。地之美則其神靈安，其子孫盛。若培壅其根而枝葉茂，理固然矣。地之惡者，則反是。然則曷謂地之美者。土色之光潤，草木之茂盛，乃其驗也。父祖子孫同氣，彼安則此安，彼危則此危，亦其理也。而拘忌者惑以擇地之方位，決日之吉凶，不亦泥乎。甚者不以奉先爲計，而專以利後爲慮，尤非孝子安厝之用心也。惟五患者，不得不謹。須使它〔五〕日不爲道路，不爲城郭，不爲溝池，不爲貴勢所奪，不爲耕犁所及也。」一本云：「所謂五患者，溝，渠，道路，避村落，遠井窖〔六〕。」

〔一〕「它」字，集、成、性、和本作「他」字。
〔二〕「扫音骨」三字，成本作「○扫音骨」。
〔三〕「切」字，成本作「反」字。
〔四〕「扫音骨……窆彼斂反」段，性、郭、和本闕。
〔五〕「它」字，成、性、和本作「他」字。
〔六〕「窖」字，集、成、性、和本作「窰」字。

○愚〔一〕按，古者，葬地葬日，皆決於卜筮。今人不曉占法，且從俗擇之可也〔二〕。

擇日，開塋域，祠后土。

主人既〔三〕朝哭，帥執事者於所得地掘兆〔四〕，四隅外其壤，掘中，南其壤，各立一標，當南門〔五〕立兩標。擇遠親或賓客一人，告后土氏。祝帥執事者設位於中標之左，南向，設盞注、酒果、脯醢於其前。又設盥盆、帨巾二於其東南，其東有臺架，告者所盥。其西無者，執事者所盥也。告者吉服入，立於神位之前，北向，執事者在其後，東上，皆再拜。告者與執事者，皆盥帨。執事者一人取酒注〔六〕，西向跪，一人取盞，東向跪。告者斟酒，反注，取盞，酹于神位前，俛伏，興，少退，立。祝執版，立〔七〕於告者之左，東向跪，讀之曰：「維某年歲月〔八〕朔日子〔九〕，某官姓名，敢告于后土氏之神。今爲某官姓名，營建宅兆，神其保佑，俾無後

〔一〕「愚」字，集、性、和本闕。
〔二〕「愚按……擇之可也」段，郭本闕。
〔三〕「既」字，集本闕。
〔四〕「兆」字，成、性、和本作「穴」字。
〔五〕「南門」二字，郭本作「南向」二字。
〔六〕「酒注」二字，和本作「酒左」二字，和校稱「『酒左』恐當作『酒注』」。
〔七〕「立」字，庫本作「告」字。
〔八〕「歲月」二字，集本作「某月」二字。
〔九〕「子」字，郭本闕。

艱。謹以清酌脯醢，祇薦于神。尚饗。」訖，復位。告者再拜，祝及執事者皆再拜，徹，出。主人若歸，則靈座前哭，再拜。後放〔一〕此。

遂穿壙，

司馬公〔二〕曰：「今人葬有二法。有穿地直下爲壙，而懸棺以窆者。有鑿隧道，旁〔三〕穿土室而攛柩於其中者。按，古者唯天子得爲隧道，其它〔四〕皆直下爲壙而懸棺以窆。今當以此爲法。其穿地，宜狹而深。狹則不崩損，深則盜難近也。」

作灰隔。

穿壙既畢，先布炭末於壙底，築實，厚二三寸，然後布石灰、細沙、黄土拌匀者於其上，灰三分，二者各一可也。築實，厚二三尺〔五〕。别用薄板〔六〕爲灰隔，如椁之狀，内以瀝清塗之，厚三寸許，中取容棺〔七〕。墻

〔一〕「放」字，成、性、和本作「倣」字，郭本作「仿」字。
〔二〕「司馬公」三字，性、和本作「司馬温公」四字。
〔三〕「旁」字，集本作「傍」字。
〔四〕「它」字，成、性、和本作「他」字。
〔五〕「尺」字，庫、郭、和本作「寸」字。
〔六〕「板」字，和本作「版」字。
〔七〕「棺」字，郭本作「椁」字。

高於棺四寸許。置於灰上，乃於四旁旋下四物，亦以薄板〔一〕隔之。炭末居外，三物居内，如底之厚。築之既實，則旋抽其板近上，復下炭灰等而築之，及墻之平而止。蓋既不用椁，則無以容瀝清，故爲此制。又炭〔二〕禦木根，辟水蟻，石灰得沙而實，得土而黏，歲久結爲〔三〕全石，螻蟻盜賊皆不能〔四〕進也。

○程子曰：「古人之葬，欲比化〔五〕，不使土〔六〕親膚。今奇玩之物，尚〔七〕保藏固密以防損污，況親之遺骨當如何〔八〕哉。世俗淺識，惟欲不見而已。又有求速化之説者，是豈知必誠必信之義。且非欲求其不化也。未化之間，保藏當如是耳〔九〕。」

刻誌石，

〔一〕「板」字，和本作「版」字。
〔二〕「炭」字，成本作「灰」字。
〔三〕「結爲」二字，成、性、和本作「結而爲」三字。
〔四〕「不能」二字，成、性、和本作「不得」二字。
〔五〕「比化」二字，性、郭、和本作「比化者」三字。
〔六〕「土」字，成本作「上」字。
〔七〕「尚」字，郭本闕。
〔八〕「如何」二字，成、性、和本作「何如」二字。
〔九〕「耳」字，成、性、和本作「爾」字，明、庫本作「耶」字。

用石二片，其一爲蓋，刻云「有宋〔一〕某官某公之墓」，無官則書其字曰「某君〔二〕某甫」。其一爲底，刻云「有宋〔三〕某官某公諱某字某，某州某縣人，考諱某，某官，母氏某封某〔四〕。某年月日生，敍歷官遷次，某年月日終，某年月日葬于某鄉某里某處。娶某氏，某人之女。子，男某，某官，女適某官某人」。婦人，夫在，則蓋云「有宋〔五〕某官姓名某封某氏之墓」，無封則云「妻」，夫無官則書夫之姓名。夫亡，則云「某官某公某封某氏」，夫無官則云「某君某甫妻某氏」。其底敍年若干適某氏，因夫、子致封號，無則否。葬之日，以二石字面相向，而以鐵束束之，埋之壙前近地面三四尺間，蓋慮異時陵谷變遷，或誤爲人所動，而此石先見，則人有知其姓名者，庶能爲掩之也。

造明器、

刻木爲車馬、僕從、侍女，各執奉養之物，象平生而小。准〔六〕令，五品六品三十事，七品八品二十事，非陞朝官〔七〕十五事。

〔一〕「有宋」二字，成、性、和本闕。
〔二〕「某君」二字，郭本闕。
〔三〕「有宋」二字，成、性、和本闕。
〔四〕「母氏某封某」五字，成、性本作「母氏某封」四字，和本作「母某氏某封」五字。
〔五〕「有宋」二字，成、性、和本闕。
〔六〕「准」字，郭本作「準」字。
〔七〕「陞朝官」三字，郭本作「京朝官」三字。

下帳、

謂床〔一〕帳、茵席、倚〔二〕卓之類，亦象平生而小〔三〕。

苞、

竹掩一〔四〕，以盛遣奠餘脯。

筲、

竹器五，以盛五穀。

甖、

甆器三，以盛酒脯〔五〕醢。

○司馬公〔六〕曰：「自明器以下，俟實土及半，乃於其旁〔七〕穿便房以貯之。」愚按〔八〕，此雖古人不忍死其

〔一〕「床」字，性、庫、郭、和本作「牀」字。

〔二〕「倚」字，成、性、和本作「椅」字。

〔三〕「小」字，成本作「尔」字。

〔四〕「一」字，和本作「三」字，和校稱「『三』一作『一』」。

〔五〕「脯」字，成、性、和本作「醢」字。

〔六〕「司馬公」三字，性、和本作「司馬温公」四字。

〔七〕「旁」字，集本作「傍」字。

〔八〕「愚按」二字，集、性、和本作「○按」。

親之意，然實非有用之物。且脯肉腐敗生虫〔一〕聚蟻，尤爲非便，雖不用可也。

大轝、

古者柳車制度甚詳。今不能然，但從俗爲之，取其牢固平穩而已。其法用兩長杠，杠上加伏兔，附杠處爲圓鑿。别作小方牀〔二〕以載柩，足高二寸。旁〔三〕立兩柱，柱外施圓枘，令入鑿中，長出其外。枘鑿之間，須極圓滑，以膏塗之，使其上下之際，柩常〔四〕適平。兩柱近上更〔五〕爲方鑿，加横扃，扃兩頭出柱外者，更加小扃。杠兩頭施横杠，横杠上施短杠，短杠上或更〔六〕加小杠。仍多作新麻大索，以備札〔七〕縛。此皆切要實用不可闕者。但如此制而以衣覆棺，亦足以少華道路。或更欲加飾，則以竹爲之格，以綵結之，上如撮蕉亭，施帷幔，四角垂流蘇而已。然亦不可太高，恐多罣礙。不須太〔八〕華，徒爲觀美，若道路遠，決不可爲此

〔一〕「虫」字，成、性、明、庫、郭、和本作「蟲」字。
〔二〕「牀」字，成、性、和本作「床」字。
〔三〕「旁」字，集本作「傍」字。
〔四〕「常」字，郭本作「嘗」字。
〔五〕「更」字，成本作「便」字。
〔六〕「更」字，成本闕。
〔七〕「札」字，性、和本作「扎」字。
〔八〕「太」字，成、性本作「大」字。

虚飾。但多〔一〕用油單裹柩，以防雨水〔二〕而已。

翣。

以木爲筐，如扇而方，兩角高。廣二尺，高二尺四寸，衣以白布。柄長五尺。黼翣畫黼，黻翣畫黻，畫翣畫雲氣。其緣皆爲雲氣。皆畫以紫准格〔三〕。

作主。

程子曰：「作主用栗。趺方四寸，厚寸二分，鑿之洞底，以受主身。身高尺二寸，博三寸，厚寸二分，剡上五分爲圓首，寸之下，勒前爲頷而判之，四分居前，八分居後。頷下陷中，長六寸，廣一寸，深四分。合之植於趺，下齊。竅其旁以通中，圓徑四分，居三寸六分之下，下距趺面七寸二分。以粉塗其前面。」

○司馬公〔四〕曰：「府君、夫人，共爲一櫝。」

○愚按〔五〕，古者，虞主用桑，將練而後易之以栗。今於此便作栗主以從簡便。或無栗，止用木之堅者。

〔一〕「多」字，集本闕。
〔二〕「雨水」二字，成本作「雨」字。
〔三〕「准格」二字，郭本闕。
〔四〕「司馬公」三字，性、和本作「司馬温公」四字。
〔五〕「愚按」二字，集、性、和本作「按」字。

櫝用黑漆，且容一主，夫婦俱入祠堂，乃如〔一〕司馬氏〔二〕之制〔三〕。

遷柩　朝祖　奠賻　陳器　祖奠

發引前一日，因朝奠以遷柩告。

設饌如朝奠〔四〕。祝斟酒訖，北面跪，告曰：「今以吉辰遷柩。敢告。」俛伏〔五〕，興。主人以下哭盡哀，再拜。蓋古有啓殯〔六〕之奠，今既不塗殯，則其禮無所施。然〔七〕又不可全無節文，故爲此禮也。

奉柩朝于祖。

將遷柩，役者入，婦人退避。主人及衆主人輯杖立視〔八〕。祝以箱奉魂帛前行，詣祠堂前。執事者奉奠

〔一〕「乃如」二字，和本作「乃用」二字，和校稱「『乃用』，《大全》作『乃如』」。
〔二〕「司馬氏」三字，集本作「司馬公」三字。
〔三〕「愚按……司馬氏之制」段，郭本闕。
〔四〕「朝奠」二字，成本作「朔奠」二字。
〔五〕「俛伏」二字，郭本作「俯伏」二字。
〔六〕「啓殯」二字，集本作「遣殯」二字。
〔七〕「然」字，性、和本闕。
〔八〕「輯杖立視」四字，集本後有注「輯，歛也。謂舉之不以拄地也」十一字。

及倚〔一〕卓次之，銘旌次之，役者舉柩次之。主人以下從哭〔二〕。男子由右，婦人由左，重服在前，輕服在後，服〔三〕各爲敍。侍者〔四〕在末。無服之親，男居男右，女居女左，皆次主人主婦之後。婦人皆蓋頭。至祠堂前，執事者先布席，役者致柩於其上，北首而出。婦人去蓋頭。祝帥執事者設靈座及奠于柩西，東向〔五〕。主人以下就位立，哭盡哀，止。此禮蓋象平生將出，必辭尊者也。

遂遷于廳事，

執事者設帷於廳事。役者入，婦人退避。祝奉魂帛，導柩右旋。主人以下男女哭從如前，詣〔六〕廳事。執事者布席。役者置柩于席上，南首而出。祝設靈座〔七〕及奠于柩前，南向。主人以下就位坐哭〔八〕。藉以薦席。

〔一〕「倚」字，和本作「椅」字。
〔二〕「從哭」二字，和本作「哭從」二字。
〔三〕「服」字，郭本闕。
〔四〕「侍者」二字，集本作「待者」二字。
〔五〕「東向」二字後，集本尚有注「既夕禮，遷于祖，正柩于兩楹間，席升設于柩西，奠設如初。註，奠設如初，東面也。不統於柩，神不西面也。不統柩東，東非神位也」四十八字。
〔六〕「詣」字，集本作「設」字。
〔七〕「靈座」二字，郭本作「靈座位」三字。
〔八〕「坐哭」二字，庫本作「作哭」二字。

乃代哭。

如未歛〔一〕之前，以至發引。

親賓致〔二〕奠賻。

如初喪儀。

陳器。

方相在前，狂夫〔三〕爲之。冠服如道士，執戈揚盾。四品以上，四目爲方相，以下，兩目爲魌頭。次明器、下帳、苞、筲、甖，以牀舁之。次銘旌，去跗〔四〕執之。次靈車，以奉魂帛、香火。次大轝，轝旁有翣，使人執之。

日晡時，設祖奠。

饌如朝奠。祝斟酒訖，北向跪，告曰：「永遷之禮，靈辰不留，今奉柩車，式遵祖道。」俛伏，興。餘如朝夕奠儀。

〔一〕「歛」字，明、庫、郭本作「殮」字。
〔二〕「致」字，和校稱「『致』一作『至』」。
〔三〕「狂夫」二字，郭、和本作「役夫」二字。
〔四〕「跗」字，集本作「趺」字。

○司馬公〔一〕曰：「若柩自它〔二〕所歸葬，則行日但設朝奠，哭而行，至葬乃備此及下遣奠禮。」

遣奠

厥明，遷柩就轝。

轝夫納大轝於中庭，脱柱上橫扃。執事者徹祖奠。祝北向，跪，告曰：「今遷柩就轝。敢告。」遂遷靈座，置旁〔三〕側。婦人退避。役夫〔四〕遷柩就轝，乃〔五〕施扃加楔，以索維之，令極牢實〔六〕。男子〔七〕從柩哭降視載，婦人哭於帷中。載畢，祝帥執事者遷靈座于柩前，南向。

乃設遣〔八〕奠。

〔一〕「司馬公」三字，性、和本作「司馬温公」四字。

〔二〕「它」字，集、成、性、和本作「他」字。

〔三〕「旁」字，性本作「傍」字。

〔四〕「役夫」二字，集、成、性、和本作「召役夫」三字。

〔五〕「乃」字，集、成、性、和本作「乃載」二字。

〔六〕集本「牢實」二字後有注「載謂升柩於轝也。以新絙左右束柩於轝，乃以橫木楔柩足兩旁，使不動揺」凡二十九字。

〔七〕「男子」二字，成、性、明、郭、和本作「主人」二字。

〔八〕「遣」字，和本闕。

饌如朝奠，有脯。惟婦人不在。奠畢，執事者徹脯納苞中，置舁牀上，遂徹奠。

祝奉魂帛升車，焚香。

別以箱盛主，置帛後。至是〔二〕婦人乃蓋頭出帷，降階立哭。守舍者哭辭盡哀，再拜而歸。尊長則不拜。

發引

柩行。

方相等前導，如陳器之敘。

主人以下男女哭步從。

如朝祖之敘。出門則以白幕夾障之。

尊長次之，無服之親又次之，賓客又次之。

皆乘車馬。親賓或先待於墓所，或出郭哭拜，辭歸。

〔二〕「至是」二字，和本作「至此」二字。

親賓設幄於郭外道旁，駐柩而奠。

如在家之儀。

塗中遇哀則哭。

若墓遠，則每舍設靈座於柩前，朝夕哭奠。食時上食。夜則主人兄弟皆宿柩旁，親戚共守衛之。

及墓　下棺　祠后土　題木主　成墳

未至，執事者先設靈幄、

在墓道西，南向，有倚卓。

親賓次、

在靈幄前十數步，男東女西，女[一]次北與靈幄相直，皆南向。

婦人幄。

在靈幄後壙西。

[一]「女」字，郭本作「爲」字，性、和本闕。

方相至，

以戈擊〔一〕壙四隅。

明器等至，

陳於壙東南，北上。

靈車至。

祝奉魂帛就幄座。主箱亦置帛後。

遂設奠而退。

酒菓〔二〕脯醢。

柩至。

執事者先布席於壙南〔三〕。柩至，脱載置席上，北首。執事者取銘旌，去杠，置其上〔四〕。

主人男女各就位哭。

〔一〕「擊」字，庫本作「繫」字。
〔二〕「菓」字，成、性、郭、和本作「果」字。
〔三〕「壙南」二字，郭本作「壙前」二字。
〔四〕「其上」二字，成、性、明、庫、郭、和本作「柩上」二字。

主人諸丈夫立於壙東，西向，主婦諸婦女立於壙西幄内，東向。皆北上，如在塗之儀。

賓客拜辭而歸。

主人拜之，賓答拜。

乃窆。

先用木杠横於灰隔之上，乃用索四條穿柩底鐶，不結而下之。至杠上則抽索去之。别摺細布若生絹兜柩底而下之，更不抽出，但截其餘棄之。若柩無鐶，即用索兜柩底，兩頭放下，至杠上乃去索，用布如前。大〔一〕凡下柩，最須詳審用力，不可誤有傾墜動摇。主人兄弟宜輟哭，親臨視之。已下，再整柩衣、銘旌，令平正。

主人贈。

玄六，纁四，各長丈〔二〕八尺。主人奉置柩旁，再拜稽顙。在位者皆哭盡哀。家貧或不能具此數，則玄纁各一可也。其餘金玉寶玩竝不得入壙，以爲亡者之累。

加灰隔，納〔三〕外蓋，

〔一〕「大」字，成本作「夫」字。
〔二〕「丈」字，集本闕。
〔三〕「納」字，集、成、性、明、庫、郭、和本作「内」字。

先度灰隔大小，制薄板〔一〕一片，旁距四墻，取令脗合。至是〔二〕加於柩上，更以油灰彌之。然後旋旋少灌瀝清〔三〕於其上，令其速凝，即〔四〕不透板。約已〔五〕厚三寸許〔六〕，乃〔七〕加外蓋。

實以灰。

三物拌匀者居下，炭末居上，各倍於底及四旁之厚。以酒灑而躡實之。恐震柩中，故未敢築，但多用之以俟其實爾〔八〕。

乃實土而漸築之。

下土每尺許，即輕手築之。勿令震動柩中。

祠后土於墓左。

〔一〕「板」字，成本作「版」字。

〔二〕「至是」二字，和本作「至此」二字。

〔三〕「瀝清」二字，成、性、和本作「瀝青」二字。

〔四〕「即」字，郭本作「而」字。

〔五〕「已」字，明、庫、郭本作「以」字。

〔六〕「許」字，集本作「餘」字。

〔七〕「乃」字，集本作「即」字。

〔八〕「爾」字，集本闕，成、性、和本作「耳」字。

如前儀，祝版前同。但云「今爲某官封謚，窆兹幽宅」。神其〔一〕後同。

藏明器等，

實土及半，乃藏明器、下帳、苞、筲、罌於便〔二〕房，以版塞其門。

下誌石，

墓在平地，則於壙内近〔三〕南先布磚一重，置石〔四〕其上，又以磚四圍之，而覆其上。若墓在山側峻處，則於壙南數尺間〔五〕掘地深四五尺，依此法埋之。

復實以土而堅築之。

下土亦以尺許爲準，但須密杵堅築。

題主。

執事者設卓子於靈座東南，西向，置硯筆墨〔六〕。對卓置盥盆帨巾如前。主人立於其前，北向。祝盥

〔一〕「神其」二字，郭本闕。
〔二〕「便」字，明、庫本作「侵」字。
〔三〕「近」字，郭本作「進」字。
〔四〕「石」字，郭本闕。
〔五〕「間」字，和本作「開」字。
〔六〕「硯筆墨」三字，郭本作「硯筆」二字。

手，出主，臥置卓上，使善書者盥手，西向立，先題陷中。父則曰：「宋〔一〕故某官某公諱某字某第幾神主。」粉面曰：「皇〔二〕考某官封謚府君神主。」下其〔三〕左旁曰：「孝子某奉祀。」母則曰：「宋〔四〕故某封某氏諱某字某第幾神主。」粉面曰：「皇〔五〕妣某封某氏神主。」旁亦如之。無官封，則以生時所稱爲號。題畢，祝奉置靈座，而藏魂帛於箱中以置其後，炷香斟酒，執板〔六〕出於主人之右，跪讀之。日子同前〔七〕，但〔八〕云：「孤子某，敢昭告于皇〔九〕考某官封謚府君。形歸窀〔一〇〕穸，神返室堂，神主既成。伏惟尊靈，舍舊從新，是憑是依。」畢，懷之，興，復位。主人再拜，哭盡哀，止。母喪，稱「哀子」，後放〔一一〕此。凡有封謚，皆稱之，後皆放〔一二〕

〔一〕「宋」字，成、性、和本闕。
〔二〕「皇」字，成、性、和本闕。
〔三〕「下其」二字，成、性、明、庫、郭、和本作「其下」二字。
〔四〕「宋」字，成、性、和本闕。
〔五〕「皇」字，成、性、和本闕。
〔六〕「板」字，成、性、郭、和本作「版」字。
〔七〕「日子同前」四字，和本作「祝文同前」四字。
〔八〕「日子同前，但」五字，郭本闕。
〔九〕「皇」字，成、性、和本闕。
〔一〇〕「窀」字，明、庫、郭本作「窆」字。
〔一一〕「放」字，郭本作「倣」字。
〔一二〕「放」字，集本作「倣」字。

此〔一〕。

祝奉神主升車。

魂帛箱在其後。

執事者徹靈座，遂行。

主人以下哭從，如來儀。至〔二〕墓門，尊長乘車馬，去墓百步許，卑幼亦乘車馬。但留子弟一人監視實土以至成墳。

墳高四尺。立小石碑於其前，亦高四尺。趺高尺許。

司馬公〔三〕曰：「按令式，墳碑石獸大小多寡，雖各有品數，然葬者當爲無窮之規。後世見此等物，安知其中不多藏金玉。即〔四〕是皆無益於亡者而反有害。故令式又有貴得同賤，賤不得同貴之文。然則不若不用之爲愈也。」

○今按，孔子防墓之封，其崇四尺，故取以爲法。用司馬公説，别立小碑，但石須闊尺以上，其厚居三

〔一〕「凡有封謚……放此」段，郭本闕。
〔二〕「至」字，成、性、和本作「出」字。
〔三〕「司馬公」三字，性、和本作「司馬温公」四字。
〔四〕「即」字，集、成、性、明、庫、郭、和本作「邪」字。

之二，圭首而刻其面，如誌之蓋，乃略述其世系名字行實而刻於其左，轉及後右〔一〕而周焉。婦人則俟夫葬乃立，面如夫之〔二〕誌蓋之刻云。

反哭

主人以下，奉靈車，在塗徐行哭。

其反如疑，爲親在彼。哀至則哭。

至家，哭。

望門即哭。

祝奉神主入，置于靈座。

執事者先設靈座於故處。祝奉神主入，就位出〔三〕櫝之，并〔四〕魂帛箱置主後。

〔一〕「刻於其左，轉及後右」，和校稱「『其左』、『後右』，疑左右當换置」。

〔二〕「之」字，集、成、性、和本作「亡」字。

〔三〕「出」字，成、性、明、庫、郭、和本闕。

〔四〕「并」字，成、性、明、庫、郭、和本作「并出」二字。

主人以下，哭于廳事，

主人以下及門哭入，升自西階，哭于廳事。婦人先入，哭於堂。

遂詣靈座前，哭。

盡哀，止[一]。

有弔者，拜之如初。

謂賓客之親密者既歸，侍[二]反哭而復弔。《檀弓》曰：「反哭之弔也，哀之至也。反而亡焉，失之矣，於是爲甚。」

期九月之喪者，飲酒食肉，不與宴樂。小功以下、大功異居者，可以歸。

虞祭[三]

葬之日，日中而虞。或墓遠，則但不出是日可也。若去家經宿以上，則初虞於所館行之。鄭氏曰：

[一]「盡哀，止」三字，和本作大字。

[二]「侍」字，集、成、性、明、庫、郭、和本作「待」字。

[三]「虞祭」二字，性本前有「家禮四　喪禮」五字。

「骨肉歸于土，魂氣則無所不之，孝子爲其彷徨〔一〕，三祭以安之。」

主人以下，皆沐浴。

或已〔二〕晚不暇，即略自澡潔可也。

執事者，陳器具饌。

盥盆帨巾〔三〕各二於西階西東南上〔四〕。東盆有臺，巾有架，西者無之。凡喪禮，皆放〔五〕此。酒瓶并〔六〕架一〔七〕於靈座東南，置卓子於其東，設注子及盤盞於其上。火爐〔八〕湯瓶於靈座西南，置卓子於其西，設祝版於其上。設蔬果盤盞於靈座前卓上。匕筯居内當中。酒盞在其西，醋楪居其東，果居外，蔬居果内。實

〔一〕「彷徨」二字，郭本作「徬徨」二字。

〔二〕「已」字，和本作「既」字。

〔三〕「盥盆帨巾」四字，和本作「設盥盆帨巾」五字。

〔四〕「於西階西東南上」七字，集、成、性、和本作「於西階西南上」六字，郭本作「置於東西階南上」七字，和校稱「『上』當作『在』」。

〔五〕「放」字，郭本作「仿」字。

〔六〕「并」字，郭本作「竝」字。

〔七〕「一」字，集本闕。

〔八〕「爐」字，郭本作「鑪」字。

酒于瓶。設香案於堂中〔一〕，炷火於香爐〔二〕，束茅聚沙於香案前。具饌如朝奠，陳於堂門外之東。

祝出神主于坐〔三〕，主人以下皆入哭。

主人及兄弟倚杖於室外，及與祭者皆入，哭於靈座前。其位皆北面，以服爲列，重者居前，輕者居後，尊長坐〔四〕，卑幼立，丈夫處東，西上，婦人處西，東上。逐行各以長幼爲序，侍者在後。

降神。

祝止哭者。主人降自西階，盥手帨手，詣靈座前，焚香再拜。執事者皆盥帨，一人開酒，實于注，西面跪，以注授主人，主人跪受。一人奉卓上盤盞，東面跪於主人之左。主人斟酒於盞，以注授執事者，左手取盤盞〔五〕，右手執盞，酹之茅上。以盤盞〔六〕授執事者，俛伏，興，少退，再拜，復位。

祝進饌。

執事者佐之。其設之敍〔七〕如朝奠。

〔一〕「於堂中」三字，成、性、和本作「居堂中」三字。

〔二〕「爐」字，郭本作「鑪」字。

〔三〕「坐」字，成、性、明、庫、郭、和本作「座」字。

〔四〕「坐」字，和本作「座」字，和校稱「『座』，《大全》作『坐』」。

〔五〕「盞」字，集、成、性、和本闕。

〔六〕「盞」字，郭本作「上」字。

〔七〕「敍」字，集、郭本作「序」字。

初獻，

主人進詣注子卓前，執注北向立。執事者一人取靈座前盤盞，立於主人之左。主人斟酒，反注於卓〔一〕上，與執事者俱詣靈座前，北向立。主人跪，執事者亦跪，進盤盞。主人受盞，三祭於茅束〔二〕上，俛伏，興。執事者受盞，奉詣靈座前，奠於故處。祝執版，出於主人之右，西向跪讀之。前同，但云：「日月不居，奄及初虞。夙興夜處，哀慕不寧。謹以潔牲柔毛、粢盛醴齊，哀薦祫事。尚饗。」祝興，主人哭，再拜，復位，止〔三〕。牲用豕則曰「剛鬣」，不用牲則曰「清酌庶羞」。祫，合也。欲其合於先祖也。

亞獻，

主婦爲之。禮如初，但不讀祝，四拜。

終獻。

親賓一人，或男或女爲之。禮如亞獻。

侑食。

執事者執注，就添盞中酒。

〔一〕「卓」字，成、性、明、庫、郭、和本作「卓子」二字。
〔二〕「束」字，和校稱「『束』疑『沙』字」。
〔三〕「止」字，集、成、性、明、庫、郭、和本作「哭止」二字。

主人以下皆出，祝闔門。

主人立於門東，西向，卑幼丈夫在其後，重行，北上。主婦立於門西，東向，卑幼婦女亦如之。尊長休於它[一]所，如食間。

祝啓門，主人以下入哭，辭神。

祝進，當門北向噫歆，告啓門三，乃啓門。主人以下入就位，執事者點茶。祝立于主人之右，西向，告利成，斂主匣之，置故處。主人以下，哭再拜，盡哀止，出就次。執事者徹。

祝埋魂帛。

祝取魂帛，帥執事者埋於屏處潔地。

罷朝夕奠。

朝夕哭，哀至哭如初。

遇柔日，再虞。

乙、丁、己、辛、癸爲柔日，其禮如初虞。惟前期一日陳器具饌，厥明夙興，設蔬果酒饌，質明行事。祝出神主于座，祝辭改「初虞」爲「再虞」，「祫事」爲「虞事」爲異。若墓遠，途中遇柔日，則亦於所館行之。

〔一〕「它」字，成、性、和本作「他」字。

遇剛日，三虞。

甲、丙、戊、庚、壬爲剛日，其禮如再虞。惟改「再虞」爲「三虞」，「虞事」爲「成事」。若墓遠，亦〔一〕途中遇剛日，且闕之，須至家乃可行此祭。

卒哭

《檀弓》曰：「卒哭曰成事。是日也，以吉祭易喪祭。」故此祭漸用吉禮。

三虞後遇剛日，卒哭。前期一日，陳器具饌。

竝同虞祭，惟〔二〕更設玄酒〔三〕瓶一於酒瓶之西。

厥明，夙興，設蔬果酒饌。

〔一〕「亦」字，郭本闕。
〔二〕「惟」字，和本作「唯」字。
〔三〕「玄酒」二字，郭本作「元酒」二字。

竝同虞祭，唯〔一〕更取井花水充玄酒〔二〕。

質明，祝出主。

同再虞〔三〕。

主人以哭〔四〕降神。

竝同虞祭。

主人主婦進饌。

主人奉魚肉，主婦盥帨奉麪米食。主人奉羹，主婦奉飯以進，如虞祭之設。

初獻，

竝同虞祭，惟祝執板〔五〕出於主人之左，東向跪讀爲異。詞竝同虞祭，但改「三虞」爲「卒哭」，「哀薦成事」下云：「來日隮祔于祖考某官府君。尚饗。」按〔六〕此云祖考，謂亡者之祖考也。

〔一〕「唯」字，集、郭、和本作「惟」字。

〔二〕「玄酒」二字，郭本作「元酒」二字。

〔三〕「再虞」二字，集本作「再虞祭」三字。

〔四〕「主人以哭」四字，集、性、明、庫、郭、和本作「主人以下皆入哭」七字，成本作「主人以下入哭」六字。

〔五〕「板」字，集、成、性、明、庫、郭、和本作「版」字。

〔六〕「按」字，成、性、明、郭、和本作「〇按」。

亞獻，終獻，侑食，闔門，啓門，辭神。

竝同虞祭，唯〔一〕祝西階上東面，告利成。

自是朝夕之間，哀至不哭。

猶朝夕哭。

主人兄弟，疏食水飲，不食菜菓〔二〕，寢席枕木。

祔

《檀弓》曰：「商〔三〕既練而祔，周卒哭而祔，孔子善商〔四〕。」注〔五〕曰：「期而神之，人情。」然商〔六〕禮既

〔一〕「唯」字，集、和本作「惟」字。
〔二〕「菓」字，成、性、郭、和本作「果」字。
〔三〕「商」字，集、成、性、郭、和本作「殷」字。
〔四〕「商」字，集、成、性、郭、和本作「殷」字。
〔五〕「注」字，性、和本作「註」字。
〔六〕「商」字，集、成、性、郭、和本作「殷」字。

亡，其本末不可考。今三虞卒哭皆用周禮次第，則此不得獨從商〔一〕禮。

卒哭明日而祔。卒哭之祭既徹，即陳器具饌。

器如卒哭，唯〔二〕陳之於祠堂。堂狹，即於廳堂〔三〕，隨便。設亡者祖考妣位於中，南向西上，設亡者位於其東南，西向。母喪則不設祖考位。酒瓶、玄酒瓶於阼階上，火爐〔四〕、湯瓶於西階上。具饌如卒哭而三分。母喪則兩分。祖妣二人以上，則以親者。

○《雜記》曰：「男子祔于王父則配，女子祔于王母則不配。」注云〔五〕：「有事於尊者，可以及卑，有事於卑者，不敢援尊也。」

厥明，夙興，設蔬果酒饌。

竝同卒哭。

質明，主人以下哭於靈前〔六〕。

〔一〕「商」字，集、成、性、郭、和本作「殷」字。

〔二〕「唯」字，和本作「皆」字。

〔三〕「廳堂」二字，集本作「廳事」二字。

〔四〕「爐」字，郭本作「鑪」字。

〔五〕「注云」二字，集本作「註云」二字，成本作「注」字，性、和本作「註」字。

〔六〕「靈前」二字，集、成、性、明、庫、郭、和本作「靈座前」三字。

主人兄弟皆倚杖于階下，入哭，盡哀止。

○按，此謂繼祖宗子之喪，其世嫡當爲後者主喪，乃用此禮。若喪主非宗子，則皆以亡者繼祖之宗主此祔祭。

○禮注〔一〕云："祔于祖廟，宜使尊者主之。"

詣祠堂，奉神主出，置于座，

祝軸簾，啓櫝，奉所祔祖考之主，置于座内，執事者奉祖妣之主，置于坐〔二〕，西上。若在它〔三〕所，則置于西階上卓子上，然後啓櫝。

○若喪主非宗子而與繼祖之宗異居，則宗子爲告于祖而設虚位以祭，祭訖除之。

還，奉新主入祠堂，置于座，

主人以下還詣靈座所，哭。祝奉主櫝，詣祠堂西階上卓子上。主人以下哭從如從柩之敍。至門，止哭。祝啓櫝，出主〔四〕，如前儀。若喪主非宗子，則唯喪主主婦以下還迎。

〔一〕「注」字，集、性、和本作「註」字。
〔二〕「坐」字，集、成、性、明、庫、郭、和本作「座」字。
〔三〕「它」字，成、性、和本作「他」字。
〔四〕「主」字，集本作「祝」字。

敍立。

若宗子自爲喪主，則敍立如虞祭之儀。若喪主非宗子，則宗子主婦分立兩階之下，喪主在宗子之右，喪主婦在宗子婦之左。長則居前，少則居後。餘亦如虞祭之儀。

降神〔一〕，

若宗子自爲喪主，則喪主行之，若喪主非宗子，則宗子行之。竝同卒哭。

參神，

在位者皆再拜，參祖考妣。

祝進饌。

竝同虞祭。

初獻，

若宗子自爲喪主，則喪主行之，若喪主非宗子，則宗子行之。竝同卒哭，但酌獻〔二〕先詣祖考妣前。日子〔三〕

〔一〕「降神」一條，集、成、性、明、庫、郭、和本在以下「參神」條之後。

〔二〕「酌獻」二字，和本作「酌奠」二字。

〔三〕「日子」二字，和本作「甲子」二字，和校稱「『酌奠』，《大全》作『酌獻』，『甲子』作『日子』」。

前同卒哭，祝版但云〔一〕：「孝子某謹以潔牲柔毛、粢盛醴齊，適于皇〔二〕某考某官府君，隮祔孫某官。尚饗。」皆不哭。内喪則云：「皇〔三〕某妣某封某氏，隮祔孫婦某封某氏。」次詣亡者前。若宗子自爲喪主，則祝版同前〔四〕，但云〔五〕：「薦祔事于先考某官府君，適于皇〔六〕某考某官府君。尚饗。」若喪主非宗子，則隨宗子所稱。若亡者於宗子爲卑幼，則宗子不拜。

亞獻，終獻。

若宗子自爲喪主，則主婦爲亞獻，親賓爲終獻。若喪主非宗子，則喪主爲亞獻，主婦爲終獻。竝同卒哭及初獻儀，惟不讀祝。

侑食，闔門，啓門，辭神。

竝同卒哭，但不哭。

祝奉主，各還故處。

〔一〕「日子前同卒哭，祝版但云」十字，郭本作「祝版云」三字。

〔二〕「皇」字，成、性、和本闕。

〔三〕「皇」字，成、性、和本闕。

〔四〕「同前」二字，集本作「前同」二字。

〔五〕「祝版同前，但云」六字，郭本作「祝版云」三字。

〔六〕「皇」字，成、性、和本闕。

祝先納祖考妣神主于龕中匣之，次納亡者神主西階卓子上匣之，奉之反于靈座，出門。主人以下哭從如來儀，盡哀止。若喪主非宗子，則哭而先行，宗子亦哭送之，盡哀止。若祭於它[二]所，則祖考妣之主亦如新主納之。

小祥

鄭氏云：「祥，吉也。」

期而小祥。

自喪至此，不計閏凡十三月。古者卜日而祭，今止用初忌以從簡易。大祥放[三]此。

前期一日，主人以下沐浴，陳器具饌。

[二]「它」字，集、成、性、和本作「他」字。

[三]「放」字，集、成、性、和本作「倣」字，郭本作「仿」字。

主人帥〔一〕衆丈夫洒〔二〕掃〔三〕滌濯，主婦帥〔四〕衆婦女〔五〕滌釜鼎，具祭饌。它〔六〕皆如卒哭之禮。

設次，陳練服。

丈夫婦人〔七〕各〔八〕設次於別所，置練服於其中。男子以練服〔九〕爲冠，去首絰、負版、辟領、衰，婦人截長裙，不令曳地。應服期者，改吉服，然猶盡其月不服金珠、錦繡〔一〇〕、紅紫。唯爲妻者，猶服禫，盡十五月而除。

厥明，夙興，設蔬果酒饌。

竝同卒哭。

質明，祝出主，主人以下入哭。

〔一〕「帥」字，成、性、和本作「率」字。
〔二〕「洒」字，成、性、明、庫、和本作「灑」字。
〔三〕「掃」字，郭本作「埽」字。
〔四〕「帥」字，成、性、和本作「率」字。
〔五〕「婦女」二字，郭本作「女」字。
〔六〕「它」字，成、性、和、郭本作「他」字。
〔七〕「婦人」二字，郭本作「婦女」二字。
〔八〕「各」字，郭本闕。
〔九〕「練服」二字，集本作「練布」二字。
〔一〇〕「錦繡」二字，成本作「錦綉」二字。

皆如卒哭，但主人倚杖於門外，與期親各服其服而入。若已除服者來預祭〔一〕，亦釋去華盛之服。皆哭盡哀，止。

乃出，就次易服，復入哭。

祝止之。

降神，

如卒哭。

三獻，

如卒哭之儀。祝版同前〔二〕，但云〔三〕：「日月不居，奄及小祥。夙興夜處〔四〕，小心畏忌，不惰其身，哀慕不寧。敢用潔牲柔毛、粢盛醴齊，薦此常事。尚饗。」

侑食，闔門，啓門，辭神。

皆如卒哭之儀。

〔一〕「預祭」二字，郭本作「與祭」二字。

〔二〕「同前」二字，集本作「前同」二字。

〔三〕「祝版同前，但云」六字，郭本作「祝版云」三字。

〔四〕「處」字，和校稱「『處』一作『寐』」。

止朝夕哭。

惟朔望未除服者會哭。其遭喪以來，親戚之未嘗相見者相見〔二〕，雖已除服，猶哭盡哀，然後敘拜〔三〕。

始食菜果。

大祥

再期而大祥。

自喪至此，不計閏凡二十五月，亦止用第二忌日祭。

前期一日，沐浴，陳器具饌。

皆如小祥。

設次，陳禫服。

〔二〕「相見」二字，郭本闕。

〔三〕「敘拜」二字，庫本作「許拜」二字。

司馬公〔一〕曰：「丈夫，垂腳黲紗幞頭、黲布〔二〕衫、布裹角帶。未大祥間，假以出謁者。婦人冠梳假髻，以鵝黄青碧皂白爲衣履，其金珠紅繡〔三〕皆不可用〔四〕。」

告遷于祠堂。

以酒果告如朔望〔五〕之儀。無〔六〕親盡之祖，則祝版云云，使其主祭告訖，題〔七〕神主如加贈之儀。遞遷而西，虛東一龕以俟新主。若有親盡之祖而其別子也〔八〕，則祝版云云，告畢而遷于墓所不埋。其支子也而族人有親未盡者，則祝版云云，告畢，遷于最長之房，使主其祭。其餘改題遞遷如前。若親皆已盡，則祝版云云，告畢，埋于兩階之間，其餘改題遞遷如前。

厥明，行事，皆如小祥之儀。

〔一〕「司馬公」三字，性、和本作「司馬温公」四字。

〔二〕「布」字，郭本作「巾」字。

〔三〕「紅繡」二字，成本作「紅綉」二字。

〔四〕「不可用」三字，郭本作「不可用也」四字。

〔五〕「朔望」二字，集、成、性、明、庫、郭、和本作「朔日」二字。

〔六〕「無」字，集、成、性、和本作「若無」二字。

〔七〕「使其主祭告訖，題」七字，集、成、性、和本作「告畢改題」四字，郭本作「告迄改題」四字，明、庫本作「使其主祭告訖改題」八字。

〔八〕「而其別子也」五字，郭本作「其爲別子也」五字。

惟祝版改「小祥」曰「大祥」，「常事」曰「祥事」。

畢，祝奉神主入于祠堂。

主人以下，哭從如祔之敍[二]。至祠堂前哭，止。

徹靈座。斷杖，棄之屏處。奉遷主埋于墓側。始飲酒食肉而復寢。

禫

鄭氏曰：「澹澹然平安之意。」

大祥之後，中月而禫。

間一月也。自喪至此，不計閏凡二十七月。

前一月下旬，卜日。

下旬之首，擇來月三旬各一日，或丁或亥。設卓子于祠堂門外，置香爐[三]、香合、环珓、盤子于其上，西

[二] 「敍」字，郭本作「序」字。
[三] 「爐」字，郭本作「鑪」字。

向。主人禫服西向，衆主人次之，少退北上。子孫在其後，重行北上。執事者，北向東上。主人炷香爇〔一〕珓，命以上旬之日，曰：「某將以來月某日，祗薦禫事于先考某官府君。尚饗。」即以珓擲于盤。以一俯一仰爲吉。不吉，更命中旬之日，又不吉，則用下旬之日。主人乃入祠堂本龕前再拜，在位者皆再拜。主人焚香，祝執辭〔二〕立於主人之左，跪告曰：「孝子某，將以來月某日，祗薦禫事于先考某官府君。卜既得吉。敢告。」主人再拜，降，與在位者皆再拜。祝闔門，退。若不得吉，則不用「卜既得吉」一句〔三〕。

前期一日，沐浴，設位，陳器，具饌。

設神位於靈坐〔四〕故處，它〔五〕如大祥之儀。

厥明，行事，皆如大祥之儀〔六〕。

但主人以下詣祠堂，祝奉主櫝置于西階卓〔七〕上，出主置于座。主人以下，皆哭盡哀。三獻，不哭。改祝版「大祥」爲「禫祭」，「祥事」爲「禫事」。至辭神，乃哭盡哀，送神主至祠堂，不哭。

〔一〕「爇」字，性、和本作「熏」字。
〔二〕「辭」字，集本作「詞」字。
〔三〕「句」字，集本作「旬」字。
〔四〕「坐」字，集、成、性、明、庫、郭、和本作「座」字。
〔五〕「它」字，集、成、性、郭、和本作「他」字。
〔六〕「大祥之儀」四字，和本作「大祥」二字。
〔七〕「卓」字，成、性、明、庫、郭、和本作「卓子」二字。

居喪雜儀

《檀弓》曰：「始死，充充如有窮。既殯，瞿瞿如有求而〔一〕弗得。既葬，皇皇如有望而弗至。練而慨然，祥而廓然。」○「顔丁善居喪。始死，皇皇如有求而弗得。及殯，望望焉如有從而弗及。既葬，慨焉〔二〕如不及，其反而息。」

《雜記》，孔子曰：「少連大連，善居喪。三日不怠，三月不解〔三〕。期悲哀，三年憂。」

《喪服四制》曰：「仁者可以觀其愛焉。知者可以觀其理〔四〕焉。彊者可以觀其志焉。禮以治之，義以正之，孝子弟弟貞婦，皆可得而察焉。」

《曲禮》曰：「居喪未葬，讀喪禮。既葬，讀祭禮。喪復常，讀樂章。」

〔一〕「而」字，郭本闕。
〔二〕「慨焉」二字，成、性、和本作「慨然」二字，集本作「慨」字。
〔三〕「解」字，郭本作「懈」字。
〔四〕「理」字，庫本作「禮」字。

《檀弓》曰：「大功廢業。或曰：大功，誦可也。」今居喪，但勿讀樂章可也〔一〕。

《雜記》：「三年之喪，言而不語，對而不問言，言己事也。爲人説爲語〔二〕。」

《喪大記》：「父母之喪……非喪事不言……既葬，與人立，君言王事，不言國事。大夫士言公事，不言家事。」

《檀弓》，高子皋執親之喪，未嘗見齒言笑之微〔三〕。

《雜記》：「疏衰之喪，既葬，人請見之則見，不請見人。小功，請見人可也。」又：「凡喪，小功以上，非虞祔練祥，無沐浴。」

《曲禮》：「頭有創則沐，身有瘍則浴。」

《喪服四制》：「百官備，百物具，不言而事行者，杖〔四〕而起。言而後事行者，杖而起。身自執事而後行者，面垢而已。」

凡此皆古禮。今之賢孝君子必有能盡之者。自餘相時量力而行之可也。

〔一〕「今居喪……」此注，郭本闕。
〔二〕「言……」此注，郭本闕。
〔三〕「言笑之微」此注，郭本闕。
〔四〕「杖」字，集、成、性、郭、和本作「扶」字。

致賻奠狀〔一〕

具位姓某

某物若干

右謹專送上　某人靈筵。聊備　賻儀香茶酒食，云「奠儀」。伏惟　歆納。謹狀　年月日具位

姓某狀降等不用「年」〔三〕。

封皮〔三〕狀上某官靈筵　具位姓某謹封〔四〕降等即用面簽，云「某人靈筵　具位姓〔五〕某狀。謹封」〔六〕。

〔一〕「致賻奠狀」四字以下至本卷卷末，郭本闕。

〔二〕「降等不用年」此注，性、和本闕。

〔三〕性、和本「封皮」二字爲正文而非注文。

〔四〕「封」字，和本作「狀」字。

〔五〕「姓」字，集本闕。

〔六〕「降等即用……謹封」此注，性、和本闕。

謝狀

三年之喪未卒哭，只令子姪發謝書〔一〕。

某郡〔二〕姓名

某物若干

右伏蒙　尊慈降等云「仁私」〔三〕，以某〔四〕　某　親違世大官云「薨没」，特賜平交云「貺」〔五〕　賻儀奠即云「奠」〔六〕。下誠平交不用此二字不任哀感之至。謹具平交作「奉」〔七〕狀上平交云「陳」〔八〕謝。謹狀餘並同前，但

〔一〕「書」字，和本作「狀」字，和校稱「注『狀』字一作『書』」。

〔二〕「某郡」二字，性、明、庫、和本作「具位」二字。

〔三〕「降等云仁私」此注，性、和本闕。

〔四〕性、明、庫、和本「某」字下有注「發書者名」四字。

〔五〕「平交云貺」注，性、和本闕。

〔六〕「奠即云奠」四字，性、明、庫、和本作「襚奠隨事」四字。

〔七〕「平交作奉」注，性、和本闕。

〔八〕「平交云陳」注，性、和本闕。

封皮〔一〕不用「靈筵」字。

慰人父母亡疏

慰嫡孫承重者同。

某頓首再拜言降等云「頓首」〔二〕，不意凶變亡者官尊，即云「邦國〔三〕不幸」。後皆放〔四〕此，先某位無官即云「先府君」，有契即加「幾丈」於「某位」「府君」之上。○母云「先某封」。無封即云「先夫人」。○承重則〔五〕云「尊祖考某位」、「尊祖妣某封」。餘竝同奄棄　榮養亡者官尊，即云，「奄捐館舍」，或云〔六〕，「奄忽薨逝」。母封至夫人者，亦云「薨逝」。若生者無官，即云「奄違色養」，承　訃〔七〕驚怛，不能已已〔八〕。伏惟平交云「恭惟」，

〔一〕「皮」字，庫本作「用」字。
〔二〕「降等云頓首」五字，性、和本注云：「降等止云頓首，平交但云頓首言。」
〔三〕「邦國」二字，和本作「郡國」二字，和校稱「『郡』，一作『邦』」。
〔四〕「放」字，集本作「倣」字。
〔五〕「則」字，集本作「即」字。
〔六〕「云」字，成本作「亡」字。
〔七〕「訃」字，公、集、成、性、明、庫、和本作「訃」字。
〔八〕「已已」二字，和本作「自已」二字。

降等云〔一〕「緬惟」孝心純至，思慕號絶，何以〔二〕堪居，日月流邁，遽踰旬朔經時即云，「已忽經時」。已葬即云，「遽經襄奉〔三〕」。卒哭、小祥、大祥、禫、除，各隨其時，哀痛奈何，罔極奈何。不審　自罹荼毒父在母亡，即云「憂苦」，氣力何如〔四〕。伏乞平交云「伏願」，降等云「惟冀」强加餐粥已葬則云「疏食」，俯從　禮制。某役事所縻在官即云「職業有守」，未由奔　慰。其於憂戀，無任下誠平交已下〔五〕，但云，「某〔六〕未由奉慰，悲係〔七〕增深」〔八〕，謹奉疏平交云「狀」。伏惟　鑒察平交以下去此四字，不備。謹疏平交云，「不宣。謹狀」。月日具位降等用「郡望」，姓某疏上平交云「狀」某官大孝苫〔九〕前。母亡即云「至孝」，平交以下云「苫〔一〇〕次」。

〔一〕「云」字，庫本闕。

〔二〕「何以」二字，集、成、性、明、庫、和本作「何可」二字。

〔三〕「奉」，和本作「事」。

〔四〕集、成、性、和本「何如」下有注「平交云何似」五字。

〔五〕「已下」二字，和本作「以下」二字。

〔六〕「某」字，集、成、性、和本闕。

〔七〕「係」字，和校稱「『係』一作『悼』」。

〔八〕「增深」二字，集本作「增彌」二字。

〔九〕「苫」字，和本作「苦」字。

〔一〇〕「苫」字，和本作「苦」字。

封皮〔一〕疏上某官大孝苦前。具位姓某謹封降等即用面簽，云，「某官大孝苦〔二〕次。郡望姓名狀，謹封」。若慰人〔三〕母亡，即云「至孝」。

重封〔四〕疏上平交云「狀」某官。具位姓某謹封。

父母亡答人書〔五〕嫡孫承重者〔六〕同。

某稽顙再拜言降等，「叩首」〔七〕，某罪逆深重，不自死滅，禍延　先考母云「先妣」。承重，則祖父云「先祖考」，祖母云「先祖妣」。攀號擗踊，五内分崩，叩地叫天，無所逮及。日月不居，奄踰旬朔隨時

〔一〕和本「封皮」二字爲正文而非注文。
〔二〕「苦」字，和本作「苦」字。
〔三〕「人」字，成本作「人人」二字。
〔四〕和本「重封」二字爲正文而非注文。
〔五〕「答人書」三字，集、成、性、和本作「答人慰書」四字。
〔六〕「者」字，成本作「老」字。
〔七〕「降等叩首」四字，集、成、性、和本作「降等云叩首，去言字」八字，明、庫本作「降等去言」四字。

同前，酷罰罪苦父在母亡，即云「偏罰罪深」。祖父母亦如之〔一〕，無望生全。即日蒙　恩平交以下，去此四字，祇奉　几筵，苟存視息。伏蒙尊慈，俯賜　慰問，哀感之至，無任下誠平交云，「仰承〔二〕尊慈〔三〕，俯垂慰問，其爲哀感，但切下懷」。降等云，「特承慰問，哀感良深」。○司馬公〔四〕曰：「凡遭父母喪，知舊不以書來弔問，是無相恤之心。於禮不當先發書。不得已，須至先發，即删此四句」。未由號訴，不勝隕絶，謹奉疏降等云「狀」。荒迷不次，謹疏降等云「狀」。月日孤子母喪稱「哀子」，俱亡即稱「孤哀子」。承重者稱「孤孫」、「哀孫」、「孤哀孫」姓名疏上　某位座前。謹空。平交以下〔五〕去此二字。

封皮、重封，並同前〔六〕。

〔一〕「祖父母亦如之」六字，集、成、性、和本作「父先亡則母與父同」八字。

〔二〕「仰承」二字，庫本作「承仰」二字。

〔三〕「尊慈」二字，集、成、性、明、庫、和本作「仁恩」二字。

〔四〕「司馬公」三字，性、和本作「司馬温公」四字。

〔五〕「平交以下」四字，集、成、性、和本作「○平交以下」。

〔六〕集、成、性、和本「同前」二字後有注「但改具位爲孤子」七字。

慰人祖父母亡啓狀謂非承重者。伯叔父母、姑、兄、姊、弟、妹、妻、子、姪、孫同。

某啓。不意凶變子孫不用此句，尊祖考某位奄忽違世祖母曰「尊祖妣某封」。無官封，有契，已見上。○伯叔父母姑，即加「尊」字。兄姊弟妹，加「令」字。降等皆加「賢」字。若彼一等之親有數人，即加行第〔一〕，云「幾某位」。無官，云「幾府君」。有契，即加「幾丈」「幾兄」於「某位府君」之上。姑姊妹，則稱以夫姓，云，「某宅尊姑令姊妹」。○妻則云「賢閤〔二〕某封」。無封則但云「賢閤」。○子即云，「伏承令子幾某位」。姪、孫竝同。降等則曰「賢」，無官者稱「秀才」。承　訃驚怛，不能已已妻改「怛」爲「愕」，子孫但云，「不勝驚怛」。伏惟「恭緬」，見前〔三〕孝心純至，哀慟摧裂，何可勝任伯叔父母姑云，「親愛加隆，哀慟沈痛，何可堪勝」。兄姊弟妹則云，「友愛加隆」。妻則云，「伉儷義重，悲悼〔四〕沈痛」。子、姪、孫則云，「慈愛隆深，悲慟沈痛」。餘與伯叔父母姑

〔一〕「第」字，集本作「弟」字。
〔二〕「閤」字，集、成本作「閣」字。
〔三〕「恭緬見前」四字，性、和本作「恭惟緬惟見前」六字。
〔四〕「悲悼」二字，集本作「悲慟」二字。

同。孟春猶寒隨時〔一〕，不審　尊體何似降等云「所履」〔二〕。伏乞平交以下如前深自寬抑，以慰　慈念其人無父母，即但云「遠誠」。連書，不上平。某事役所縻在官如前，未由趨　慰，其於憂想，無任下誠平交以下如前。謹奉狀。伏惟　鑒察平交如前。不備平交如前。謹狀。月日具位姓名狀上某位服前〔三〕平交云「服次」。

封皮、重封，同前。

祖父母亡答人啓狀謂非承重者。伯叔父母、姑、兄、姊、弟、妹、妻、子、姪〔四〕、孫同。

某啓。家門凶禍伯叔父母姑、兄姊弟妹云，「家門不幸」。妻云，「私家」〔五〕云，「私門不幸」〔六〕。先祖考

〔一〕「隨時」二字，性、和本作「寒溫隨時」四字。
〔二〕「降等云所履」五字，性、和本作「稍尊云動止何如，降等云所履何似」十四字。
〔三〕「服前」二字，集、成、性、和本非正文而作注。
〔四〕「子、姪」二字，和本作「姪、子」。
〔五〕「云，私門不幸……子姪孫，改悲」等一百二十三字，宋版原脱，後有補寫。
〔六〕「妻云，私家云，私門不幸」九字，公、集、成、性、明、庫、和本作「妻云，私家不幸。子姪孫云，私門不幸」十四字。

祖母云，「先祖妣」。伯叔父母云，「幾伯叔父母」。姑云，「幾家姑」。兄姊云，「幾家兄」、「幾家姊」〔一〕。弟妹云，「幾舍弟」、「幾舍妹」。妻云，「室人」。子云，「小子〔二〕某」。姪云，「從子某」。孫曰〔三〕，「幼孫某」，奄〔四〕忽棄背兄弟以下云，「喪逝」。子姪孫云，「遽爾夭折」，痛苦摧裂，不自勝堪伯叔父母姑、兄姊弟妹云，「摧痛酸楚〔五〕，不自堪忍」。妻，改「摧痛」〔六〕爲「悲悼」。子姪孫，改「悲悼」〔七〕爲「悲念」。伏蒙　尊慈，特賜　慰問，哀感之至，不任下誠平交、降等如前。孟春猶寒隨時〔八〕，伏惟「恭緬」，如前〔九〕某位尊體，起居萬福平交不云〔一〇〕「起居」，降等但云「動止萬福」。某即日　侍奉無父母即〔一一〕不用此句，幸免它〔一二〕苦，未由面訴，徒

〔一〕「姊」字，庫本闕。
〔二〕「小子」二字，成本作「小一」二字。
〔三〕「曰」字，和本作「云」字。
〔四〕「奄」字，庫本作「姊」字。
〔五〕「酸楚」二字，性、庫、和本作「酸苦」二字。
〔六〕「摧痛」二字，公本作「悲痛」二字。
〔七〕「悲悼」二字，成本作「悲悼字」三字。
〔八〕「隨時」二字，性、庫、和本作「寒温隨時」四字。
〔九〕「恭緬如前」四字，性、和本作「恭惟緬惟見前」六字，庫本作「恭作緬惟見前」六字。
〔一〇〕「不云」二字，成、性、庫、和本作「不用」二字。
〔一一〕「即」字，成本闕。
〔一二〕「它」字，成、性、庫、和本作「他」字。

增哽塞。謹奉狀上平交云「陳」謝，不備平交如前〔一〕。謹狀。月日某郡姓名狀上　某位座前。謹空

〇平交如前〔二〕

封皮、重封，如前。

家禮卷四終〔三〕

〔一〕「平交如前……家禮卷四終」三十六字，宋版原脱，後補寫。

〔二〕「〇平交如前」，成本闕。

〔三〕「家禮卷四終」五字，庫本作「家禮卷四」四字，郭本作「朱子家禮卷四終」七字，和本作「家禮卷之四畢」六字，成、性本闕，集本有「右喪禮附註凡四十九條」一句。

家禮〔一〕

四時祭〔二〕

時祭用仲月。前旬卜日。

孟春〔三〕下旬之首，擇仲月三旬各一日，或丁或亥。主人盛服，立於祠堂中門外，西向。兄弟立於主人之南，少退北上。子孫立於主人之後，重行，西向〔四〕北上。置卓子於主人之前，設香爐〔五〕、香合〔六〕、环珓〔七〕及盤於其上。主人搢笏，焚香薰珓，而命以上旬之日，曰：「某將以來月某日諏此歲事，適其祖考。尚饗。」

〔一〕「家禮」二字，公、明本作「家禮第五」四字，集本作「文公家禮卷第五」七字，庫本作「家禮卷五」四字，郭本作「朱子家禮卷五」六字，和本作「家禮卷之五」五字，成、性本闕。

〔二〕公、成、性、明、庫、郭、和本，「四時祭」三字前有「祭禮」二字，集本前有「祭禮第五」四字。

〔三〕「春」字，和本作「月」。

〔四〕「西向」二字，郭本作「西面」二字。

〔五〕「爐」字，郭本作「鑪」字。

〔六〕「合」字，和本作「盒」字。

〔七〕「环珓」二字，郭本作「杯珓」二字。

即以珓擲于盤，以一俯一仰爲吉。不吉，更卜中旬之日。又不吉，則不復卜，而直用下旬之日。既得日，祝開中門，主人以下北向立，如朔望之位，皆再拜。主人升，焚香再拜。祝執辭〔一〕，跪于主人之左，讀曰：「孝孫某，將以來月某日，祗薦歲事于祖考。卜既得吉。敢告。」用下旬日，則不言「卜既得吉」〔二〕。主人再拜，降復位，與在位者皆再拜。祝闔門，主人以下復西向位〔三〕。執事者立于門西，皆東面北上。祝立于主人之右，命執事者曰：「孝孫〔四〕，將以來月某日，祗薦〔五〕歲事于祖考。有司具脩〔六〕。」執事者應曰「諾」，乃退。

前期三日，齋戒。

前期三日，主人帥衆丈夫致齋于外，主婦帥衆婦女致齋于內。沐浴更衣，飲酒不得至亂，食肉不得茹葷，不弔喪，不聽樂。凡凶穢之事，皆不得預〔七〕。

前一日，設位陳器，

〔一〕「辭」字，集、成、性、和本作「詞」字。
〔二〕「用下旬日，則不言卜既得吉」十一字，集、性本爲小字注。
〔三〕「位」字，和本作「立」字。
〔四〕「孝孫」二字，成、性、明、庫、郭、和本作「孝孫某」三字。
〔五〕「祗薦」二字，郭本作「薦」字。
〔六〕「脩」字，庫、郭本作「修」字。
〔七〕「預」字，郭本作「與」字。

主人帥衆丈夫，深衣，及執事灑〔一〕掃〔二〕正寢，洗拭倚〔三〕卓，務令蠲潔。設高祖考妣位於堂西北壁下，南向，考西妣東，各用一倚〔四〕一卓而合之。曾祖考妣、祖考妣、考妣以次而東，皆如高祖之位。世各爲位，不屬。祔位皆於東序，西向北上，或西序〔五〕相向，其尊者居西。妻以下則於階下。設香案於堂中，置香爐〔六〕、香合於其上，束〔七〕茅聚沙於香案前及逐位前地上。設酒架於東階上，别置卓子於其東，設酒注一〔八〕、酹酒盞一、盤一、受胙盤一、匕一、巾一、茶合〔九〕、茶筅、茶盞托、鹽碟〔一〇〕、醋瓶於其上。火爐〔一一〕、湯瓶、香匙、火筯於西階上，别置卓子於其西，設祝版於其上。設盥盆〔一二〕帨巾各二於阼階下之東〔一三〕，其

〔一〕「灑」字，集、郭本作「洒」字。
〔二〕「掃」字，郭本作「埽」字。
〔三〕「倚」字，和本作「椅」字。
〔四〕「倚」字，和本作「椅」字。
〔五〕「西序」二字，集、成、性、明、庫、郭、和本作「兩序」二字。
〔六〕「爐」字，郭本作「鑪」字。
〔七〕「束」字，庫本作「東」字。
〔八〕「一」字，郭本闕。
〔九〕「合」字，和本作「盒」字。
〔一〇〕「碟」字，集、成、性、郭、和本作「楪」字。
〔一一〕「爐」字，郭本作「鑪」字。
〔一二〕「盆」字，性、和本作「盤」字。
〔一三〕「東」字，明、庫、郭本作「東面」二字。

西者有臺架。又設陳饌大牀于其東。

省牲，滌器，具饌。

主人帥衆丈夫，深衣，省牲，涖〔一〕殺。主婦帥衆婦女，背子，滌濯祭器，潔釜鼎，具祭饌。每位果六品〔二〕，菜蔬〔三〕及脯醢各三品，肉魚饅頭糕各一盤，羹飯各一〔四〕椀，肝各一串，肉各二串。務令精潔，未祭之前，勿令人先食及爲猫犬蟲〔五〕鼠所污〔六〕。

厥明，夙興，設蔬果酒饌。

主人以下深衣，及執事者俱詣祭所，盥手，設果〔七〕楪於逐位卓子南端，蔬菜脯醢相間次之。設盞盤醋楪于北端，盞西楪東，匙筯居中。設玄〔八〕酒及酒各一瓶於架上。玄〔九〕酒，其日取井花水，充在酒之西。熾

〔一〕「涖」字，性本作「莅」字，和本作「膠」字。
〔二〕「六品」二字，郭本作「一品」二字。
〔三〕「菜蔬」二字，集、成、性、和本作「蔬菜」二字。
〔四〕「一」字，郭本闕。
〔五〕「蟲」字，集本作「虫」字。
〔六〕和本無「未祭之前……所污」十七字，而和校載入欄外。
〔七〕「果」字，郭本闕。
〔八〕「玄」字，郭本作「元」字。
〔九〕「玄」字，郭本作「元」字。

炭于爐〔一〕，實水于瓶。主婦背子，炊〔二〕煖祭饌，皆令極熱，以合〔三〕盛出，置東階下大牀上。

質明，奉主就位。

主人以下各盛服，盥手，帨手，詣祠堂前。衆丈夫敘立如告日之儀。主婦西階下北向立。主人有母則特位於主婦之前。諸伯叔母、諸姑繼之，嫂及弟婦、姊妹在主婦之左。其〔四〕長於主母主婦者皆少進，子孫婦女、內執事者在主婦之後重行，皆北向東上。立定，主人升自阼階，搢笏焚香，出笏告曰：「孝孫某，今以仲春之月有事于皇〔五〕高祖考某官府君、皇〔六〕高祖妣某封某氏，皇〔七〕曾祖考某官府君、皇〔八〕曾祖妣某封某氏，皇〔九〕祖考某官府君、皇〔一〇〕祖妣某封某氏，皇〔一一〕考某官府君、皇〔一二〕妣某封某氏，以某親某官府君、某親

〔一〕「爐」字，郭本作「鑪」字。

〔二〕「炊」字，和校稱「『炊』一作『灼』」。

〔三〕「合」字，和本作「盒」字。

〔四〕「其」字，郭本作「年分」二字。

〔五〕「皇」字，成、性、和本闕。

〔六〕「皇」字，成、性、和本闕。

〔七〕「皇」字，成、性、和本闕。

〔八〕「皇」字，成、性、和本闕。

〔九〕「皇」字，成、性、和本闕。

〔一〇〕「皇」字，成、性、和本闕。

〔一一〕「皇」字，成、性、和本闕。

〔一二〕「皇」字，成、性、和本闕。

某封某氏祔食。敢請神主，出就正寢，恭伸奠獻。」告辭，仲夏秋冬各隨其時。祖考有無官爵封謚，皆如題主之文。祔食，謂旁親無後者及卑幼〔一〕先亡者。無即不言。告訖，搢笏斂〔二〕櫝。正位祔位各置一笥，各以執事者一人捧之。主人出笏前導，主婦從後，卑幼在後。至正寢，置于西階卓〔三〕上。主人搢笏啓櫝，奉諸考神主出就位。主婦盥帨升〔四〕，奉諸妣神主亦如之。其祔位則子弟一人奉之。既畢，主人以下皆降，復位。

參神，

主人以下敍立，如祠堂之儀。立定，再拜。若尊長老疾者，休於它〔五〕所。

降神。

主人升，搢笏焚香，少退立〔六〕。執事者〔七〕一人開酒，取巾拭瓶口，實酒于注。一人取東階卓〔八〕上盤盞，立于主人之左，一人執注立于主人之右。主人搢笏，跪。奉盤盞者亦跪，進盤盞，主人受之。執注者亦

〔一〕「卑幼」二字，性本作「早逝」二字，和本作「早世」二字。
〔二〕「斂」字，成本作「飲」字，郭本作「斂」字。
〔三〕「卓」字，集、成、性、明、庫、郭、和本作「卓子」二字。
〔四〕「升」字，集本闕。
〔五〕「它」字，集、成、性、郭、和本作「他」字。
〔六〕「少退立」三字，集、成、性、明、庫、郭、和本作「出笏少退立」五字。
〔七〕「者」字，郭本闕。
〔八〕「卓」字，集、性、和本作「卓子」二字。

跪，斟酒于盞。主人左手受盤盞〔一〕，右手執盞，灌于茅上，以盤盞授執事者。出笏，俛伏，興，再拜，降，復位。

進饌。

主人升，主婦從之。執事者一人以盤奉魚肉，一人以盤奉米麪〔二〕食，一人以盤奉羹飯〔三〕，從升至高祖位前。主人搢笏，奉肉奠于盤盞之南，主婦奉麪〔四〕食奠于肉西。主人奉魚奠于醋碟〔五〕之南，主婦奉米食奠于魚東。主人奉羹奠于醋碟〔六〕之東，主婦奉飯〔七〕奠于盤盞之西。主人出笏〔八〕，以次設諸正位，使諸子弟婦女各設祔位。皆畢，主人以下皆降，復位。

初獻，

〔一〕「受盤盞」三字，集、成、性、明、庫、郭、和本作「執盤」二字。
〔二〕「麪」字，集、性、庫、和本作「麫」字。
〔三〕「飯」字，成本作「飰」字。
〔四〕「麪」字，集、性、庫、和本作「麫」字。
〔五〕「碟」字，集、成、性、郭、和本作「楪」字。
〔六〕「碟」字，集、成、性、郭、和本作「楪」字。
〔七〕「飯」字，成本作「飰」字。
〔八〕「出笏」二字，和校稱「『出笏』二字不通」。

主人升，詣高祖位前。執事者一人執酒注，立于其右冬月〔一〕即先煖之〔二〕。主人搢笏，奉高祖考盤盞，位前東向立。執事者西向，斟酒于盞。主人奉之，奠于故處。次奉高祖妣盤盞，亦如之。出笏，位前北向立。執事者二人奉高祖考妣盤盞，立于主人之左右。主人搢笏跪，執事者亦跪。主人受高祖考盤盞，右手取盞，祭之茅上，以盤盞授執事者，反之故處。受高祖妣盤盞，亦如之。出笏，俛伏，興，少退，立。執事者炙肝于爐〔三〕，以碟〔四〕盛之。兄弟之長一人奉之，奠于高祖考妣前，匙筯之南。祝取版，立於主人之左，跪讀曰：「維年歲月朔日子〔五〕，孝元〔六〕孫某官某，敢昭告于皇〔七〕高祖考某官府君、皇〔八〕高祖妣某封某氏。氣序流易，時維仲春，追感歲時，不勝永慕。敢以潔牲柔毛〔九〕、粢盛醴齊，祗薦歲事，以某親某官府君、某親某封某

〔一〕「冬月」二字，和校稱「『冬月』，一本作『冬日』」。

〔二〕「冬月即先煖之」注，成本闕，郭本此注爲正文而非注文。

〔三〕「爐」字，郭本作「鑪」字。

〔四〕「碟」字，集、成、性、郭、和本作「楪」字。

〔五〕「日子」二字，和本作「甲子」二字，郭本作「日」一字。

〔六〕「元」字，成、性、和本作「玄」字。

〔七〕「皇」字，成、性、和本闕。

〔八〕「皇」字，成、性、和本闕。

〔九〕性、和本「柔毛」二字下有注「牲用彘則曰剛鬣」七字。

氏祔〔一〕食。尚饗。」畢，興曾祖前〔二〕稱「孝曾孫」，祖前稱「孝孫」〔三〕，考前稱「孝子」，改「不勝永慕」爲「昊天罔極」。○凡祔者，伯叔祖父祔于高祖，伯叔父祔于曾祖，兄弟祔于祖，子行〔四〕祔于考。餘皆倣〔五〕此。如本位無，即不言「以某親祔食」。○祖考無官及改夏秋冬字，皆已見上。主人再拜，退詣諸位，獻祝如初。每逐位讀祝，畢，即兄弟衆男之不爲亞終獻者，以次分詣本位所祔之位，酌獻如儀，但不讀祝。獻畢，皆降復位。執事者以它〔六〕器徹酒及肝，置盞故處。

亞獻，

主婦爲之。諸婦女奉炙肉及分獻如初獻儀，但不讀祝。

終獻。

兄弟之長或長男或親賓爲之。衆子弟奉炙肉及分獻如亞獻儀。

侑食，

主人升，搢笏執注，就斟諸位之酒皆滿，立於香案之東南。主婦升，扱匙飯中西柄，正筯，立于香案之

〔一〕「祔」字，庫本作「祇」字。
〔二〕「曾祖前……皆已見上」段，成、性、和本此段爲正文而非注文，而在此條最後「置盞故處」之後。
〔三〕「祖前稱孝孫」五字，集、成、性、和本闕。
〔四〕「子行」二字，集、性本作「子孫」二字，和本作「子姪」二字。
〔五〕「倣」字，成、庫本作「放」字，郭本作「仿」字。
〔六〕「它」字，成、性、郭、和本作「他」字。

西南，皆北向〔一〕再拜，降復位。

闔門。

主人以下皆出，祝闔門。無門處即降簾可也。主人立於門東，西向。衆丈夫在其後。主婦立於門西，東向。衆婦女在其後。如有尊長，則少休於它〔二〕所。此所謂厭也。

啓門，

祝聲三噫歆，乃啓門。主人以下皆入，其尊長先休於它〔三〕所者亦入，就位。主人主婦奉茶分進于考妣之前。祔位使諸子弟婦女進之。

受胙。

執事者設席于香案前。主人就席，北面。祝詣高祖考前，舉酒盤盞，詣主人之右。主人跪，祝亦跪。主人搢笏，受盤盞，祭酒啐酒。祝取匙并〔四〕盤，抄〔五〕取諸位之飯各少許，奉以詣主人之左，嘏于主人曰：

〔一〕「北向」二字，集本作「北面」二字。

〔二〕「它」字，集、成、性、明、庫、郭、和本作「他」字。

〔三〕「它」字，集、成、性、郭、和本作「他」字。

〔四〕「并」字，郭本作「竝」字。

〔五〕「抄」字，郭本作「鈔」字。

「祖考命工祝，承致多福于汝孝孫〔一〕，使汝受禄于天，宜稼于田，眉壽永年，勿替引之。」主人置酒于席前，出笏，俛伏，興，再拜，搢笏，跪受飯嘗之，實于左袂，掛袂于季指，取酒卒〔二〕飲。執事者受盞，自右置注旁。受飯〔三〕自左亦如之。主人執笏，俛伏，興，立於東階上，西向。祝立於西階上〔四〕，告利成，降復位，與在位者皆再拜。主人不拜，降復位。

辭神。

主人以下皆再拜。

納主，

主人主婦皆升，各奉主納于櫝。主人以笥斂櫝，奉歸祠堂如來儀。

徹。

主婦還，監徹酒之在盞注它〔五〕器中者，皆入于瓶，緘封之。所謂福酒。果蔬肉食竝傳于燕器。主婦監滌祭器而藏之。

〔一〕集、成、性、和本「汝孝孫」三字下有「來汝孝孫」四字，和校稱「《少牢禮》註：來讀曰釐，釐，賜也」。
〔二〕「卒」字，公、郭、和本作「啐」字。
〔三〕「飯」字，庫本作「飲」字。
〔四〕集、成、性、明、庫、郭、和本「西階上」三字後有「東向」二字。
〔五〕「它」字，集、成、性、郭、和本作「他」字。

餕。

是日主人監分祭胙，品取少許置于合〔一〕，并〔二〕酒皆封之，遣僕執書，歸胙於親友。遂設席，男女異處，尊行自爲一列，南面，自堂中東西分首。若止一人，則當中而坐。其餘以次相對，分東西向。尊者一人先就坐，衆男敍立，世爲一行，以東爲上，皆再拜。子弟之長者〔三〕一人少進立〔四〕，執事者一人執注立于其右，一人執盤盞立于其左，獻者搢笏跪弟獻則尊者起立，子姪〔五〕則坐〔六〕，受注斟酒，反注受盞。祝曰：「祀事既成，祖考嘉饗。伏願某親，備膺五福，保族宜家。」授執盞者置于尊者之前，長者出笏，尊者舉酒畢，長者俛伏，興，退復位，與衆男皆再拜。尊者命取注及長者之盞置于前，自斟之，祝曰：「祀事既成，五福之慶，與汝曹共之」，命執事者以次就位，斟酒皆徧。長者進，跪受飲畢，俛伏，興，退立。衆男進揖，退立，飲。長者與衆男皆再拜。諸婦女獻女尊長於內，如衆男之儀，但不跪。既畢，乃就坐，薦肉食。諸婦女詣堂前，獻男尊長壽，男尊長酢之如儀。衆男詣中堂，獻女尊長壽，女尊長酢之如儀。乃就坐，薦麵〔七〕食。內外執事者各獻

〔一〕「合」字，和本作「盒」字。
〔二〕「并」字，郭本作「竝」字。
〔三〕「長者」二字，郭本作「尊者」二字。
〔四〕「立」字，成本闕。
〔五〕「子姪」二字，郭本作「於子姪」三字。
〔六〕性、郭、和本「弟獻……則坐」段爲正文而非注文，成本闕。
〔七〕「麵」字，集、性、郭、和本作「麪」字。

内外尊長壽如儀而不酢。遂就斟在坐者徧，俟皆舉，乃再拜退。遂薦米食，然後泛行酒，間以祭饌。酒饌〔一〕不足，則以它酒它饌〔二〕益之。將罷，主人頒胙于外僕，主婦頒胙于内執事者，徧及微賤。其日皆盡，受者皆再拜，乃徹席。

凡祭，主於盡愛敬之誠而已。貧則稱家之有無，疾則量筋力而行之。財力可及者，自當如儀。

初祖

惟繼始祖之宗得祭。

冬至祭始祖。

程子曰：「此厥初生民之祖也。冬至，一陽之始，故象其類而祭之。」

前期三日，齋戒。

如時祭之儀〔三〕。

〔一〕「酒饌」二字，郭本闕。
〔二〕「它酒它饌」四字，集、成、性、郭、和本作「他酒他饌」四字。
〔三〕「儀」字，成本作「宜」字。

前期一日，設位。

主人衆丈夫，深衣，帥執事者灑〔一〕掃〔二〕祠堂，滌濯器具，設神位於堂中間北壁下，設屏風於其後，食牀於其前。

陳器，

設火爐〔三〕於堂中，設炊烹之具于東階下盥東，炙具在其南。束〔四〕茅以下，並同時祭。主婦衆婦女，背子，帥執事者滌濯祭器，潔釜鼎，具果楪六、盤三、杅六、小盤三、盞盤匙筯各二、脂盤一〔五〕、酒注酹酒盤盞一、受胙盤匙一。

○按〔六〕，此本合〔七〕用古祭器，今恐私家或不能辦，且用今器以從簡便。神位用蒲薦加草席，皆有緣，或用紫褥。皆長五尺，闊二尺有半。屏風如枕屏之制，足以圍席三面。食牀，以版〔八〕爲面，長五尺，闊三尺

〔一〕「灑」字，集、郭本作「洒」字。
〔二〕「掃」字，郭本作「埽」字。
〔三〕「爐」字，郭本作「鑪」字。
〔四〕「束」字，集本作「東」字。
〔五〕「一」字，成本闕。
〔六〕「按」字，郭本作「案」字。
〔七〕「合」字，集本作「各」字。
〔八〕「版」字，集、庫本作「板」字。

餘，四圍亦以版，高一尺二寸，二寸之下乃施版，面皆黑漆。

具饌。

晡時殺牲，主人親割毛血爲一盤，首心肝肺爲一盤，脂雜以蒿爲一盤，皆腥之。左胖不用，右胖前足爲三段。脊爲三段，脅爲三條〔二〕，後足爲三段，去近竅一節不用，凡十一〔三〕體。飯米一杅置于一盤。蔬果各六品。切肝一小盤，切肉一小盤。

厥明，夙興，設蔬果酒饌。

主人深衣，帥〔三〕執事者設玄〔四〕酒瓶及酒瓶于架上。酒注、酹酒盤盞、受胙盤〔五〕匙各一於東階卓子上，祝版及脂盤于西階卓子上，匙筯各一於食牀北端之東西，相去二尺五寸。盤盞各一於筯西。果子〔六〕在食牀南端，蔬在其北。毛血腥盤、切肝肉，皆陳于階下饌牀上。米實階下炊具中，十一〔七〕體實烹具中，以火爨

〔二〕「條」字，公本作「段」字。
〔三〕「十一」二字，集、性、和本作「十二」二字，和校稱「『十二』當作『十一』」。
〔三〕「帥」字，成本作「率」字。
〔四〕「玄」字，郭本作「元」字。
〔五〕「盤」字，集本作「盤盞」二字。
〔六〕「果子」二字，成、性、和本作「果」字。
〔七〕「十一」二字，集、性、和本作「十二」二字，和校稱「『十二』當作『十一』」。

而熟之。盤一杅六，置饌牀上。

質明，成服就位。

如時祭儀。

降神，參神，

主人盥升，奉脂盤詣堂中爐〔一〕前，跪告曰「孝孫某，今以冬至，有事于皇〔二〕始祖考、皇〔三〕始祖妣。敢請尊靈，降居神位，恭伸奠獻」。遂燎脂于爐〔四〕炭上，俛伏，興，少退，立，再拜。執事者開酒，主人跪酹〔五〕如〔六〕時祭之儀。

進饌。

主人升，詣神位前，執事者〔七〕奉毛血腥肉以進。主人受，設之于蔬北，西上。執事者〔八〕出熟肉，置于

〔一〕「爐」字，郭本作「鑪」字。

〔二〕「皇」字，成、性、和本闕。

〔三〕「皇」字，成、性、和本闕。

〔四〕「爐」字，郭本作「鑪」字。

〔五〕「跪酹」二字，性、和本作「跪酹酒于茅上」六字。

〔六〕「如」字，集本作「始」字。

〔七〕「者」字，成本闕。

〔八〕「者」字，成本闕。

盤，奉以進，主人受，設之腥盤之東。執事者〔一〕以杅二盛飯〔二〕，杅〔三〕二盛肉湆不和者，又以杅〔四〕二盛肉湆以菜者，奉以進，主人受設之，飯在盞西，大〔五〕羹在盞東，鉶羹在大羹東。皆降，復位。

初獻，

如時祭之儀，但主人既俛伏興，兄弟炙肝加鹽，實于小盤以從。祝辭〔六〕曰：「維年歲月朔日子〔七〕，孝孫姓名，敢昭告于皇〔八〕初祖考、皇〔九〕初祖妣。今以中冬〔一〇〕陽至之始，追惟〔一一〕報本，禮不敢忘。謹以潔牲柔毛、粢盛醴齊，祗薦歲事。尚饗〔一二〕。」

〔一〕「者」字，成本闕。
〔二〕「飯」字，集本作「飲」字。
〔三〕「杅」字，和本作「盂」字。
〔四〕「杅」字，和本作「盂」字。
〔五〕「大」字，郭本作「太」字。
〔六〕「辭」字，集、成、性、和本作「詞」字。
〔七〕「日子」二字，和本作「甲子」二字，郭本作「日」字，和校稱「『甲子』，《大全》作『日子』」。
〔八〕「皇」字，成、性、和本闕。
〔九〕「皇」字，成、性、和本闕。
〔一〇〕「中冬」二字，郭、和本作「仲冬」二字。
〔一一〕「追惟」二字，郭本作「追維」二字。
〔一二〕「尚饗」二字，庫本闕。

亞獻，

如時祭之儀，但衆婦炙肉加鹽以從。

終獻。

如時祭及上儀。

侑食，闔門，啓門，受胙，辭神，徹，餕。

竝如時祭之儀。

先祖

繼始祖、高祖之宗得祭。繼始祖之宗則自初祖而下，繼高祖之宗則自先祖而下。

立春祭先祖。

程子曰：「初祖以下，高祖以上之祖也。立春，生物之始，故象其類而祭之。」

前三日，齋戒。

如祭初祖[一]之儀。

[一] 「初祖」二字，集、成、性、和本作「始祖」二字。

前一日，設位陳器，

如祭初祖之儀。但設祖考神位于堂中之西，祖妣神位于堂中之東，蔬果楪〔一〕各十二，大盤六，小盤六。餘並同。

具饌。

如祭初祖之儀。但毛血爲一盤，首心爲一盤，肝肺爲一盤，脂蒿〔二〕爲一盤，切肝兩小盤，切肉四小盤。餘並同。

厥明〔三〕，夙興，設蔬果酒饌。

如祭初祖之儀。但每位匙筯各一，盤盞各二，置階下饌牀上。餘並同。

質明，盛服就位，降神，參神。

〔一〕「楪」字，庫本作「碟」字。
〔二〕「蒿」字，和校稱「『蒿』，《大全》作『膏』」。
〔三〕「厥明……」段及注，成本闕。

如祭初祖〔一〕之儀。但告辭〔二〕改「始」爲「先」〔三〕。餘竝同〔四〕。

進饌。

如祭初祖之儀。但先詣祖考位，奉〔五〕毛血〔六〕、首心〔七〕、前足上二節、脊三節〔八〕、後足上一節。次詣祖妣位，奉肝肺、前足一節、脅三節、後足下一節。餘竝同。

初獻，

如祭初祖之儀。但獻兩位，各俛伏興，當中少立，兄弟炙肝兩小盤以從。祝詞改「初」爲「先」〔九〕，「中冬〔一〇〕陽至」爲「立春生物」。餘竝同。

亞獻，終獻。

〔一〕「初祖」二字，集、成、性、和本作「始祖」二字。

〔二〕「辭」字，集、成、性、和本作「詞」字。

〔三〕「改始爲先」四字，郭本作「改始祖爲先祖」六字。

〔四〕「餘竝同」三字，郭本闕。

〔五〕「奉」字，性、和本作「瘞」字。

〔六〕「毛血」二字，成本闕。

〔七〕「首心」二字，性、和本作「奉首心」三字。

〔八〕「脊三節」三字，和本作「脊二節」三字，和校稱「『脊二』之『二』，疑當作『三』」。

〔九〕「改初爲先」四字，郭本作「改初祖爲先祖」六字。

〔一〇〕「中冬」二字，郭、和本作「仲冬」二字。

如祭初祖之儀，但從炙肉各二小盤。

侑食，闔門，啓門，受胙，辭神，徹，餕。

竝如祭初祖儀。

禰

繼禰之宗以上皆得祭，惟支子不祭。

季秋祭禰。

程子曰：「季秋，成物之始。亦象其類而祭之。」

前一月下旬，卜日。

如時祭之儀。惟告辭改「孝孫」爲「孝子」，又改「祖考妣」爲「考妣」。若母在，則止云「皇〔二〕考」，告〔三〕于本龕之前。餘竝同。

〔二〕「皇」字，成、性、和本闕。

〔三〕「告」字，集、成、性、和本作「而告」二字。

前三日，齋戒，前一日，設位陳器，

如時祭之儀。但止於正寢，合〔一〕設兩位於堂中，西上。香案以下竝同。

具饌。

如時祭之儀，二分。

厥明，夙興，設蔬果酒饌。

如時祭之儀。

質明，盛服詣祠堂，奉神主出就正寢。

如時祭于正寢之儀。但告辭〔二〕云：「孝子某，今以季秋成物之始，有事于皇〔三〕考某官府君、皇〔四〕妣某封某氏。」

參神，降神，進饌，初獻。

〔一〕「合」字，和本作「各」字。

〔二〕「辭」字，集、成、性、和本作「詞」字。

〔三〕「皇」字，成、性、和本闕。

〔四〕「皇」字，成、性、和本闕。

〔如〔一〕時祭之儀〔二〕，但祝辭〔三〕云：「孝子某官某，敢昭告於皇〔四〕考某官府君、皇〔五〕妣某封某氏〔六〕。今以季秋成物之始，感時追慕，昊天罔極。」餘竝同〔七〕。〕

亞獻，終獻，侑食，闔門，啓門，受胙，辭神，納主，徹，餕。

竝如時祭之儀。

忌日

前一日，齋戒。

如祭禰之儀。

〔一〕「如」字，明、庫、郭本作「竝如」二字。

〔二〕宋版脱「如時祭之儀……餘竝同」注，今據集本補。

〔三〕「辭」字，郭本作「詞」字。

〔四〕「皇」字，公、集、成、性、和本闕。

〔五〕「皇」字，公、集、成、性、和本闕。

〔六〕「孝子某官某……某封某氏」段，庫、明、郭本闕。

〔七〕「餘竝同」三字，郭本作「餘同」二字，公本闕。

設位，

如祭禰之儀，但止設一位。

陳器，

如祭禰之儀。

具饌。

如祭禰之儀[一]，一分。

厥明，夙興，設蔬果酒饌。

如祭禰之儀。

質明，主人以下變服。

禰則主人兄弟黲紗幞頭、黲布衫、布裹、角帶。祖以上[二]則黲紗衫。旁親則皂紗衫。主婦特髻，去飾，白大衣、淡黄帔。餘人皆去華盛[三]之服。

詣祠堂，奉神主出就正寢。

[一]「儀」字，公、成、性、和本作「饌」字。

[二]「以上」二字，集本作「以下」二字。

[三]「盛」字，和校稱「『盛』一作『飾』」。

如祭禰之儀。但告辭〔一〕云：「今以某親某官府君遠諱之晨〔二〕，敢請神主，出就正寢，恭伸追慕。」餘竝同。

參神，降神，進饌，初獻。

如祭禰之儀。但祝辭〔三〕云：「歲序流易〔四〕，諱日復臨。追遠感時，不勝永慕。」考妣，改「不勝永慕」爲「昊天罔極」。旁〔五〕親云：「諱日復臨，不勝感愴。」若考批，則祝興，主人以下哭盡哀。餘竝同。

亞獻，終獻，侑食，闔門，啓門。

竝如〔六〕祭禰之儀，但不受胙〔七〕。

辭神，納主，徹〔八〕。

〔一〕「辭」字，郭本作「詞」字。
〔二〕「晨」字，性、明、庫、郭、和本作「辰」字。
〔三〕「辭」字，郭本作「詞」字。
〔四〕「流易」二字，集、成、性、和本作「遷易」二字。
〔五〕「旁」字，成本作「勞」字。
〔六〕「如」字，集本作「同」字。
〔七〕「竝如……不受胙」注，郭本闕。
〔八〕「徹」字，郭本作「徹饌」二字。

竝如祭禰之儀，但不餕〔一〕。

是日，不飲酒，不食肉，不聽樂，黲巾〔二〕素服素帶以居，夕寢于外。

墓祭

三月上旬擇日，前一日齋戒。

如家祭之儀。

具饌。

墓上每分如時祭之品，更設魚肉米麵〔三〕食各一大盤，以祀〔四〕后土。

厥明，灑掃〔五〕，

〔一〕「不餕」二字，成、性、和本作「不哭」二字。「竝如祭禰之儀，但不餕」九字，郭本作「如祭禰之儀」五字。

〔二〕「巾」字，庫本作「布」字。

〔三〕「麵」字，集、性、庫、郭、和本作「麪」字。

〔四〕「祀」字，集、成、性、和本作「祭」字。

〔五〕「掃」字，郭本作「埽」字。

主人深衣，帥執事者詣墓所，再拜，奉行塋域内外，環繞哀省〔一〕三周。其有草棘〔二〕，即用刀斧鉏斬芟夷。灑掃〔三〕訖，復位再拜。又除地於墓左，以祭后土。

布席陳饌。

用新潔席，陳於墓前，設饌如家祭之儀。

參神，降神，初獻。

如家祭之儀。但祝辭〔四〕云：「某親某官府君之墓，歲〔五〕序流易，雨露既濡，瞻掃〔六〕封塋，不勝感慕。」餘竝同。

亞獻，終獻。

竝以子弟親賓爲之〔七〕。

辭神，乃徹。遂祭后土，布席陳饌。

〔一〕「哀省」二字，和本作「展省」二字。
〔二〕「草棘」二字，和本作「苴棘」二字。
〔三〕「灑掃」二字，郭本作「洒埽」二字。
〔四〕「辭」字，郭本作「詞」字。
〔五〕「歲」字，集本作「氣」字。
〔六〕「掃」字，郭本作「埽」字。
〔七〕「親賓爲之」四字，成、性、和本作「親朋薦之」四字。

四盤〔一〕于席南端，設〔二〕盤盞匙筯于其北。餘竝同上。

降神，參神，三獻。

同上。但祝辭〔三〕云：「某官姓名，敢昭告于后土氏之神。某恭修〔四〕歲事于某親某官府君之墓。惟時保佑，實賴神休。敢以酒饌，敬伸奠獻。尚饗〔五〕。」

辭神，乃徹而退。

家禮〔六〕

〔一〕「四盤」二字，和本作「設四盤」三字。

〔二〕「設」字，和本闕。

〔三〕「辭」字，郭本作「詞」字。

〔四〕「修」字，性、和本作「脩」字。

〔五〕「饗」字，集本作「享」字。

〔六〕「家禮」二字，公、明本作「家禮卷五終」五字，成本作「家禮附録終」五字，庫本作「家禮卷五」四字，郭本作「朱子家禮卷五終」七字，和本作「家禮卷之五畢」六字，性本闕，集本後有「右祭禮附註凡十六條」一句。

家禮附録

李方子曰：「乾道五年九月，先生丁母祝令人憂，居喪盡禮，參酌古今，因成喪葬祭禮，又推之於冠昏，共爲一編，命曰《家禮》。」

年譜○黄榦云：「先生既成《家禮》，爲一行童竊以逃。先生易簀，其書始出，今行於世。然其間有與先生晚歲之論不合者，故未嘗爲學者道也。」○陳淳云：「嘉定辛未歲過温陵，先生季子敬之倅郡，出示《家禮》一編，云：『此往年僧寺所亡本也。有士人録得，會先生葬日攜來，因得之。』」○楊復云：「《家禮》始成而失之，不及再加考訂。先生既没而書始出。愚嘗竊取先生後來之考訂議論，以與朋友共參考云。」

先生曰：「今廟制以西爲上，至禰處謂之東廟，太廟亦然。」○司馬公云：「所以西上者，神道尚右故也。」

按，先生論廟制，詳見《中庸或問》第二十章。

先生曰：「人家族衆，或主祭者不可以祭及叔伯父之類，則須令其嗣子别得祭之。今且説同居，同出於曾祖，便有從兄弟及再從兄弟衮做一處，祭不得。要好，則主祭者之嫡孫當一日祭其曾祖及祖及父，餘子孫與祭。次日，卻令次位子孫自祭其祖及父。又次日，卻令次位子孫自祭其父。此卻有古宗法意。古今祭禮，這般處皆有之。今要如宗法祭祀之禮，須是先就宗室及世族家行之，做箇樣子，方可使以下士大夫行之。」

楊氏曰：「祔位謂旁親無後及卑幼先亡者，纔祭高祖畢，即使人酌獻祔于高祖者。曾祖、祖、考皆然。」

先生曰：「元旦，在官者有朝謁之禮，恐不得專精於祭事。某鄉里卻止於除夕前三四日行事，此亦更在斟酌也。」

問：「俗節之祭如何。」先生曰：「韓魏公處得好，謂之節祠，殺於正祭。」〇又曰：「今之俗節古所無有，故古人雖不祭，情亦自安。今人既以爲重，至於是日不能不思其祖考，而復以其物享之。雖非禮之正，然亦人情之不能已者。且古人不祭則不敢以燕，況今於此俗節，既已據經而廢祭，而生者則飲食燕樂，隨俗自如，非事死如事生、事亡如事存之意也。愚意，時祭之外，各因鄉俗之舊，以其所尚之時、所用之物，奉以大槃，陳於廟中，而以告朔之禮奠焉，則庶幾合乎隆殺之節而盡乎委曲之情，可行於久遠而無疑矣。」《答南軒先生書》

先生曰：「焚黃，近世行之墓次，不知於禮何據。張魏公贈謚只告于廟，疑爲得禮。」

按，先生文集有焚黃祝文，云「告于家廟」。

問：「而今士庶亦有始基之祖，只祭四代。四代以上則可不祭否。」先生曰：「若是始基之祖，想亦只存得墓祭。」

楊氏曰：「按《祠堂》章云：『始祖親盡則藏其主於墓所。』然則墓所必有祠堂以奉墓祭。」

《深衣》章云：「度用指尺。」楊氏曰：「按《説文》，周制寸尺咫尋，皆以人之體爲法。」

楊氏云：「按《禮記·深衣》篇云：『袂之長短，反屈之及肘。』然則未嘗以一幅爲拘。」

蔡淵云：「深衣方領與屬衽鉤邊之制，先生謂方領者，只是衣領既交則自有如矩之象。謂屬衽鉤邊者，只是連續裳旁，無前後幅之縫左右交鉤即爲鉤邊，非有別布一幅，裁之如鉤而綴于裳旁也。方領之説，先生已修之《家禮》矣，而續衽鉤邊則未及修焉。」

復按，《禮記》云「衽當旁」，鄭注云：「衽謂裳幅所交裂也。凡衽者或殺而下，或殺而上，是以小要取名焉。屬衣則垂而放之，屬裳則縫之以合前後，上下相變。」《玉藻》又云「續衽鉤邊」，鄭注云：「續猶屬也屬音燭，衽在裳旁者也。屬連之，不殊裳前後也。鉤讀如鳥喙必鉤之鉤，鉤邊若今曲裾也。」又云「純邊」，純，之允反，鄭注云：「純謂緣之也，邊，衣裳之側。」《深衣》鄭氏釋續衽之義則甚明白。其釋鉤邊之義，以鉤如鳥喙必鉤，既已難曉，而引曲裾爲證，又復不可考矣。唯朱先生之説爲簡明。蓋鉤有交互之義，諺所謂鉤牽、鉤連是也，邊者裳幅之側，謂其相掩而交鉤也。按，《荀子》云「鉤有須，卵有毛」，鳥之喙無須而曰有須，卵無毛而曰有毛，蓋堅白異同之論也，則鉤者似又鳥喙之別名也。因附記于此。○衽，蓋衣襟交結之處，所謂左衽右衽是也。若夫交解布一幅，沓而綴於衣之衽處，下垂以掩裳際，以其上屬於衽，故因得衽之名，注所謂衽在裳旁者也。布之交解而屬於衣者，既謂之衽，故其交解而爲深衣之裳者，亦因得衽之名。注所謂衽，謂裳幅所交裂者也。

楊氏曰：「請期之禮，具書遣使如女氏。女氏受書，復書，禮賓，使者復命，竝同納采之儀。」

使者致辭，一用《儀禮》。○按楊氏於《家禮》多欲從《儀禮》及温公《書儀》之詳。愚謂文公固曰：「略浮文，務本實，以自附於孔子從先進之意矣。」故今不得而悉録之也。

先生曰：「親迎之禮，恐當從伊川之説爲是。近則迎於其國，遠則迎於其館妻家就近〔一〕設一處，壻即就彼迎歸。」

先生曰：「昏禮用命服乃是古禮。如士乘墨車而執鴈，皆大夫之禮也。」

先生曰：「《儀禮》雖無娶妻告廟之文，而《左傳》曰：『圍布几筵告於莊共之廟。』是古人亦有告廟之禮。」○問左氏先配後祖之説。先生曰：「左氏固難盡信。然其後説親迎處，亦有布几筵告廟而來之説，恐所謂後祖者譏其失此禮耳。」

楊氏曰：「勉齋先生定龔氏親迎禮。主人迎于門外，西面再拜，賓東面答拜。主人揖入，三

〔一〕「近」字，明、庫本作「迎」字。

揖三讓，主人升，西面，賓升，北面，奠鴈。今宜從之。」

司馬公曰：「女子與丈夫爲禮則俠音夾拜。男子以再拜爲禮。女子以四拜爲禮。古無壻婦交拜之儀，今世俗始相見交拜，拜致恭，亦事理之宜，不可廢也。」

先生曰：「某定昏禮，親迎用溫公，入門以後則從伊川。」○又曰：「人著書只是自入些己意便做病。司馬文正與伊川定昏禮都是依《儀禮》，只是各改一處便不是古人意。司馬禮云：『親迎奠鴈，見主昏者即出』不先見妻父母者，蓋以婦未先見舅姑也，是古禮如此。伊川卻教拜了，又入堂拜大男小女，這不是。伊川云：『壻迎婦，既至，即揖入内，次日見舅姑，三月而廟見。』是古禮。司馬禮卻說，婦入門即拜影堂，這又不是。古人初未成婦，次日方見舅姑。蓋先得於夫，方可見舅姑，到兩三月得舅姑意了，舅姑方令見祖廟。某思量，今亦不能三月之久，亦須第二日見舅姑，第三日廟見乃安。」

高氏曰：「始死，廢牀，寢於地」人始生在地，故廢牀，寢於地，庶其生氣之復也。本出《儀禮記》及《喪大記》。

司馬公曰：「古者死之明日小歛，又明日大歛，顛倒衣裳，使之正方，束以絞紟，韜以衾冒，皆所以保其肌體也。今世俗有襲而無大小歛，所闕多矣。然古者，士襲衣三稱衣單複具曰稱，等而上之有差，此非貧者所能辦也。今從簡易，襲用衣一稱，小大歛則據死者所有之衣及親友所襚之衣，隨宜用之。若衣多，不必盡用也。」○楊氏曰：「按高氏一用禮經，襲斂用衣多，故襲有冒，小斂有布絞，大斂有布絞、布紟。司馬公欲從簡易，襲斂用衣少，故小斂雖有布絞，而襲則無冒，大斂則無絞紟，此爲疎略。先生初述《家禮》，皆取司馬公《書儀》，後與學者論禮，以高氏喪禮爲最善，遺命治喪，俾用儀禮。此可以見其去取折衷之意矣。然欲悉從高氏之説，誠非貧者所能辦，有如司馬公之所慮者，但當量其力之所及可也。」

復按，李方子述先生《年譜》云：「諸生入問疾。葉味道因請曰：『先生之疾革矣。萬一不諱，當用《書儀》乎。』曰：『疎略。』范元裕請曰：『用《儀禮》乎。』先生搖首。蔡沉復請曰：『《儀禮》《書儀》參用如何。』乃頷之。」然則通古今之變，參詳略之中，酌貧富之宜，學禮者不可以不謹也。

問重。先生曰：「《三禮圖》有畫象可考。然且如温公之説，亦自合時之宜，不必過泥於古也。」○楊氏曰：「按禮，大夫無主者，束帛依神。温公用魂帛，蓋本於此。高氏曰：『古人遺衣裳，必置於靈座，既而藏於廟中。』恐當從之而加魂帛於其上可也。」

楊氏曰：「《喪服制度》，惟辟領一節，沿襲差誤，自《通典》始。按《喪服記》云『衣二尺有二寸』。蓋指衣身自領至要之長而言之也。用布八尺八寸，中斷以分左右爲四尺四寸者二，又取四尺四寸者二，中摺以分前後爲二尺二寸者四。此即尋常度衣身之常法也。合二尺二寸者四，疊爲四重，從一角當領處四寸下取方，裁入四寸，乃《記》所謂『適博四寸』，注疏所謂『辟領四寸』是也。辟猶開也。從一角當領處取方，裁開入四寸，故曰辟領。以此辟領四寸反摺向外加兩肩上以爲左右適，故曰適。乃疏所謂兩相向外各四寸是也。辟領四寸，既反摺向外加兩肩上，以爲左右適。故後之左右，各有四寸虛處當脊而相竝，謂之闊中。前之左右，各有四寸虛處當胸而相對，亦謂之闊中。此則衣身所用布之數與裁之之法也。

注又云『加辟領八寸而又倍之』者，謂别用布一尺六寸以塞前後之闊中也。布一條，縱長一尺六寸，横闊八寸，又縱摺而中分之。其下一半，裁斷左右兩端各四寸，除去不用，只留中間八寸，以加後之闊中元裁辟領各四寸處，而塞其闕當脊相竝處，此所謂『加辟領八寸』是也。其上一尺六寸不裁，以布之中間從項上分左右，對摺向前垂下，以加於前之闊中，與元裁斷處當胸相對處相接，以爲左右領也。夫下一半加於後之闊中者，用布八寸，而上一半從項而下，以加於前之闊中者，又倍之而爲一尺六寸焉。此所謂『而又倍之』者是也。此則衣領所用之布與裁之之法也。古者衣服吉凶異制，故衰服領與吉服領不同，而其制如此。

注又云『凡用布一丈四寸』者，衣身八尺八寸，衣領一尺六寸，合爲一丈四寸也此是用布正數，又當少寬其布，以爲針縫之用。然此即衣身與衣領之數，若負衰帶下及兩衽，又在此數之外矣。但領必有袷，此布何從出乎。曰，衣領用布闊八寸而長一尺六寸。古者布幅闊二尺二寸，除衣領用布闊八寸之外，更餘闊一尺四寸而長一尺六寸，可以分作三條，施於袷而適足無餘欠也。

《通典》以辟領爲適，本用注疏，又自謂《喪服記》文難曉，而用臆説以參之。既别用布以爲辟領，又不言制領所用何布，又不計衣身衣領用布之數，失之矣。但知衣身八尺八寸之外，又别用布一尺六寸以爲領。凡用布共一丈四尺〔二〕，則文義不待辯而自明矣。」

又按《喪服記》及注云：「袂二尺二寸。」緣衣身二尺二寸。故左右兩袂亦二尺二寸，欲使縱横皆正方也。《喪服記》又云：「袪尺二寸。」袪者，袖口也。袂二尺二寸，縫合其下一尺，留上一尺二寸以爲袖口也。

又按《喪服記》云：「衣帶下尺。」緣古者上衣下裳，分别上下，不相侵越。衣身二尺二寸，僅至腰而止，無以掩裳上際。故於衣帶之下，用縱布一尺，上屬於衣。横繞於腰，則以腰之闊狹爲準，所以掩裳上際而後綴兩衽於其旁也。

已上，度用指尺中指中節爲寸，首絰腰絰圍九寸七寸之類亦同。

〔二〕「尺」字，公、性本作「寸」字。

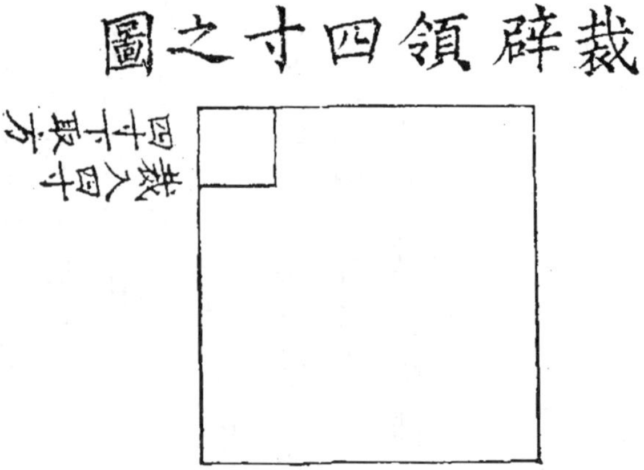

裁辟領四寸之圖

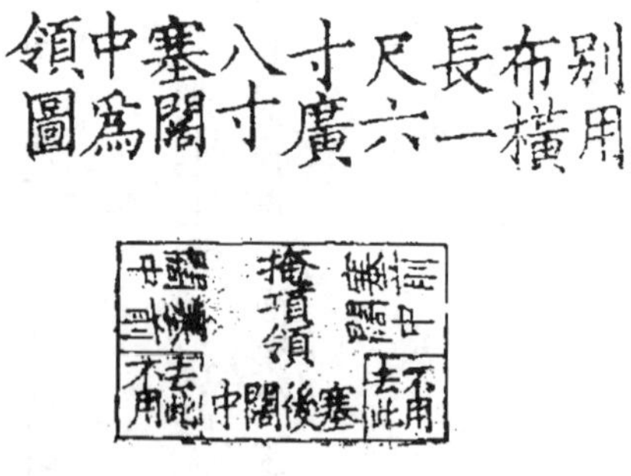

別用布横長一尺六寸廣八寸塞闊中爲領圖〔二〕

〔二〕庫、郭本闕此兩圖。

反摺辟領四寸爲左右適圖

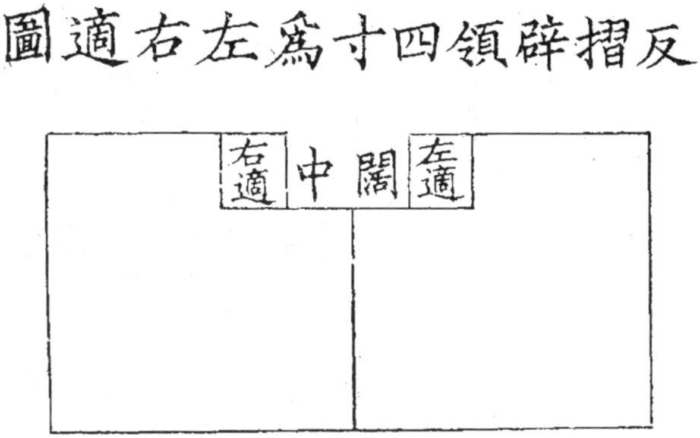

反摺向前圖〔二〕

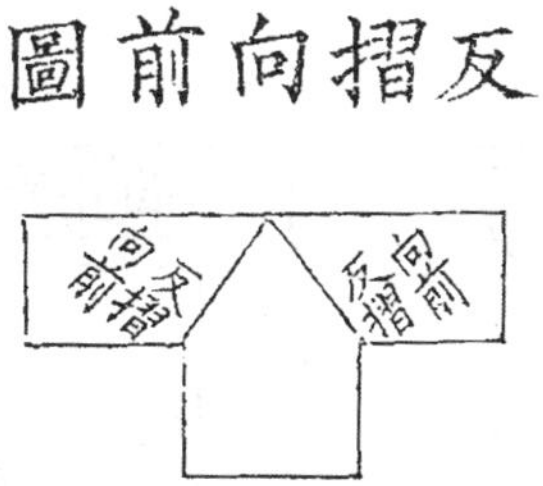

〔二〕庫、郭本闕此兩圖。

加領於衣前圖

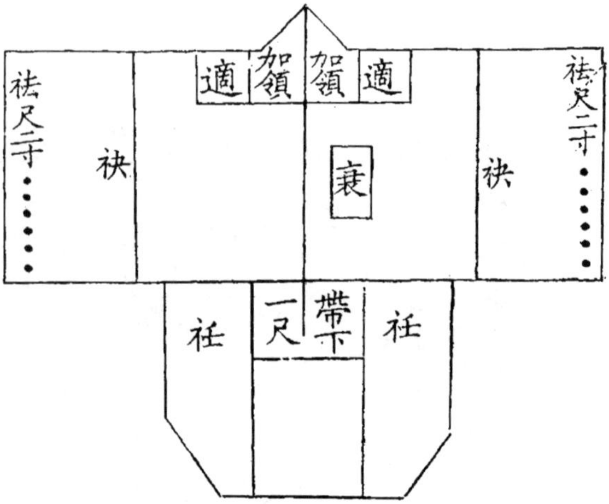

加領於衣前圖

加領於衣後圖

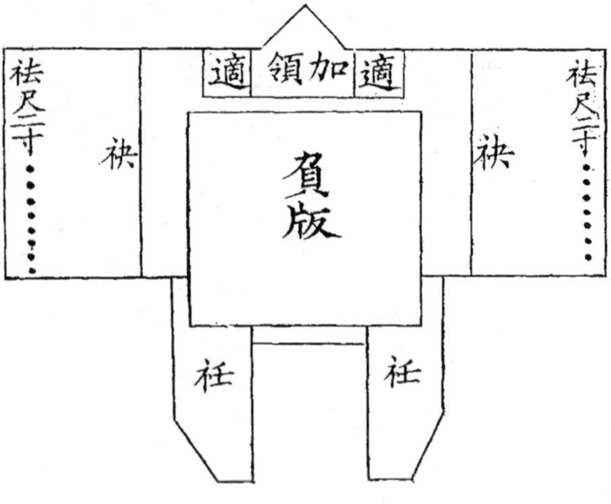

加領於衣後圖〔二〕

〔二〕庫、郭本闕此兩圖。

楊氏曰：「《儀禮》注云：『前有衰，後有負版，左右有辟領。孝子哀戚之心，無所不在。』疏云：『衰者有哀摧之志，負者負其悲哀，適者指適，緣於父母，不念餘事。』又按注疏，衰、負版、辟領，惟子爲父母用之，旁親則不用也。」

按《儀禮·喪服》，於《斬衰》章首列冠絰衰裳杖屨之目其制度則詳見於本篇之記，自《齊衰》章而下，若牡麻絰之異於苴絰，冠布纓之異於繩纓，布帶之異於絞帶，削杖之異於苴杖，疏屨之異於菅屨，悉數而詳言之。若衰、負版、辟領，則無異於斬衰者，故不復言。自齊衰杖期以至緦麻，例應如此。又按《雜記》：「大夫卜宅與葬日，有司麻衣，布衰，布帶，因喪屨，緇布冠不蕤。」鄭注云：「麻衣，白布深衣而著衰焉，及布帶緇布冠，此服非純吉，亦非純凶也。」疏云：「麻衣謂白布深衣十五升，吉布也，布衰謂麤衰也。皇氏云：『以三升半布爲衰，長六寸廣四寸，綴於深衣前當胸上。又有負版，長一尺六寸，廣四寸，布帶以布爲帶齊衰三年，用布帶。因喪屨，謂因喪之繩屨』《喪服小記》云：「齊衰三月與大功同者繩屨。」緇布冠不蕤者，以緇布爲冠，不加緌也。」夫深衣，吉服也，猶加衰及布帶，況緦麻以上之服乎。有司，非親也，所服猶有衰，用布帶，況緦麻以上之親乎，又況喪服。自斬衰至緦，皆有絰有帶，服必相稱，不應有絰帶而無衰及負版、辟領。注疏以爲用之父母而不用之旁親，似未然也。

楊氏曰：「《家禮》用《書儀》服制，婦人皆不杖，與《喪大記》、《喪服小記》不同。恨未得質正。」

《喪大記》云：「三日子夫人杖，五日大夫世婦杖。」《喪服小記》云：「女子子在室，爲父母。其主喪者不杖，則子一人杖。」

先生曰：「宗法雖未能立，然服制自當從古父爲長子三年〔二〕。是亦愛禮存羊之意，不可妄有改易也。如漢時宗子法已廢，然其詔令猶云：『賜民當爲父後者爵一級。』是此禮猶在也。豈可謂宗法廢而庶子皆得爲父後者乎。」

楊氏曰：「《不杖期章》，其正服當添姊妹既嫁相爲服一條，其義服當添父母在爲妻一條。」

先生曰：「喪禮須從《儀禮》爲正。如父在爲母期，非是薄於母，只爲尊在其父，不可復尊在母。然亦須心喪三年。這般處皆是大項事，不是小節目，後來都失了。而今國家法爲所生父母皆心喪三年，此意甚好。」○楊氏曰：「今服制令庶子爲後者爲其母緦，亦解官申心喪三年。」○母出及嫁，爲父後者雖不服，申心喪三年。○爲人後者，爲其父母不杖期，亦解官申心喪三年。○嫡孫，祖在，爲祖母齊衰杖期。雖期而除，仍心喪三年。

楊氏曰：「長子主喪以奉饋奠，以子爲母喪，恩重服重故也。朔奠則父爲主者，朔殷奠，以尊者爲主也。《喪服小記》曰：『婦之喪，虞卒哭，其夫若子主之。』虞卒哭，皆殷祭故也。朔祭亦

〔二〕「父爲長子三年」六字，明、庫本爲正文而非注文。

殷祭，故夫主之。」

楊氏曰：「按程子、張子與朱先生後來之説見《祭禮》降神條，奠酒則安置於神座前，既獻則徹去。酹者初酌酒，則傾少酒於茅，代神祭也。今人直以奠爲酹而盡傾之於地，非也。與《家禮》所謂入酹、跪酹似相牴牾弔奠賻條，當以後來之説爲正。」

問合葬夫婦之位。先生曰：「某葬亡室時，只存東畔一位，亦不曾考禮是如何。」陳安卿云：「地道以右爲尊，恐男當居右。」先生曰：「祭時以西爲上，則葬時亦當如此方是。」

廖子晦問葬法。先生曰：「後來講究木椁瀝清，似亦無益。但於穴底先鋪炭屑，築之厚一寸許，其上即鋪沙灰，四傍即用炭屑，側厚寸許，下與先鋪者相接此所謂四傍，謂沙灰之四傍也。築之既平，然後安石椁於其上。四傍又下三物如前此所謂四傍，謂石椁之四傍也。棺底及棺四傍上面，復用沙灰實之此謂棺之外，椁之内，俟滿加蓋，復布沙灰而加炭屑於其上。然後以土築之，盈坎而止。蓋沙灰，以隔螻蟻，愈厚愈佳。頃嘗見籍溪先生説，嘗見用灰葬者，後因遷葬則見灰已化爲石矣。炭屑則以隔木根之自外至者，亦里人改葬所親見。故須令在沙灰之外，四面周密，都無縫罅，然後可以爲固。但法中不許用石椁，故此不敢用全石，只以數片石合成，庶幾不戾法意爾。」

先生曰：「某舊爲先人飾棺，考制度，作帷荒。延平先生以爲不切。而今禮文覺繁多，使人難行。後聖有作，必是裁減了，方始行得。」

先生曰：「伊川制士庶不用主，只用牌子。」又曰：「若是士人，用主亦無大利害。」又曰：「主式乃伊川先生所制，初非朝廷立法，固無官品之限。萬一繼世無官，亦難遽易，但繼此不當作爾。牌子亦無定制。切意亦須似〔二〕主之大小高下，但不爲判合陷中可也。凡此皆是後賢義起之制，今復以意斟酌如此。若古禮則未有考也。」

楊氏曰：「古禮啓殯，斬衰男子括髮，婦人髽。蓋小歛括髮髽，啓殯見尸柩，故變同小歛。今既不塗殯則亦不啓，雖不變服可也。啓殯之後，男子免，至虞卒哭皆免，今《家禮》皆不用。」

楊氏曰：「高氏禮，遣奠之祝辭曰：『靈輀既駕，往即幽宅。載陳遣禮，永訣終天。』」

問：「夫在，妻之神主宜書何人奉祀。」先生曰：「旁注施於所尊，以下則不必書也。」

先生曰：「温公以虞祭讀祝於主人之右，卒哭讀祝於主人之左，蓋得禮意。」

楊氏曰：「高氏禮，卒哭之祝辭曰：『日月不居，奄及卒哭。叩地號天，五情糜潰。謹以清酌庶羞，哀薦成事。尚饗。』」

楊氏曰：「父在祔妣，則父爲主，乃是夫祔妻於祖妣。三年喪畢，尚祔於祖妣，待父它日三年

〔二〕「似」字，明、庫本作「是」字。

喪畢，遞遷祖考妣，始妣考同遷也。胡泳曰：『先生内子之喪主，只祔在祖妣之旁，此當爲據』。」

先生曰：「古者昭穆之次，昭常爲昭，穆常爲穆，故祔新死者于其祖父之廟，則爲告其祖父以當遷他廟，而告新死者以當入此廟之漸也。今公私之廟皆爲同堂異室以西爲上之制，而無復左昭右穆之次。一有遞遷則羣室皆遷，而新死者當入于其禰之故室矣。此乃禮之大節，與古不同。而爲禮者猶執祔于祖父之文，似無意義。然欲遂變而祔于禰廟，則又非愛禮存羊之意。竊意與其依違牽制而均不免爲失禮，曷若獻議于朝，盡復公私之廟皆爲左昭右穆之制，而一洗其繆之爲快乎。」

楊氏曰：「《儀禮・喪服記》載衰負版辟領之制，而不言衰負版辟領何時而除。《家禮》并首絰竝去於小祥之時，蓋用司馬公《書儀》云。」

按《間傳》云：「期而小祥，男子除乎首謂首絰也，婦人除乎帶謂腰絰也。」故《家禮》《書儀》以小祥去首絰也。

問：「子爲母大祥及禫，夫已無服，其祭當如何。」先生曰：「今禮几筵必三年而除，則小祥大祥之祭皆夫主之。但小祥之後，夫即除服，大祥之祭恐須素服如弔服可也。但改其祝詞，不必言爲子而祭也。」〇先生曰：「主祭者雖已除服，亦何害於與祭乎。但不可純用吉服，須如弔服及忌日之服可也。」

問祧主。先生曰：「天子諸侯有大廟夾室，祧主藏於其中。今士人家無此，祧主無可置處，不得已只埋於墓所。」

先生曰：「横渠説：『三年後祫祭於太廟，因其祭畢還主之時，遂奉祧主歸於夾室，遷主新主皆歸于其廟。』此似爲得禮。鄭氏《周禮》注大宗伯享先王處，似亦有此意。」

李繼善曰：「既祥而撤几筵，其主且祔于祖父之廟，俟祫畢而後遷。」○楊氏曰：「世次迭遷，昭穆繼序，其事至重。家禮但以酒果告遷于祠堂，恐禮太輕。當於吉祭前一夕以薦告還主畢，乃題神主。厥明合祭畢，奉祧主埋于墓所，奉遷主新主各歸于廟。」○高氏告祔遷祝文曰：「年月日，孝曾孫某，罪積不滅，歲及免喪。世次迭遷，昭穆繼序。先王制禮，不敢不至。」

司馬公曰：「《士虞禮》注云：『自喪至禫，凡二十七月。』三年之喪，二十五月而畢，禫祭在祥月之中。今律勑三年之喪皆二十七月而除，不可違也。」○先生曰：「二十五月，祥後便禫，看來當如王肅之説，於『是月禫，徙〔一〕月樂』之説爲順《檀弓》。而今從鄭氏之説，雖是禮疑從厚，然未爲當。」

先生曰：「薦新告朔，吉凶相襲，似不可行，未葬可廢。既葬則使輕服或已除者入廟行禮可也。四時大祭，既葬亦不可行。如韓魏公所謂節祠者，則如薦新行之可也。」○又曰：「頃年居

〔一〕「徙」字，明、庫本作「從」字。

喪，於四時正祭則不敢舉，而俗節薦享，則以墨衰行之。蓋正祭三獻受胙非居喪所可行，而俗節則唯普同一獻，不讀祝不受胙也。」○先生以子喪不舉盛祭，就祠堂内致薦，用深衣幅巾薦畢，反喪服哭奠。子則至慟。

司馬公曰：「《王制》：『大夫士有田則祭，無田則薦。』注：『祭以首時，薦以仲月。』今國家享太廟用孟月，自周六廟。濮王廟皆用仲月。以此私家不敢用孟月。」○高氏曰：「何休曰『有牲曰祭，無牲曰薦』。今人鮮用牲，唯設庶羞而已。」

問：「先生祭儀時祭皆卜日。今聞卻用二至二分祭，是如何。」先生曰：「卜日不定，慮有不虞。温公亦云，只用分至亦可。」

司馬公曰：「孟詵《家祭儀》用二至二分。然今仕官〔一〕者，職業既繁，但時至事暇可以祭，則卜筮亦不必亥日及分至也。若不暇卜日，則止依孟儀用分至，於事亦便也。」

司馬公曰：「舅沒則姑老不與於祭。若或自欲預祭，則特位於主婦之前，參神畢，升立於酒壺之北，監視禮儀。或老疾不能久立，則休於他所，俟受胙，復來受胙辭神而已。」

司馬公《書儀》，祭及曾祖。有問伊川先生曰：「今人不祭高祖，如何。」曰：「高祖自有服，

〔一〕「仕官」二字，公、性、明、庫本作「仕宦」二字。

不祭甚非。某家卻祭高祖。」又曰:「自天子至於庶人,五服未嘗有異,皆至高祖。服既如是,祭祀亦須如是。」○先生曰：「考諸程子之言，則雖三廟一廟以至祭寢，亦必及於高祖，但有疏數之不同耳。疑此最爲得祭祀之本意。今以祭法考之，雖未見祭必及高祖之文，然有月祭享嘗之別，則古者祭祀以遠近爲疏數亦可見矣。禮家又言，『大夫有事〔一〕，省於其君，干祫及其高祖』。此則可爲立三廟而祭及高祖之驗。但干祫之制，他未有考耳。」○又曰：「主祭者遊宦四方，或貴仕於朝，則奉二主以從之，於事爲宜。蓋上不失萃聚祖考精神之義二主常相依，則精神不分矣，下使宗子得以田禄薦享祖宗。處禮之變而不失其中，所謂禮雖先王所未之有，而可以義起者，蓋如此。但支子所得自主之祭，則當留以奉祀，不得隨宗子而徙也。」○又曰：「兄弟異居，廟初不異，只合兄祭而弟與執事，或以物助之爲宜。向見説前輩有如此。而相去遠者，則兄家設主，弟不立主，只於祭時旋設位，以紙榜標記逐位，祭畢焚之。如此似亦得禮之變也。」

先生嘗書戒子塾曰：「吾不孝，爲先公棄捐，不及供養。事先妣四十年，然愚無識知，所以承顔順色，甚有乖戾。至今思之，常以爲終天之痛，無以自贖。惟有歲時享祀，致其謹潔，猶是可着力處。汝輩及新婦等，切宜謹戒。凡祭肉臠割之餘及皮毛之屬，皆當存之，勿令殘穢褻慢

〔一〕「事」字，明、庫本作「是」字。

以重吾不孝。」

陳淳曰：「降神在參神之後。然始祖先祖之祭，只設虛位而無主，則又當先降而後參，不容以是爲拘。」

伊川先生曰：「古者灌以降神，故以茅縮酌，謂求神於陰陽有無之間，故酒必灌於地。若奠酒則安置在此。今人以澆在地上，甚非也。既獻則撤去可也。」○横渠先生曰：「奠酒，奠，安置也。若言奠摯奠枕是也。注之於地，非也。」○朱先生曰：「酹酒有兩説。一用鬱鬯灌地以降神，則唯天子諸侯有之。一是祭酒。蓋古者飲食必祭，鬼神自不能祭，故代之祭也。今人雖存其禮而失其義，不可不知。」○問：「酹酒是少傾，是盡傾。」先生曰：「降神是盡傾。」

楊氏曰：「祭酒是少傾于地。」

楊氏曰：「《士虞禮》：『無尸者，祝闔牖户如食間。』注：『如尸一食九飯之頃也。』」

先生曰：「某家舊時，時祭外有冬至立春季秋三祭。後以冬至立春二祭似僭，覺得不安，遂已之，季秋依舊祭禰。」○又曰：「始祖之祭似禘冬季，先祖之祭似祫立春。」

問忌日黲巾之制。先生曰：「如帕複相似。有四隻帶，若當幞頭然。」

先生嘗書戒子云：「比見墓祭土神之禮，全然滅裂，吾甚懼焉。既爲先公託體山林，而祀其主者豈可如此。今後可與墓前一樣菜果鮓脯共十器，肉魚饅頭各一大盤，凡所具之物悉陳之，羹飯茶湯各一器，以盡吾寧親事神之意，勿令少有隆殺。」

問改葬。曰：「須告廟而後告墓，方啓墓以葬。葬畢，奠而歸，又告廟，哭而後畢，事方穩當。行葬更不必出主，祭告時卻出主於寢。」

右文公門人三山楊復所附註於逐條之下者，可謂有功於《家禮》矣。復別出之以附于書之後，恐其間斷文公本書也。抑文公此書欲簡便而易行，故與《儀禮》或有不同如婦人用今之衰裳，弔喪者徇俗而答拜之類，其所同者，又不能無詳略之異如昏禮之六禮，喪禮襲斂用衣多少之類，楊氏往往多不滿之意。復竊謂，《儀禮》存乎古，《家禮》通於今，《儀禮》備其詳，《家禮》舉其要，蓋竝行而不相悖也。故文公雖著《家禮》，而尤拳拳於編集《儀禮》之書，遺命治喪必令參酌《儀禮》《書儀》而行之。其意蓋可見矣。好古而欲盡禮者，固有《儀禮》在。楊氏之説，有不得而盡録云。淳祐五年乙巳歲二月既望，上饒周復謹書。

家禮附録終〔一〕

〔一〕「終」字，庫本闕。

纂圖集注文公家禮

（宋）朱熹　撰
（宋）楊復　劉垓孫　注
姚永輝　整理

《纂圖集注文公家禮》解題

姚永輝

《纂圖集注文公家禮》十卷，朱熹撰，楊復附注，劉垓孫增注。

宋代士人積極致力于作儀化民，南宋晚期出現了對後世影響至深的朱子《家禮》，簡省禮義，突出儀文，具有鮮明的實用性。《家禮》一書于朱熹去世後出，據説朱熹草定《家禮》之後，曾爲一行童竊去，朱熹的諸位弟子都曾述及此事。其中楊復發現其間有與先生晚歲之論不合者，遂爲附注。此後又有劉垓孫增注、劉璋補注以考訂完善《家禮》文本。

楊復，字志仁，號信齋，福建寧德人，受業于朱熹，與黄榦交好。他認爲「《家禮》始成而失之，不及再加考訂」，于是「取先生後來之考訂議論，以與朋友共參考」（《家禮附録》），附注間插于《家禮》相應條目之下，淳祐元年（一二四一）刊刻于廣州。方大琮在《家禮附注後序》中提到「楊信齋《附注》出，而當時損益折衷之意始見」。後，江西上饒周復「恐其間斷文公本書」（周復《家禮附録跋》），將分散在正文各條之下的楊復附注，集中放置于卷末附録中，此即爲現存最早的《家禮》楊注附録本，然因「楊氏之説不得而盡録」，故該本所載楊復附注并不完整。劉垓孫，生平無考，約爲宋末人。以「增注」的形式在楊復附注的基礎上補充注解。

楊復附注、劉垓孫增注見于毛晋汲古閣舊藏宋刻《文公家禮集注》，卷端題「文公家禮」及卷數，左下單行題「門人楊復／劉垓孫集注」，今存五卷，分别藏于日本東京大學東洋文化研究所（卷三、卷四）、上海圖書館（卷五）、中國國家圖書館（卷六、卷七）。另有足本《纂圖集注文公家禮》藏于中國國家圖書館（以下簡稱「足本」），前有朱子手書序文，「纂圖集注文公家禮目録」左下分兩行題「門人秦溪楊復附注／後學復軒劉垓孫增注」。正文卷端題「文公家禮」及卷數，自卷二始左下單行題「門人楊復／劉垓孫集注」。凡通禮一卷、冠禮一卷、昏禮一卷、喪禮五卷、祭禮兩卷，共十卷，四册，圖散見文中。此本包含九十八條楊復附注、十四條劉垓孫增注，間置于文中相關條目之下，「附注」「增注」四字，皆用陰文標明。除此，在朱序後有疑似查慎行墨書跋文，指出該序與文集所載不同七處。該本的刊刻時間，説法不一，《續修四庫全書提要》著録爲宋刊本，《中國古籍善本書目》等著録爲元刊本，吾妻重二等主張爲宋刊本更確。

足本有朱熹手書自序，可力駁「《家禮》非朱熹所作」之説。較之中國國家圖書館所藏宋刊《家禮》五卷楊注附録本，足本更爲完整地載録了楊復附注，并且清楚地標明楊復附注、劉垓孫增注的内容。今藏上海圖書館《纂圖集注文公家禮》十卷本，無序，有缺頁，包含楊復附注、劉垓孫增注、劉璋補注，應是在此本基礎上增加劉璋補注而成。

足本原本是查慎行舊藏，書中有「得樹樓藏書」「南書房史官」「海寧查慎行字夏重又曰悔餘」等藏書印，後歸于常熟瞿氏，瞿鏞《鐵琴銅劍樓藏書目録》卷四有著録。今輯入《中華再造善本》《元明刻本朱子著述集成》。本次點校，即以足本爲底本，以國家圖書館所藏宋刻《家禮》五卷楊注附録本（簡稱「周復本」）、上海圖書館所藏《纂圖集注文公家禮》（楊復附注、劉垓孫增注、劉璋補注，簡稱「上補本」）十卷本爲參校本。偶有漫漶之處，依據前後語境、版印遺痕，據毛晉汲古閣舊藏宋刻《文公家禮集注》殘本（卷三至卷七）、周復本補，附注、增注則主要參考上補本補。

目録

文公家禮卷第五

文公家禮卷第六

文公家禮卷第七

文公家禮卷第八

文公家禮卷第九

文公家禮卷第十

序

凡禮，有本有文。自其施於家者言之，則名分之守、愛敬之實，其本也。冠昏喪祭、儀章度數者，其文也。其本者，有家日用之常體，固不可以一日而不脩。其文又皆所以紀綱人道之始終，雖其行之有時、施之有所，然非講之素明、習之素熟，則其臨事之際，亦無以合宜而應節，是亦不可以一日而不講且習焉者也。三代之際，禮經備矣。然其存於今者，宮廬器服之制、出入起居之節，皆已不宜於世。世之君子，雖或酌以古今之變，更爲一時之法，然亦或詳或略，無所折衷，至或遺其本而務其末，緩於實而急於文。自有志好禮之士，猶或不能舉其契，而用於貧寠者，尤患其終不能有以及於禮也。熹之愚，蓋兩病焉。是以嘗獨究觀古今之籍，因其大體之不可變者，而少加損益於其間，以爲一家之書。大抵謹名分、崇愛敬以爲之本，至其施行之際，則又略浮文、務本實，以竊自附於孔子從先進之遺意。誠願得與同志之士熟講而勉行之，庶幾古人所以脩身齊家之道、謹終追遠之心，猶可以復見，而於國家所以崇化導民之意，或亦有小補云。新安朱熹仲晦父書。

此序原刻乃朱子手筆，後來翻刻模倣，漸失其真。凡與文集不同七處，今以文義推之。「常體」，「體」字

「用于貧窶」，《集》本訛「用」作「困」；「務本」之「務」，《集》訛作「敦」；「崇化」之「崇」，《集》訛作「敦」；又「不可以一日」，「不」字上《集》少「亦」字；「究觀古今」上，《集》少「究」字。皆當以此本爲正。

《集》作「禮」；「舉其契」，「契」字《集》作「要」，「體」「契」二字終是翻刻之訛。至

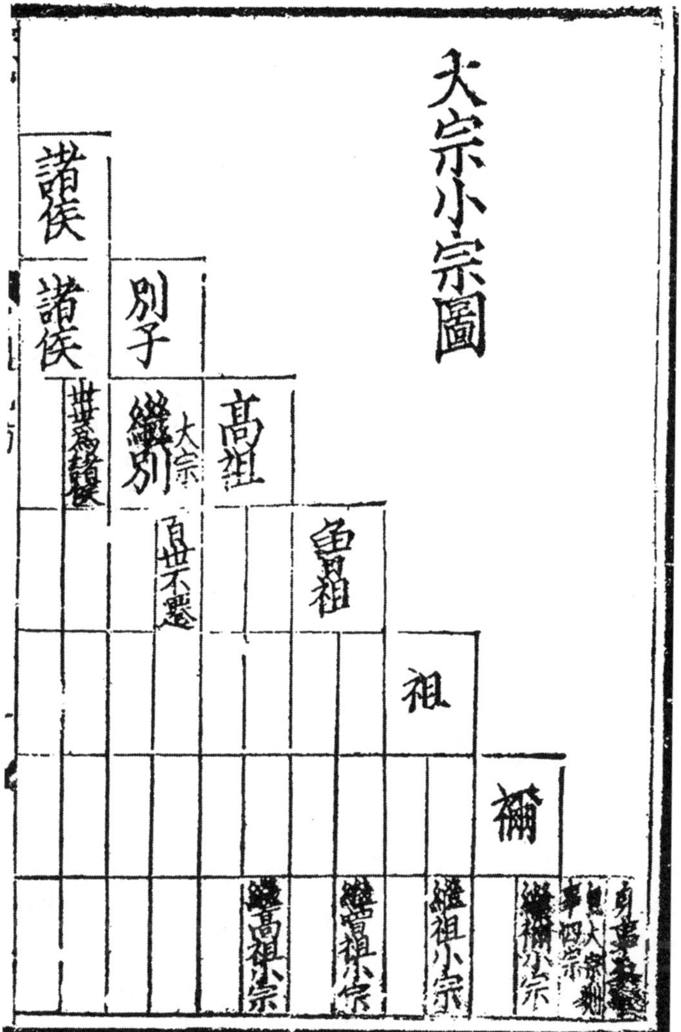
大宗小宗圖
諸侯
諸侯
世世為諸侯
別子
繼別 大宗
百世不遷
高祖
曾祖
祖
禰
繼高祖小宗
繼曾祖小宗
繼祖小宗
繼禰小宗
事四宗

【增注】吕汲公《家祭儀》曰：「古者小宗有四：有繼禰之宗，繼祖之宗，繼曾祖之宗，繼高祖之宗，所以主祭祀而統族人。後世宗法既廢，散無所統，祭祀之禮，家自行之。支子不能不祭，祭不必告于宗子。今宗法雖未易復，而宗子主祭之義，略可舉行。宗子爲士，庶子爲大夫，以上牲祭于宗子之家。故今議家廟雖因支子而立，亦宗子主其祭，而用其支子命數所得之禮，可合禮意。」〇先生曰：「祭祀須是用宗子法，方不亂。不然，前面必有不可處置者。〇父在主祭，子出仕宦不得祭。父没宗子主祭，庶子出仕宦，祭時其禮亦合減殺，不得同宗子。〇宗子只得立適，雖庶長，立不得。若無適子，則亦立庶子，所謂『世子之同母弟』。世子是適，若世子死，則立世子之親弟，亦是次適也，是庶子不得立也。〇大宗法既立不得，亦當立小宗法。祭自高祖以下，親盡則請出高祖就伯叔位，服未盡者祭之。嫂則别處。後其子私祭之。今世禮全亂了。」

文公家禮卷第一

通禮第一

此篇所著，皆所謂有家日用之常體，不可一日而不脩者。

祠堂

此章本合在《祭禮》篇，今以報本反始之心，尊祖敬宗之意，實有家名分之守，所以開業傳世之本也。故特著此，冠于篇端，使覽者知所以先立乎其大者。而凡後篇所以周旋升降、出入向背之曲折，亦有所據以考焉。然古之廟制不見於經，且今士庶人之賤亦有所不得爲者，故特以祠堂名之，而其制度亦多用俗禮云。

【附注】司馬温公曰：「仁宗時，嘗詔聽太子少傅以上，皆立家廟，而有司終不爲之定制度。惟文潞公立廟於西京，他人皆莫之立。故今但以影堂言之。」【增注】古命士得立家廟。家廟之制，內立寢廟，中立正廟，外立門，四面墻圍之。非命士，止祭於堂上，只祭考妣。伊川謂「無貴賤，皆祭自高祖而下，但祭有豐殺疏數不同。廟向南，坐皆東嚮」。伊川於此不審，乃云「廟皆東向，祖先位面東」，自廳側直東入其所，反轉面西入廟中。其制非是。古人所以廟面東向坐者，蓋户在東，牖在西，坐於一邊，乃是奧處也。○先生云：「謂欲立一家廟，小五架屋，以後架作一長龕堂，以板隔，截作四龕堂，堂置立牌，堂外用簾子。小小祭祀時，亦可只就其處。大祭祀，則請出，或堂或廳上，皆可。○唐大臣皆立廟於京師。本朝惟文潞公法唐杜佑制，立一廟在西京。雖如韓司馬家，亦不曾立廟。杜佑廟祖宗時尚在長安。」○愚按：伊川先生曰：「古者庶人祭於寢，士大夫祭於廟，庶人無廟，可立影堂。」今文公先生乃曰「祠堂」者，蓋以伊川先生謂（佘）〔祭〕時不可用影，故改「影堂」曰「祠堂」云。

君子將營宮室，先立祠堂於正寢之東。祠堂之制：三間，外爲中門，中門外爲兩階，皆三級，東曰阼階，西曰西階。階下隨地廣狹以屋覆之，令可容家衆敘立。又爲遺書、衣物、祭器庫及神廚於其東。繚以周垣，別爲外門，常加扃閉。若家貧地狹，則止爲一間，不立廚庫，而東西壁下置立兩櫃，西藏遺書、衣物，東藏祭器亦可。正寢謂前堂也。地狹，則於廳事之東亦可。凡祠堂所在之宅，宗子世守之，不得分析。○凡屋之制，不問何向背，但以前爲南，後爲北，左爲東，右爲西。後皆倣此。爲四龕，以奉先世神主。祠堂之內，以近北一架爲四龕，每龕内置一卓。大宗及繼高祖之小宗，則高祖居西，曾祖次之，祖次之，父次之。繼曾祖之小宗，則不敢祭高祖，而虛其西龕一。繼祖之小宗，則不敢祭曾祖，而虛其西龕二。繼禰之小宗，則不敢祭祖，而虛其西龕三。若大宗世數未滿，則亦虛其西龕，如小宗之制。神主皆藏於櫝中，置於卓上，南向。龕外各垂小簾，簾外設香卓於堂中，置香爐、香合於其上。兩階之間，又設香卓，亦如之。非嫡長子，則不敢祭其父。若與嫡長同居，則死而後其子孫爲立祠堂於私室，且隨所繼世數爲龕，俟其出而異居，乃備其制。若生而異居，則預於其地立齋以居，如祠堂之制，死則因以爲祠堂。○主式見《喪禮·治葬》章。

【附注】或問廟主自西而列。先生曰：「此也不是古禮。」○問：「諸侯廟制，太祖居北而南向。昭廟二，在其東南；穆廟二，在其西南，皆南北相重。不知當時每廟一室，或共一室各爲位也。」曰：「古廟制，自太祖而下各是一室，陸農師《禮象圖》可考。西漢時，高祖廟、文帝顧成廟，各在一處。但無法度，不同一處。至東漢明帝謙貶，不敢自當立廟，祔於光武廟，其後遂以爲例。至唐，太廟及群臣家廟，悉如今制，以西爲上也。至禰處謂之『東廟』。今太廟之制亦然。」○司馬文正公曰：「所以西上者，神道尚右故也。」○先生曰：「人家族衆，或主祭者不可以祭及叔伯父之類，則須令其嗣子别得祭之。今且説同居，同出於曾祖，便有從兄弟及再從兄弟。祭時主於主祭者，其他或子不得祭其父母。若恁地衮做一處祭，不得。要好，則主祭之嫡孫，當一日祭其曾祖及祖及父，餘子孫與祭。次日，却令次位子孫自祭其祖及父。又次日，却令次位子孫，自祭其父。此却有古宗法意。古今祭禮，這般處皆有之。今要如宗法祭祀之禮，須是在上之家，先就宗室及世族家行之。做個樣子，方可使以下士大夫行之。」

【增注】排祖先時，以客位西邊爲上。高祖第一，高祖母次之，只是正排看正面，不曾對排。曾祖、祖父皆然。其中有伯叔、伯叔母、兄弟嫂婦，無人主祭，而我爲祭者，各以昭穆論。

旁親之無後者，以其班祔。伯叔祖父、母，祔于高祖。伯叔父、母，祔于曾祖。妻若兄弟，若兄弟之妻，祔于祖。子姪祔于父，皆西向。主櫝並如正位。姪之父自立祠堂，則遷而從之。○程子曰：「無服之殤，不祭。下殤之祭，終父母之身。中殤之祭，終兄弟之身。長殤之祭，終兄弟之子之身。成人而無後者，其祭終兄弟之孫之身。此皆以義起者也。」

【附注】愚按：祔位，謂旁親無後，及卑幼先亡者。祭禮纔祭高祖畢，即使人酌獻祔于高祖者，曾祖祖考皆然。故祝文說「以某人祔食，尚饗」。詳見後《祭禮》篇「四時祭」條。

【增注】如祔祭，伯叔則祔于曾祖之傍一邊，在位牌西邊安。伯叔母則祔曾祖母東邊安。兄弟嫂、妻婦則祔于祖母之傍。伊川云：「曾祖兄弟無主者，亦不祭。」不知何所據而云，伊川云：「只是以義起也。」○遇大時節，請祖先祭于堂，或廳上，坐次亦如在廟時排定。祔祭旁親者，右丈夫，左婦女，坐以就裏爲大。凡祔於此者，不從昭、穆了，只以男女左右、大小分排。在廟，却各從昭、穆祔。

置祭田。初立祠堂，則計見田，每龕取其二十之一，以爲祭田。親盡則以爲墓田。後凡正位祔位，皆倣此。宗子主之，以給祭用。上世初未置田，則合墓下子孫之田，計數而割之。皆立約聞官，不得典賣。具祭器。牀、席、倚、卓、盥盆、火爐、酒食之器，隨其合用之數，皆具貯於庫中而封鎖之，不得它用。無庫，則貯於櫃中。不可貯者，列於外門之内。主人晨謁於大門之内。主人，謂宗子，主此堂之祭者。晨謁，深衣，焚香再拜。出入必告。主人、主婦近出，則入大門，瞻禮而行。歸亦如之。經宿而歸，則焚香再拜。遠出經旬以上，則再拜，焚香告云：「某將適某所，敢告。」又再拜而行。歸亦如之，但告云：「某今日歸自某所，敢見。」經月而歸，則開中門，立於階下，再拜，升自阼階，焚香告畢，再拜，降，復位再拜。餘人亦然，但不開中門。○凡主婦，謂主人之妻。○凡升降，惟主人由阼階。主婦及餘人，雖尊長，亦由西階。○凡拜，男子再拜，則婦人四拜，謂之俠拜。其男女相答拜，亦然。正、至、朔望則參。正、至、朔望，前一日，灑掃齋宿。厥明，夙興，開門，軸簾。每龕設新果一大盤於卓上。每位茶盞托、酒盞盤各一，於神主櫝前。設束茅、聚沙於香卓前。别設一卓於阼階上，置酒注、盞盤一於其上，酒一瓶於其西。盥盆、帨巾各二，於阼階下東南。有臺架者在西，爲主人親屬所盥，無者在東，爲執事者所盥。巾皆在北。主人以下，盛服入門就位。主人北面於阼階下，主婦北面於西階下。主人有母，則特位於主婦之前。主人有諸父諸兄，則特位於主人之右少前，重行西上。有諸母、姑、嫂、姊，則特位於主婦之左少前，重行東上。諸弟在主人之右，少退。子孫、外執事者，在主人之後，重行西上。主人弟之妻及諸妹在主婦之左，少退。子孫婦女、内執事者在主婦之後，重行東上。立定，主人盥帨，升，搢笏，啓櫝，奉諸考神主，置於櫝前。主婦盥帨，升，奉諸妣神主，置于考東。次出祔主，亦如之。命長子、長婦或長女，盥帨，升，分出諸祔主之卑者，亦如之。皆畢，主婦以下，先降復位。主人詣香卓前，降神，搢笏，焚香，再拜，少退立。執事者盥帨，升，開瓶，實酒于注。一人奉注，詣主人之右；一人執盞盤，詣主人之左。主人跪，執事皆跪。主人受注斟酒，反注，取盞盤奉之。左執盤，右執盞，酹于茅上，以盞盤授執事者。出笏，俯伏，興，少退，再拜，降復位。與在位者皆再拜，參神。主人升，搢笏，執注斟酒，先正位，次祔位，次命長子斟諸祔位之卑者。主婦升，執茶筅。執事者執湯瓶隨之，點茶如前。命長婦或長女，亦如之。子、婦、執事者先降復位。主人出笏，與主婦分立於香卓之前東西，再拜，降復位。與在位者皆再拜，辭神而退。

【附注】先生曰：「元旦，則在官者有朝謁之禮，恐不得專精於祭事。某鄉里却止於除夕前三四日行事，此亦更在斟酌也。」

冬至，則祭始祖畢，行禮如上儀。〇望日不設酒，不出主。主人點茶，長子佐之，先降。主人立於香卓之南，再拜乃降。餘如上儀。〇準禮：舅没則姑老不預於祭。又曰「支子不祭」，故今專以世嫡宗子夫婦爲主人、主婦。其有母及諸父母兄嫂者，則設特位於前如此。○凡言盛服者，有官則幞頭、公服、帶、靴、笏。進士則幞頭、襴衫、帶。處士則幞頭、皂衫、帶。無官者，通用帽子、衫、帶。又不能具，則或深衣，或凉衫，有官者亦通服帽子以下，但不爲盛服。婦人則假髻，大衫〔二〕、長裙。女在室者，冠子、背子。衆妾，假髻、背子。俗節則獻以時食。節，如清明、寒食、重午、中元、重陽之類。凡鄉俗所尚者，食如角黍，凡其節之所尚者，薦以大盤，間以蔬果。禮如正、至、朔日之儀。

【附注】問：「俗節之祭如何？」曰：「韓魏公處得好，謂之節祠，殺於正祭。但七月十五日用浮屠，設〔三〕素饌祭，某不用。」○又，答張南軒先生曰：「今之俗節，古所無有，故古人雖不祭，而情亦自安。今人既以此爲重，至於是日，必具殽羞相宴樂而其節物亦各有宜，故世俗之情，至於是日，不能不思其祖考，而復以其物享之。雖非禮之正，然亦人情之不能已者。且古人不祭，則不敢以燕，況今於此俗節既已據經而廢祭，而生者則飲食宴樂，隨俗自如，非事死如事生，事亡如事存之意也。」愚意時祭之外，各因鄉俗之舊，以其所尚之時、所用之物，奉以大盤，陳於廟中，而以告朔之禮奠焉，則庶幾合乎隆殺之節，而盡乎委曲之情，可行於久遠而無疑矣。

【增注】朔旦，家廟用酒果，望旦用茶。重午、中元、九日之類，皆名俗節。大祭時，每位用四味，請出木

〔二〕「衫」，周復本、上補本作「衣」。
〔三〕「設」，底本作「説」，據上補本改。

主。俗節小祭，只就家廟，止二味。朔旦、俗節，酒止一上，斟一盃。

有事則告。如正、至、朔日之儀。但獻茶酒，再拜訖。主婦先降復位。主人立於香卓之南，祝執版立於主人之左，跪讀之，畢，興。主人再拜，降復位。餘並同。○告授官，祝版云：「維年歲月朔日，孝子某官某，敢昭告于皇某親某官封謚府君，皇某親某封某氏。某以某月某日，蒙恩授某官。奉承先訓，獲霑祿位，餘慶所及，不勝感慕。謹以酒果，用伸虔告。謹告。」貶降則言「貶某官，荒墜先訓，皇恐無地，謹以」，後同。若弟子，則言「某之某某」，餘同。○告追贈，則止告所贈之龕。別設香卓於龕前，又設一卓於其東，置浄水、粉盞、刷子、硯、墨、筆於其上。餘並同。但祝版云「奉某月某日制書，贈皇某親某官，皇某親某封。某奉承先訓，竊位于朝，祗奉恩慶，有此褒贈。祿不及養，摧咽難勝，謹以」，後同。若因事特贈，則別爲文以叙其意。告畢，再拜，主人進奉主，置卓上。執事者洗去舊字，別塗以粉，俟乾，命善書者改題所贈官封。陷中不改。洗水以洒祠堂之四壁。主人奉主置故處，乃降復位。後同。

【附注】先生曰：「焚黄，近世行之墓次，不知於禮何據。張魏公贈謚，只告于廟，疑爲得體。但今世皆告墓，恐未免隨俗耳。」○愚按：先生《文集》有焚黄祝文云「告于家廟」，亦不云「告墓」也。

主人生嫡長子，則滿月而見，如上儀，但不用祝。主人立於香卓之前，告曰：「某之婦某氏，以某月某日生子，名某。敢見。」告畢，立於香卓東南，西向。主婦抱子進，立於兩階之間，再拜，主人乃降復位。後同。○冠、昏則[一]見本篇。○凡言祝版者，用版長一尺，高五寸，以紙書文，黏於其上。畢則揭而焚之。其首尾皆如前。但於皇高祖

[一] 「則」，周復本作「別」。

考、皇高祖妣，自稱「孝元孫」。於皇曾祖考、皇曾祖妣，自稱「孝曾孫」。於皇祖考、皇祖妣，自稱「孝孫」。於皇考、皇妣，自稱「孝子」。有官封謚則皆稱之；無則以生時行第稱號加于府君之上，妣曰「某氏夫人」。凡自稱，非宗子不言「孝」。○告事之祝，四龕[一]共爲一版。自稱以其最尊者爲主，止告正位，不告祔位，茶酒則并設之。或有水火盜賊，則先救祠堂，遷神主、遺書，次及祭器，然後及家財。易世則改題主而遞遷之。改題遞遷禮，見《喪禮·大祥》章。大宗之家，始祖親盡則藏其主於墓所，而大宗猶主其墓田，以奉其墓祭，歲率宗人一祭之，百世不改。其第二世以下祖親盡，及小宗之家高祖親盡，則遷其主而埋之，其墓田則諸位迭掌，而歲率其子孫一祭之，亦百世不改也。

【附注】問：「而今士庶亦有始基之祖，莫亦只祭得四代，但四代以上，則可不祭否？」先生曰：「若是始基之祖，想亦只存得墓祭。」○愚按：此章云「始祖親盡則藏其主於墓所」，《喪禮·大祥》章亦云「若有親盡之祖，而其別子也，則祝版云云，告畢而遷于墓所，不埋」。夫藏其主於墓所而不埋，則墓所必有祠堂，以奉墓祭。

[一]「龕」，底本作「代」，據周復本改。

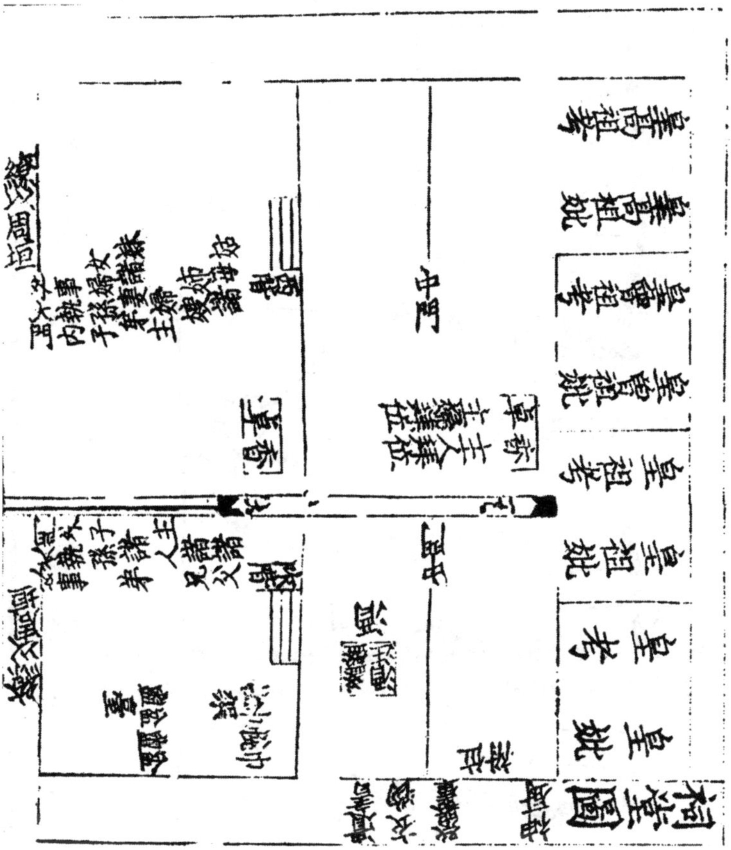
祠堂圖
皇高祖考
皇高祖妣
皇曾祖考
皇曾祖妣
皇祖考
皇祖妣
皇考
皇妣

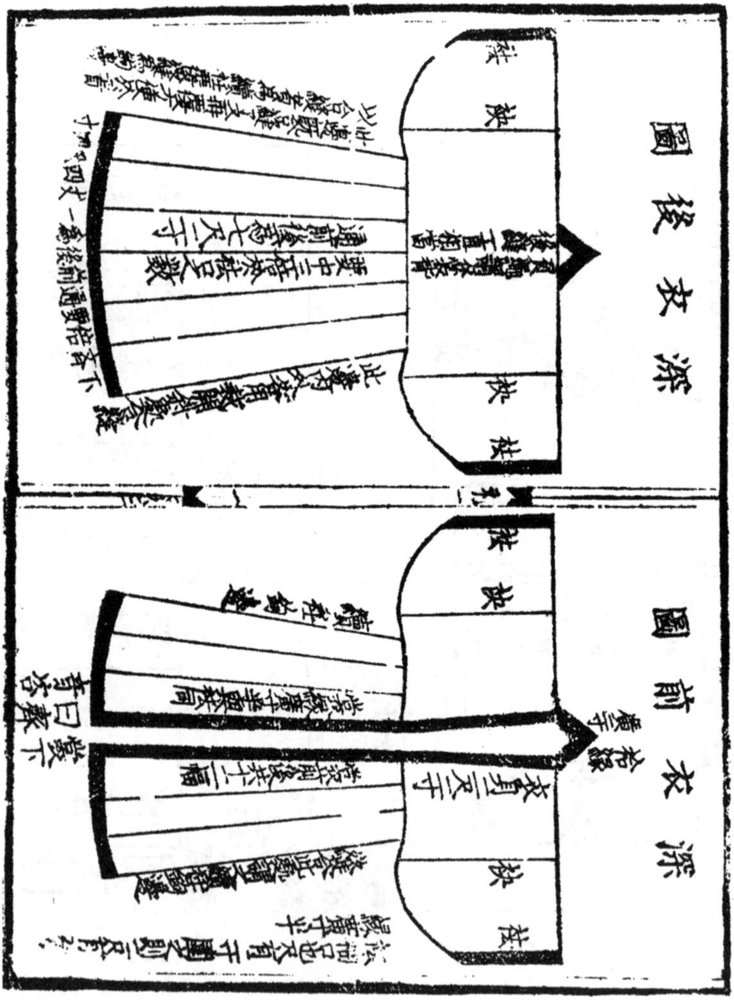
深衣前圖
深衣後圖

着深衣前兩襟相掩圖

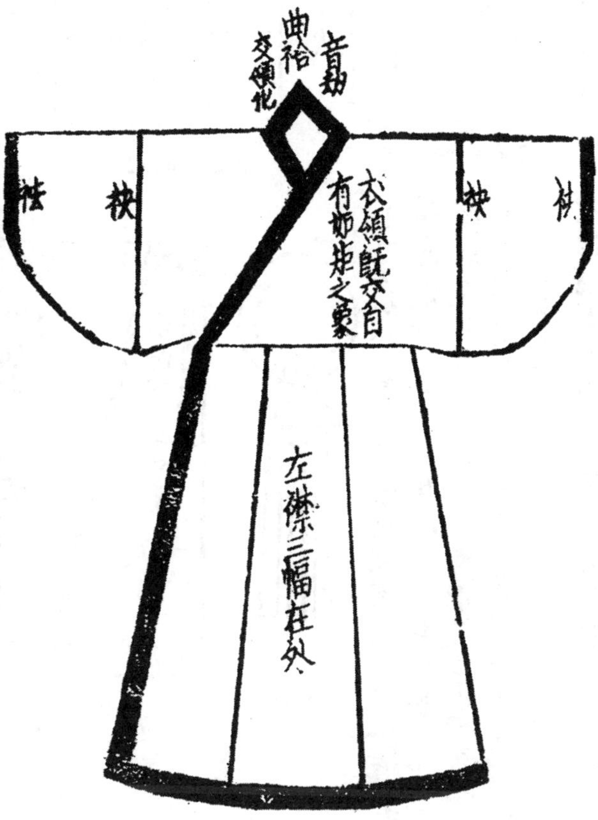

裁衣前法

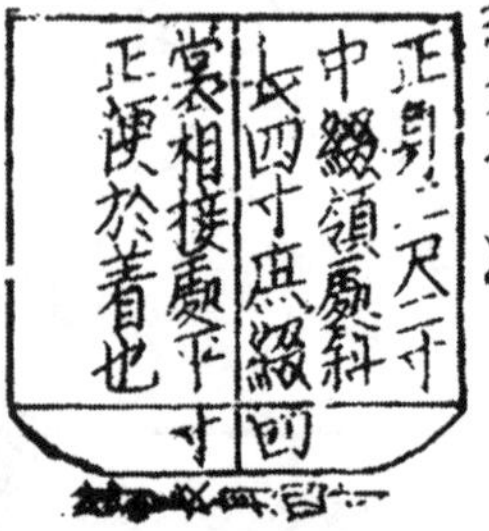

裁衣後法

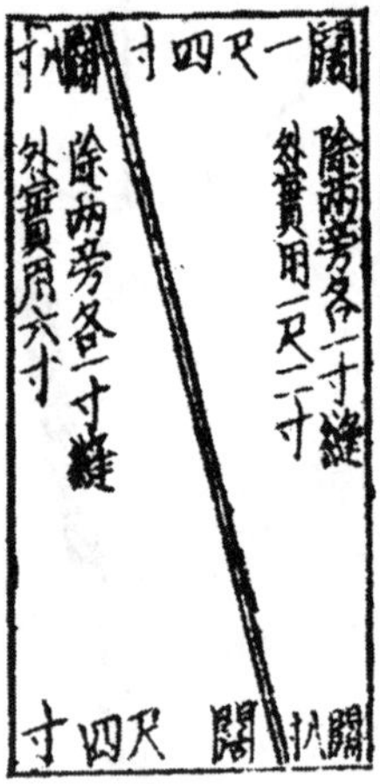

裁裳法

帶式

玉藻云天子素帶朱裏終辟諸侯素帶終辟大夫素帶辟垂註云大夫辟其紐及末士辟其末而已○按終充也辟緣也充辟謂盡緣之也紐兩耳也天子以素爲帶以朱爲裏從腰後至紳皆緣之也諸侯亦然但不朱裏耳大夫緣其兩耳及紳腰後則不緣也士惟緣其紳腰及兩耳皆不緣也

深衣制度

此章本在《冠禮》之後，今以前章已有其文，又平日之常服，故次前章。

裁用白細布，度用指尺。中指中節爲寸。

【附注】《説文》云：「周制寸、尺、咫、尋，皆以人之體爲法。」

衣全四幅，其長過脅，下屬於裳。用布二幅，中屈下垂，前後共爲四幅，如今之直領衫，但不裁破腋下。其下過脅而屬於裳處，約圍七尺二寸，每幅屬裳三幅。裳交解十二幅，上屬於衣，其長及踝。用布六幅，每幅裁爲二幅，一頭廣，一頭狹，狹頭當廣頭之半。以狹頭向上而連其縫，以屬於衣。其屬衣處約圍七尺二寸，每三幅屬衣一幅。其下邊及踝處，約圍丈四尺四寸。圓袂，用布二幅，各中屈之，如衣之長，屬於衣之左右，而縫合其下，以爲袂。其本之廣，如衣之長，而漸圓殺之，以至袂口，則其徑一尺二寸。

【附注】左右袂，各用布一幅屬於衣。又按，《深衣》篇云：「袂之長短，反屈之及肘。」夫袂之長短，以反屈及肘爲準，則未嘗以一幅爲拘。

方領，兩襟相掩，衽在腋下，則兩領之會自方。曲裾，用布一幅，如裳之長，交解裁之，如裳之制。但以廣頭向上，布邊向外，左掩其右，交映垂之，如燕尾狀。又稍裁其内旁大半之下，令漸如魚腹，而末爲鳥喙，内向綴於裳之右旁。《禮記·深衣》：「續衽鈎邊。」鄭注：「鈎邊，若今曲裾。」

【附注】蔡淵云：「司馬所載方領與續衽鉤邊之制，引證雖詳，而不得古意。先生病之，嘗以理玩經文與身服之宜，而得其説。謂方領者，只是衣領既交則自有如矩之象。謂續衽鉤邊者，只是連續裳旁，無前後幅之縫，左右交鉤即爲鉤邊，非有别布一幅，裁之如鉤而綴于裳旁也。方領之説，先生已修之《家禮》矣，而續衽鉤邊則未及修焉。」〇愚按：深衣制度，惟續衽鉤邊一節難考。按《禮記·玉藻》《深衣》疏，皇氏、熊氏、孔氏，三説皆不同。皇氏以喪服之衽，廣頭在上，深衣之衽，廣頭在下。喪服與深衣，二者相對爲衽。孔氏以衣下屬幅而下，裳上屬幅而上，衣裳二者相對爲衽。此其不同者一也。皇氏以衽爲裳之兩旁皆有，孔氏以衽爲裳之一邊所有，此其不同者二也。皇氏所謂廣頭在上，爲喪服之衽者，熊氏又以此爲齊祭服之衽。一以爲吉服之衽，一以爲凶服之衽，此其不同者三也。《家禮》以深衣續衽之制，兩廣頭向上，似與皇氏喪服之衽、熊氏齊祭服之衽相類，此爲可疑。是以先生晚歲所服深衣，去《家禮》舊説曲裾之制而不用，蓋有深意，恨未得聞其説之詳也。及得蔡淵所聞，始知先師所以去舊説曲裾之意，復又取《禮記·深衣》篇熟讀之，始知鄭康成注「續衽」二字，文義甚明，特疏家亂之耳。按，鄭注曰：「續猶屬也。衽，在裳旁者也。屬連之，不殊裳前後也。」鄭注之意，蓋謂凡裳前三幅，後四幅，夫既分前後，則其旁兩幅分開而不相屬，惟深衣裳十二幅，交裂裁之，皆名爲衽。見《玉藻》「衽當旁」注。所謂續衽者，指在裳旁兩幅言之，謂屬連裳旁兩幅不殊裳前後也。疏家不詳考其文義，但見「衽在裳旁」一句，意謂别用布一幅裁之如鉤而垂於裳旁，妄生穿鑿，紛紛異同，愈多愈亂。自漢至今二千餘年，讀者皆求之於别用一幅布之中，而注之本義爲其掩蓋而不可見。夫疏所以釋注也，今推尋鄭注本文，其義如此。而皇氏、熊氏等所釋，其繆如彼，皆可以一掃而去之矣。先師晚歲知疏家之失，而未及修定。愚故著鄭注於《家禮》深衣曲裾之下，以破疏家之繆，且以見先師晚歲已定之説云。

黑緣，緣用黑繒，領表裏各二寸。袂口、裳邊，表裏各一寸半。袂口布外，別此緣之廣。大帶，帶用白繒。廣四寸，夾縫之。其長圍腰而結於前，再繚之爲兩耳，乃垂其餘爲紳，下與裳齊，以黑繒飾其紳。復以五采絛廣三分，約其相結之處，長與紳齊。緇冠，糊紙爲之。武高寸許，廣三寸，袤四寸。上爲五梁，廣如武之袤，而長八寸，跨頂前後，下著於武。屈其兩端各半寸，自外向内而黑漆之。武之兩旁半寸之上，竅以受笄。笄用齒、骨凡白物。幅巾，用黑繒六尺許，中屈之。右邊就屈處爲横㡇，左邊反屈之。自㡇左四五寸間，斜縫向左，圓曲而下，遂循左邊，至于兩末。復反所縫餘繒，使之向裏，以㡇當額前裹之，至兩耳旁，各綴一帶，廣二寸，長二尺，自巾外過頂後，相結而垂之。黑履。白絇、繶、純、綦。

【附注】先生論深衣曰：「去古益遠，其冠服制度僅存而可見者，獨有此耳。然遠方士子，亦所罕見，往往人自爲制，詭異不經，近於服妖，甚可歎也。」

【增注】愚謂，履之有絇，謂履頭。以絛爲鼻，或用繒一寸屈之爲絇。所以受繫穿貫者也。繶謂履縫中紃音旬。也，以白絲爲下緣，故謂之繶。純者，飾也。綦屬於跟，所以繫履者也。

司馬氏居家雜儀

此章本在《昏禮》之後，今按此乃家居平日之事，所以正倫理、篤恩愛者，其本皆在於此。必能行此，然後其儀章度數有可觀焉。不然，則節文雖具，而本實無取，君子所不貴也。故亦列於首篇，使覽者知所先焉。

凡爲家長，必謹守禮法，以御群子弟及家衆。分之以職，謂使之掌倉廪、廄庫、庖厨、舍業、田園之類。授之以事，謂朝夕所幹及非常之事。而責其成功。制財用之節，量入以爲出，稱家之有無，以給上下之衣食及吉凶之費，皆有品節，而莫不均壹。裁省冗費，禁止奢華，常須稍存贏餘，以備不虞。

凡諸卑幼，事無大小，毋得專行，必咨禀於家長。《易》曰：「家人有嚴君焉，父母之謂也。」安有嚴君在上而其下敢直行自恣不顧者乎？雖非父母，當時爲家長者，亦當咨禀而行之，則號令出於一人，家政始可得而治矣。

凡爲子爲婦者，毋得蓄私財。俸禄及田宅所入，盡歸之父母、舅姑。當用則請而用之，不敢私假，不敢私與。《内則》曰：「子婦無私貨，無私蓄，無私器，不敢私假，不敢私與。婦或賜之飲食、衣服、布帛、佩帨、茝蘭，則受而獻諸舅姑。舅姑受之，則喜如新受賜。若反賜之，則辭。不得命，如更受賜，藏之以待乏。」鄭康成曰：「待舅姑之乏也，不得命者，不見許也。」又曰：「婦若有私親兄弟，將與之，則必復請其故，賜而后與之。」夫人子之身，父母之身也。身且不敢自有，况敢有私財乎？若父子異財，互相假借，則是有子富而父母貧者，父母飢而子飽者。賈誼所謂「借父耰鉏，慮有德色。母取箕箒，立而誶語」，不孝不義，孰甚於此。茝，昌改切。耰，音憂。誶，音碎。

凡子事父母，孫事祖父母同。婦事舅姑，孫婦亦同。天欲明，咸起，盥音管，洗手也。漱，櫛，阻瑟切，梳頭也。總，所以束髮。今之頭繌。具冠帶。丈夫，帽子、衫、帶。婦人，冠子、背子。昧爽，謂天明暗相交之際。適父母、舅姑之所，省問。丈夫唱喏，婦人道萬福。仍問侍者：夜來安否何如？侍者曰安，乃退。其或不安節，則侍者以告。此即禮之晨省也。父母、舅姑起，子供藥物，藥物，乃關身之切務，人子當親自檢數、調煮、供進，不可但委婢僕。脱若有誤，即其禍不測。婦具晨羞。俗謂點心。《易》曰：「在中饋。」《詩》云：「惟酒食是議。」凡烹調飲膳，婦人之職也。近年婦女驕倨，皆不肯入庖厨。今縱不親執刀匕，亦當檢校監視，務令精潔。供具畢，乃退，各從其事。將食，婦請所欲於家長，謂父母、舅姑，或當時家長也。卑幼各不得恣所欲。退具而供之。尊長舉筯，子婦乃各退就食。丈夫婦人，各設食於他所，依長幼而坐。其飲食必均壹。幼子又食於他所，亦依長幼，席地而坐。男坐於左，女坐於右。及夕食亦如之。既夜，父母、舅姑將寢，則安置而退。丈夫唱喏，婦女道安置。此即禮之昏定也。居閑無事，則侍於父母、舅姑之所。容貌必恭，執事必謹，言語應對，必下氣怡聲。出入起居，必謹扶衛之。不敢涕唾、喧呼於父母、舅姑之側。父母、舅姑不命之坐，不敢坐。不命之退，不敢退。

凡子受父母之命，必籍記而佩之，時省而速行之，事畢則返命焉。或所命有不可行者，則和色柔聲，具是非利害而白之，待父母之許，然後改之。若不許，苟於事無大害者，亦當曲從。若以父母之命爲非，而直行己志，雖所執皆是，猶爲不順之子，况未必是乎？凡父母有過，下氣怡色，柔聲以諫。諫若不入，起敬起孝。悦則復諫，不悦，與其得罪於鄉黨州閭，寧熟諫。父母怒，不悦而撻之流血，不敢疾怨，起敬起孝。

凡爲人子弟者，不敢以富貴〔二〕加於父兄宗族。加，謂恃其富貴，不率卑幼之禮。

凡爲人子者，出必告，反必面。有賓客，不敢坐於正廳。有賓客，坐於書院。無書院，則坐於廳之旁側。升降，不敢由東階。上下馬，不敢當廳。凡事不敢自擬於其父。

凡父母、舅姑有疾，子婦無故不離側，親調嘗藥餌而供之。父母有疾，子色不滿容，不戲笑，不宴遊，舍置餘事，專以迎醫、檢方、合藥爲務。疾已，復初。《顔氏家訓》曰：「父母有疾，子拜醫以求藥。」蓋以醫者，親之存亡所繫，豈可傲忽也。

凡子事父母，父母所愛，亦當愛之。所敬，亦當敬之。至於犬馬盡然，而况於人乎？

〔二〕「富貴」，周復本爲「貴富」。

凡子事父母，樂其心，不違其志，樂其耳目，安其寢處，以其飲食忠養之。幼事長，賤事貴，皆倣此。

凡子婦未敬未孝，不可遽有憎疾，姑教之。若不可教，然後怒之。若不可怒，然後笞之。屢笞而終不改，子放婦出，然亦不明言其犯禮也。子甚宜其妻，父母不悦，出。子不宜其妻，父母曰「是善事我」，子行夫婦之禮焉，没身不衰。

凡爲宫室，必辨内外，深宫固門。内外不共井，不共浴堂，不共厠。男治外事，女治内事。男子，晝無故不處私室。婦人，無故不窺中門。男子夜行以燭，婦人有故出中門，必擁蔽其面。如蓋頭、面帽之類。男僕非有繕修及有大故，謂水火盗賊之類。不入中門。入中門，婦人必避之。不可避，亦謂如水火盗賊之類。亦必以袖遮其面。女僕無故不出中門，有故出中門，亦必擁蔽其面。雖小婢亦然。鈴下蒼頭，但主通内外之言，傳致内外之物，毋得輒升堂室、入庖厨。

凡卑幼於尊長，晨亦省問，夜亦安置。丈夫唱喏，婦人道萬福、安置。坐而尊長過之則起，出遇尊長於塗則下馬。不見尊長，經再宿以上則再拜，五宿以上則四拜。賀冬至、正旦，六拜。朔望，四拜。凡拜數，或尊長臨時減而止之，則從尊長之命。吾家同居，宗族衆多，冬至、朔望，聚於堂上。此假設南面之堂，若宅舍異制，臨時從宜。丈夫處左，西上。婦人處右，東上。左右，謂家長之左右。皆北向，共爲一列，各以長幼爲序。婦以夫之長幼爲序，不以身之長幼爲序。共拜家長畢，長兄立於門之左，長姊立於門之右，皆南向。諸弟妹以次拜訖，各就列。丈夫西上，婦人東上，共受卑幼拜。以宗族多，若人人致拜，則不勝煩勞，故同列共受之。受拜訖，先退。後輩立受拜於門東西，如前輩之儀。若卑幼自遠方至，見尊長，遇尊長三人以上同處者，先共再拜，叙寒暄，問起居訖，又三再拜而止。晨夜唱喏、萬福、安置。若尊長三人以上同處，亦三而止，皆所以避煩也。

凡受女婿及外甥拜，立而扶之。扶謂搊策。外孫，則立而受之，可也。

凡節序及非時家宴，上壽於家長，卑幼盛服序立，如朔望之儀。先再拜，子弟之最長者一人，進立於家長之前。幼者一人，搢笏，執酒盞，立於其左，一人搢笏，執酒注，立於其右。長者搢笏，跪，斟酒，祝曰：「伏願某官，備膺五福，保族宜家。」尊長飲畢，授幼者盞注，反其故處。長者出笏，俯伏，興，退與卑幼皆再拜。家長命諸卑幼坐，皆再拜而坐。家長命侍者遍酢諸卑幼，諸卑幼皆起，序立如前，俱再拜，就坐。飲訖，家長命易服，皆退易便服，還復就坐。

凡子始生，若爲之求乳母，必擇良家婦人稍温謹者。乳母不良，非惟敗亂家法，兼令所飼之子性行亦類之。子能食，飼之，教以右手。子能言，教之自名及唱喏、萬福、安置。稍有知，則教之以恭敬尊長。有不識尊卑長幼者，則嚴訶禁之。古有胎教，況於已生？子始生，未有知，固舉以禮，況於已有知？孔子曰：「幼成若天性，習慣如自然。」《顔氏家訓》曰：「教婦初來，教子嬰孩。」故於其始有知，不可不使之知尊卑長幼之禮。若侮詈父母，毆擊兄姊，父母不加訶禁，反笑而奬之，彼既未辨好惡，謂禮當然。及其既長，習已成性，乃怒而禁之，不可復制。於是父疾其子，子怨其父，殘忍悖逆，無所不至。蓋父母無深識遠慮，不能防微杜漸，溺於小慈，養成其惡故也。六歲，教之數謂一、十、百、千、萬。與方名。謂東、西、南、北。男子始習書字，女子始習女工之小者。七歲，男女不同席，不共食。始誦《孝經》《論語》，雖女子亦宜誦之。自七歲以下，謂之孺子，早寢晏起，食無時。八歲，出入門户，及即席飲食，必後長者，始教之以廉讓。男子誦《尚書》，女子不出中門。九歲，男子誦《春秋》及諸史，始爲之講解，使曉義理；女子亦爲之講解《論語》《孝經》，及《列女傳》《女戒》之類，略曉大意。古之賢女，無不觀圖史以自鑒，如曹大家之徒，皆精通經術，議論明正。今人或教女子以作歌詩，執俗樂，殊非所宜也。十歲，男子出就外傅，居宿於外。讀《詩》《禮》，傅爲之講解，使知仁義禮知信。自是以往，可以讀《孟》《荀》《揚子》，博觀群書。凡所讀書，必擇其精要者而讀之；如《禮記》：《學記》《大學》《中庸》《樂記》之類。他書倣此。其異端非聖賢之書，傅宜禁之，勿使妄觀，以惑亂其志。觀書皆通，始可學文辭。女子則教以婉娩聽從娩，音晚。婉娩，柔順貌。及女工之大者。女工，謂蠶桑、織績、裁縫及爲飲膳。不惟正是婦人之職，兼欲使之知衣食所來之艱難，不敢恣爲奢麗。至於纂組華巧之物，亦不必習也。未冠笄者，質明而起，總角、靧面，靧，音誨，洗面也。以見尊長。佐長者供養。祭祀則佐執酒食。若既冠笄，則皆責以成人之禮，不得復言童幼矣。

凡内外僕妾，雞初鳴，咸起。櫛總、盥漱、衣服。男僕灑掃廳事及庭，鈴下蒼頭灑掃中庭。

女僕灑掃堂室，設倚卓，陳盥漱、櫛、靧之具。主父、主母既起，則拂牀襞衾，襞，音璧，疊衣也。侍立左右，以備使令。退而具飲食，得間則浣濯、紉縫，先公後私。及夜，則復拂床展衾。當晝，内外僕妾，惟主人之命，各從其事，以供百役。凡女僕，同輩謂兄弟所使。謂長者爲姊，後輩謂諸子舍所使。謂前輩爲姨。《内則》云：「雖婢妾，衣服、飲食，必後長者。」鄭康成曰：「人貴賤不可以無禮。」故使之序長幼。務相雍睦，其有鬥争者，主父、主母聞之，即訶禁之。不止，即杖之。理曲者杖多。一止一不止，獨杖不（上）〔止〕者。

凡男僕，有忠信可任者，重其禄，能幹家事，次之。其專務欺詐，背公徇私，屢爲盗竊，弄權犯上者，逐之。

凡女僕年滿，不願留者，縱之。勤舊少過者，資而嫁之。其兩面二舌，飾虚造讒，離間骨肉者，逐之。屢爲盗竊者，逐之。放蕩不謹者，逐之。有離叛之志者，逐之。

右《通禮》附注凡十一條

文公家禮卷第二

冠禮第二

冠

【附注】有言《書儀》中冠禮簡易可行者，先生曰：「不獨《書儀》，古冠禮亦自簡易。」

男子，年十五至二十，皆可冠。司馬公曰：「古者二十而冠，所以責成人之禮。蓋將責爲人子，爲人弟，爲人臣，爲人少者之行於其人，故其禮不可以不重也。近世以來，人情輕薄，過十歲而總角者，少矣。彼責以四者之行，豈知之哉？往往自幼至長，愚騃如一，由不知成人之道故也。今雖未能遽革，且自十五以上，俟其能通《孝經》《論語》，粗知禮義，然後冠之，其亦可也。」必父母無期以上喪，始可行之。大功未葬，亦不可行。前期三日，主人告于祠堂。古禮筮日，今不能然，但正月内擇一日可也。主人，謂冠者之祖父，自爲繼高祖之宗子者。若非宗子，則必繼高祖之宗子主之。有故則命其次宗子，若其父自主之。告禮見《祠堂》章，祝版前同，但云「某之子某，若某之某親之子某，年漸長成，將以某月某日加冠於其首。謹以」，後同。若族人以宗子之命自冠其子，其祝版亦以宗子爲主，曰：「使介子某。」〇若宗子已孤而自冠，則亦自爲主人，祝版前同，但云「某將以某月某日，加冠於首，謹以」，後同。**戒賓**。古禮筮賓，今不能然，但擇朋友賢而有禮者一人可也。是日，主人深衣，詣其門，所戒者出見，如常儀。啜茶畢，戒者起言曰：「某有子某，若某之某親有子某，將加冠於其首，願吾子之教之也。」對曰：「某不敏，恐不能供事，以病吾子，敢辭。」戒者曰：「願吾子之終教之也。」對曰：「吾子重有命，某敢不從。」地遠，則書初請之辭爲書，遣子弟致之。所戒者辭，使者固請，乃許而復書曰：「吾子有命，某敢不從。」〇若宗子自冠，則戒辭但曰「某將加冠於首」，後同。**前一日，宿賓**。遣子弟，以書致辭曰：「來日，某將加冠於子某，若某親某子某之首，吾子將涖之，敢宿。某上某人。」答書曰：「某敢不夙興。某上某人。」〇若宗子自冠，則辭之所改，如其戒賓。**陳設**。設盥帨於廳事，如祠堂之儀。以帟幕爲房於廳事之東北。或廳事無兩階，則以堊畫而分之。後放此。

【附注】司馬公曰：「古禮，謹嚴之事，皆行之於廟。今人既少家廟，其影堂亦褊隘，難以行禮，但冠於外廳，笄在中堂，可也。《士冠禮》『設洗，直於東榮，南北以堂深，水在洗東』，今私家無罍洗，故但用盥盆、帨巾而已。盥，濯手也。帨，手巾也。廳事無兩階，則分其中央，以東者爲阼階，西者爲賓階。無室無房，則暫以帟幕截其北爲室，其東北爲房。此皆據廳堂南向者言之。」

厥明，夙興。**陳冠服**。有官者，公服、帶、靴、笏。無官者，襴衫、帶、靴，通用皂衫、深衣、大帶、履、櫛、纚、掠，皆以卓子陳於房中，東領北上。酒注盞盤亦以卓子陳于服北。幞頭、帽子、冠笄巾，各以一盤盛之，蒙以帕，以卓子陳于西階下。執事者一人守之，長子則布席于阼階上之東少北，西向。衆子則少西南向。〇宗子自冠，則如長子之席少南。

【附注】程子曰：「今行冠禮，若制古服而冠，冠了又不常著，却是僞也，必須用時之服。」

主人以下序立。主人以下，盛服就位。主人阼階下少東，西向。子弟、親戚、童僕在其後，重行，西向，北上。擇子弟、親戚習禮者一人爲儐，立於門外，西向。將冠者，雙紒、四䙆衫、勒帛、采屐，在房中南面。若非宗子之子，則其父立於主人之右，尊則少進，卑則少退。○宗子自冠，則服如將冠者，而就主人之位。賓至，主人迎立〔二〕，升堂。賓自擇其子弟、親戚習禮者爲贊，冠者俱盛服至門外東面立，贊者在右少退。儐者入告主人，主人出門左，西向，再拜，賓答拜。主人揖贊者，贊者報揖。主人遂揖而行，賓、贊從之。入門，分庭而行，揖讓而至階，又揖讓而升。主人由阼階先升，少東，西向。賓由西階繼升，少西，東向。贊者盥帨，由西階升，立於房中，西向。儐者筵于東序，少北，西面。將冠者出房，南面。○若非宗子之子，則其父從出迎賓，入從主人後賓而升，立於主人之右，如前。賓揖將冠者就席，爲加冠巾。冠者適房，服深衣，納履，出。賓揖將冠者〔三〕，立于席右，向席。贊者取櫛、𥿄、掠，置于席左，興，立於將冠者之左。賓揖將冠者即席，西向，跪。贊者即席，如其向，跪。爲之櫛，合紒，施掠。賓乃降，主人亦降。賓盥畢，主人揖升，復位。執事者以冠巾盤進，賓降一等，受冠笄，執之，正容，徐詣將冠者前，向之祝曰：「吉月令日，始加元服。棄爾幼志，順爾成德。壽考維祺，

〔二〕「立」，周復本作「入」。

〔三〕「賓揖將冠者」，周復本爲「賓揖將冠者出房」。

以介景福。」乃跪加之。贊者以巾跪進，賓受，加之，興，復位。揖冠者適房，釋四揆衫，服深衣，加大帶，納履，出房，正容，南向，立良久。

【附注】《書儀》「始加以巾」，《家禮》又先以冠笄，乃加巾者，蓋冠笄正是古禮。

若宗子自冠，則賓揖之就席，賓降盥畢，主人不降。餘並同。再加帽子，服皂衫，革帶，繫鞋。賓揖冠者即席跪，執事者以帽子盤進，賓降二等受之，執以詣冠者前，祝之曰：「吉月令辰，乃申爾服。謹爾威儀，淑順爾德。眉壽永年，享受斯〔一〕服。」乃跪加之，興，復位。揖冠者適房，釋深衣，服皂衫，革帶，繫鞋，出房立。

【附注】《儀禮》《書儀》再加，賓盥如初。

三加幞頭，公服，革帶，納靴，執笏。若襴衫，納靴。禮如再加，惟執事者以幞頭盤進，賓降，没階受之，祝辭曰：「以歲之正，以月之令，咸加爾服。兄弟具在，以成厥德。黃耇無疆，受天之慶。」贊者徹帽，賓乃加幞頭。執事者受帽，徹櫛，入于房。餘並同。

【附注】《儀禮》《書儀》三加，賓盥如初。

乃醮。長子，則儐者改席于堂中間少西，南向。衆子則仍故席。贊者酌酒于房中，出房，立于冠者之左。賓揖冠者就席右，南向，乃取酒詣席前，北向，祝之曰：「旨酒既清，嘉薦令芳。拜受祭之，以定爾祥。承天之休，壽考不忘。」冠者再拜升席，南向，受盞。賓復位，東向答拜。冠者進席前跪祭酒，興，就席末，跪啐酒，興，降席，（受）

〔一〕「斯」，周復本作「胡」。

〔授〕贊者盞，南向再拜，賓東向答拜。冠者遂拜贊者，贊者賓左東向，少退答拜。

【附注】司馬公曰：「古者，冠用醴，或用酒。醴則一獻，酒則三醮。今私家無醴，以酒代之，但改醴辭『甘醴惟厚』爲『旨酒既清』耳，所以從簡。」

【增注】其曰「醮者」，即《禮記》所謂「醮於客位，加有成也」。

賓字冠者，賓降階，東向。主人降階，西向。冠者降自西階，少東南向。賓字之曰：「禮儀既備，令月吉日，昭告爾字。爰字孔嘉，髦士攸宜。宜之于嘏，永受保之，曰伯某父。仲、叔、季，唯所當。」冠者對曰：「某雖不敏，敢不夙夜祇奉。」賓或別作辭命以字之之意亦可。出就次。賓請退，主人請禮賓，賓出就次。主人以冠者見于祠堂。如《祠堂》章内生子而見之儀。但改告辭曰：「某之子某，若某親某之子某，今日冠畢，敢見。」冠者進立於兩階間，再拜。餘並同。○若宗子自冠，則改辭曰：「某今日冠畢，敢見。」遂再拜，降復位。餘並同。○若冠者私室有曾祖位〔一〕以下祠堂，則各因其宗子而見，自爲繼曾祖以下之宗則自見。冠者見于尊長。父母，堂中南面坐。諸叔父兄在東序，諸叔父南向，諸兄西向。諸婦女在西序，諸叔母姑南向，諸姊嫂東向。冠者北向拜父母，父母爲之起。同居有尊長，則父母以冠者詣其室拜之，尊長爲之起。還就東西序，每列再拜，應答拜者答拜。若非宗子之子，則先見宗子，及諸尊於父者於堂，乃就私室見於父母及餘親。○若宗子自冠，有母則見於母，如儀。族人

〔一〕「位」，周復本作「祖」。

宗之者，皆來見於堂上。宗子西向拜其尊長，每列再拜，受卑幼者拜。

【附注】司馬公曰：「《冠義》曰：『見於母，母拜之。見於兄弟，兄弟拜之。成人而與爲禮也。』今則難行，但於拜時，母爲之起立可也。下見諸父及兄倣此。」

乃禮賓。主人以酒饌延賓及儐贊者，酬之以幣而拜謝之。幣多少隨宜，賓贊有差。

【附注】司馬公曰：「《士冠禮》『乃禮賓以一獻之禮』，注『一獻者，獻酢酬賓，主人各兩爵而禮成』。又曰『主人酬賓，束帛、儷皮』，注『束帛，十端也；儷皮，兩鹿皮也』。又曰『贊者皆與，贊冠者爲介』，注『介，賓之輔，以贊爲之，尊之也。鄉飲酒禮，賢者爲賓，其次爲介。』又曰『賓出，主人送于門外，再拜，歸賓俎』，注『使人歸諸賓家也』。今慮貧家不能辦，故務從簡易。」

冠者遂出，見于鄉先生及父之執友。冠者拜，先生、執友皆答拜。若有誨之，則對如對賓之辭，且拜之，先生、執友不答拜。

笄

女子許嫁，笄。年十五，雖未許嫁，亦笄。母爲主。宗子主婦，則於中堂。非宗子而與宗子同居，則於私室。與宗子不同居，則如上儀。前期三日，戒賓。一日，宿賓。賓，亦擇親姻婦女之賢而有禮者爲之。以牋紙書其辭，使人致之。辭如冠禮，但「子」作「女」，「冠」作「笄」，「吾子」作「某親」或「某封」。○凡婦人自稱於己之尊長則曰「兒」，卑幼則以屬。於夫黨，尊長則曰「新婦」，卑幼則曰「老婦」。非親戚而往來者，各以其黨爲稱。後放此。陳設。如《冠禮》，但於中堂布席，如衆子之位。厥明，陳服，如冠禮，但用背子、冠笄。序立。主婦如主人之位。將笄者雙紒、衫子，房中南面。賓至，主婦迎入，升堂。如《冠禮》，但不用贊者，主婦升自阼階。賓爲將笄者加冠笄。適房，服背子。略如《冠禮》，但祝用始加之辭，不能則省。乃醮。如《冠禮》，辭亦同。乃字，如《冠禮》，但改祝辭「髦士」爲「女士」。乃禮賓，皆如冠儀。

右冠禮附注凡九條

室

房

南面

冠者醮位

將冠者位

西階

阼階

室

堂

冠者席

洗

降

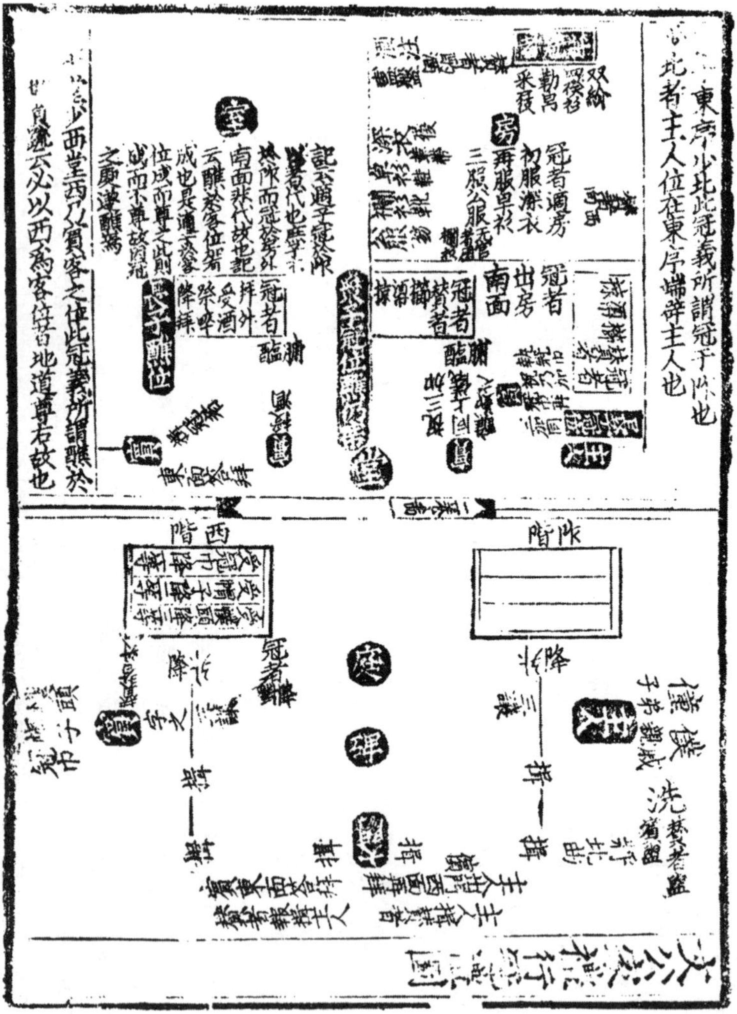

文公家禮卷第三

昏禮第三

議昏

男子年十六至三十，女子年十四至二十，司馬公曰：「古者，男三十而娶，女二十而嫁。今令文，男年十五，女年十三以上，並聽昏嫁。今爲此説，所以參古今之道，酌禮令之中，順天地之理，合人情之宜也。」身及主昏者，無期以上喪，乃可成昏。大功未葬，亦未可主昏。○凡主昏，如《冠禮》主人之法。但宗子自昏，則以族人之長爲主。必先使媒氏往來通言，俟女氏許之，然後納采。司馬公曰：「凡議昏姻，當先察其婿與婦之性行及家法何如，勿苟慕其富貴。婿苟賢矣，今雖貧賤，安知異時不富貴乎？苟爲不肖，今雖富貴〔一〕，安知異時不貧賤乎？婦者，家之所由盛衰也，苟慕其一時之富貴而娶之，彼挾其富貴，鮮有不輕其夫而傲其舅姑，養成驕妬之

〔一〕「貴」，《書儀》、周復本作「盛」。

性，異日爲患，庸有極乎？借使因婦財以致富，依婦勢以取貴，苟有丈夫之志氣者，能無愧乎？又世俗好於襁褓童幼之時，輕許爲昏，亦有指腹爲昏者，及其既長，或不肖無賴，或身有惡疾，或家貧凍餒，或喪服相仍，或從宦遠方，遂至棄信負約、速獄致訟者，多矣。是以先祖太尉嘗曰：吾家男女，必俟既長，然後議昏。既通書不數月必成昏，故終身無此悔。乃子孫所當法也。」

納采

納其采擇之禮，即今世俗所謂言定也。

主人具書。主人即主昏者。書用牋紙，如世俗之禮。若族人之子，則其父具書，告于宗子。夙興，奉以告于祠堂。如告冠儀。其祝版前同，但云「某之子某，若某之某親之子某，年已長成，未有伉儷，已議娶某官某郡姓名之女。今日納采，不勝感愴，謹以」，後同。○若宗子自昏，則自告。乃使子弟爲使者如女氏，女氏主人出見使者。使者盛服如女氏。女氏亦宗子爲主人，盛服出見使者。非宗子之女，則其父位於主人之右，尊則少進，卑則少退。啜茶畢，使者起致辭曰：「吾子有惠，貺室某也，某之某親某官有先人之禮，使某請納采。」從者以書進，使者以書授主人，主人對曰：「某之子若妹、姪、孫惷愚，又弗能教，吾子命之，某不敢辭。」北向再拜，使者避不答拜。使者請退，俟命出就次。若許嫁者，於主人爲姑姊，則不云「惷愚，又弗能教」。餘辭並同。遂奉書以告于祠堂。如婿家之儀。祝版前同，但云「某之第幾女，若某親某之第幾女，年漸長成，已許嫁某官某郡姓名之子，若某親某。今日納采，不勝感愴，謹以」，後同。出以復書授使者，遂禮之。主人出，延使者升堂，授以復書，使者受之，請退。主人請禮賓，乃以酒饌禮使者。使者至是始與主人交拜揖，如常日賓客之禮。其從者亦禮之別室。皆酬以幣。使者復命婿氏，主人復以告于祠堂。不用祝。

納幣

古禮有問名、納吉，今不能盡用，止用納采、納幣，以從簡便。

納幣幣用色繒，貧富隨宜，少不過兩，多不踰十。今人更用釵、釧、羊、酒、果實之屬，亦可。具書，遣使如女氏，女氏受書，復書，禮賓，使者復命，並同納采之儀。禮如納采，但不告廟。使者致辭，改「采」爲「幣」。從者以書、幣進，使者以書授主人，主人對曰：「吾子順先典，貺某重禮，某不敢辭，敢不承命。」乃受書，執事者受幣。主人再拜，使者避之。復進請命，主人授以復書。餘並同。

【附注】《昏禮》有納采、問名、納吉、納徵、請期、親迎六禮。《家禮》略去問名、納吉，止用納采、納幣，以從簡便。但親迎以前，更有請期一節，有不可得而略者。今以例推之，請期具書，遣使如女氏，女氏受書，復書，禮賓，使者復命，並同納采之儀，使者致辭曰：「吾子有賜命，某既申受命矣，使某也請吉日。」主人曰：「某既前受命矣，惟命是聽。」賓曰：「某命某聽命於吾子。」主人曰：「某固惟命是聽。」賓曰：「某受命，吾子不許，某敢不告期。曰某日。」主人曰：「某敢不謹領。」餘並同。

親迎

【附注】先生曰：「親迎之禮，恐從伊川之説爲是。近則迎於其國，遠則迎於其館。」○又曰：「今妻家遠，要行禮，一則令妻家就近處設一處，却就彼迎歸行禮。今按：此説有次（字）〔序〕，當云就近處設一處，爲婿之館。婿往至女家，迎歸所館行禮。一則妻家出至一處，婿即就後迎歸，至家成禮。」○有問：「昏禮，今有士人對俗人結姻，士人欲行昏禮，而彼家不從，如何？」先生曰：「這也只得宛轉，使人去與他商量，但古禮也省徑，人何苦不行。」

前期一日，女氏使人張陳其婿之室。世俗謂之「鋪房」。然所張陳者，但氈褥、帳幔、帷幕應用之物，其衣服鎖之篋笥，不必陳也。○司馬公曰：「文中子曰：『昏娶而論財，夷虜之道也。』夫昏姻者，所以合二姓之好，上以事宗廟，下以繼後世也。今世俗之貪鄙者，將娶婦，先問資裝之厚薄；將嫁女，先問聘財之多少，至於立契約云某物若干，某物若干，以求售其女者，亦有既嫁而復欺紿負約者，是乃駔儈賣婢鬻奴之法，豈得謂之士大夫昏姻哉？其舅姑既被欺紿，則殘虐其婦，以攄其忿。由是愛其女者，務厚起資裝，以悦其舅姑者，殊不知彼貪鄙之人，不可盈厭，資裝既竭，則安用汝女哉！於是質其女以責貨於女氏，貨有盡而責無窮，故昏姻之家，往往終爲仇讎矣。是以世俗生男則喜，生女則戚，至有不舉其女者，用此故也。然則議昏姻有及於財者，皆勿與爲昏姻可也。」

厥明，婿家設位于室中。設倚、卓子兩位，東西相向，蔬果、盤盞、匕筯如賓客之禮，酒壺在東位之後。又以卓子置合巹一於其南，又南北設二盥盆勺於室東隅。又設酒壺盞注於室外或别室以飲從者。巹音謹，以小匏一判而兩之。女家設次于外。○初昏，婿盛服。世俗，新婿帶花勝以擁蔽其面，殊失丈夫之容體，勿用可也。

【附注】先生曰：「昏禮用命服，乃是古禮。如士乘墨車而執雁，皆大夫之禮也。冠帶只是燕服，非所以重正昏禮，不若從古之爲正。」

主人告于祠堂，如納采儀。祝版前同，但云「某之子某，若某親之子某，將以今日親迎于某官某郡某氏，不勝感愴，謹以」，後同。若宗子自昏，則自告。

【附注】先生曰：「《儀禮》雖無娶妻告廟之文，而《左傳》曰『圍布几筵，告于莊、共之廟』，是古人亦有告廟之禮。」○問：「今婦人入門即廟見，蓋舉世行之，近見鄉里諸賢頗信《左氏》先配後祖之説，豈後世紛紛之言不足據，莫若從古爲正否？」先生曰：「《左氏》固難盡信，然其後説親迎處亦有『布几筵告廟而來』之説，恐所謂後祖者，譏其失此禮耳。」

遂醮其子，而命之迎。先以卓子設酒注盤盞於堂上。主人盛服，坐於堂之東序，西向。設婿席於其西北，南向。婿升自西階，立於席西，南向。贊者取盞斟酒，執之詣婿席前。婿再拜升席，南向，受盞，跪祭酒，興，就席末，跪，啐酒，興，降席西授贊者盞。又再拜，進詣父坐前，東向跪。父命之曰：「往迎爾相，承我宗事。勉率以敬，若則有常。」婿曰：「諾。惟恐不堪，不敢忘命。」俯伏，興，出。非宗子之子，則宗子告于祠堂，而其父醮于私室如儀。但改「宗事」爲「家事」。若宗子已孤而自昏，則不用此禮。

【附注】司馬公曰：「贊者，兩家各擇親戚婦人習於禮者爲之。凡婿及婦人行禮，皆贊者相導之。」

婿出，乘馬，以二燭前導。至女家，俟于次。婿下馬于大門外，入俟于次。女家主人告于祠堂，如納采儀。祝版前同，但云「某之弟幾女，若某親某之弟幾女，將以今日歸于某官某郡姓名，不勝感愴，謹以」，後同。

遂醮其女而命之。女盛飾，姆相之，立於室外，南向。父坐東序，西向。母坐西序，東向。設女席於母之東北，南向。贊者醮以酒，如婿禮。姆導女出於母左。父起命之曰：「敬之戒之，夙夜無違舅姑之命。」母送至西階上爲之整裙斂帔，命之曰：「勉之敬之，夙夜無違爾閨門之禮。」諸母姑嫂姊送至于中門之内，爲之整裙衫，申以父母之命，曰：「謹聽爾父母之言，夙夜無愆。」非宗子之女，則宗子告于祠堂，而其父醮於私室，如儀。主人出迎，婿入奠雁。主人迎婿于門外，揖讓以入，婿執雁以從，至于廳事。主人升自阼階立，西向。婿升自西階，北向跪，置雁於地，主人侍者受之。婿俯伏，興，再拜。主人不答拜。若族人之女，則其父從主人出迎，立於其右，尊則少進，卑則少退。○凡贄用生雁，左首以生色繒交絡之。無則刻木爲之。取其順陰陽往來之義。程子曰：「取其不再偶也。」

【附注】愚按：《儀禮・士昏禮》：「親迎于禰廟，主人玄端迎于大門外，西面再拜，賓東面答拜。主人揖入，賓執雁從。至于廟門，揖入，三揖至于階，三讓，主人升，賓升，北面，奠雁。」今不立廟制，雖不親迎于廟，而勉齋先生定龔氏親迎禮「主人迎于門外，西面再拜。賓東面答拜。主人揖入，三揖三讓，主人升，西面。賓升，北面，奠雁」，今宜從之。或者疑主人迎賓于門外，西面再拜，賓東面答拜。父爲主人，是以妻父與女婿有拜、答拜之禮，可乎？此蓋不知古人重大昏之始之意也。冠禮見於母，母拜之。見於兄弟，兄弟拜之。母之於子，兄之於弟，且有拜，所以重成人之始。故曰：「成人而與爲禮也。」知古人重成人之始之意，則知古人重大昏之始之意矣。

姆奉女出，登車。姆奉女出中門。婿揖之，降自西階。主人不降。婿遂出，女從之。婿舉轎簾以俟，姆辭曰：「未教，不足與爲禮也。」女乃登車。婿乘馬，先婦車。婦車亦以二燭前導。

【附注】司馬公曰：「男率女，女從男，夫婦剛柔之義，自此始也。」

至其家，導婦以入。婿至家，立于廳事，俟婦下車，揖之，導以入。婿婦交拜，婦從者布婿席於東方，婿從者布婦席於西方。婿盥于南，婦從者沃之，進帨。婦盥于北，婿從者沃之，進帨。婿揖婦就席。婦拜，婿答拜。

【附注】司馬公曰：「從者，皆以其家之女僕爲之。女從者沃婿盥於南，婿從者沃女盥於北。夫婦始接，情有廉耻，從者交導其志。」〇又曰：「女子與丈夫爲禮，則俠拜。男子以再拜爲禮，女子以四拜爲禮。古無婿婦交拜之儀，今世俗始相見交拜致恭，亦事理之宜，不可廢也。俠音夾。」

就坐，飲食畢，婿出。婿揖婦就坐，婿東婦西。從者斟酒、設饌，婿婦祭酒舉殽。又斟酒，婿揖婦舉飲，不祭，無殽。又取巹，分置婿、婦之前，斟酒，婿揖婦舉飲，不祭，無殽。婿出就他室，姆與婦留室中。徹饌，置室外，設席。婿從者餕婦之餘，婦從者餕婿之餘。

【附注】司馬公曰：「古者同牢之禮，婿在西，東面。婦在東，西面。蓋古人尚右。故婿在西，尊之也。今人既尚左，且從俗。」

復入，脱服，燭出。婿脱服，婦從者受之。婦脱服，婿從者受之。○司馬公曰：「古詩云『結髮爲夫婦』，言自小年束髮即爲夫婦，猶李廣言『結髮與匈奴戰也』。今世俗昏姻，乃有結髮之禮，謬誤可笑，勿用可也。」主人禮賓。男賓於外廳，女賓於中堂。注曰「古禮，明日饗送者」，今從俗。

【附注】司馬公曰：「『不用樂』注云：『《曾子問》曰：取婦之家，三日不舉樂。思嗣親也。』今俗昏禮用樂，殊爲非禮。」○又先生曰：「人著書，只是自入些己意便做病。司馬文正與伊川定昏禮，都是依《儀禮》，只是各改一處，便不是古人意。司馬禮云：『親迎（莫）〔奠〕雁，見主昏者即出。』不先見妻父母者，以婦未見舅姑也。是古禮如此。伊川却教拜了，又入堂拜大男小女，這不是。伊川云：『婿迎婦，既至，即揖入內，次日見舅姑，三月而廟見。』是古禮。司馬禮却説，婦入門即拜影堂，這又不是。古人初未成服，次日方見舅姑。蓋先得於夫，方可見舅姑，到兩三月得舅姑意了，舅姑方令見祖廟。某思量，今亦不能三月之久，亦須第二日見舅姑，第三日廟見，乃安。」○又曰：「某定昏禮，親迎用温公，入門以後則從伊川，大槩如此。」

婦見舅姑

明日夙興，婦見于舅姑，婦夙興，盛服，俟見。舅姑坐於堂上，東西相向。各置卓子於前。家人男女少於舅姑者，立於兩序，如冠禮之叙。婦進立於阼階下，北面拜舅，升，奠贄幣于卓子上。舅撫之，侍者以入。婦降，又拜，畢。詣西階下，北面拜姑，升，奠贄幣。姑舉以授侍者。婦降又拜。○若非宗子之子而與宗子同居，則先行此禮於舅姑之私室。與宗子不同居，則如上儀。

【附注】司馬公曰：「古者拜于堂上，今拜于下，恭也。可從衆。」

舅姑禮之。如父母醮女之儀。婦見于諸尊長。婦既受禮，降自西階。同居有尊於舅姑者，則舅姑以婦見於其室，如見舅姑之禮。還拜諸尊長于兩序，如冠禮，無贄。小郎小姑，皆相拜。非宗子之子而與宗子同居，則既受禮，詣其堂上拜之，如舅姑禮，而還見于兩序。其宗子及尊長不同居，則廟見而後往。若冢婦，則饋于舅姑，是日食時，婦家具盛饌、酒壺，婦從者設蔬果卓子于堂上舅姑之前。設盥盆于阼階東南，帨架在東。舅姑就坐，婦盥，升自西階，洗盞斟酒，置舅卓子上。降，俟舅飲畢，又拜。遂獻姑，進酒，姑受，飲畢，婦降拜。遂執饌〔一〕，升薦于舅姑之前，侍立姑後，以俟卒食，徹饌。侍者徹餘饌，分置別室，婦就餕姑之餘，婦從者餕舅之餘，婿從者又餕婦之餘。非宗子之子，則於私室，如儀。

【附注】：司馬公曰：「《士昏禮》『婦盥饋，特豚合升側載』，注『側載者，右胖載之舅俎，左胖載之姑俎』，今恐貧者不辨殺特，故但具盛饌而已。」

舅姑饗之。如禮婦之儀，禮畢。舅姑先降自西階，婦降自阼階。

〔一〕「饌」，周復本作「飯」。

廟見

三日，主人以婦見于祠堂。古者，三月而廟見，今以其太遠，改用三日。如子冠而見之儀，但告辭曰：「子某之婦某氏，敢見。」餘並同。

【附注】問：「既爲婦，便當廟見，必待三月之久，何邪？」先生曰：「三月而後事定，三月以前恐更有可去等事。至三月不可去，則爲婦定矣。故必三月而後廟見。」

婿見婦之父母

明日，婿往見婦之父母，婦父迎送揖讓如客禮。拜即跪而扶之。入見婦母，婦母闔門左扉，立于門內，婿拜于門外。皆有幣。婦父非宗子，即先見宗子夫婦，不用幣，如上儀。然後見婦之父母。

次見婦黨諸親。不用幣，婦女相見如上儀。婦家禮婿，如常儀。親迎之夕，不當見婦母及諸親及設酒饌，以婦未見舅姑故也。

右昏禮附注凡十三條

文公家禮卷第四

喪禮第四

初終

疾病，遷居正寢。凡疾病，遷居正寢，内外安静，以俟氣絶。男子不絶于婦人之手，婦人不絶於男子之手。

【附注】高氏禮曰：「『廢牀寢於地』，注『人始生在地，故廢牀寢於地，庶其生氣之復也』，本出《儀禮》及《禮記·喪大記》。」

既絶乃哭。

復。侍者一人，以死者之上服嘗經衣者，左執領，右執要，升屋中霤，北面招以衣，三呼曰：「某人復。」畢，卷衣，降，覆尸上。男女哭擗無數。○上服，謂有官則公服，無官則襴衫、皂衫、深衣。婦人大袖、背子。呼某人者，從生時之號。

【附注】高氏曰：「今淮南風俗，民有暴死，則使數人升其居屋，及於路傍遍呼之，亦有蘇活者，豈復之餘意歟？」

立喪主、凡主人，謂長子。無則長孫承重，以奉饋奠。其與賓客爲禮，則同居之親且尊者主之。

【附注】司馬公曰：「凡主人當以長子爲之，無長子則長孫承重。《奔喪》曰『凡喪，父在，父爲主』，注『與賓客爲禮，宜使尊者』。又曰『父没，兄弟同居，各主其喪』，注『各爲妻子之喪爲主也』。又曰『親同，長者主之』，注『昆弟之喪，宗子主之』。又曰『不同親者主之』，注『從父昆弟之喪也』。《雜記》曰：『姑姊妹其夫死，而夫黨無兄弟，使夫之族人主喪。妻之黨雖親弗主。夫若無族矣，則前後家、東西家。無有，則里尹主之。』《喪大記》曰：『喪有無後，無無主。』若子孫有喪，而祖父主之，子孫執喪，祖父拜賓。」

主婦、謂亡者之妻。無，則主喪者之妻。護喪、以子弟知禮能幹者爲之。凡喪事，皆禀之。司書、司貨。以子弟或吏僕爲之。乃易服，不食。妻子婦妾皆去冠及上服，被髮。男子扱上衽，徒跣。餘有服者，皆去華飾。爲人後者爲本生父母，及女子已嫁者，皆不被髮徒跣。諸子三日不食。期九月之喪，三不食。五月、三月之喪，再不食。親戚鄰里爲糜粥以食之，尊長强之，少食可也。○扱上衽，謂插衣前襟之帶。華飾，謂錦綉、紅紫、金玉、珠翠之類。治棺。護喪命匠擇木爲棺，油杉爲上，柏次之，土杉爲下。其制方直，頭大足小，僅取容身，勿令高大及爲虚檐高足。内外皆用灰漆。内仍用瀝清溶瀉，厚半寸以上。煉熟秫米灰，鋪其底，厚四寸許。加七星板底。四隅各釘大鐵環，動則以大索貫而舉之。○司馬公曰：「棺欲厚，然太厚則重而難以致遠。又不必高大占地使壙中寬，易致摧毁。宜深戒之。椁雖聖人所制，自古用之，然板木歲久，終歸腐爛，徒使壙中寬大，不能牢固，不若不用之爲愈也。孔子葬鯉，有棺而無椁。又許貧者，還葬而無椁。今不欲用，非爲貧也，乃欲保安亡者耳。」○程子曰：「雜書有松脂入地，千年爲伏苓，萬年爲琥珀之説。蓋物莫久於此，故以塗棺，古人已有用之者。」

【附注】高氏曰：「伊川先生謂『棺之合縫，以松脂塗之，則縫固而木堅』，注云松脂與木性相入而又利水，蓋今人所謂瀝清者是也。須以少蚌粉、黄臘、清油合煎之，乃可用，不然則裂矣，其棺槨之間，亦宜以此灌之。」○胡泳曰：「松脂塗縫之説未然。先生葬時，蔡氏兄弟主用松脂，嘗問用黄臘麻油否？答云『用油臘，則松脂不得全其性矣』，此言有理。但彭止堂作《訓蒙》云『灌以松脂，宜於北方。江南用之，適爲蟻房』，彭必有考。更詳之。」

訃告于親戚僚友。護喪、司書爲之發書。若無，則主自訃親戚，不訃僚友。自餘書問悉停。以書來吊者，並須卒哭後答之。

沐浴　襲　奠　爲位　飯含

執事者設幃及牀，遷尸，掘坎。執事者以幃幛卧内，侍者設床於尸牀前，縱置之，施簀、去薦，設席、枕，遷尸其上，南首，覆以衾。掘坎於屏處潔地。陳襲衣、以卓子陳于堂前東壁下，西領，南上。幅巾一，充耳二，用白纊如棗核大，所以塞耳者也。幎目帛，方尺二寸，所以覆面者也。握手用帛，長尺二寸，廣五寸，所以裹手者也。深衣一，大帶一，履一〔二〕，袍襖、汗衫、袴襪、勒帛、裹肚之類，隨所用之多少。

〔二〕「一」，周復本作「二」。

【附注】《儀禮・士喪》「襲三稱，衣單複具曰稱。三稱者，爵弁服、皮弁服、褖衣。設冒櫜之」，注云「冒，韜尸者，制如直囊。上曰質，下曰殺。其用之先以殺韜足而上，後以質韜首而下，齊手。君，錦冒黼殺綴旁七。大夫，玄冒黼殺綴旁五。士，緇冒赬殺綴旁三。凡冒，質長與手齊，殺三尺。」

沐浴、飯含之具。以卓子陳于堂前西壁下，南上。錢三，實于小箱。米二升，以新水淅令精，實于盌。櫛一，沐巾一，浴巾二，上下體各用其一也。乃沐浴，侍者以湯入。主人以下皆出帷外，北面。侍者沐髮櫛之，晞以巾，撮爲髻。抗衾而浴，拭以巾。剪爪，并沐浴餘水、巾櫛，棄于坎而埋之。襲。侍者設襲牀於帷外，施薦、席、褥、枕。先置大帶、深衣、袍襖、汗衫、袴襪、勒帛、裹肚之類於其上，遂舉以入，置浴牀之西，遷尸其上，悉去病時衣及復衣，易以新衣，但未著幅巾、深衣、履。徙尸牀，置堂中間，卑幼則各於室中間。餘言堂者，放此。乃設奠。執事者以卓子置脯醢，升自阼階。祝盥手，洗盞斟酒，奠于尸東，當肩，巾之。〇祝以親戚爲之。主人以下，爲位而哭。主人坐於牀東奠北。衆男應服三年者，坐其下，皆藉以藁。同姓期功以下，各以服次坐于其後，皆西向南上。尊行以長幼坐于牀東北壁下，南向西上，藉以席薦。主婦、衆婦女，坐于牀西，藉以藁。同姓婦女以服爲次，坐于其後，皆東向南上。尊行以長幼坐于牀西北壁下，南向東上，藉以席薦。妾婢立于婦女之後。別設幃以障內外。異姓之親，丈夫坐于帷外之東，北向西上。婦人坐於帷外之西，北向東上，皆藉以席。以服爲行，無服在後。〇若內喪，則同姓丈夫尊卑坐于帷外之東，北向西上。異姓丈夫坐于帷外之西，北向東上。〇三年之喪，夜則寢於尸旁，藉藁枕塊。病羸者，藉以草薦可也。期以下，寢於側近。男女異室，外親歸家可也。乃飯含。主人哭盡哀，左袒，自前扱於腰之右，盥手，執箱以入。侍者一人，插匙于米盌，執以從，置于尸西。徹枕，以幎巾覆面〔一〕。主人就尸東，由足而西，牀上坐，東面舉巾，以匙抄米，實于尸口之右，并實一錢。又於左，於中，亦如之。主人襲所袒衣，復位。侍者卒襲，覆以衾。加幅巾、充耳，設幎目，納履。乃襲深衣，結大帶，設握手，乃覆以衾。

【附注】司馬公曰：「古者，死之明日小斂，又明日大斂，顛倒衣裳使之正方，束以絞紟，韜以衾冒，皆所以保其肌體也。今世俗有襲而無大小斂，所闕多矣。然古者，士襲衣三稱，大夫五稱，諸侯七稱，公九稱。小斂，尊卑通用十九稱。大斂，士三十稱，大夫五十稱，君百稱，此非貧者所辦也。今從簡易，襲用衣一稱，小大斂則據死者所有之衣，及親友所襚之衣，隨宜用之。若衣多，不必盡用也。」高氏曰：「《禮》『士襲衣三稱』，而子羔之襲也衣三稱。孔子之喪，公西赤掌殯葬焉，襲衣十一稱，加朝服一。《雜記》曰『士襲九稱』，蓋襲數之不同如此。大抵衣衾惟欲其厚耳。衣衾之所以厚者，豈徒以設飾哉！蓋人死斯惡之矣，聖人不忍言也，但制爲典禮，使厚其衣衾而已。今世之襲者，不知此意。或止用單袷一稱，雖富貴之家，衣衾畢備，皆不以襲斂，又不能謹藏。古人遺衣裳，必置於靈座，既而藏於廟中。乃或相與分之，甚至輒計直貿易，以充喪費，徒加功於無用，擯財於無謂，而所以附其身者，曾不之慮。嗚呼！又孰若用以襲斂，而使亡者獲厚庇於九泉之下哉！」〇愚按：高氏一用《禮經》，而襲斂用衣之多，故襲有冒，小斂有布絞，大斂有布絞、布紟，所以保其肌體者固矣。司馬公欲從簡易，而襲斂用衣之少，故小斂雖有布絞，而襲則無冒，大斂則無絞

〔一〕「徹枕，以幎巾覆面」，周復本爲「以幎巾入，徹枕覆面」。

紟，此爲疏略。先生初述《家禮》，皆取司馬公《書儀》，後與學者論禮，以高氏喪禮爲最善，遺命治喪，俾用《儀禮》，此可以見其去取折衷之意矣。況夫古者襲斂用衣之多，故古有襚禮。衣服曰襚。《士喪禮》親者襚、庶兄弟襚、朋友襚，又君使人襚。今世俗有襲而無大小斂，故襚禮亦從而廢，惜哉！然欲悉從高氏之説，則誠非貧者所能辦，有如司馬公之所慮者，但當量其力之所及可也。愚故於襲、小斂、大斂之下，悉述《儀禮》并高氏之説，以備參考。

靈座　魂帛　銘旌

置靈座，設魂帛，設椸於尸南，覆以帕。置倚卓其前，結白絹爲魂帛，置倚上。設香爐、香合、珓杯、注、酒果於卓子上。侍者朝夕設櫛頮，奉養之具，皆如平生。○司馬公曰：「古者鑿木爲重以主其神，今令式亦有之。然士民之家，未嘗識也。故用束帛依神，謂之魂帛，亦古禮之遺意也。世俗皆畫影，置於魂帛之後。男子生時有畫像，用之猶無所謂。至於婦人，生時深居閨門，出則乘輜軿，擁蔽其面，既死，豈可使畫工直入深室，揭掩面之帛，執筆訾相，畫其容貌，此殊爲非禮。又世俗或用冠帽衣履，裝飾如人狀，此尤鄙俚，不可從也。」

【附注】問重。先生曰：「《三禮圖》有畫象可考。然且如温公之説亦自合時之宜，不必過泥於古也。」

○愚按：《禮》，大夫無主者，束帛依神。温公用魂帛，蓋取束帛依神之意。高氏曰：「古人遺衣裳，必置於靈座，既而藏於廟中。」恐當從此説，以遺衣裳置於靈座，而加魂帛於其上，可也。

立銘旌，以絳帛爲銘旌，廣終幅。三品以上，九尺。五品以下，八尺。六品以下，七尺。書曰：「某官某公之柩。」無官，即隨其生時所稱。以竹爲杠，如其長，倚於靈座之右。不作佛事。司馬公曰：「世俗(言)〔信〕浮屠誑誘，於始死及七七日、百日、期年、再期、除喪飯僧，設道場，或作水陸大會，寫經造像，脩建塔廟，云『爲此者，滅彌天罪惡，必生天堂，受種種快樂。不爲者，必入地獄，剉燒舂磨，受無邊波吒之苦』。殊不知，人生含氣血，知痛癢，或剪爪剃髮，從而燒斫之，已不知苦。況於死者，形神相離，形則入於黄壤，朽腐消滅，與木石等，神則飄若風火，不知何之。借使剉燒舂磨，豈復知之？且浮屠所謂天堂地獄者，計亦以勸善而懲惡也，苟不以至公行之，雖鬼可得而治乎？是以唐廬州刺史李舟〔一〕《與妹書》曰：『天堂無則已，有則君子登。地獄無則已，有則小人入。』世人親死而禱浮屠，是不以其親爲君子，而爲積惡有罪之小人也，何待其親之不厚哉！就使其親實積惡有罪，豈賂浮屠所能免乎？此則中智所共知，而舉世滔滔信奉之，何其易惑而難曉也。甚者至有傾家破産然後已。與其如此，曷若早賣田營墓而葬之乎？彼天堂、地獄，若果有之，當與天地俱生，自佛法未入中國之前，人死而復生者，亦有之矣，何故無一人誤入地獄，見閻羅等十王者邪？不學者固不足言，讀者知古者亦可以少悟矣。」執友親厚之人，至是入哭可也。主人未成服而來哭者，當服深衣。臨尸，哭盡哀。出拜靈座，上香再拜，遂吊主人，相持哭盡哀，主人以哭對，無辭。

〔一〕「舟」，周復本作「丹」。

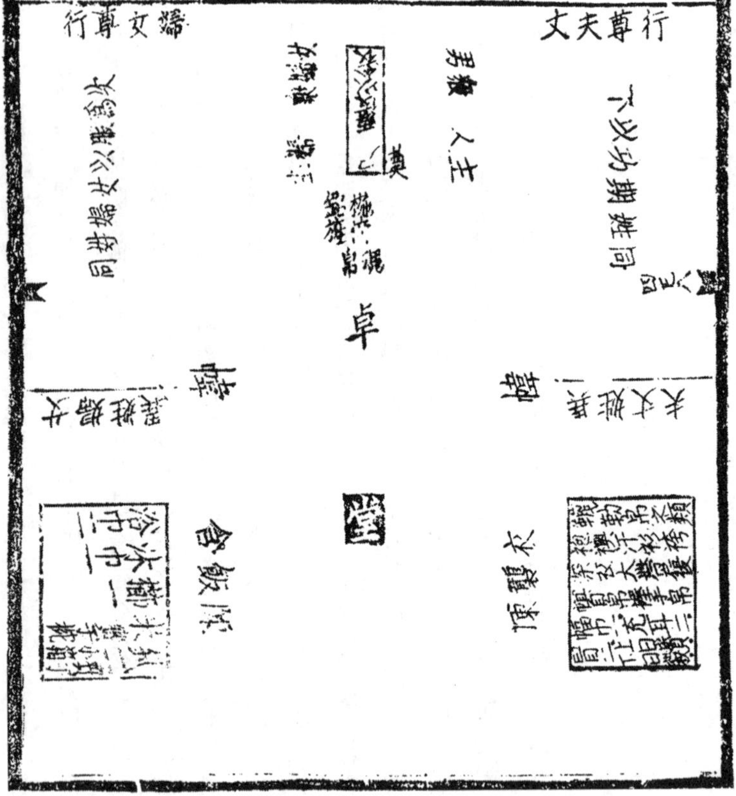

襲含哭位圖

小斂圖

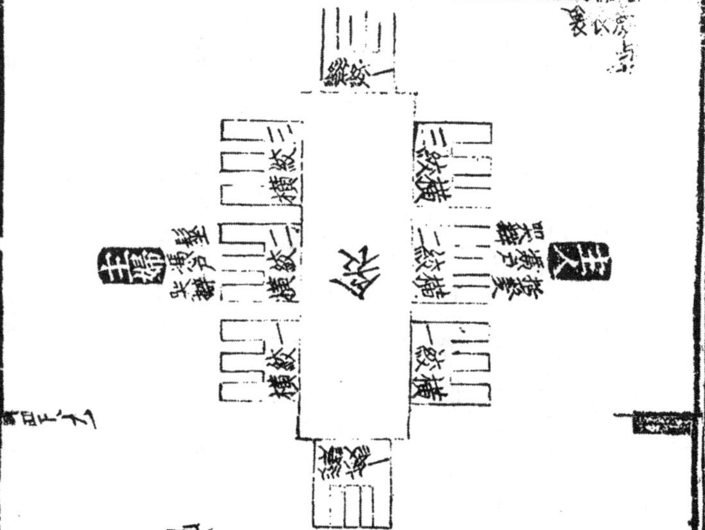

小斂先布絞之橫者三於尸牀次布絞之縱者一於其上次布衾於絞之上次布小斂衣於衾之上然後遷尸其上舒絹疊衣以藉其首卷兩端以補兩肩空處又卷衣夾其兩脛以餘衣掩尸左衽裹之以衾又以衾覆之候將大斂然後去覆衾而結絞先結縱者後結橫者

小斂 袒　括髮　免　髽　奠　代哭

厥明，謂死之明日。執事者陳小斂衣衾，以卓子陳于堂東北壁下。據死者所有之衣，隨宜用之。若多，則不必盡用〔二〕也。衾用複者。絞，橫者三，縱者一，皆以細布，或彩一幅而析其兩端爲三。橫者取足以周身相結，縱者取足以掩首至足，而結於身中。

【附注】愚按：《儀禮·士喪》：「小斂，衣十九稱，絞橫三縮一，廣終幅，析其末。」注云：「絞，所以收束衣服，爲堅急也。以布爲之。縮，從也。橫者，三幅。從者，一幅。析其末，令可結也。」〇高氏曰：「襲衣，所以衣尸。斂衣，則包之而已，此襲斂之辨也。」〇又曰：「小斂衣尚少，但用全幅細布，析其末而用之。凡斂欲方，半在尸下，半在尸上，故散衣有倒者，惟祭服不倒。凡披斂衣，皆以絞、紟爲先。小斂，美者在內，故次布散衣，後布祭服。大斂，美者在外，故次布祭服，後布散衣也。」〇又曰：「斂以衣爲主。小斂之衣，必以十九稱。大斂之衣，多至五十稱。夫既襲之後而斂衣若此之多，故非絞以束之，則不能以堅實矣。凡物束縛緊急則細小而堅實。夫然故衣衾足以朽肉，而形體深祕，可以使人之勿惡也。今之喪者，衣斂既

〔二〕「不必盡用」，周復本作「不必用」。

薄，絞冒不施，懼夫形體之露也，遽納之於棺，乃以入棺爲小斂，蓋棺爲大斂。入棺既在始襲之時，蓋棺又在成服之日，則是小斂、大斂之禮皆廢矣。」

設奠，設卓子于阼階東南，置奠饌及盃注于其上，巾之。設盥盆、帨巾各二于饌東。其東有臺者，祝所盥也。其西無臺者，執事者所盥也。別以卓子設潔滌盆、新拭巾於其東，所以洗盃、拭盃也。此一節至遣並同。具括髮麻、免布、髽麻。括髮，謂麻繩撮髻，又以布爲頭繵也。免，謂裂布或縫絹廣寸，自項向前，交於額上，卻繞髻，如著掠頭也。髽，亦用麻繩撮髻，竹木爲簪也。設之皆于別室。

設小斂牀、布絞、衾衣，設小斂床，施薦席褥于西階之西，鋪絞衾衣。舉之，升自西階，置于尸南。先布絞之横者三於下，以備周身相結，乃布縱者一於上，以備掩首及足也。衣或顛或倒，但取正方，唯上衣不倒。乃遷襲奠，執事者遷置靈座西南，俟設新奠，乃去之。後凡奠皆倣此。遂小斂。侍者盥手舉尸，男女共扶助之，遷于小斂床上。先去枕而舒絹疊衣，以藉其首。仍卷兩端，以補兩肩空處。又卷衣，夾其兩脛，取其正方。然後以餘衣掩尸，左衽不紐，裹之以衾，而未結以絞，未掩其面。蓋孝子猶俟其復生，欲時見其面故也。斂畢，則覆以衾。主人、主婦，憑尸哭擗。主人西向，憑尸哭擗。主婦東向，亦如之。〇凡子於父母憑之。父母於子，夫於妻，執之。婦於舅姑奉之。舅於婦撫之，於昆弟執之。凡憑尸，父母先，妻子後。袒、括髮、免、髽于別室。男子斬衰者，袒、括髮。齊衰以下至同五世祖者，皆袒、免于別室。婦人髽于別室。

【附注】小斂變服：斬衰者，袒，括髮。今人无袒、括髮一節何也？緣世俗以襲爲小斂，故失此變服一

大斂圖

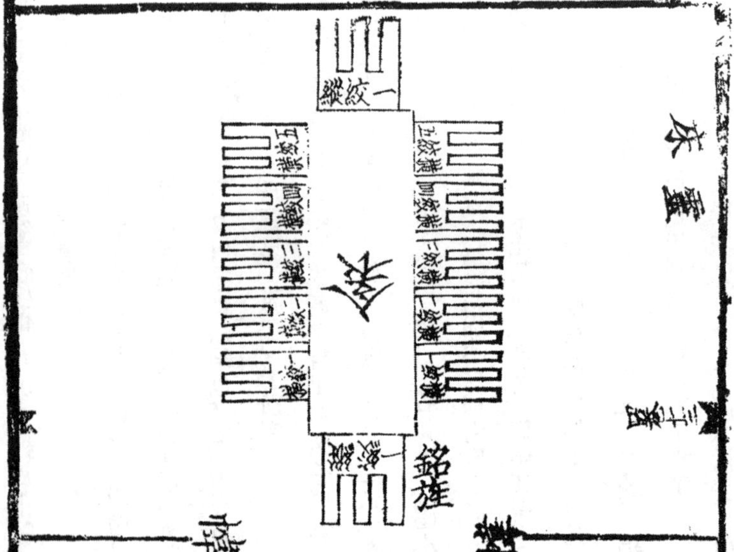

大斂先布絞之橫者五於棺中次布絞之縱者於其上次布衾之有綿者於其上各垂其裔於四外然後遷尸其中又揣其空闕處卷衣塞之務令充實以衾先掩足次掩首次掩左次掩右結絞先結縱者次結橫者

節。在禮，聞喪、奔喪、入門詣柩前，再拜哭盡哀，乃就東方去冠及上服，被髮徒跣，如始喪之儀。詣殯東面坐，哭盡哀，乃就東方袒、括髮，又哭盡哀，如小斂之儀。明日、後日朝夕哭，猶袒、括髮，至家四日乃成服。夫奔喪，禮之變也，猶謹其序，而況處禮之常可欠小斂一節，又無袒、括髮乎？此則孝子知禮者，所當謹而不可忽也。

還，遷尸牀于堂中。執事者徹襲床，遷尸其處。哭者復位。尊長坐，卑幼立。乃奠。祝帥執事者，盥手舉饌，升自阼階，至靈座前。祝焚香，洗盞、斟酒，奠之。卑幼者皆再拜。侍者巾之。主人以下哭盡哀，乃代哭不絕聲。

大斂

厥明，小斂之明日，死之第三日也。○司馬公曰：「《禮》曰三日而斂者，俟其復生也。三日而不生，則亦不生矣。故以三日爲之禮也。今貧者喪具或未辦，或漆棺未乾，雖過三日，亦無傷也。世俗以陰陽拘忌，擇日而斂，盛暑之際，至有汁出蟲流，豈不悖哉！」執事者陳大斂衣衾，以卓子陳于堂東壁下。衣無常數，衾用有綿者。

【附注】愚按：《儀禮・士喪》：「大斂，衣三十稱，紟不在算，不必盡用。」注云：「紟，單被也。小斂衣數，自天子達。大斂則異矣。大斂布絞，縮者三，橫者五。」○高氏曰：「大斂之絞，縮者三。蓋取一幅布，裂爲三片也。橫者五，蓋取布二幅，裂爲六片而用五也。以大斂衣多，故每幅三析用之，以爲堅之急也。衾凡二，一覆之，一藉之。」

設奠具。如小斂之儀。**舉棺入，置于堂中少西，**執事者先遷靈座及小斂奠于旁側。役者舉棺以入，置于牀西，承以兩凳。若卑幼則於別室。役者出，侍者先置衾于棺中，垂其裔於四外。○司馬公曰：「周人殯于西階之上，今堂室異制，或狹小，故但於堂中少西而已。今世俗多殯於僧舍，無人守視，往往以年月未利，踰數十年不葬，或爲盜賊所發，或爲僧所棄，不孝之罪，孰大於此。」**乃大斂。**侍者與子孫、婦女俱盥手，掩首，結絞，共舉尸納于棺中。實生時所落髮齒及所剪爪于棺角，又揣其空闕處，卷衣塞之，務令充實，不可搖動。謹勿以金玉珍玩置棺中，啓盜賊心。收衾，先掩足，次掩首，次掩左，次掩右，令棺中平滿。主人、主婦憑哭盡哀。婦人退入幕下，乃召匠加蓋、下釘。徹牀，覆柩以衣。祝取銘旌，設跗于柩東，復設靈座於故處，令婦人兩人守之。○司馬公曰：「凡動尸舉柩，哭擗無算。然斂殯之際，亦當輟哭臨視，務令安固，不可但哭而已。」○按：古者大斂而殯，既大斂則累墼塗之。今或漆棺未乾，又南方土多螻蟻，不可塗殯，故從其便。**設靈牀于柩東。**牀帳、薦席、屏枕、衣被之屬，皆如平生時。**乃設奠。**如小斂之儀。**主人以下，各歸喪次。**中門之外，擇朴陋之室，爲丈夫喪次。斬衰，寢苫枕塊，不脱絰帶，不與人坐焉。非時見乎母也，不及中門。齊衰，寢席。大功以下異居者，既殯而歸，居宿於外，三月而復寢。婦人次于中門之内別室，或居殯側，去帷帳衾褥之華麗者，不得輒至男子喪次。**止代哭者。**

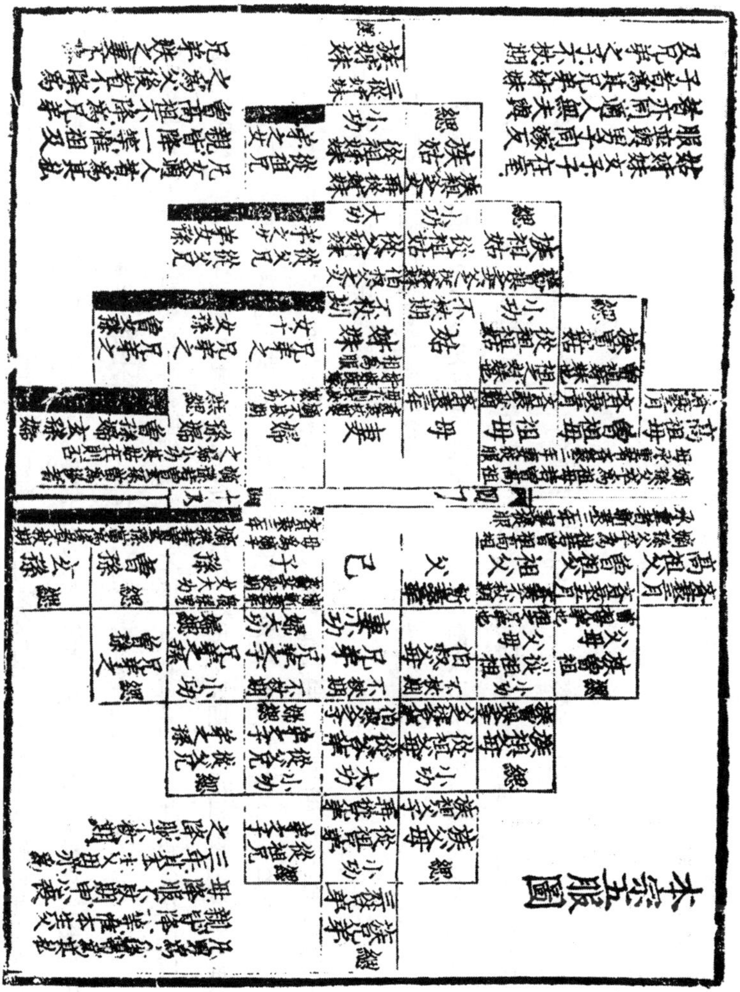
本宗五服圖

嫡母妾子謂父正室曰「嫡母」，正服齊衰三年。庶子爲嫡母之父母兄弟姊妹小功，嫡母死則不服。

繼母繼母謂父再娶之母，義服齊衰三年。繼母爲長子義服，齊衰三年，爲衆子不杖期。繼母出則無服。○若父卒，繼母嫁而已從之，服杖期。繼母報服不杖期。○母出，則爲繼母之兄弟姊妹小功。

庶母庶母謂父妾之有子者也。衆子爲之義服緦麻。士之庶子爲其母齊衰三年，爲父後則降。庶子爲父後者，爲其母緦，而爲其母之父母兄弟姊妹則無服。庶子之子，爲父之母不杖期，而爲祖後則無服。庶母爲其子、爲君之衆子齊衰不杖期，若爲君之長子齊衰三年。妾爲君斬衰三年。妾爲女君，爲其父母不杖期。

慈母慈母者，謂庶子無母而父命他妾之無子者慈己也，義服齊衰三年。庶母慈己者，謂庶母之乳養己者，義服小功。爲乳母，謂小乳哺曰乳母，義服緦麻。

出母謂爲父所出，降服杖期，母爲子降服不杖期。○子爲父後者則不服。

嫁母謂父卒母嫁，降服杖期。○子爲父後者，則不服。嫁母爲前夫之子與從己嫁者，服不杖期。

繼父繼父同居，父子皆無大功以上親，義服不杖期。○繼父不同居者，謂先同今異，或雖同居而繼父有子，己有大功以上親，服齊衰三月。元不同居則不服。○爲同母異父之兄弟姊妹，小功五月。

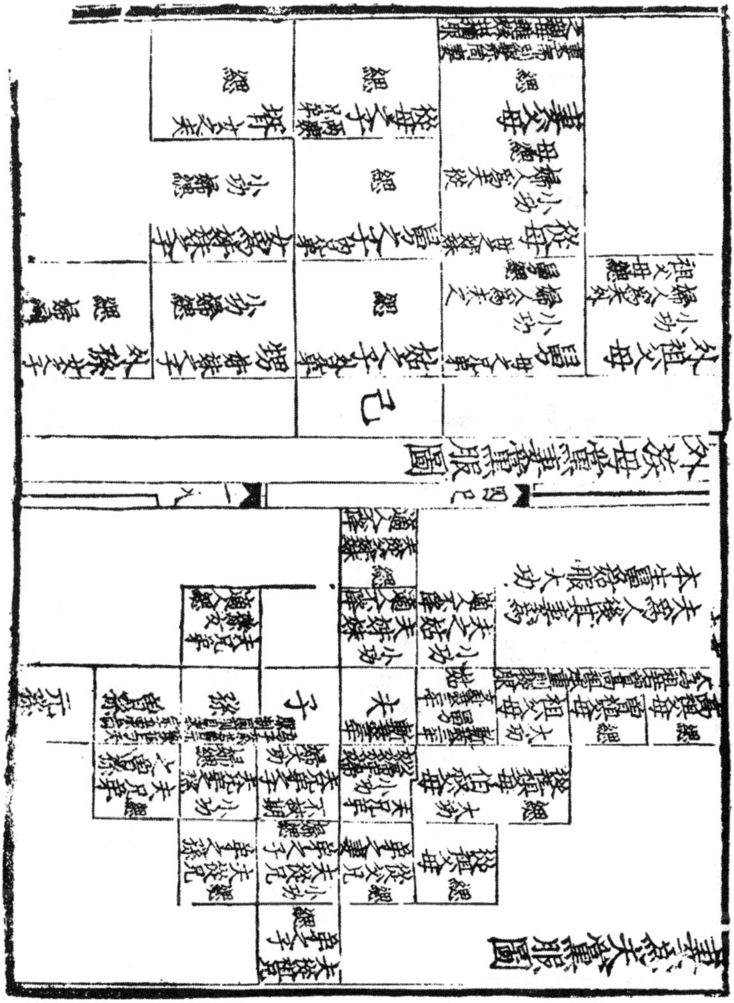
外族母黨妻黨服圖
妻爲夫黨服圖

喪服圖式

裁辟領四寸圖

反摺辟領四寸爲左右適圖

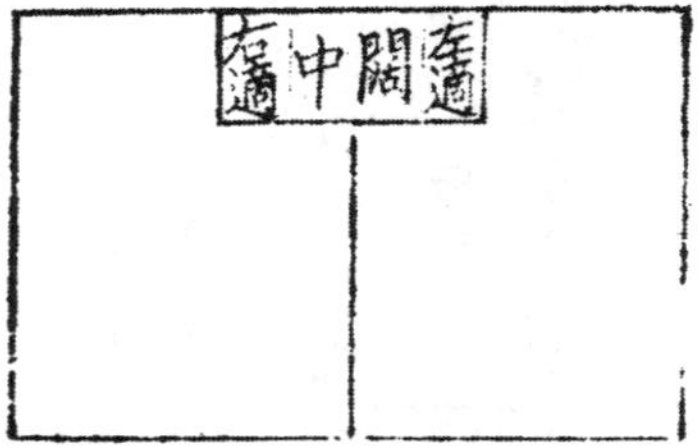

別用布橫長一尺六寸廣八寸塞闊中爲領圖

反摺向前圖

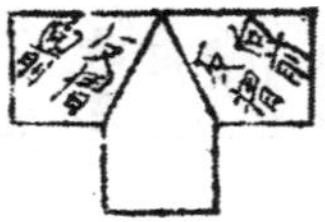

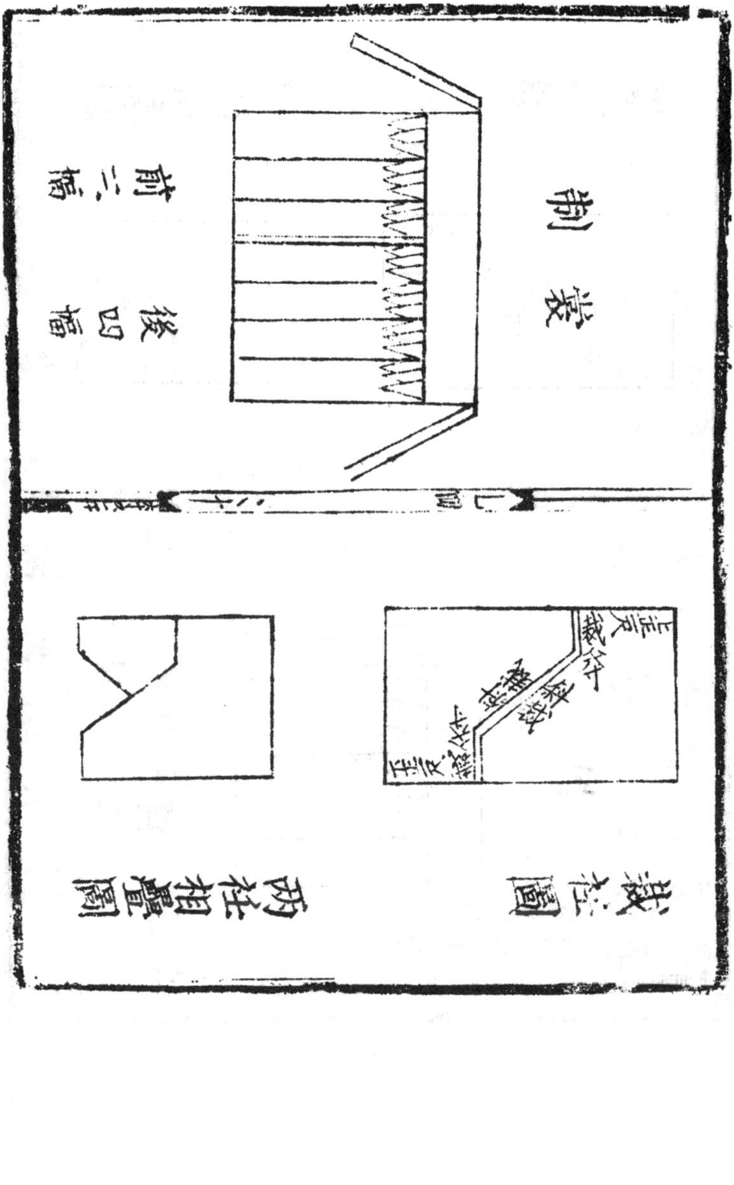
裳制
前三幅
後四幅
裁衽圖
兩衽相疊圖

加領於衣前圖

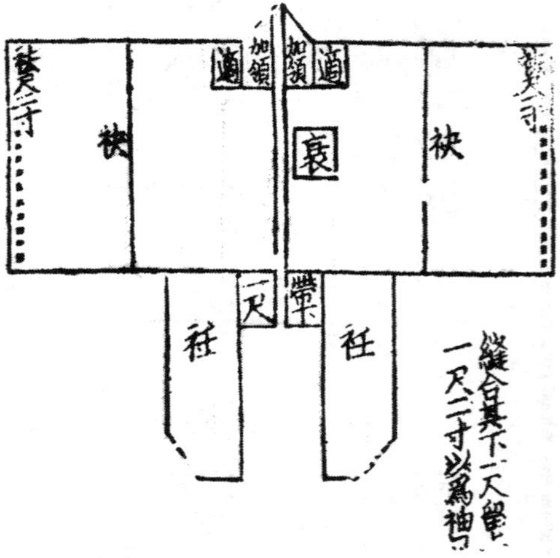

加領於衣後圖

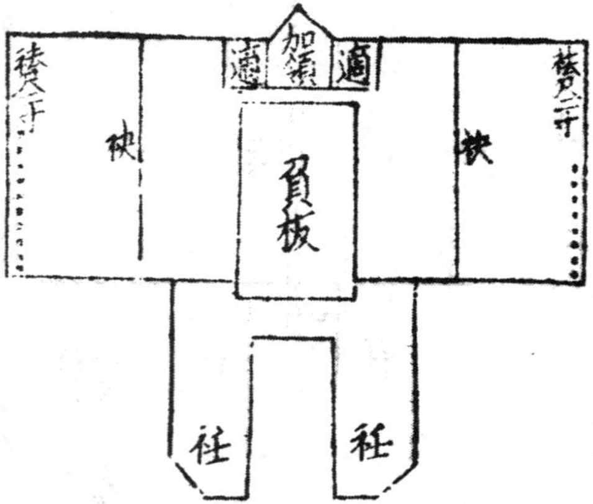

前衰後負板左右適惟子爲父母用之其餘不用若不裁闊中當如常法

斬衰冠

齊衰冠

大功冠

並同齊衰

小功冠

三辟積向右
餘與齊衰同

緦麻冠

澡纓辟積同小
功餘與齊衰同

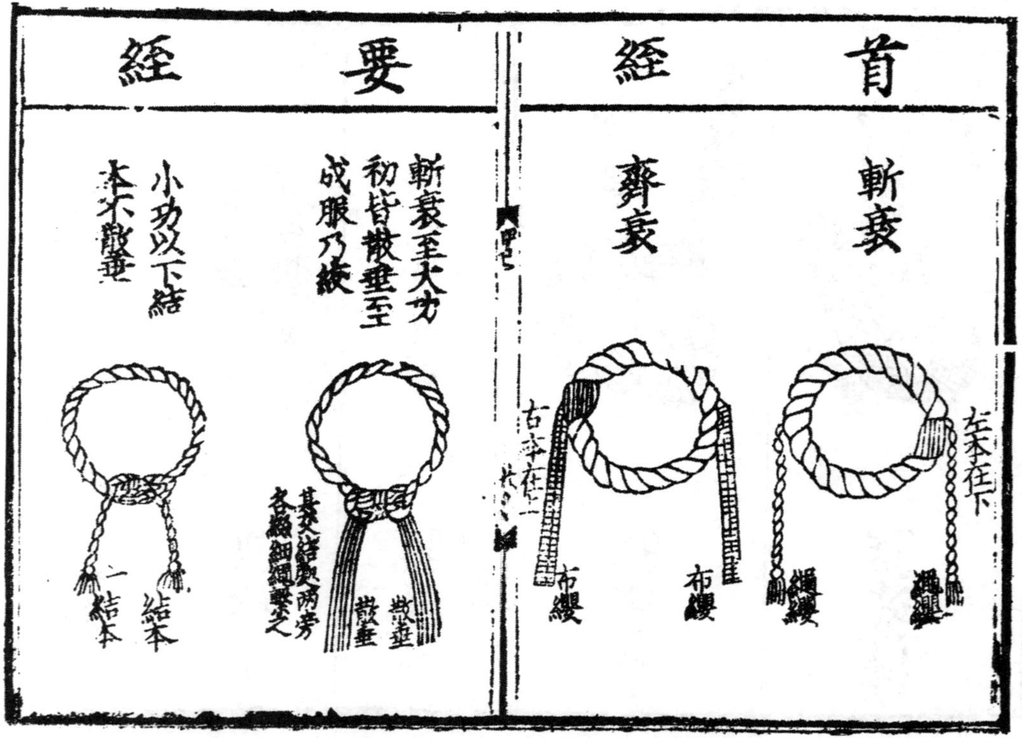
首經
斬衰
左本在下
繩纓
繩纓
齊衰
右本在上
布纓
布纓
要經
斬衰至大功初皆散垂至成服乃絞
其大結兩旁各綴細繩繫之
散垂
散垂
小功以下結本不散垂
結本
結本

絞帶

斬衰用麻

齊衰以下用布

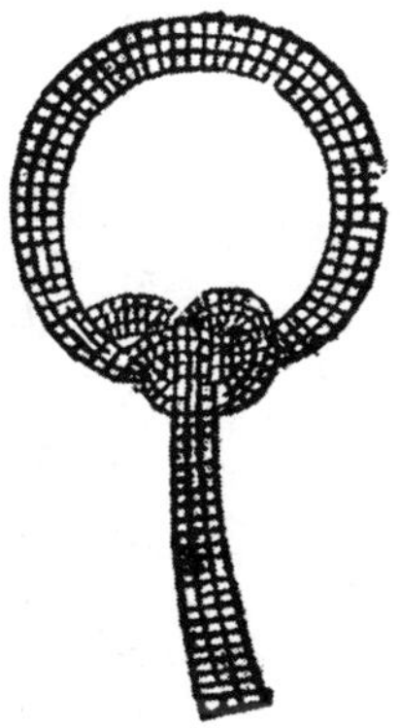

《士喪禮》疏曰：「麻在首、在要皆曰絰，分而言之，首曰絰，要曰帶。」○朱先生曰：「首絰，右本在上者，齊衰絰之制，以麻根處著頭右邊，而從額前向左，圍向頭後，却就右邊元麻根處相接，以麻尾藏在麻根之下，麻根搭在麻尾之上，有纓者以其加於冠外，須着纓，方不脱落也。」○問絰帶之制。先生曰：「首絰大一搤，只是拇指與第二指一圍。腰絰較小，絞帶又小於腰絰。腰絰象大帶，兩頭長垂下。絞帶象革帶，一頭有彄子，以一頭串於中而束之。」

文公家禮卷第五

成服

厥明，大斂之明日，死之第四日也。五服之人，各服其服，入就位，然後朝哭相吊如儀。

【附注】三日大斂，可以成服矣。必四日而後成服，何也？大斂雖畢，人子不忍死其親，故不忍遽成服，必四日而後成服也。《禮》「生與來日，死與往日」，取此義也。

其服之制，一曰斬衰三年。斬，不緝也。衣裳皆用極麤生布，旁及下際皆不緝也。裳，前三幅，後四幅，縫内向，前後不連。每幅作三㡇。㡇，謂屈其兩邊相著而空其中也。衣長過腰，足以掩裳上際，縫外向。背有負版，用布方尺八寸，綴於領下垂之。前當心有衰，用布長六寸，廣四寸，綴於左衽之前。左右有辟領，各用布方八寸，屈其兩頭相著爲廣四寸，綴於領下，在負版兩旁，各攙負版一寸。

【附注】喪服制度，惟辟領一節，沿襲差誤，自《通典》始。按：《喪服記》云「衣二尺有二寸」，蓋指衣身自領至要之長而言之也。用布八尺八寸，中斷以分左右爲四尺四寸者二，又取四尺四寸者二，中摺以分前後爲二尺二寸者四。此即尋常度衣身之常法也。合二尺二寸者四，疊爲四重，從一角當領處四寸下取方裁入四寸，乃《記》所謂「適博四寸」，注疏所謂「辟領四寸」是也。按：鄭注云：「適，辟領也。」則兩物即一物也。今《記》曰「適」，注疏又曰「辟領」，何爲而異其名也？辟，猶開也。從一角當領處取方裁開入四寸，故曰「辟領」。以此辟領四寸，反摺向外，加兩肩上，以爲左右適，故曰「適」，乃疏所謂「兩相向外，各四寸」是也。辟領四寸既反摺向外，加兩肩上，以爲左右適。故後之左右，各有四寸虛處當脊而相並，謂之闊中。前之左右，各有四寸虛處當肩而相對，亦謂之闊中，乃疏所謂「闊中八寸」是也。此則衣身所用布之處與裁之之法也。注又云「加辟領八寸而又倍之」者，謂別用布一尺六寸，以塞前後之闊中也。布一條，縱長一尺六寸，横闊八寸，又縱摺而中分之。其下一半，裁斷左右兩端各四寸，除去不用，只留中間八寸，以加後之闊中元裁辟領各四寸處，而塞其闕，當脊相並處。此所謂「加辟領八寸」是也。其上一半，全一尺六寸不裁，以布之中間從項上分左右，對摺向前垂下，以加於前之闊中，與元裁斷處當肩相對處。相接，以爲左右領也。夫下一半加於後之闊中者，用布八寸，而上一半從項而下，以加前之闊中者，又倍之而爲一尺六寸焉。此所謂「而又倍之」者是也。此則衣領所用之布與裁之之法也。古者衣服吉凶異制，故衰服領與吉服領不同，而其制如此也。注又云「凡用布一丈四寸」者，衣身八尺八寸，衣領一尺六寸，合爲一丈四寸也。此是用布正數，又當少寬其布，以爲針縫之用。然此即衣身與衣領之數，若負、衰、帶下及兩衽，又在此數之外矣。但領必有袷，此布何從出乎？曰：衣領用布闊八寸，而長一尺六寸。古者布幅闊二尺二寸，除衣領用布闊八寸之外，更餘闊一尺四寸。而長一尺六寸，可以分作三條施於袷而適足無餘欠也。《通典》以辟領爲適，本用注疏，又自謂《喪服記》文難曉，而用臆説以參之。既別用布以爲辟領，又不言制領所用何布，又不計衣身、衣領用布之數，失之矣。但知衣身八尺八寸之外，又別用布一尺六寸以爲領。凡用布共一丈四寸，則文義不待辨而自明矣。○又按：《喪服記》及注云「袂二尺二寸」，緣衣身二尺二寸，故左右兩袂亦二尺二寸，欲使縱横皆正方也。《喪服記》又云「祛尺二寸」，祛者，袖口也。袂二尺二寸，縫合其下一尺，留上一尺二寸，以爲袖口也。○又按：《喪服記》云「衣帶下尺」。緣古者，上衣下裳，分别上下，不相侵越，衣身二尺二寸，僅至署而止，無以掩裳上際，故於衣帶之下，用縱布一尺，上屬於衣，横繞於署，則以署之闊狹爲準，所以掩裳上際而後綴兩衽於其旁也。

兩腋下有衽，各用布三尺五寸，上下各留一尺正方。一尺之外，上於左旁裁入六寸，下於右旁裁入六寸，便於盡處相望斜裁，却以兩方左右相沓，綴於衣兩旁，垂之向下，狀如燕尾，以掩裳旁際也。（冠）比衣裳用布稍細，紙糊爲材，廣三寸，長足跨頂，前後裹以布，爲三輒，皆向右縱縫之。用麻繩一條，從額上約之，至頂後交過前，各至耳，結之以爲武，屈冠兩頭入武内，向外反屈之，縫於武。武之餘繩垂下爲纓，結於頤下。（首絰）以有子麻爲之，其圍九寸，麻本在左。從額前向右圍之，從頂過後，以其（未）〔末〕加於本上，又以繩爲纓以固之，如冠之制。（署絰）大七寸有餘，兩股相交，兩頭結之，各存麻本，散垂三尺，其交結處，兩旁各綴細繩繫之。（絞帶）用有子麻繩一條，大半腰絰，中屈之爲兩股，各一尺餘，乃合之。其大如絰，圍腰從左過後至前，乃以其右端穿兩股間而反插於右，在絰之下。

【附注】已上，度用指尺，中指中節爲寸。首絰、署絰圍九寸七寸之類，亦同。

（苴杖）用竹，高齊心，本在下。（屨）亦粗麻爲之。

【附注】《儀禮》「菅屨」注「菅屨，菲屨也」。《家禮》云：「屨亦粗麻爲之。」恐當從《儀禮》爲正。

婦人則用極麤生布爲大袖、長裙、蓋頭，皆不緝。布頭帤，竹釵、麻屨。衆妾則以背子代大袖。

【附注】《儀禮》：「妻爲夫，妾爲君，女子子在室爲父，布總、箭笄、髽、衰，三年。」以《家禮》參考之：《儀禮》：小斂，婦人髽于室，以麻爲髽。《家禮》：小斂，婦人用麻繩，撮髻爲髽，其制同。《儀禮》：婦人成服，布總六寸，謂出紒後所垂者六寸。箭笄長尺。《家禮》：婦人成服，布頭帤、竹釵。所謂布頭帤，即《儀禮》之布總也；所謂竹釵，即《儀禮》之箭笄也。凡喪服，上曰衰下曰裳。《儀禮》：婦人不殊裳，衰如男子衰，下如深衣無帶下，又無衽。夫衰如男子衰，未知備負版、辟領之制與否？下如深衣，未知裳用十二幅與否？此雖無文可明，但衣身必二尺二寸，袂必屬幅，裳必上屬於衣，裳旁兩幅，必相連屬，此所以衣不用帶下尺、裳旁不用衽也。今考《家禮》，則不用此制，婦人用大袖、長裙、蓋頭。男子衰服純用古制，而婦人不用古制，此用未詳。《儀禮》婦人有絰帶。絰，首絰也。帶，腰帶也。圍之大小無明文，大約與男子同。卒哭，丈夫去麻帶，服葛帶，而首絰不變。婦人以葛爲首絰，而麻帶不變。既練，男子除絰，婦人除帶，其謹於變除之節〔二〕若此。《家禮》婦人並無絰帶之文，當以禮經爲正。

凡婦人皆不杖。

〔二〕「其謹於變除之節」，上補本爲「其謹於絰帶變除之節」。

【附注】《喪服・斬衰傳》曰：「童子何以不杖？不能病也。婦人何以不杖？不能病也。」○疏曰：「童子不杖，此庶童子也。《問喪》云『童子當室，則免而杖矣』，謂適子也。婦人不杖，亦謂童子婦人。若成人婦人正杖，《喪大記》云『三日，子、夫人杖。五日，大夫、世婦杖。』諸經皆有婦人杖文，如姑在爲夫杖，母爲長子杖。案《喪服小記》云：『女子子在室，爲父母，其主喪者不杖，則子一人杖。』鄭云：『女子子在室，亦童子也。無男昆弟，使同姓爲攝主不杖，則子一人杖，謂長女也。許嫁及二十而笄，笄爲成人，成人正杖也。』是其童女爲喪主，則亦杖矣。」○愚按《家禮》用《書儀》服制，婦人皆不杖，與《問喪》《喪大記》《喪服小記》不同，恨未得質正。

其正服，則子爲父也。其加服，則嫡孫父卒爲祖若曾、高祖承重者也。父爲嫡子，當爲後者也。其義服，則婦爲舅也。夫承重，則從服也。爲人後者，爲所後父也，爲所後祖承重也。夫爲人後，則妻從服也。妻爲夫也，妾爲君也。

【附注】問：「周制有大宗之禮，立嫡以爲後，故父爲長子三年。今大宗之禮廢，無立適之法，而子各得以爲後，則長子、少子不異，庶子不得爲長子三年，不必然也。父爲長子三年，亦不可以嫡庶論也。」先生曰：「宗法雖未能立，然服制自當從古，是亦愛禮存羊之意，不可妄有改易也。如漢時宗子法已廢，然其詔令猶云『賜民當爲父後者爵一級』，是此禮猶在也。豈可謂宗法廢而庶子皆得爲父後者乎？」○紹熙二年辛亥正月，先生長子卒于婺女，報至，即以繼體服斬衰。

二曰齊衰三年、齊，緝也。其衣裳冠制，並如斬衰。但用次等麤生布，緝其旁及下際。（冠）以布爲武及纓。（首絰）以無子麻爲之，大七寸餘，本在右，末繫本下，布纓。（腰絰）大五寸餘。（絞帶〔二〕）以布爲之，而屈其右端尺餘。（杖）以桐爲之，上圓下方。婦人服同斬衰，但布用次等爲異。後皆倣此。其正服，則子爲母也。士之庶子，爲其母同，而爲父後則降也。其加服，則嫡孫父卒爲祖母，若曾、高祖母承重者也。母爲嫡子，當爲後者也。其義服，則婦爲姑也。夫承重則從服也。爲繼母也。爲慈母，謂庶子無母，而父命他妾之無子者慈己也。繼母爲長子也，妾爲君之長子也。杖期，服制同上。但又用次等生布。其正服，則嫡孫父卒祖在爲祖母也。其降服，則爲嫁母、出母也。其義服，則爲父卒繼母嫁而已從之者也。夫爲妻也。子爲父後，則爲出母、嫁母無服。繼母出，則無服也。不杖期，服制同上，但不杖，又用次等生布。其正服，則爲祖父母。女雖適人，不降也。庶子之子爲父之母，而爲祖後則不服也，爲伯叔父也，爲兄弟也，爲衆子男女也，爲兄弟之子也，爲姑姊妹女在室及適人而無夫與子者也。婦人無夫與子者，爲其兄弟姊妹及兄弟之子也。妾爲其子也。其加服，則爲嫡孫，若曾玄孫當爲後者也。女適人者，爲兄弟之爲父後者也。其降服，則嫁母、出母爲其子，子雖爲父後，猶服也。妾爲其父母也。其義服，則繼母、嫁母爲前夫之子從己者也，爲伯叔母也，爲夫兄弟之子也。繼父同居，父子皆無大功之親者也。妾爲女君也，妾爲君之衆子也，舅姑爲嫡婦也。

【附注】愚按：「不杖期」注正服，當添一條：姊妹既嫁，相爲服也。○其義服當添一條：父母在，則爲妻不杖也。○按：爲人後者，爲其父母報，女子子適人者爲其父母，此是不杖期大節目，何以不書也？

〔二〕「絞帶」，周復本作「帶」。

蓋此條在後「凡男爲人後者與女適人者爲其私親，皆降一等」中，故不見於此。

五月、服制同上。其正服，則爲曾祖父母，女適人者，不降也。三月。服制同上。其正服，則爲高祖父母，女適人者不降也。其義服，則繼父不同居者，謂先同今異，或雖同居而繼父有子，已有大功以上親者也。其元不同居者則不服。三曰大功九月。服制同上。但用稍粗熟布，無負版、衰、辟領，首絰五寸餘，要絰四寸餘。

【附注】《儀禮》注云：「前有衰，後有負版，左右有辟領。孝子哀戚之心，無所不在。」疏云：「衰者，孝子有哀摧之志。負者，負其悲哀。適者，指適緣於父母，不念餘事。」○愚按：注、疏釋衰、負版、辟領三者之義，惟子爲父母用之，旁親則不用也。《家禮》至大功，乃無衰、負版、辟領者，蓋《家禮》乃初年本也，後先生之家所行之禮，旁親皆無衰、負版、辟領，若此之類，皆從後來議論之定者爲正。

【增注】沈存中説「喪服中曾祖齊衰服，曾祖以上皆謂之曾祖」，恐是如此。如此，則皆合有齊衰三月服。看來高祖死，豈有不爲服之理，須合行齊衰三月也。伊川頃言祖父母喪，須是不赴舉，後來不曾行。今法令雖無明文，看來爲士者，爲祖父母期服内不當赴舉。○今人齊衰用布太細，又大功、小功皆用苧布，恐皆非禮。大功須用市中所賣火麻布稍細者，或熟麻布亦可。小功須用虔布之屬。古者布帛精粗，皆有升數，所以説布帛精麤不中數不鬻於市，今更無此制，聽民之所爲，所以倉卒難得中度者，只得買來，自以意擇製之耳。

其正服，則爲從父兄弟姊妹，謂伯叔父之子也，爲衆孫男女也。其義服，則爲衆子婦也，爲兄弟子之婦也，爲夫之祖父母、伯叔父母、兄弟子之婦也，夫爲人後者，其妻爲本生舅姑也。四曰小功五月。服制同上，但用稍細熟布。冠，左縫。首絰，四寸餘。要絰，三寸餘。其正服，則爲從祖祖父、從祖祖姑，謂祖之兄弟姊妹也，爲兄弟之孫，爲從祖父、從祖姑，謂從祖祖父之子，父之從父兄弟姊妹〔一〕也。爲從父兄弟之子也，爲從祖兄弟姊妹，謂從祖父之子所謂再從兄弟姊妹者也。爲外祖父母，謂母之父母也。爲舅，謂母之兄弟也。爲甥，謂姊妹之子也。爲從母，謂母之姊妹也〔二〕。爲同母異父之兄弟姊妹也。其義服，則爲從祖祖母也，爲夫兄弟之孫也，爲從祖母也，爲夫從兄弟之子也。爲夫之姑姊妹，適人者不降也。女爲兄弟姪之妻，已適人亦不降也。爲娣、姒婦，謂兄弟之妻相名，長婦謂次婦曰娣婦，娣婦謂長婦曰姒婦也。庶子爲嫡母之父母、兄弟姊妹，嫡母死則不服也，母出則爲繼母之父母兄弟姊妹也。爲庶母慈己者，謂庶母之乳養己者也。爲嫡孫，若曾玄孫之當爲後者之婦，其姑在則否也。爲兄弟之妻也，爲夫之兄弟也。五曰緦麻三月。服制同上。但用極細熟布。首絰，三寸。要絰，二寸。並用熟麻。纓亦如之。其正服，則爲族曾祖父、族曾祖姑，謂曾祖之兄弟、姊妹也。爲兄弟之曾孫也。爲族祖父、族祖姑，謂族曾祖父之子也。爲從父兄弟之孫也，爲族父、族姑，謂族祖父之子也。爲從祖兄弟之子也，爲族兄弟姊妹，謂族父之子，所謂三從兄弟姊妹也。爲曾孫玄孫也，爲外孫也，爲從母兄弟姊妹，謂從母之子也。爲外兄弟，謂姑之子也。爲內兄弟，謂舅之子也。其降服，則庶子爲父後者爲其母，而爲其母之父母兄弟姊妹則無服也。其義服，則爲族曾祖母也，爲夫兄弟之曾孫也，爲族祖母也，爲夫從兄弟之孫也，爲族母也，爲夫從祖兄弟之子也，爲庶孫之婦也。士爲庶

〔一〕「從父兄弟姊妹」，周復本爲「從父兄弟」。

〔二〕「爲甥，謂姊妹之子也。爲從母，謂母之姊妹也」，周復本爲「爲甥也。爲從母，謂母之姊妹也。爲姊妹之子也」。

母，謂父妾之有子者也。爲乳母也，爲婿也，爲妻之父母，妻亡而別娶亦同，即妻之親母雖嫁、出猶服也。爲夫之曾祖高祖也，爲夫之從祖祖父母也，爲兄弟孫之婦也，爲夫兄弟孫之婦也，爲夫之從祖父母也，爲從父兄弟子之婦也，爲夫從兄弟子之婦也，爲夫從父兄弟之妻也，爲夫之從父姊妹，適人者不降也。爲夫之外祖父母也，爲夫之從母及舅也，爲外孫婦也。女爲姊妹之子孫也，爲甥婦也。

【增注】温公《儀》斬齊古制，而功緦又却不古制，此却可疑。蓋古者五服皆用麻，但布有差等，皆有冠絰，但功緦之絰小耳。今人吉服不古，而凶服古，亦無意思。今俗喪服之制，下用横布作襴，惟斬衰用不得。

凡爲殤服，以次降一等。凡年十九至十六爲長殤，十五至十二爲中殤，十一至八歲爲下殤。應服期者，長殤降服大功九月，中殤七月，下殤小功五月。應服大功以下，以次降等。不滿八歲，爲無服之殤，哭之以日易月，生未三月則不哭也。男子已娶，女子許嫁，皆不爲殤。凡男爲人後，女適人者，爲其私親，皆降一等。私親之爲之也亦然。女適人者，降服未滿被出，則服其本服。已除，則不復服也。

【附注】司馬公曰：「《喪服小記》曰：『爲父母喪，未練而出，則三年。既練而出則已。未練而反則期，既練而反則遂之。』凡婦服夫黨，當喪而出，則除之。」〇凡妾爲其私親，則如衆人。

成服之日，主人及兄弟始食粥。諸子食粥。妻妾及期九月，疏食水飲，不食菜果。五月、三月者，飲酒食肉，不與宴樂。自是無故不出。若以喪事及不得已而出入，則乘樸馬布鞍、素轎布簾。凡重喪未除而遭輕喪，則制其服而哭之，月朔設位，服其服而哭之。既畢，返重服。其除之也，亦服輕服。若除重喪而輕服未除，則服輕服以終其餘日。

【附注】心喪三年。愚按：《儀禮》「父在爲母期」，注「子於母雖爲父屈而期，心喪猶三年」。唐前上元元年，武后上表請父在爲母終三年之喪。○《禮記》：「師，心喪三年。」○今服制，令庶子爲後者爲其母緦，亦解官，申心喪三年。○母出及嫁，爲父後者，雖不服，申心喪三年。○爲人後者，爲其父母不杖期，亦解官，申心喪三年。○嫡孫祖在，爲祖母齊衰杖期，雖期除，仍心喪三年。○先生曰：「喪禮須從《儀禮》爲正，如父在爲母期，非是薄於母，只爲尊在其父，不可復尊在母，然亦須心喪三年。這般處，皆是大項事，不是小節目，後來都失了。而今國家法，爲所生父母，皆心喪三年，此意甚好。」

【增注】孝宗居高宗喪，常朝時裹布幞頭、著布袍，而臣下却著紫衫，當時周洪道要著涼衫，王季海不肯，止於紫衫上加皂帶。及光宗居孝宗喪，臣下都著涼衫，方始正得個臣爲君服。○問：「從母之夫，舅之妻，皆無服，何也？」曰：「先王制禮，父族四：故由父而上爲從曾祖服緦麻；姑之子，姊妹之子，女子之子，皆有服，皆由父而推之故也。母族三：母之父，母之母，母之兄弟。恩止於舅，故從母之夫，舅之妻，皆不爲服，推不去故也。妻族二：妻之父，妻之母。乍看時，似乎雜亂無紀。子細看，則皆有義存焉。」又言：「《呂與叔集》中一婦人墓誌，言凡遇功、緦之喪，皆蔬食終其月。此可爲法。」○喪禮衣服之類，逐時換去。如葬後換葛衫，小祥後換練布之類。○「今之墨縗，可便於出入，而不合於《禮經》如何？」先生曰：「若能不出，則不服之亦好。但要出外治事，則只得服之。」○或問：「居喪爲尊長强之以酒，當如何？」曰：「若不得辭，則勉徇其意，亦無害。但不可至沾醉，食已復初可也。」問：「坐客有歌唱者，如之何？」曰：「當起避。」

文公家禮卷第六

朝夕哭奠上食

朝奠，每日晨起，主人以下皆服其服，入就位。尊長坐哭，卑者立哭。侍者設盥櫛之具于靈床側，奉魂帛出就靈座，然後朝奠。執事者設蔬果脯醢，祝盥手焚香斟酒。主人以下，再拜，哭盡哀。食時上食。如朝奠儀。夕奠，如朝奠儀。畢，主人以下奉魂帛，入就靈床哭盡哀。哭無時。朝夕之間，哀至則哭於喪次。朔日，則於朝奠設饌。饌用肉魚麵米食羹飯各一器，禮如朝奠之儀。

【附注】高氏曰：「若遇朔望節序，則具盛饌，其品物比朝夕奠差衆。《禮》疏曰：『士則月望不盛奠，唯朔奠而已。』」○問：「母喪朔祭，子爲主？」先生曰：「『凡喪，父在父爲主。』則父在子無主喪之禮也。又曰：『父没，兄弟同居，各主其喪。』注云：『各爲妻子之喪爲主也。』則是凡妻之喪，夫自爲主也。今以子爲喪主，似未安。」○愚按：初喪「立喪主」條：「凡主人謂長子，無則長孫承重，以奉饋奠。」今乃謂父在父爲主，父在子無主喪之禮，二説不同，何也？蓋長子主喪，以奉饋奠，以子爲母喪，恩重服重故也。朔奠則父爲主者，朔殷奠以尊者爲主也。《喪服小記》曰：「婦之喪，虞、卒哭，其夫若子主之。」虞、卒哭，皆是殷祭，故其夫主之，亦謂父在父爲主也。朔祭父爲主，義與虞、卒哭同。

有新物則薦之。如上食儀。

吊奠賻

凡吊，皆素服。幞頭、衫、帶，皆以白生絹爲之。

【附注】問：「今吊人用橫烏，此禮如何？」曰：「此是玄冠以吊，正與孔子所謂羔裘、玄冠不以吊者相反。」

奠用香、茶、燭、酒、果，有狀，或用食物，即別爲文。賻用錢帛。有狀，惟親友分厚者有之。

【附注】司馬公曰：「東漢徐穉每爲諸公所辟，雖不就，有死喪，負笈赴吊。嘗於家豫炙雞一隻，以一兩綿絮漬酒中，暴乾以裹雞。徑到所赴冢隧外，以水漬絮，使有酒氣，汁米飯、白茅爲藉，以雞置前，醊酒畢，留謁則去，不見喪主。然則奠貴哀誠，酒食不必豐腆也。」

具刺通名，賓主皆有官，則具門狀。否則名紙題其陰面。先使人通之，與禮〔一〕俱入。入哭，奠訖，乃吊而退。既通名，喪家炷火燃燭，布席，皆哭以俟。護喪出迎賓，賓入至廳事，進揖曰：「竊聞某人傾背，不勝驚怛。」

〔一〕「禮」，周復本爲「禮物」。

敢請入酹，併伸慰禮。」護喪引賓入，至靈座前，哭盡哀，再拜焚香，跪酹茶酒。

【附注】高氏曰：「既謂之奠，而乃燒香、酹酒則非奠矣。世俗承習久矣，非禮也。」○愚按：程子、張子與朱先生後來之説，奠謂安置也。奠酒，則安置於神座前，既獻則徹去，奠而有酹者，初酌酒，則傾少酒于茅代神祭也。今人直以奠爲酹，而盡傾之於地，非也。高氏之説亦然。與此條所謂入酹跪酹，似相抵牾，蓋《家禮》乃初年本，當以後來已定之説爲正。詳見《祭禮》「降神」條。

俯伏，興。護喪止哭者。祝跪讀祭文奠賻狀於賓之右。畢，興。賓主皆哭盡哀。賓再拜，主人哭出，西向，稽顙再拜，賓亦哭，東向答拜，進曰：「不意凶變，某親某官，奄忽傾背，伏惟哀慕，何以堪處。」主人對曰：「某罪逆深重，禍延某親，伏蒙奠酹，并賜臨慰，不勝哀感。」又再拜，賓答拜，又相向哭盡哀。賓先止，寬譬主人曰：「脩短有數，痛毒奈何，願抑孝思，俯從禮制。」乃揖而出。主人哭而入。護喪送至廳事，茶湯而退。主人以下止哭。○若亡者官尊，即云「薨逝」，稍尊，即云「捐館」。生者官尊，則云「奄棄榮養」。存亡俱無官，即云「色養」。若尊長拜賓，禮亦同此。惟其辭各如啓狀之式，見卷末。

【附注】高氏曰：「喪禮，賓不答拜。凡非吊喪，無不答拜者。」胡先生《書儀》曰：「若吊人是平交，則落一膝，展手策之，以表半答。若孝子尊，吊人卑，則側身避位，候孝子伏次，卑者即跪。還須詳緩去就，無令跪伏與孝子齊。」○愚按：吊禮，主人拜賓，賓不答拜，此何義也？蓋吊，賓來有哭拜或奠禮，主人拜賓以謝之，此賓所以不答拜也。故高氏書有半答跪還之禮。凡禮必有義，不可苟也。《書儀》《家禮》從俗，有賓答拜之文，亦是主人拜賓，賓不敢當，乃答拜。今世俗吊賓來見几筵哭拜，主人亦拜，謂代亡者答拜，非禮也。既而賓弔主人，又相與交拜，亦非禮也。

聞喪　奔喪

始聞親喪，哭。親，謂父母也。以哭答使者，又哭盡哀，問故。易服，裂布爲四脚白布衫，繩帶麻屨。遂行。日行百里，不以夜行，雖哀戚，猶辟害也。道中哀至則哭。哭避市邑喧繁之處。○司馬公曰：「今人奔喪及從柩行者，遇城邑則哭，過則止，是飾詐之道也。」望其州境、其縣境、其城、其家，皆哭。家不在城，則望其鄉哭。入門，詣柩前，再拜，再變服，就位哭。初變服，如初喪，柩東西向坐，哭盡哀。又變服如小斂。大斂，亦如之[一]。後四日成服。與家人相弔，賓至，拜之如初。若未得行，則爲位不奠。設倚子一枚，以代尸柩，左右前後設位哭如儀，但不設奠。若喪側無子孫，則此中設奠如儀。變服，亦以聞後之第四日。在道至家，皆如上儀。若喪側無子孫，則在道朝夕爲位設奠，至家但不變服，其相弔、拜賓如儀。○若既葬，則先之墓哭拜。之墓者，望墓哭，至墓哭拜，如在家之儀。未成服者，變服於墓，歸家詣靈座前哭拜，四日成服如儀。已成服者亦然，但不變服。○齊衰以下，聞喪，爲位而哭。尊長於正堂，卑幼於別室。○司馬公曰：「今人皆擇日舉

[一] 「大斂亦如之」，周復本爲「亦如之」。

哀。凡悲哀之至，在初聞喪即當哭之，何暇擇日？但法令有不得於州縣公廨舉哀之文，則在官者，當哭於僧舍，其他皆哭於本家可也。」若奔喪，則至家成服。奔喪者，釋去華盛之服，裝辦即行。既至，齊衰望鄉而哭，大功望門而哭，小功以下至門而哭。入門詣柩前，哭再拜，成服，就位，哭吊如儀。若不奔喪，則四日成服。不奔喪者，齊衰，三日中朝夕爲位會哭，四日之朝成服亦如之。大功以下，始聞喪，爲位會哭，四日成服亦如之。皆每月朔爲位會哭，月數既滿，次月之朔乃爲位會哭而除之。其間，哀至則哭可也。

治葬

三月而葬。前期擇地之可葬者。司馬公曰：「古者，天子七月，諸侯五月，大夫三月，士踰月而葬。今《五服年月敕》，王公以下，皆三月而葬。然世俗信葬師之説，既擇年月日時，又擇山水形勢，以爲子孫貧富貴賤，賢愚壽夭，盡繫於此，而其爲術又多不同，爭論紛紜，無時可決，至有終身不葬，或累世不葬。或子孫衰替，忘失處所，遂棄捐不葬者。正使殯葬實能致人禍福，爲子孫者，亦豈忍使其親臭腐暴露，而自求其利耶？悖禮傷義，無過於此。然孝子之心，慮患深遠，恐淺則爲人所扣，深則濕潤速朽，故必求土厚水深之地而葬之，所以不可不擇也。」或曰：「家貧鄉遠，不能歸葬，則如之何？」公曰：「子游問喪具。夫子曰：『稱家之有無。』子游曰：『有無惡乎齊？』夫子曰：『有，毋過禮。苟無矣，斂手足形，還葬，懸棺而窆，人豈有非之者哉？』昔廉范千里負喪，郭平自賣營墓，豈待豐富然後葬其親哉？在禮，未葬不變服，食粥，居廬，寢苫枕塊，蓋閔親之未有所歸，故寢食不安，奈何舍之出遊，食稻衣錦，不知其何以爲心哉！世人又有遊宦没於遠方，子孫火焚其柩，收燼歸葬者。夫孝子愛親之肌體，故歛而藏之，殘毁他人之尸，在律猶嚴，况子孫乃悖謬如此。其始蓋出於羌胡之俗，浸染中華，行之既久，習以爲常，見者恬然，曾莫之恠，豈不哀哉！延陵季子適齊，其子死，葬於嬴博之間。孔子以爲合禮。必也不能歸葬，葬于其地可也，豈不猶愈於焚之哉！」扣音骨，惡音烏。齊，子細切。窆，彼歛切。○程子曰：「卜其宅兆，卜其地之美惡也，非陰陽家所謂禍福者也。地之美，則其神靈安，其子孫盛。若培壅其根而枝葉茂，理固然矣。地之惡者則反是。然則曷謂地之美者？土色之光潤，草木之茂盛，乃其驗也。父祖子孫同氣，彼安則此安，彼危則此危，亦其理也。而拘忌者惑以擇地之方位，决日之吉凶，不亦泥乎？甚者不以奉先爲計，而專以利後爲慮，尤非孝子安厝之用心也。惟五患者不得不謹，須使它日不爲道路，不爲城郭，不爲溝池，不爲貴勢所奪，不爲耕犂所及也。」一本云：「所謂五患者，溝、渠、道路，避村落，遠井窑。」○按：古者葬地、葬日，皆决於卜筮。今人不曉占法，且從俗擇之可也。擇日開塋域，祠后土，主人朝哭〔二〕，帥執事者，於所得地掘兆，四隅外其壤，掘中南其壤，各立一標，當南門立兩標。擇遠親或賓客一人，告后土氏。祝帥執事者，設位於中標之左，南向，設盞注、酒果、脯醢於其前。又設盥盆、帨巾二於其東南，其東有臺架，告者所盥。其西無者，執事者所盥也。告者吉服，入立於神位之前，北向，執事者在其後，東上，皆再拜。告者與執事者皆盥帨。執事者一人取酒注，西向跪，一人取盞，東向跪。告者斟酒

〔二〕「主人朝哭」，周復本爲「主人既朝哭」。

反注取盞，酹于神位前，俯伏，興，少退立。祝執版，立於告者之左，東向跪，讀之曰：「維某年某〔一〕月朔日子，某官姓名，敢告于后土氏之神。今爲某官姓名，營建宅兆，神其保佑，俾無後艱。謹以清酌脯醢，祗薦于神。尚饗！」訖，復位。告者再拜，祝及執事者皆再拜，徹，出。主人若歸，則靈座前哭，再拜。後放此。

【附注】司馬公曰：「莅卜或命筮者，擇遠親或賓客爲之，及祝執事者，皆吉冠素服。」，注云「非純吉，亦非純凶。素服者，但徹去華采珠金之飾而已」。

遂穿壙，司馬公曰：「今人葬有二法：有穿地直下爲壙，而懸棺以窆者。有鑿隧道，傍穿土室而攛柩於其中者。」按：古者唯天子得爲隧道，其他皆直下爲壙，而懸棺以窆，今當以此爲法。其穿地宜狹而深，狹則不崩損，深則盜難近也。

【附注】問合葬夫妻之位。先生曰：「某初葬亡室時，只存東畔一位，亦不曾考禮是如何。」陳安卿云：「地道以右爲尊，恐男當居右。」先生曰：「祭時以西爲主，則葬時亦當如此，方是。」

【增注】「人家墓壙棺槨，切不可太大，當使壙僅能容槨，槨僅能容棺，乃善。去年，此間陳家墳墓，遭發掘者，皆緣壙中太闊，其不能發者，皆是壙中狹小無著脚手處，此不可不知也。此間墳墓山脚低卸，故盜易入。」問：「墳與墓，何別？」曰：「墓想是塋域，墳即封土隆起者。《光武紀》云『爲墳但取其稍高，四邊能走水足矣』，古人墳極高大，壙中容得人行，也没意思。今法令，一品以上，墳得高一丈二尺，亦自儘高矣。」李守

〔一〕「某」，周復本作「歲」。

約云：「墳墓所以遭發掘者，亦陰陽家之説有以啓之。蓋凡發掘者，皆以葬淺之故。若深一二丈，自無此患。古禮葬亦許深。」曰：「不然，深葬有水。嘗見興化、漳、泉間墳墓甚高。問之，則曰『棺只浮在土上，深者僅有一半入地，半在地上，所以不得不高其封』。後來見福州人舉移舊墓，稍深者無不有水，方知興化、漳、泉淺葬者，蓋防水爾。北方地土深厚，深葬不妨。豈可同也？」

作灰隔。穿壙既畢，先布炭末於壙底，築實，厚二三寸，然後布石灰、細沙、黄土拌匀者於其上，灰三分，二者各一可也，築實，厚二三尺。别用薄板爲灰隔，如椁之狀，内以瀝清塗之，厚三寸許，中取容棺。墻高於棺四寸許。置於灰上，乃於四旁旋下四物，亦以薄板隔之。炭末居外，三物居内，如底之厚。築之既實，則旋抽其板近上，復下炭灰等而築之，及墻之平而止。蓋既不用椁，則無以容瀝清，故爲此制。又炭禦木根，辟水蟻，石灰得沙而實，得土而黏，歲久結爲全石，螻蟻、盜賊皆不能進也。○程子曰：「古人之葬，故比化，不使（上）〔土〕親膚。今奇玩之物，尚保藏固密，以防損污，況親之遺骨，當如何哉？世俗淺識，惟欲不見而已。又有求速化之説者。是豈知必誠必信之義？且非欲求其不化也，未化之間，保藏當如是耳。」

【附注】先生答廖子晦曰：「所問葬法，後來講究，木槨瀝清，似亦無益。但於穴底先鋪炭屑築之，厚一寸許，其上即鋪沙灰，四傍即用炭屑，側厚寸許，下與先所鋪者相接。築之既平，然後安石槨於其上，四傍又下三物如前。椁〔二〕底及棺四傍上面，復用沙灰實之，俟滿加蓋，復布沙灰，而加炭屑於其上，然後以土築

〔二〕「椁」，周復本作「棺」。

之，盈坎而止。蓋沙灰以隔螻蟻，愈厚愈佳。頃嘗見籍溪先生説，嘗見用灰葬者，後因遷葬，則見灰已化爲石矣。炭屑則以隔木根之自外至者，亦里人改葬所親見。故須令常在沙灰之外，四面周密，都無縫罅，然後可以爲固。但法中不許用石椁，故此不敢用全石，只以數片合成，庶幾不戾法意耳。」

【增注】問：「槨外可用炭雜沙土否？」曰：「只純用炭末置之槨外，槨内實以和沙石灰。」或曰：「可純用灰否？」曰：「純灰恐不實，須雜以篩過細沙，久之，灰沙相乳入，其堅如石。槨外四圍上下，一切實以炭末，約厚七八寸許。既辟濕氣，免水患，又截樹根不入。樹根遇炭，皆生轉去，以此見炭灰之妙。蓋炭是死物，無情，故樹根不入也。《抱朴子》曰『炭入地千年不變』。」問：「范家用黄泥拌石灰實槨外，如何？」曰：「不可。黄泥久之亦能引樹根。」又問：「古人用瀝清，恐地氣蒸熱瀝清溶化，棺有偏陷，却不便。」曰：「不曾親見用瀝清利害。但書傳間多言用者，不知如何。」○「禮，壙中用生體之屬，久之，必潰爛，却引蟲蟻，非所以爲亡者慮久遠也。古人壙中置物甚多，以某觀之，禮文之意太備，則防患之意反不足。要之，只當防慮久遠。毋使土侵膚而已。其他禮文皆可略也。又如古者棺不釘，不用漆粘，而今灰漆如此堅密，猶自蟻子入去，何況不使釘漆，此皆不可行。」

刻誌石，用石二片，其一爲蓋，刻云「有宋某官某公之墓」，無官則書其字曰「某君某甫」。其一爲底，刻云：「有宋某官某公，諱某字某，某州某縣人，考諱某，某官，母氏某封某。某年月日生，叙歷官遷次，某年月日終，某年月日葬于某鄉某里某處。娶某氏，某人之女。子，男某，某官，女適某官某人。」婦人，夫在，則蓋云「有宋某官姓名某封某氏之墓」，無封則云「妻」，夫無官則書夫之姓名。夫亡，則云「某官某公某封某氏」，夫無官則云「某君某甫妻某氏」。其底叙年若干適某氏，因夫子致封號，無則否。葬之日，以二石字面相向，而以鐵束束之，埋之壙前近地面三四尺間。蓋慮異時陵谷變遷，或誤爲人所動，而此石先見，則人有知其姓名者，庶能爲掩之也。造明器、刻木爲車馬、僕從、侍女，各執奉養之物，象平生而小。准令，五品六品，三十事，七品八品，二十事，非陞朝官〔一〕，十五事。下帳、謂床帳、茵席、倚卓之類，亦象平生而小。苞、竹掩一，以盛遣奠餘脯。筲、竹器五，以盛五穀。甖。甆器三，以盛酒醯〔二〕醢。○司馬公曰：「自明器以下，俟實土及半，乃於其傍，穿便房以貯之。」○按：此雖古人不忍死其親之意，然實非有用之物，且脯肉腐敗，生蟲聚蟻，尤爲非便，雖不用可也。大轝、古者柳車制度甚詳，今不能然，但從俗爲之，取其牢固平穩而已。其法用兩長杠，杠上加伏免，附杠處爲圓鑿。別作小方牀以載柩，足高二寸。傍立兩柱，柱外施圓枘，令入鑿中，長出其外。枘鑿之間，須極圓滑，以膏塗之，使其上下之際，柩常適平。兩柱近上，更爲方鑿，加横扃，扃兩頭出柱外者，更加小扃。杠兩頭施横杠，横杠上施短杠，短杠上或更加小杠，仍多作新麻大索，以備扎縛。此皆切要實用，不可闕者。但如此制，而以衣覆棺，亦足以少華道路。或更欲加飾，則以竹爲之格，以彩結之，上如撮蕉亭，施帷幔，四角垂流蘇而已。然亦不可太高，恐多罣礙。不須太華，徒爲觀美，若道路遠，决不可爲此虚飾。但用油單裹柩〔三〕，以防雨水而已。

〔一〕「非陞朝官」，原脱「官」字，據周復本改。
〔二〕「醯」，周復本作「脯」。
〔三〕「但用油單裹柩」，周復本爲「但多用油單裹柩」。

【附注】先生曰：「某舊爲先人飾棺，考制度作帷荒，延平先生以爲不切。而今禮文覺繁多，使人難行。後聖有作，必是裁減了，方始行得。」

翣。以木爲筐，如扇而方，兩角高。廣二尺，高二尺四寸，衣以白布。柄長五尺。黼翣，畫黼。黻翣，畫黻。畫翣，畫雲氣。其緣皆爲雲氣，皆畫以紫准格。

作主。程子曰：「作主用栗。趺方四寸，厚寸二分，鑿之洞底，以受主身。身高尺二寸，博三寸，厚寸二分，剡上五分爲圓首，寸之下勒前爲頷而判之，四分居前，八分居後。頷下陷中，長六寸，廣一寸，深四分。合之植於趺，下齊。竅其旁以通中，圓徑四分，居三寸六分之下，下距趺面七寸二分。以粉塗其前面。」○司馬公曰：「府君、夫人，共爲一櫝。」○按：古者，虞主用桑，將練，而後易之以栗。今於此便作栗主以從簡便。或無栗，止用木之堅者。櫝用黑漆，且容一主，夫婦俱入祠堂，乃如司馬公之制。

【附注】先生曰：「伊川制，士庶不用主，只用牌子。看來牌子當如主制，只不消二片相合，及竅其旁以通中。」○又曰：「且如今人未仕，只用牌子，到任後不中換了。若是士人只用主，亦無大利害。」○又曰：「主式乃伊川先生所制，初非朝廷立法，固無官品之限。萬一繼世無官，亦難遽易，但繼此不當作耳。牌子亦無定制。竊意亦須似主之大小高下，但不爲判合、陷中可也。凡此皆是後賢義起之制，今復以意斟酌如此。若古禮則未有考也。」

【增注】問：「程氏主式，士人家可用否？」曰：「他已云是殺諸侯之制。士人家用牌子。」曰：「牌子式當如何？」曰：「温公用大板子。今但依程氏主式，而勿陷其中，可也。」○「伊川木主制度，其剡刻開竅處，皆有陰陽之數存焉。信乎其有制禮作樂之具也！」

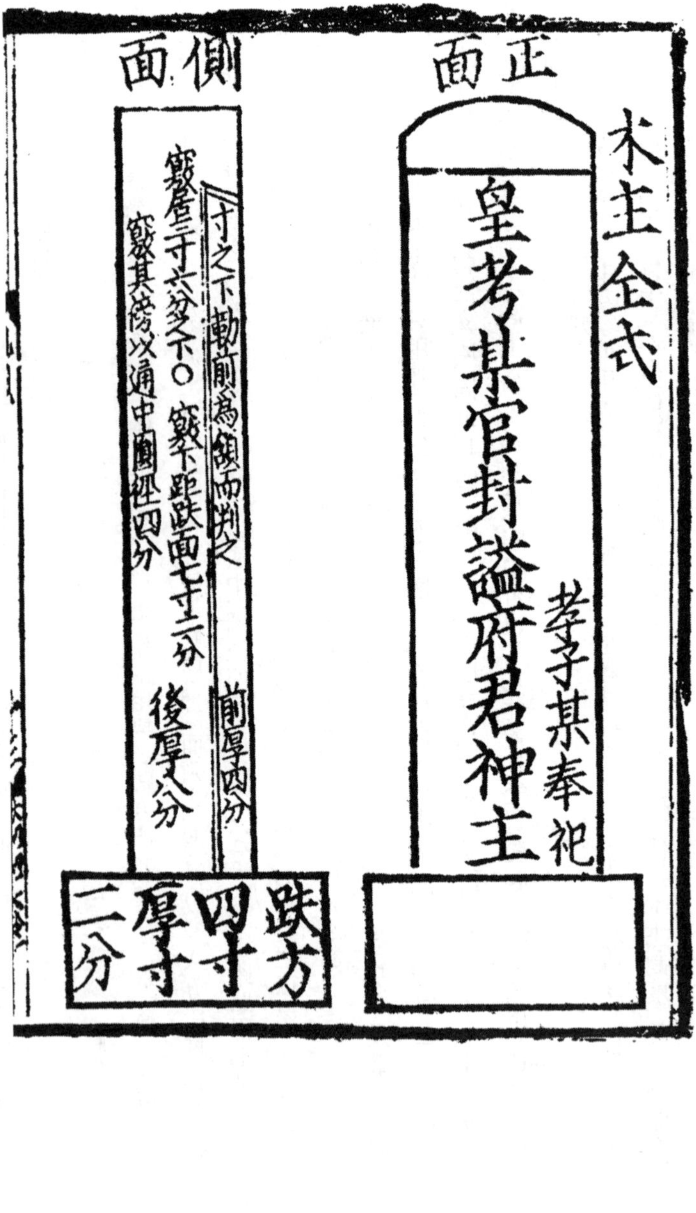
木主全式
正面
皇考某官封謚府君神主
孝子某奉祀
側面
寸之下勒前為頷而判之
前厚四分
竅居三寸六分之下○
竅下距趺面七寸二分
後厚八分
竅其旁以通中圓徑四分
趺方四寸厚寸二分

木主分式

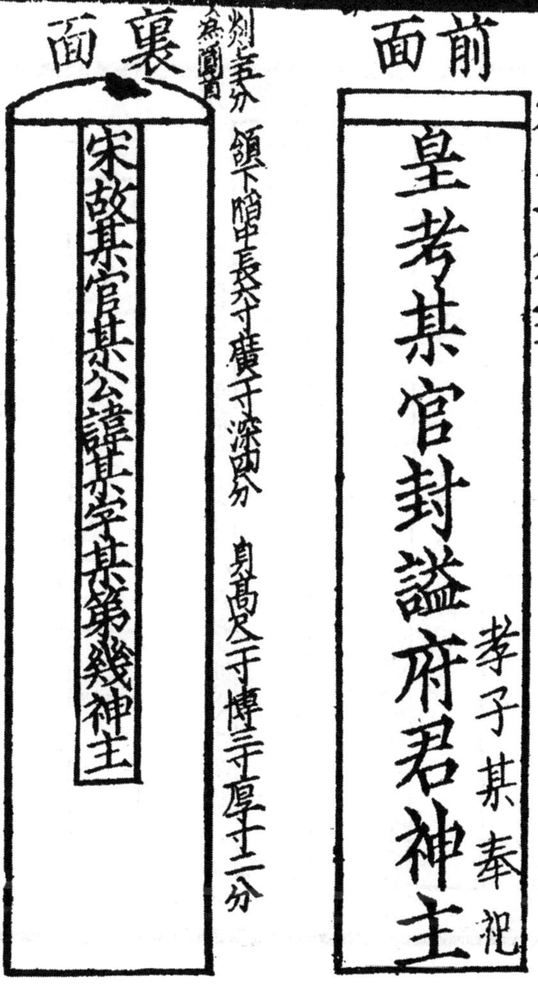

前面
皇考某官封謚府君神主
孝子某奉祀
剡上五分以爲圓首
頷下陷中長六寸廣一寸深四分
身高尺二寸博三寸厚寸二分
裏面
宋故某官某公諱某字某第幾神主

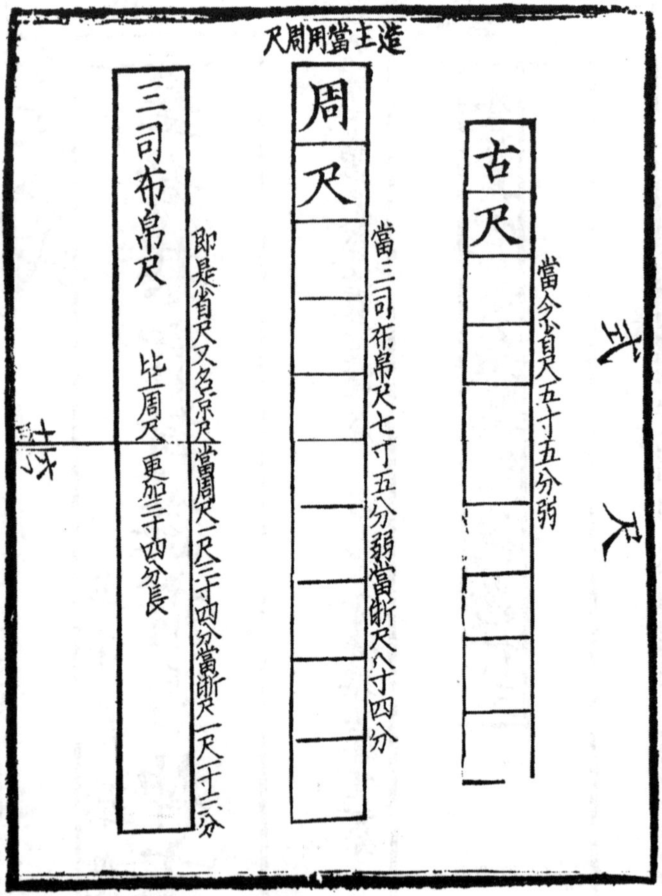
尺式
造主當用周尺
古尺
當今省尺五寸五分弱
周尺
當三司布帛尺七寸五分弱當浙尺八寸四分
三司布帛尺
即是省尺又名京尺當周尺一尺三寸四分當浙尺一尺一寸八分
比周尺更加三寸四分長

木主趺式

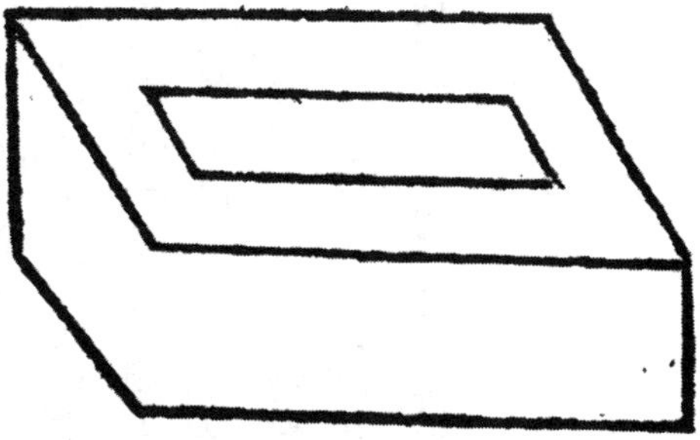

方四寸
厚寸二分

程先生木主之制，取象甚精，可以爲萬世法。然用其制者，多失其真，往往不考用尺之長短故也。蓋周尺當今省尺七寸五分弱，而程氏《文集》與温公《書儀》多誤注爲五寸五分弱。而所謂「省尺」者，亦莫知其爲何尺。時舉舊嘗質之晦翁先生，答云：「省尺乃是京尺，温公有圖子，所謂三司布帛尺者是也。」繼從會稽司馬侍郎家求得此圖，其間有古尺數等。周尺居其右，三司布帛尺居其左。以周尺校之布帛尺，正是七寸五分弱。於是造主之制始定。今不敢自隱，因圖主式及二尺長短，而著伊川之説於其旁，庶幾用其制者，可以曉然無惑也。嘉定癸酉季秋乙卯臨海潘時舉仲善父識

伊川程先生云：「作主用栗，取法於時月日辰。趺方四寸，象歲之四時。高尺有二寸，象十二月。身博三十分，象月之日。厚十二分，象日之辰。身趺皆厚一寸二分。剡上五分爲圓首，寸之下勒前爲頷而判之。一居前，二居後。前四分，後八分。陷中以書爵姓名行，曰『宋故某官某公諱某字某第幾神主』，陷中長六寸，闊一寸。合之植於趺，身出趺上一尺八分，并趺高一尺二寸。竅其傍以通中，如身厚三之一，謂圓徑四分。居二分之上，謂在七寸二分之上。粉塗其前，以書屬稱。屬謂高曾祖考，稱謂官或號行，如處士、秀才、幾郎、幾公。旁題主祀之名，曰『孝子某奉祀』。加贈易世，則筆滌而更之。水以洒廟墻。外改中不改。」

文公家禮卷第七

遷柩　朝祖　奠賻　陳器　祖奠

發引前一日，因朝奠以遷柩告。設饌如朝奠。祝斟酒訖，北面跪，告曰：「今以吉辰遷柩。敢告。」俯伏，興。主人以下哭盡哀，再拜。蓋古有遺〔一〕殯之奠，今既不塗殯，則其禮無所施，又不可全無節文，故爲此禮也。

【附注】古禮，自啓殯至卒哭，更有兩變服之節。啓殯，斬衰，男子括髮，婦人髽。蓋小斂括髮、髽，今啓殯亦見尸柩，故變同小斂之節也。此是一節。今既不塗殯，則亦不啓，雖不變服可也。古禮啓殯之後，斬衰男子免，至虞、卒哭皆免，此又是一節。《開元禮》「主人及諸子皆去冠絰，以邪布巾帕頭」，亦放古意。《家禮》今皆不用，何也？司馬公曰：「自啓殯至于卒哭，日數甚多，若使五服之親，皆不冠而袒免，恐其驚俗，故但各服其服而已。」

〔一〕「遺」，周復本作「啓」。

奉柩朝于祖。將遷柩，役者入，婦人退避。主人及衆主人輯杖立視。輯，斂也。謂舉之不以拄地也。祝以箱奉魂帛前行，詣祠堂前。執事者奉奠及倚卓次之，銘旌次之，役者舉柩次之。主人以下從哭。男子由右，婦人由左，重服在前，輕服在後，服各爲叙。侍者在末。無服之親，男居男右，女居女左，皆次主人、主婦之後。婦人皆蓋頭。至祠堂前，執事者先布席，役者致柩於其上，北首而出。婦人去蓋頭。祝帥執事者設靈座及奠於柩西，東向。《既夕禮》「遷于祖，正柩于兩楹間。席升設于柩西，奠設如初」，注：「奠設如初，東面也。不統於柩，神不西面也。不設柩東，東非神位也。」主人以下就位立，哭盡哀，止。此禮蓋象平生將出，必辭尊者也。

【附注】愚按：《儀禮》朝祖正柩之後，遂匠始納載柩之車于階間，即《家禮》所謂「大轝」也。方其朝祖時，又別有輁軸。注云「輁，狀如長牀」，夫輁狀如長牀，則僅可承棺，轉之以軸，輔之以人，故得以朝祖。既正柩則用夷牀，蓋朝祖時載柩則有輁軸，正柩則有夷牀，後世皆闕之。今但使役者舉柩，柩既重大，如何可舉，恐非謹之重之之意。若但魂帛朝于祖，亦失遷柩朝祖之本意，恐當從《儀禮》，別制輁軸以朝祖至祠堂前，正柩用夷牀，北首。祝帥執事者，設靈座及奠于柩西，東向。主人以下就位立，哭盡哀，止。

遂遷于廳事，執事者設帷於廳事。役者入，婦人退避。祝奉魂帛，導柩右旋。主人以下，男女哭從如前，（設）〔詣〕廳事。執事者布席。役者置柩於席上，南首而出。祝設靈座及奠于柩前，南向。主人以下就位坐哭，藉以薦席。乃代哭。如未斂（之）之前，以至發引。親賓致奠賻。如初喪儀。陳器。方相在前，狂夫爲之。冠服如道士，執戈揚盾。四品以上，四目爲方相，以下，兩目爲魌頭。次明器、下帳、苞、筲、甖，以牀舁之。次銘旌，去趺執之。次靈車，以奉魂帛、香火。次大轝，轝旁有翣，使人執之。日晡時，設祖奠。饌如朝奠。祝斟酒訖，北向跪，告曰：「永遷之禮，靈辰不留，今奉柩車，式遵祖道。」俯伏，興。餘如朝夕奠儀。○司馬公曰：「若柩自他所歸葬，則行日但設朝奠，哭而行，至葬乃備此及下遣奠禮。」

遣奠

厥明，遷柩就轝。轝夫納大轝於中庭，脱柱上横扃。執事者徹祖奠。祝北向，跪告曰：「今遷柩就轝。敢告。」遂遷靈座，置旁側。婦人退避。召役夫遷柩就轝，乃載施扃加楔，以索維之，令極牢實。載謂升柩於轝也，以新絙左右束柩於轝，乃以横木楔柩足兩旁，使不動摇。主人〔一〕從柩哭降視載，婦人哭於帷中。載畢，祝帥執事者遷靈座于柩前，南向。乃設遣奠，饌如朝奠，有脯。惟婦人不在。奠畢，執事者徹脯納苞中，置舁牀上，遂徹奠。

【附注】《高氏禮》：祝跪告曰：「靈輀既駕，往即幽宅，載陳遣禮，永訣終天。」

祝奉魂帛升車，焚香。別以箱盛主，置帛後。至是，婦人乃蓋頭出帷，降階立哭。守舍者哭辭盡哀，再拜而歸。尊長則不拜。

〔一〕「主人」，周復本爲「男子」。

發引

柩行，方相等前導，如陳器之叙。主人以下男女哭步從，如朝祖之叙。出門則以白幕夾障之。尊長次之，無服之親又次之，賓客又次之。皆乘車馬。親賓或先待於墓所，或出郭哭拜，辭歸。親賓設幄於郭外道旁，駐柩而奠，如在家之儀。塗中遇哀則哭。若墓遠，則每舍設靈座於柩前，朝夕哭奠。食時上食。夜則主人兄弟皆宿柩旁，親戚共守衛之。

及墓　下棺　祠后土　題木主　成墳

未至，執事者先設靈幄、在墓道西，南向，有倚卓。親賓次、在靈幄前十數步，男東女西，女次北，與靈幄相直，皆南向。婦人幄。在靈幄後壙西。方相至，以戈擊壙四隅。明器等至，陳於壙東南，北上。靈車至。祝奉魂帛就幄座。主箱亦置帛後。遂設奠而退。酒果脯醢。柩至，執事者先布席於壙南。柩至，脱載置席上，北首。執事者取銘旌，去杠，置其上。主人男女各就位哭。主人、諸丈夫立於壙東，西向；主婦、諸婦女立於壙西幄内，東向。皆北上，如在塗之儀。賓客拜辭而歸。主人拜之，賓答拜。乃窆。先用木杠横於灰隔之上，乃用索四條穿柩底鐶，不結而下之。至杠上，則抽索去之。別摺細布若生絹兜柩底而下之，更不抽出，但截其餘棄之。若柩無鐶，即用索兜柩底，兩頭放下，至杠上乃去索，用布如前。大凡下柩，最須詳審用力，不可誤有傾墜動搖。主人兄弟宜輟哭，親臨視之，已下，再整柩衣、銘旌，令平正。主人贈。玄六，纁四，各長〔丈〕〔一〕八尺。主人奉置柩旁，再拜稽顙。在位者皆哭盡哀。家貧或不能具此數，則玄、纁各一可也。其餘金玉寶玩，並不得入壙，以爲亡者之累。加灰隔，内外蓋。先度灰隔大小，制薄板一片，旁距四墻，取令脗合。至是加於柩上，更以油灰彌之，然後旋旋少灌瀝清於其上，令其速凝，即不透板，約已厚三寸餘，即加外蓋。實以灰。三物拌匀者居下，炭末居上，各倍於底及四旁之厚。以酒灑而躡實之。恐震柩中，故未敢築，但多用之，以俟其實。乃實土而漸築之。下土每尺許，即輕手築之，勿令震動柩中。祠后土於墓左。如前儀。祝版前同，但云「今爲某官封謚，窆兹幽宅，神其」，後同。藏明器等。實土及半，乃藏明器、下帳、苞、筲、甖於便房，以版塞其門。下誌石。墓在平地，則於壙内近南先布磚一重，置石其上，又以磚四圍之而覆其上。若墓在山側峻處，則於壙南數尺間掘地深四五尺，依此法埋之。復實以土而堅築之。下土亦以尺許爲準，但須密杵堅築。題主。執事者設卓子於靈座東南，西向，置硯筆墨，對卓置盥盆、帨巾如前。主人立於其前，北向。祝盥手，出主，卧置卓上。使善書者盥手，西向立，先題陷中，父則曰「宋故某官某公諱某字某弟幾神主」，粉面曰「皇考某官封謚府君神主」，其下左

〔一〕「各長丈八尺」，原脱「丈」字，據周復本改。

旁曰「孝子某奉祀」，母則曰「宋故某封某氏諱某字某弟幾神主」，粉面曰「皇妣某封某氏神主」，旁亦如之。無官封則以生時所稱爲號。題畢，祝奉置靈座，而藏魂帛於箱中，以置其後，炷香斟酒，執版出於主人之右跪讀之。日子同前，但云：「孤子某，敢昭告于皇考某官封謚府君。形歸窀穸，神返室堂，神主既成。伏惟尊靈舍舊從新，是憑是依。」畢，懷之，興，復位。主人再拜，哭盡哀，止。母喪，稱「哀子」，後放此。凡有封謚，皆稱之，後皆倣此。

【附注】高氏曰：「觀木主之制，旁題主祀之名，而知宗子之法不可廢也。宗子承家主祭，有君之道，諸子不得而抗焉。故禮，支子不祭，祭必告於宗子。宗子爲士，庶子爲大夫，則以上牲祭於宗子之家。其祝詞曰：『孝子某爲介子某薦其常事。』若宗子居于他國，庶子無廟，則望墓爲壇以祭，其祝詞曰：『孝子某使介子某執其常事。』若宗子死，則稱名不稱孝。蓋古人重宗如此。自宗子之法壞，而人不知所自來，以至流轉四方，往往親未絶而有不相識者，是豈教人尊祖收族之道哉！」○問：「未在，妻之神主，宜書何人奉祀？」先生曰：「旁注施於所尊，以下則不必書也。」

祝奉神主升車。魂帛箱在其後。執事者徹靈座，遂行。主人以下哭從，如來儀。至墓門，尊長乘車馬，去墓百步許，卑幼亦乘車馬，但留子弟一人，監視實土以至成墳。墳高四尺，立小石碑於其前，亦高四尺，趺高尺許。司馬公曰：「按令式，墳碑石獸，大小多寡，雖各有品數，然葬者當爲無窮之規。後世見此等物，安知其中不多藏金玉邪？是皆無益於亡者，而反有害，故令式又有貴得同賤，賤不得同貴之文。然則不若不用之爲愈也。」今按：孔子防墓之封，某崇四尺，故取以爲法。用司馬公説，別立小碑，但石須闊尺以上，其厚居三之二，圭首而刻其面，如誌之蓋。乃略述其世系、名字、行實而刻於其左，轉及後右而周焉。婦人則俟夫葬乃立，面如夫亡〔二〕誌蓋之刻云。

反哭

主人以下，奉靈車在塗徐行哭。其反如疑，爲親在彼，哀至則哭。至家哭。望門即哭。祝奉神主，入置于靈座。執事者先設靈座于故處。祝奉神主入就位，櫝之，并魂帛箱置主後。主人以下，哭于廳事。主人以下及門哭，入升自西階，哭于廳事。婦人先入，哭於堂。

【附注】先生曰：「反哭升堂，反諸其所作也。主婦入于室，反諸其所養也。須知得這意思，則所謂『踐其位，行其禮』等事，行之自安，方見得繼志述事之事。」○愚按：先生此言，蓋謂古者反哭于廟。反諸其所作，謂親所行禮之處。反諸其所養，謂親所饋食之處。皆指反哭于廟而言也。先生《家禮》「反哭于廳事，婦人先入，哭於堂」，又與古異者。後世廟制不立，祠堂狹隘，所謂廳事者，乃祭祀之地。主婦饋食，亦在此堂也。

〔二〕「亡」，周復本作「之」。

遂詣靈座前哭。盡哀止。有吊者，拜之如初。謂賓客之親密者，既歸，待反哭而復吊。《檀弓》曰：「反哭之吊也，哀之至也。反而亡焉，失之矣！於是爲甚。」期九月之喪者，飲酒食肉，不與宴樂。小功以下，大功異居者，可以歸。

虞祭

葬之日，日中而虞。或墓遠，則但不出是日可也。若去家經宿以上，則初虞於所館行之。鄭氏曰：「骨肉歸于土，魂氣則無所不之，孝子爲其彷徨，三祭以安之。」

【附注】先生曰：「未葬時，奠而不祭，但酌酒、陳饌、再拜而已。虞始用祭禮，卒哭則又謂之吉祭。」

主人以下，皆沐浴。或已晚不暇，即略自澡潔可也。執事者陳器具饌。盥盆、帨巾各二，於西階西，南上[一]。東盆有臺，巾有架，西者無之。凡喪禮，皆放此。酒瓶并架[二]於靈座東南，置卓子於其東，設注子及盤盞於其上。火爐、湯瓶於靈座西南，置卓子於其西，設祝版於其上。設蔬果盤盞於靈座前卓上，匕筯居內當中。酒盞在其西，醋楪居其東，果居外，蔬居果內。實酒于瓶。設香案於堂中，炷火於香爐，束茅聚沙於香案前。具饌如朝奠，陳於

[一]「於西階西，南上」，周復本爲「於西階西，東南上」。

[二]「架」，周復本爲「架一」。

堂門外之東。祝出神主于座，主人以下皆入哭。主人及兄弟倚杖於室外，及與祭者皆入哭於靈座前。其位皆北面，以服爲列，重者居前，輕者居後。尊長坐，卑幼立。丈夫處東，西上；婦人處西，東上。逐行各以長幼爲序，侍者在後。降神。祝止哭者。主人降自西階，盥手，帨手，詣靈座前，焚香，再拜。執事者皆盥帨，一人開酒，實于注，西面跪，以注授主人，主人跪受。一人奉卓上盤盞，東面，跪於主人之左。主人斟酒於盞，以注授執事者，左手取盤，右手執盞，酹之茅上，以盤盞授執事者，俯伏，興，少退，再拜，復位。祝進饌。執事者佐之。其設之序如朝奠。初獻，主人進詣注子卓前，執注北向立。執事者一人取靈座前盤盞，立於主人之左。主人斟酒，反注於卓上，與執事者俱詣靈座前，北向立。主人跪，執事者亦跪，進盤盞。主人受盞，三祭於茅束上，俯伏，興。執事者受盞，奉詣靈座前，奠於故處。祝執版出，於主人之右，西向，跪讀之，前同，但云：「日月不居，奄及初虞。夙興夜處，哀慕不寧。謹以潔牲柔毛、粢盛醴齊，哀薦祫事。尚饗！」祝興，主人哭，再拜，復位，哭止。牲用豕，則曰「剛鬣」，不用牲，則曰「清酌庶羞」。祫，合也，欲其合於先祖也。亞獻，主婦爲之，禮如初，但不讀祝，四拜。終獻。親賓一人，或男或女爲之。禮如亞獻。侑食。執事者執注，就添盞中酒。主人以下皆出，祝闔門。主人立於門東，西向，卑幼丈夫在其後，重行，北上。主婦立於門西，東向，卑幼婦女亦如之。尊長休於他所，如食間。

【附注】《士虞禮》「無尸者，祝闔牖户，如食間。」詳見後「四時祭禮」。

祝啓門，主人以下入哭，辭神。祝進，當門北向噫歆，告啓門三，乃啓門。主人以下入就位。執事者點茶。祝立于主人之右，西向，告利成，斂主匣之，置故處。主人以下，哭再拜，盡哀止，出就次。執事者徹。祝埋魂帛。祝取魂帛，帥執事者埋於屏處潔地。罷朝夕奠。朝夕哭，哀至，哭如初。遇柔日，再虞。乙、丁、巳、辛、癸爲柔日，其禮如初虞。惟前期一日陳器具饌，厥明，夙興，設蔬果、酒饌，質明行事，祝出神主于座，祝辭改「初虞」爲「再虞」，「袷事」爲「虞事」爲異。若墓遠，途中遇柔日，則亦於所館行之。遇剛日，三虞。甲、丙、戊、庚、壬爲剛日，其禮如再虞。惟改「再虞」爲「三虞」，「虞事」爲「成事」。若墓遠，亦途中遇剛日，且闕之，須至家乃可行此祭。

卒哭

《檀弓》曰：「卒哭曰『成事』，是日也，以吉祭易喪祭。」故此祭漸用吉禮。

三虞後遇剛日卒哭。前期一日，陳器，具饌。並同虞祭。惟更設玄酒瓶一於酒瓶之西。厥明，夙興，設蔬果、酒饌。並同虞祭。惟更取井花水充玄酒。質明，祝出主。同再虞祭。主人以下，皆入哭，降神。並同虞祭。主人、主婦進饌。主人奉魚肉，主婦盥帨奉麵米食。主人奉羹，主婦奉飯以進，如虞祭之設。初獻，並同虞祭。惟祝執版出於主人之左，東向跪讀爲異。詞並同虞祭，但改「三虞」爲「卒哭」，「哀薦成事」下云：「來日隮祔于祖考某官府君。尚饗！」按此云祖考，謂亡者之祖考也。

【附注】先生曰：「温公以虞祭讀祝於主人之右，卒哭讀祝於主人之左，蓋得禮意。」○《高氏禮》：「祝進讀祝文曰：『日月不居，奄及卒哭。叩地號天，五情糜潰。謹以清酌庶羞，哀薦成事。尚饗！』」

亞獻，終獻，侑食，闔門，啓門，辭神。並同虞祭，惟祝西階上東面，告利成。自是朝夕之間，哀至不哭。猶朝夕哭。主人兄弟，疏食水飲，不食菜果，寢席枕木。

【附注】愚按：古者既虞、卒哭，有受服，練、祥、禫皆有受服。蓋服以表哀，哀漸殺則服漸輕，然受服數更，近於文繁。今世俗無受服，自始死至大祥，其衰無變，非古也。《書儀》《家禮》從俗而不泥古，所以從簡。

祔

《檀弓》曰：「殷既練而祔，周卒哭而祔。孔子善殷。」注曰：「期而神之人情，然殷禮既亡，其本末不可考。今三虞、卒哭皆用周禮次第，則此不得獨從殷禮。」

卒哭明日而祔。卒哭之祭既徹，即陳器，具饌。器如卒哭，唯陳之於祠堂。堂狹，即於廳事，隨便。設亡者祖考妣位於中，南向西上，設亡者位於其東南，西向。母喪，則不設祖考位。酒瓶、玄酒瓶於阼階上，火爐、湯瓶於西階上。具饌如卒哭而三分。母喪則兩分。祖妣二人以上，則以親者。○《雜記》曰：「男子祔于王父則配，女子祔于王母則不配。」注云：「有事於尊者，可以及卑，有事於卑者，不敢援尊也。」

【附注】高氏曰：「若祔妣，則設祖妣及妣之位，更不設祖考位。若父在而祔妣，則不可遞遷祖妣，宜別立室藏其主，待考同祔。若考、妣同祔，則並設祖考及祖（考）妣之位。」○胡泳曰：「高氏別室藏主之說，恐未然。先生内子之喪主只祔在祖妣之傍，此當爲據。」愚謂父在祔妣，則父爲主，乃是夫祔妻於祖妣。三年喪畢未遷，尚祔於祖妣，待父他日三年喪畢，遞遷祖考妣，始考妣同遷也。高氏父在不可遞遷祖妣之説亦是，但別室藏主之説則非也。

厥明，夙興，設蔬果酒饌。並同卒哭。質明，主人以下，哭於靈座前。主人兄弟皆倚杖於階下，入哭盡哀止。○按：此謂繼祖宗子之喪，其世嫡當爲後者主喪，乃用此禮。若喪主非宗子，則皆以亡者繼祖之宗主此祔祭。○《禮》注云：「祔于祖廟，宜使尊者主之。」詣祠堂，奉神主出，置于座。祝軸簾，啓櫝，奉所祔祖考之主置于座内，執事者奉祖妣之主置于座，西上。若在他所，則置于西階上卓子上，然後啓櫝。○若喪主非宗子，而與繼祖之宗異居，則宗子爲告于祖，而設虛位以祭，祭訖，除之。還，奉新主入祠堂，置于座。主人以下還詣靈座所，哭。祝奉主櫝，詣祠堂西階上卓子上。主人以下哭從如從柩之叙。至門，止哭。祝啓櫝，出（祝）〔主〕〔一〕如前儀。若喪主非宗子，則唯喪主主婦以下還迎。叙立，若宗子自爲喪主，則叙立如虞祭之儀。若喪主非宗子，則宗子主婦分立兩階之下，喪主在宗子之右，喪主婦在宗子婦之左。長則居前，少則居後。餘亦如虞祭之儀。參神〔二〕，在位者皆再拜參祖考妣。降神。若宗子自爲喪主，則喪主行之，若喪主非宗子，則宗子行之。並同卒哭。祝進饌，並同虞祭。初獻，若宗子自爲喪主，則喪主行之，若喪主非宗子，則宗子行之。並同卒哭，但

〔一〕「主」，原作「祝」，據周復本改。
〔二〕「參神」條，周復本在「降神」條後。

酌獻先詣祖考妣前。日子前同卒哭，祝版但云：「孝子某，謹以潔牲柔毛、粢盛醴齊，適于皇某考某官府君，隮祔孫某官。尚饗！」皆不哭。内喪則云：「皇某妣某封某氏，隮祔孫婦某封某氏。」次詣亡者前。若宗子自爲喪主，則祝版前同，但云：「薦祔事于先考某官府君，適于皇某考某官府君。尚饗！」若喪主非宗子，則隨宗子所稱。若亡者於宗子爲卑幼，則宗子不拜。亞獻，終獻。若宗子自爲喪主，則主婦爲亞獻，親賓爲終獻。若喪主非宗子，則喪主爲亞獻，主婦爲終獻。並同卒哭及初獻儀，惟不讀祝。侑食，闔門，啓門，辭神。並同卒哭，但不哭。祝奉主，各還故處。祝先納祖考妣神主于龕中匣之，次納亡者神主西階卓子上匣之，奉之反于靈座，出門。主人以下哭從如來儀，盡哀止。若喪主非宗子，則哭而先行，宗子亦哭送之，盡哀止。若祭於他所，則祖考妣之主亦如新主納之。

【附注】先生《答葉賀孫》書曰：「所喻既祔之後，主不當復于寢，此恐不然。向見陸子静居母喪時，力主此説，其兄子壽疑之，皆以書來見問，因以《儀禮》注中之説告之。渠初乃不曾細看，而率然立論，及聞此説，遂以爲只是注説，初非經之本文，不足據信。當時嘗痛闢之，且以爲未論古禮如何，但今只如此卒哭之後，便除靈席，則孝子之心，豈能自安耶？其後子壽書來，乃伏其謬，而有『他日負荆』之語。今更以他書考而論之。知《大戴禮·諸侯遷廟》篇云『君及從者皆玄服』，則是三年大祥之後，既除喪而後遷矣。其詞但告遷而不言祔，是既祔之後主復于寢，而至此方遷于廟矣。」○又曰：「古者，廟有昭穆之次，昭常爲昭，穆常爲穆。故祔新死者于其祖父之廟，則爲告其祖父以當遷他廟，而告新死者以當入此廟之漸也。今公私之廟皆爲同堂異室，以西爲上之制，而無復左昭右穆之次。一有遞遷，則群室皆遷，而新死者當入于其禰之故室矣。此乃禮之大節，與古不同。而爲禮者猶執祔于祖父之文，似無意義。然欲遂變而祔于禰廟，則又非愛禮存羊之意。竊意與其依違牽制而均不免爲失禮，曷若獻議于朝，盡復公私之廟，皆爲左昭右穆之制，而一洗其謬之爲快乎！」

文公家禮卷第八

小祥

鄭氏云：「祥，吉也。」

期而小祥。自喪至此，不計閏，凡十三月。古者卜日而祭，今止用初忌，以從簡易。大祥倣此。前期一日，主人以下沐浴，陳器，具饌。主人帥衆丈夫洒掃滌濯，主婦帥衆婦女滌釜鼎，具祭饌。它皆如卒哭之禮。設次，陳練服。丈夫、婦人各設次於別所，置練服於其中。男子以練布爲冠，去首絰、負版、辟領、衰，婦人截長裙，不令曳地。應服期者，改吉服。然猶盡其月，不服金珠、錦繡、紅紫。唯爲妻者，猶服禫，盡十五月而除。

【附注】愚按：《儀禮·喪服記》載衰、負版、辟領之制甚詳。但有闕文，不言衰、負版、辟領何時而除。司馬公《書儀》云：「既練，男子去首絰、負版、辟領、衰。」故《家禮》據《書儀》云：「小祥去首絰、負版、辟領、衰。」但《禮經》「既練，男子除首絰，婦人除要帶」，《家禮》於婦人成服時，並無婦人絰帶之文，此爲疏略。故既練，亦不言婦人除帶，當以《禮經》爲正。

厥明，夙興，設蔬果酒饌。並同卒哭。質明，祝出主，主人以下入哭。皆如卒哭，但主人倚杖於門外，與期親各服其服而入。若已除服者來預祭，亦釋去華盛之服。皆哭盡哀止。乃出，就次，易服，復入哭。

祝止之。降神，如卒哭。三獻，如卒哭之儀。祝版前同，但云：「日月不居，奄及小祥。夙興夜處，小心畏忌，不惰其身，哀慕不寧。敢用潔牲柔毛、粢盛醴齊，薦此常事。尚饗！」侑食，闔門，啓門，辭神。皆如卒哭之儀。止朝夕哭。惟朔望，未除服者會哭。其遭喪以來，親戚之未嘗相見者相見，雖已除服，猶哭盡哀，然後叙拜。始食菜果。

【附注】問妻喪踰期主祭。先生曰：「此未有考，但司馬氏大、小祥祭，已除服者皆與祭，則主祭者雖已除服，亦何害於與祭乎！但不可純用吉服，須如吊服及忌日之服可也。」

大祥

再期而大祥。自喪至此，不計閏，凡二十五月，亦止用第二忌日祭。前期一日，沐浴，陳器，具饌。皆如小祥。設次，陳禫服。司馬公曰：「丈夫垂脚黲紗幞頭、黲布衫、布裹角帶。未大祥間，假以出謁者。婦人冠梳假髻，以鵝黄青碧皂白爲衣履，其金珠、紅繡，皆不可用。」

【附注】問：「子爲母大祥及禫，夫已無服，其祭當如何？」先生曰：「今禮几筵必三年而除，則小祥、大祥之祭，皆夫主之。但小祥之後，夫即除服，大祥之祭，夫亦恐須素服，如吊服可也。但改其祝詞，不必言爲子而祭也。」

告遷于祠堂。以酒果告，如朔日之儀。若無親盡之祖，則祝版云云，告畢，改題神主如加贈之儀〔二〕。遞遷而西，虛東一龕，以俟新主。若有親盡之祖，而其別子也，則祝版云云，告畢，而遷于墓所不埋。其支子也，而族人有親未盡者，則祝版云云，告畢，遷于最長之房，使主其祭。其餘改題遞遷如前。若親皆已盡，則祝版云云，告畢，埋于兩階之間，其餘改題遞遷如前。厥明，行事，皆如小祥之儀。惟祝版改「小祥」曰「大祥」，「常事」曰「祥事」。畢，祝奉神主入于祠堂。主人以下哭從，如祔之叙。至祠堂前哭止。徹靈座。斷杖，棄之屏處。奉遷主埋于墓側。始飲酒食肉而復寢。

【附注】問祧主。先生曰：「天子諸侯有太廟夾室，則祧主藏於其中。今士人家無此，祧主無可置處。《禮記》說藏於兩階間，今不得已，只埋於墓所。」○李繼善問曰：「納主之儀，《禮經》未見，《書儀》但云『遷祠版匣於影堂』，別無告祭之禮。周舜弼以爲昧然歸匣，恐未爲得。先生前云諸侯三年喪畢，皆有祭，但其禮亡。而大夫以下，又不可考，然則今當何所據耶？」先生答曰：「橫渠說『三年後祫祭於太廟，因其祭畢還主之時，遂奉祧主歸於室，遷主新主皆歸于其廟』，此似爲得禮。鄭氏《周禮注》太宗伯享先王處，似亦有此意。而舜弼所疑〔三〕與某所謂三年喪畢有祭者，似亦暗與之合。但既祥而徹几筵，其主且當祔于祖父之廟，俟祫畢然後遷耳。」○愚按：《家禮》祔與遷皆祥祭一時之事。前期一日，以酒果告訖，改題遞遷而西，

〔二〕「告畢，改題神主如加贈之儀」，周復本爲「使其主祭告訖，題神主如加贈之儀」。

〔三〕「疑」，上補本作「宜」。

虚東一龕，以俟新主。厥明，祥祭畢，奉神主入于祠堂。又按先生與學者書，則祔與遷是兩項事：「既祥而徹几筵，其主且當祔于祖父之廟，俟三年喪畢，合祭而後遷。」蓋世次迭遷，昭穆繼序，其事至重，豈可無祭告禮？但以酒果告，遽行迭遷乎？在禮，喪三年不祭，故横渠説「三年喪畢，祫祭於太廟，因其祭畢還主之時，迭遷神主」，用意婉轉，此爲得禮。而先生從之。或者又以大祥除喪，而新主未得祔廟爲疑。竊嘗思之，新主所以未遷廟者，正爲體亡者尊敬祖考之意。祖考未有祭告，豈敢遽遷也？况禮辨昭穆，孫必祔祖，凡合祭時，孫常祔祖，今以新主且祔於祖父之廟，有何所疑？當俟吉祭前一夕，以薦告遷主畢，乃題神主。厥明，合祭畢，奉祧主埋於墓所，奉遷主新主，各歸于廟。故並述其説，以俟參考。○高氏「告祔遷祝文」曰：「年月日，孝曾孫某罪積不滅，歲及免喪。世次迭遷，昭穆繼序。先王制禮，不敢不至。」

禫

鄭氏曰：「澹澹然平安之意。」

大祥之後，中月而禫。間一月也。自喪至此，不計閏，凡二十七月。

【附注】司馬公曰：「《士虞禮》『中月而禫』，鄭注云：『中，猶間也。禫，祭名也。自喪至此，凡二十七月。』按魯人有朝祥而暮歌者，子路笑之。夫子曰『踰月則其善也』，孔子既祥，五日彈琴而不成聲，十日而成笙歌。《檀弓》曰『祥而縞』，注『縞，冠素紕也』，是月禫，徙月樂。《三年問》曰『三年之喪，二十五月而畢』，然則所謂『中月而禫』者，蓋禫祭在祥月之中也。歷代多從鄭説。今律勑三年之喪，皆二十七月而除，不可違也。」○先生曰：「二十五月祥後便禫，看來當如王肅之説，於『是月禫，徙月樂』之説爲順，而今從鄭氏之説，雖是禮疑從厚，然未爲當。」

前一月下旬，卜日。下旬之首，擇來月三旬各一日，或丁或亥。設卓子于祠堂門外，置香爐、香合、环珓、盤子于其上，西向。主人禫服，西向；衆主人次之，少退，北上。子孫在其後，重行，北上。執事者，北向，東上。主人炷香熏珓，命以上旬之日，曰：「某將以來月某日，祗薦禫事于先考某官府君。尚饗！」即以珓擲于盤，以一俯一仰爲吉，不吉更命中旬之日，又不吉，則用下旬之日。主人乃入祠堂本龕前再拜，在位者皆再拜。主人焚香，祝執詞立於主人之左，跪告曰：「孝子某，將以來月某日，祗薦禫事于先考某官府君。卜既得吉。敢告。」主人再拜，降，與在位者皆再拜。祝闔門，退。若不得吉，則不用「卜既得吉」一(旬)〔句〕〔一〕。前期一日，沐浴，設位，陳器，具饌。設神位于靈座故處，他如大祥之儀。厥明，行事，皆如大祥之儀。但主人以下詣祠堂，祝奉主櫝置于西階卓上，出主置于座。主人以下，皆哭盡哀。三獻，不哭。改祝版「大祥」爲「禫祭」，「祥事」爲「禫事」。至辭神，乃哭盡哀。送神主至祠堂，不哭。

【附注】先生曰：「薦新、告朔，吉凶相襲，似不可行，未葬可廢，既葬則使輕服或已除者入廟行禮可也。」

〔一〕「句」，原作「旬」，據周復本改。

四時大祭，既葬亦不可行。如韓魏公所謂節祠者，則如薦新行之可也。」○又曰：「家間頃年居喪，於四時正祭則不敢舉。而俗節薦享，則以墨衰行之。蓋正祭三獻受胙，非居喪所可行，而俗節則唯普同一獻，不讀祝，不受胙也。」○先生以子喪不舉盛祭，就祠堂内致薦，用深衣、幅巾。祭〔二〕畢，反喪服，哭奠子則至慟。

居喪雜儀

《檀弓》曰：「始死，充充如有窮。既殯，瞿瞿如有求而弗得。既葬，皇皇如有望而弗至。練而慨然，祥而廓然。」「顔丁善居喪。始死，皇皇如有求而弗得。及殯，望望焉如有從而弗及。既葬，慨然〔三〕如不及其反而息。」《雜記》：「孔子曰：『少連、大連善居喪。三日不怠，三月不解，期悲哀，三年憂。』」《喪服四制》曰：「仁者可以觀其愛焉，知者可以觀其理焉，彊者可以觀其志焉。禮以治之，義以正之。孝子，弟弟，貞婦，皆可得而察焉。」《曲禮》曰：「居喪未葬，讀《喪禮》。既葬，讀《祭禮》。喪復常，讀《樂章》。」《檀弓》曰：「大功廢業。或曰：大功，誦可也。」今

〔二〕「祭」，周復本作「薦」。
〔三〕「然」，周復本作「焉」。

居喪但勿讀《樂章》可也。《雜記》：「三年之喪，言而不語，對而不問。」言，言己事也。爲人説爲語。《喪大記》：「父母之喪，非喪事不言。既葬，與人立，君言王事，不言國事，大夫、士言公事，不言家事。」《檀弓》：「高子皋執親之喪，未嘗見齒。」言笑之微。《雜記》：「疏衰之喪，既葬，人請見之則見，不請見人。小功，請見人可也。」又：「凡喪，小功以上，非虞、祔、練、祥，無沐浴。」《曲禮》：「頭有創則沐，身有瘍則浴。」《喪服四制》：「百官備，百物具，不言而事行者，扶〔二〕而起。言而後事行者，杖而起。身自執事而後行者，面垢而已。」凡此皆古禮。今之賢孝君子必有能盡之者。自餘相時量力而行之，可也。

致賻奠狀

具位姓某。某物若干。右謹專送上某人靈筵，聊備賻儀。香、茶、酒食，云「奠儀」。伏惟歆納。謹狀。年月日，具位姓某狀。降等，不用「年」。

〔二〕「扶」，周復本作「杖」。

封皮：狀上某官靈筵。具位姓某謹封。降等，即用面簽，云：「某人靈筵。具位某[一]狀謹封」。

謝狀三年之喪未卒哭，只令子姪發謝書。

某郡姓名。某物若干。右伏蒙尊慈，降等，云「仁私」。以某某親違世，大官，云「薨没」。特賜平交，云「貺」賻儀奠，即云「奠」。下誠平交，不用此二字。不任哀感之至。謹具平交，作「奉」。狀上平交，云「陳」。謝。謹狀。餘並同前，但封皮不用「靈筵」二字。

慰人父母亡疏慰嫡孫承重者同。

某頓首再拜言：降等，云「頓首」。不意凶變，亡者官尊，即云「邦國不幸」。後皆倣此。先某位，無官，即云「先府君」。有契，即加「幾丈」於「某位」「府君」之上。○母，云「先某封」。無封，即云「先夫人」。○承重，即云「尊祖考某位」「尊祖妣某封」。餘並同。奄棄榮養。亡者官尊，即云「奄捐館舍」，或云「奄忽薨逝」。母

[一]「具位某」，周復本爲「具位姓某」。

封至夫人者，亦云「薨逝」。若生者無官，即云「奄違色養」。承訃〔一〕驚怛，不能已已。伏惟平交，云「恭惟」。降等，云「緬惟」。孝心純至，思慕號絶，何可〔二〕堪居？日月流邁，遽踰旬朔，經時，即云「已忽經時」。已葬，即云「遽經襄奉」。卒哭、小祥、大祥、禫、除各隨其時。哀痛奈何，罔極奈何。不審自罹荼毒，父在母亡，即云「憂苦」。氣力何如？平交，云「何似」。伏乞平交，云「伏願」。降等，云「惟冀」。强加餐粥，已葬，則云「疏食」。俯從禮制。某役事所縻，在官，即云「職業有守」。未由奔慰。其於憂戀，無任下誠。平交以下，但云「未由奉慰〔三〕，悲係彌〔四〕深」。謹奉疏。平交，云「狀」。伏惟鑒察，平交以下，去此四字。不備。謹疏。平交，云「不宣，謹狀」。月日具位降等，用「郡望」。姓某疏上平交，云「狀」。某官大孝。苫前。母亡，即云「至孝」。平交以下，云「苫次」。

封皮：疏上某官大孝。苫前。具位姓某謹封。降等，即用面簽，云「某官大孝苫次。郡望姓名狀謹封」。若慰人母亡，即云「至孝」。

重封：疏上平交，云「狀」。某官，具位姓某謹封。

〔一〕「訃」，周復本作「計」。
〔二〕「可」，周復本作「以」。
〔三〕「未由奉慰」，周復本爲「某未由奉慰」。
〔四〕「彌」，周復本作「增」。

父母亡答人慰疏 嫡孫承重者同。

某稽顙再拜言：降等，云「叩首」，去「言」字。某罪逆深重，不自死滅，禍延先考。母，云「先妣」。承重，則祖父云「先祖考」，祖母云「先祖妣」。攀號擗踊，五内分崩，叩地叫天，無所逮及。日月不居，奄踰旬朔，隨時。同前。酷罰罪苦，父在母亡，即云「偏罰罪深」。父先亡，則母與父同〔二〕。無望生全。即日蒙恩，平交以下，去此四字。祇奉几筵，苟存視息。伏蒙尊慈，俯賜慰問，哀感之至，無任下誠。平交，云「仰承仁恩〔三〕，俯垂慰問，其爲哀感，但切下懷」。降等，云「特承慰問，哀感良深」。○司馬公曰：「凡遭父母喪，知舊不以書來吊問，是無相恤之心，於禮不當先發書。不得已，須至先發，即删此四句。」未由號訴，不勝隕絶。謹奉疏。降等，云「狀」。荒迷不次，謹疏。降等，云「狀」。月日孤子母喪，稱「哀子」；俱亡，即稱「孤哀子」。承重者稱「孤孫」「哀孫」「孤哀孫」。

【附注】先生曰：「父喪稱『孤子』，母喪稱『哀子』，温公所稱蓋因今俗以别父母，不欲混并之也。且從

〔二〕「父先亡則母與父同」，周復本爲「祖父母亦如之」。
〔三〕「仁恩」，周復本爲「尊慈」。

之，亦無害。」

姓名疏上某位。座前謹空。○平交以下，去此二字。

封皮：重封，並同前。但改「具位」爲「孤子」。

慰人祖父母亡啓狀謂非承重者。伯叔父母、姑、兄姊弟妹、妻、子、姪、孫同。

某啓：不意凶變，子、孫，不用此句。尊祖考某位，奄忽違世。祖母，曰「尊祖妣某封」。無官封、有契，已見上。○伯叔父母、姑，即加「尊」字。兄姊弟妹，加「令」字。降等，皆加「賢」字。若彼一等之親有數人，即加行弟，云「幾某位」，無官云「幾府君」。有契，即加「幾丈」「幾兄」於「某位」「府君」之上。姑、姊、妹，則稱以夫姓，云「某宅尊姑令姊妹」。○妻，則云「賢閤某封」；無封，則但云「賢閤」。○子，即云「伏承令子幾某位」。姪、孫並同。降等，則曰「賢」。無官者，稱「秀才」。承訃驚怛，不能已已。妻，改「怛」爲「愕」。子孫，但云「不勝驚怛」。伏惟「恭緬」，見前。孝心純至，哀慟摧裂，何可勝任？伯叔父母、姑，云「親愛加隆，哀慟沉痛，何可堪勝」。兄姊弟妹，則云「友愛加隆」。妻，則云「伉儷義重，悲慟沉痛」。子、姪、孫，則云「慈愛隆深，悲慟沉痛」。餘與伯叔父母、姑同。孟春猶寒，隨時。不審尊體何似？降等，云「所履」。伏乞平交以下，如前。深自寬抑，以慰慈念。其人無父母，即但云「遠誠」，連書不上平。某事役所縻，在官如前。未由趍慰，其於憂想，無任下誠。平交以下如前。謹奉狀。伏惟鑒察，平交如前。不備。平交如前。謹狀。月日具位姓名狀上某位「服前」，平交云「服次」。封皮重封同前。

祖父母亡答人啓狀

謂非承重者。伯叔父母、姑、兄姊弟妹、妻、子、姪、孫同。

某啓：家門凶禍，伯叔父母、姑、兄姊弟妹，云「家門不幸」。妻，云「私家不幸」。子、姪、孫，云「私門不幸」。先祖考祖母，云「先祖妣」。伯叔父母，云「幾伯叔父母」。姑，云「幾家姑」。兄、姊，云「幾家兄」「幾家姊」。弟、妹，云「幾舍弟」「幾舍妹」。妻，云「室人」。子，云「小子某」。姪，云「從子某」。孫，曰「幼孫某」。奄忽棄背，兄弟以下，云「喪逝」。子姪孫云「遽爾夭折」。痛苦摧裂，不自勝堪。伯叔父母、姑、兄姊弟妹，云「摧痛酸楚，不自堪忍」；妻，改「摧痛」爲「悲悼」，子姪孫，改「悲悼」爲「悲念」。伏蒙尊慈，特賜慰問，哀感之至，不任下誠。平交、降等如前。孟春猶寒，隨時。伏惟「恭緬」如前。某位尊體，起居萬福。平交不用「起居」。降等，但云「動止萬福」。某即日侍奉，無父母，即不用此句。幸免它苦，未由面訴，徒增哽塞。謹奉狀上平交，云「陳」。謝，不備。平交如前。謹狀。月日，某郡姓名狀上某位。座前謹空。〇平交如前。封皮、重封如前。右喪禮附注凡四十九條

正寢時祭之圖

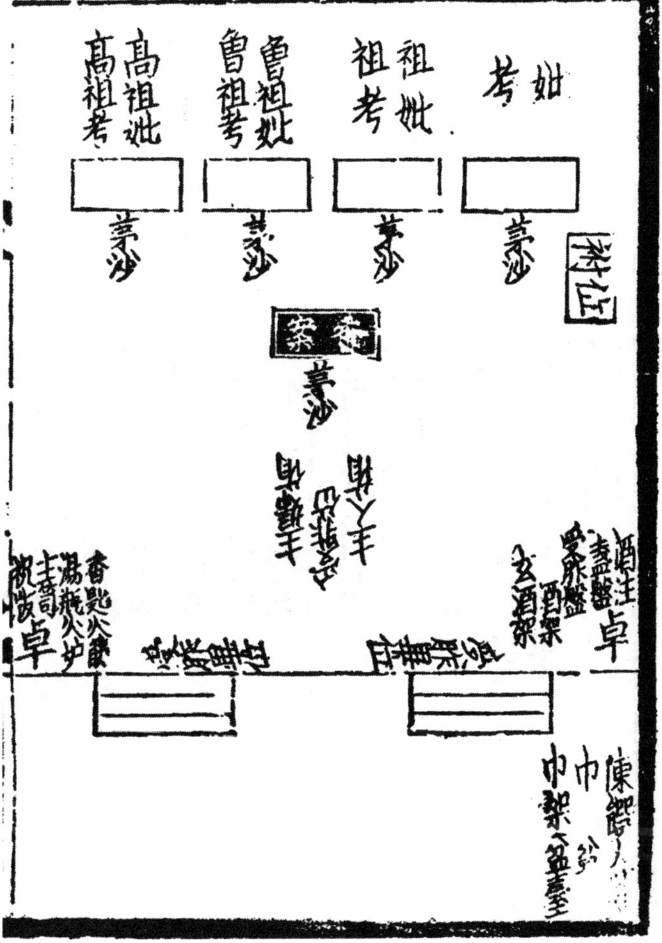

每位設饌之圖

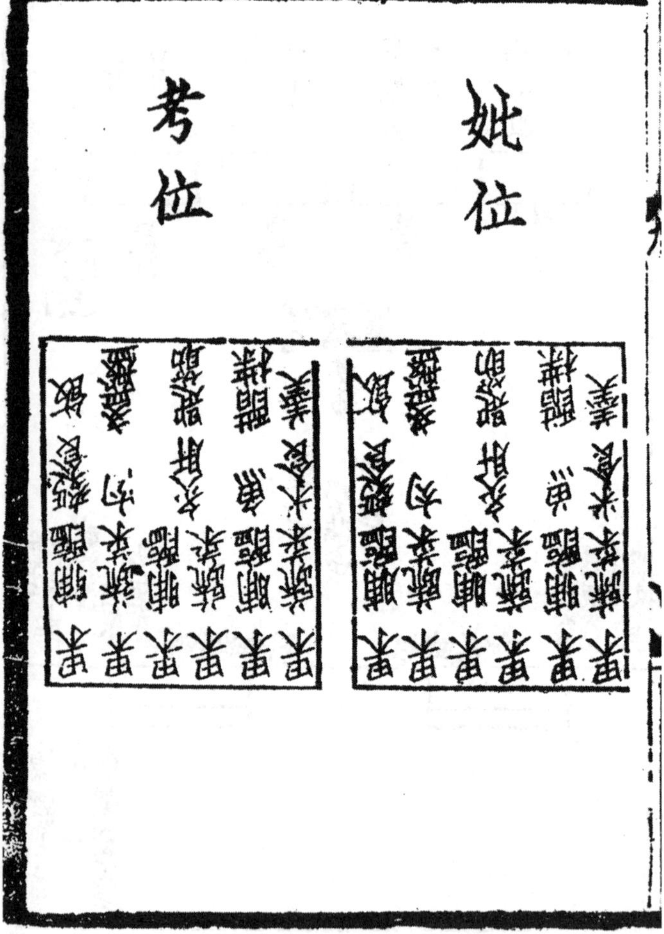

文公家禮卷第九

祭禮第五

四時祭

【附注】司馬公曰：「《王制》『大夫、士，有田則祭，無田則薦』，注『祭以首時，薦以仲月』。今國家惟享太廟用孟月，自周六廟、濮王廟皆用仲月。以此私家不敢用孟月。」○高氏曰：「何休曰『有牲曰祭，無牲曰薦。大夫牲用羔，士牲特豚。庶人無常牲。春薦韭，夏薦麥，秋薦黍，冬薦稻。韭以卵，麥以魚，黍以豚，稻以雁。取其新物相宜。凡庶羞不踰牲，若祭以羊，則不以牛爲羞也』，今人鮮用牲，唯設庶羞而已。」

時祭用仲月。前旬卜日。孟春下旬之首，擇仲月三旬各一日，或丁或亥。主人盛服，立於祠堂中門外，西向。兄弟立於主人之南，少退，北上。子孫立於主人之後，重行，西向，北上。置卓子於主人之前，設香爐、香合、环珓及盤於其上。主人搢笏，焚香薰珓，而命以上旬之日，曰：「某將以來月某日諏此歲事，適其祖考。尚饗！」即以珓擲于盤，以一俯一仰爲吉。不吉，更卜中旬之日。又不吉，則不復卜，而直用下旬之日。既得日，祝開中門，主人以下，北向立，如朔望之位，皆再拜。主人升，焚香，再拜。祝執詞，跪于主人之左，讀曰：「孝孫某，將以來月某日，祇薦歲事于祖考。卜既得吉。敢告。」用下旬〔二〕，則不言「卜既得吉」。主人再拜，降復位，與在位者皆再拜。祝闔門，主人以下復西向位。執事者立于門西，皆東面，北上。祝立于主人之右，命執事者曰：「孝孫某將以來月某日，祇薦歲事于祖考。有司具脩。」執事者應曰：「諾。」乃退。

【附注】問：「舊嘗收得先生一本《祭儀》，時祭皆用卜日，今聞却用二至二分祭，是如何？」先生曰：「卜日無定，慮有不虔。温公亦云『只用分至亦可』。」司馬公曰：「孟詵家祭儀用二至二分，然今仕官者，職業既繁，但時至事暇可以祭則卜筮，亦不必亥日及分至也。若不暇卜日，則止依孟儀用分至，於事亦便也。」

前期三日，齋戒。前期三日，主人帥衆丈夫致齋于外，主婦帥衆婦女致齋于內。沐浴，更衣。飲酒不得至亂；食肉不得茹葷。不吊喪，不聽樂。凡凶穢之事，皆不得預。

【附注】司馬公曰：「主婦，主人之妻也。禮，舅没則姑老不與於祭。主人、主婦必使長男、長婦爲之。若或自欲預祭，則特位於主婦之前，參神畢，升，立於酒壺之北，監視禮儀。或老疾不能久立，則休於他所，俟受胙，復來受胙辭神而已。」

前一日，設位陳器。主人帥衆丈夫深衣，及執事洒掃正寢，洗拭倚卓，務令蠲潔。設高、祖考妣位於堂西

〔二〕「下旬」，周復本爲「下旬日」。

北壁下，南向。考西妣東，各用一倚一卓而合之。曾祖考妣、祖考妣、考妣以次而東，皆如高祖之位。世各爲位，不屬。祔位皆於東序，西向，北上，或西序相向，其尊者居西。妻以下則於階下。設香案於堂中，置香爐、香合於其上，束茅聚沙於香案前，及逐位〔一〕前地上。設酒架於東階上，別置卓子於其東，設酒注一、酹酒盞一、盤一、受胙盤一、匕一、巾一、茶合、茶筅、茶盞托、鹽楪、醋瓶於其上。火爐、湯瓶、香匙、火筯於西階上，別置卓子於其西，設祝版於其上。設盥盆帨巾各二，於阼階下之東，其西者有臺架。又設陳饌大牀於其東。

【附注】司馬公《書儀》：「祭及曾祖。有問伊川先生曰：『今人不祭高祖如何？』曰：『高祖自有服，不祭甚非，某家却祭高祖。』」又曰：「自天子至於庶人，五服未嘗有異，皆至高祖，服既如是，祭祀亦須如是。」○先生曰：「考諸程子之言，則以爲高祖有服，不可不祭，雖七廟五廟亦止於高祖。雖三廟一廟以至祭寢，亦必及於高祖，但有疏數之不同耳。疑此最爲得祭祀之本意。今以《祭法》考之，雖未見祭必及高祖之文，然有月祭享嘗之別，則古者祭祀以遠近爲疏數，亦可見矣。禮家又言，大夫有事，省於其君，于祫及其高祖，此則可爲立三廟而祭及高祖之驗，而來教所疑私家合食之文，亦因可見矣。但于祫之制，他未有可考耳。」○又曰：「古人宗子承家主祭，仕不出鄉，故廟無虛主，而祭必於廟。惟宗子越在它國，則不得祭，而庶子居者代之。祝曰『孝子某使介子某執其常事』，然猶不敢入廟，特望墓爲壇以祭。蓋其尊祖敬宗之嚴如此。今人主祭者遊官四方，或貴仕於朝，又非古人越在它國之比，則以其田禄，脩其薦享，尤不可

〔一〕「逐位」，原文漫漶，據周復本補。

闕，不得以身去國而使支子代之也。泥古則闊於事情，徇俗則無所品節。必欲酌其中制，適古今之宜，則宗子所在，奉二主以從之，於事爲宜。蓋上不失萃聚祖考精神之義，二主常相依，則精神不分矣。下使宗子得以田禄薦享祖宗。處禮之變而不失其中，所謂『禮雖先王未之有，可以義起』者蓋如此。但支子所得自主之祭，則當留以奉祀，不得隨宗子而徙也。所喻留影於家，奉祠版而行，恐精神分散，非鬼神所安。而支子私祭，上及高曾，又非所以嚴大宗之正也。」○又曰：「兄弟異居，廟初不異，只合兄祭，而弟與執事，或以物助之爲宜。向見説前輩有如此。而相去遠者，則兄家設主，弟不立主，只於祭時旋設位，以紙榜標記，逐位祭畢焚之，如此似亦得禮之變也。」

省牲，滌器，具饌。主人帥衆丈夫，深衣，省牲，涖殺。主婦帥衆婦女，背子，滌濯祭器，潔釜鼎，具祭饌。每位果六品，蔬菜及脯醢各三品，肉、魚、饅頭、糕各一盤，羹飯各一椀，肝各一串，肉各二串。務令精潔。未祭之前，勿令人先食及爲猫犬蟲鼠所污。

【附注】先生嘗書戒子塾曰：「吾不孝，爲先公棄捐，不及供養。事先妣四十年，然愚無識知，所以承顔順色，甚有乖戾。至今思之，常以爲終天之痛，無以自贖。惟有歲時享祀，致其謹潔，猶是可着力處。汝輩及新婦等，切宜謹戒。凡祭肉臠割之餘及皮毛之屬，皆當存之，勿令殘穢褻慢，以重吾不孝。」

厥明，夙興，設蔬果酒饌。主人以下深衣，及執事者俱詣祭所，盥手，設果楪於逐位卓子南端，蔬菜、脯醢相間次之。設盞盤、醋楪於北端，盞西楪東，匙筯居中。設玄酒及酒各一瓶於架上，玄酒，其日取井花水充，在酒之西。熾炭于爐，實水于瓶。主婦背子，炊煖祭饌，皆令極熱，以合盛出置東階下大牀上。質明，奉主就位。主人以下各盛服，盥手，帨手，詣祠堂前。衆丈夫敘立，如告日之儀。主婦西階下，北向立。主人有母則特位於主婦之前。諸伯叔母、諸姑繼之。嫂及弟婦、姊妹在主婦之左。其長於主母主婦者，皆少進，子孫婦女、内執事者，在主婦之後重行，皆北向東上。立定，主人升自阼階，搢笏焚香，出笏，告曰：「孝孫某，今以仲春之月，有事于皇高祖考某官府君、皇高祖妣某封某氏，皇曾祖考某官府君、皇曾祖妣某封某氏，皇祖考某官府君、皇祖妣某封某氏，皇考某官府君、皇妣某封某氏。以某親某官府君、某親某封某氏祔食。敢請神主出就正寢，恭伸奠獻。」告辭，仲夏秋冬各隨其時。祖考有無官爵封謚，皆如題主之文。祔食，謂旁親無後者及卑幼先亡者。無即不言。告訖，搢笏斂櫝。正位祔位，各置一笥，各以執事者一人捧之，主人出笏前導，主婦從後，卑幼在後。至正寢，置于西階卓子上。主人搢笏啓櫝，奉諸考神主出就位。主婦盥帨〔一〕，奉諸妣神主亦如之。其祔位則子弟一人奉之。既畢，主人以下皆降復位。參神，主人以下敘立，如祠堂之儀。立定，再拜。若尊長老疾者，休於他所。

【附注】陳淳曰：「廖子晦廣州所刊本，降神在參神之前，不若臨漳傳本降神在參神之後爲得之。蓋既奉主於其位，則不可虛視其主，而必拜以肅之，故參神宜居於前。至灌，則又所以爲將獻而親饗其神之始也，故降神宜居於後。然始祖、先祖之祭，只設虛位而無主，則又當先降而後參，亦不容以是爲拘。」○司馬公曰：「古之祭者，不知神之所在，故灌用鬱鬯，臭陰達于淵泉；蕭合黍稷，臭陽達于牆屋。所以廣求神也。今此禮既難行於士民之家，故但焚香、酹酒以代之。」

〔一〕「盥帨」，周復本爲「盥帨升」。

降神。主人升，搢笏，焚香，出笏，少退立。執事者一人開酒，取巾拭瓶口，實酒于注。一人取東階卓子上盤盞，立于主人之左，一人執注立于主人之右。主人搢笏，跪。奉盤盞者亦跪，進盤盞，主人受之。執注者亦跪，斟酒于盞，主人左手執盤，右手執盞，灌于茅上，以盤盞授執事者。出笏，俯伏，興，再拜，降，復位。

【附注】有問伊川先生：「既奠之酒，何以置之。」曰：「古者灌以降神，故以茅縮酌，謂求神於陰陽有無之間，故酒必灌於地。若謂奠酒，則安置在此。今人以澆在地上，甚非也。既獻則徹去可也。」○横渠張氏曰：「奠酒，奠，安置也。若言奠摯、奠枕是也。謂注之於地，非也。」朱先生曰：「酹酒有兩說。一用鬱鬯灌地以降神，則惟天子、諸侯有之。一是祭酒。蓋古者飲食必祭。今以鬼神自不能祭，故代之祭也。今人雖存其禮而失其義，不可不知。」○問：「酹酒是少傾，是盡傾？」先生曰：「降神是盡傾。」○愚按：此四條，降神、酹酒是盡傾，三獻奠酒，不當澆之於地。《家禮》，初獻取高祖妣盞祭之茅上者，代神祭也。禮，祭酒少傾於地，祭食於豆間，皆代神祭也。

進饌。主人升，主婦從之。執事者一人以盤奉魚肉，一人以盤奉米麵食，一人以盤奉羹飯，從升。至高祖位前，主人搢笏，奉肉奠于盤盞之南，主婦奉麵食，奠于內西。主人奉魚，奠于醋楪之南。主婦奉米食，奠于魚東。主人奉羹，奠于醋楪之東。主婦奉飯，奠于盤盞之西。主人出〔笏〕〔二〕，以次設諸正位，使諸子弟婦女各設祔位。皆畢，主人以下皆降，復位。初獻，主人升，詣高祖位前。執事者一人執酒注，立於其右。冬月即先煖之。主人搢笏，奉

〔二〕「笏」，原文漫漶，據上補本補。

高祖考盤盞，位前東向立。執事者西向，斟酒于盞，主人奉之，奠于故處。次奉高祖妣盤盞，亦如之。出笏，位前北向立。執事者二人奉高祖考妣盤盞，立于主人之左右。主人搢笏跪，執事者亦跪。主人受高祖考盤盞，右手取盞，祭之茅上。以盤盞授執事者，反之故處，受高祖妣盤盞亦如之。出笏，俯伏，興，少退立。執事者炙肝于爐，以楪盛之。兄弟之長一人奉之，奠于高祖考妣前，匙筯之南。祝取版，立於主人之左，跪讀曰：「維年歲月朔日子，孝元孫某官某，敢昭告于皇高祖考某官府君、皇高祖妣某封某氏。氣序流易，時維仲春，追感歲時，不勝永慕。敢以潔牲柔毛、粢盛醴齊，祇薦歲事，以某親某官府君、某親某封某氏祔食。尚饗！」畢，興。曾祖前稱「孝曾孫」。考前稱「孝子」，改「不勝永慕」爲「昊天罔極」。○凡祔者，伯叔祖父祔于高祖，伯叔父祔于曾祖，兄弟祔于祖，子孫祔于考，餘皆倣此。如本位無，即不言「以某親祔食」。○祖考無官，及改夏秋冬字，皆已見上。主人再拜，退詣諸位，獻祝如初。每逐位讀祝，畢，即兄弟衆男之不爲亞、終獻者，以次分詣本位所祔之位，酌獻如儀。但不讀祝。獻畢，皆降復位。執事者以它器徹酒及肝，置盞故處。

【附注】司馬公《書儀》：「主人升自阼階，詣酒注所，西向立。執事一人左手奉曾祖考酒盞，右手奉曾祖妣酒盞，一人奉祖考妣酒盞，一人奉考妣酒盞。皆如高祖考妣之次，就主人所。主人搢笏、執注，以次斟酒，執事者奉之，徐行反置故處。主人出笏，詣曾祖考妣神座前，北向。執事者一人奉曾祖考酒盞，立于主人之左，一人奉曾祖妣酒盞，立於主人之右。主人搢笏跪，取曾祖考妣酒，酹之，授執事者盞返故處。乃讀祝。」此其禮與虞禮同。《家禮》則主人升詣神位前，主人奉祖考妣盤盞，一人執注立于其右斟酒，此則與虞禮異。愚竊詳虞禮神位惟一，時祭則神位多。《家禮》主人升詣神位前，奉盤盞位前東向立，執事者斟酒，主人奉之，奠于故處，次奉祖妣盤盞亦如之，如此則禮嚴而意專。若《書儀》，則時祭與虞祭同。主人詣酒注卓子前，執事者左右手奉兩盤盞，則其禮不嚴，主人執注盡斟諸神位酒，則其意不專。此《家禮》所以不用《書儀》之禮，而又以義起之也。

亞獻，主婦爲之。諸婦女奉炙肉及分獻，如初獻儀。但不讀祝。

【附注】先生曰：「祭禮，主人作初獻，未有主婦，則弟得爲亞獻，弟婦爲終獻。」○愚按：亞獻如初儀，潮州所刊《家禮》云「惟不祭酒于茅」，潮本所云「不祭酒于茅」是乎？曰：「所謂祭酒于茅者，爲神祭也。古者飲食必祭，及祭祖考，祭外神，亦爲神祭。《少牢饋食禮》主人初獻尸，尸祭酒而後啐酒卒爵；主婦亞獻尸，尸祭酒而後卒爵；賓長三獻尸，尸祭酒而後卒爵。士虞、特牲禮亦然。凡三獻尸皆祭酒，爲神祭也。鄉射、大射，獲者獻侯，先右个，次中，次左个皆祭酒，爲侯祭也。以此觀之，三獻皆當祭酒于茅。潮本蓋或者以意改之，故與他本不同，失之矣。」

終獻。兄弟之長或長男或親賓爲之。衆子弟奉炙肉及分獻，如亞獻儀。侑食，主人升，搢笏，執注就斟諸位之酒，皆滿，立於香案之東南。主婦升，扱匙飯中，西柄，正筯，立于香案之西南，皆北面，再拜，降復位。闔門。主人以下皆出，祝闔門。無門處即降簾可也。主人立於門東，西向。衆丈夫在其後。主婦立於門西，東向。衆婦女在其後。如有尊長，則少休於他所。此所謂厭也。

【附注】愚按：《士虞禮》「無尸者，祝闔牖户，如食間」，注「如尸一食九飯之頃也」。又曰「祝聲三，啓户」，注「聲者，噫歆也」。今祭既無尸，故須設此儀。

啓門，祝聲三噫歆，乃啓門。主人以下皆入。其尊長先休于他所者，亦入就位。主人主婦奉茶，分進于考妣之前。祔位，使諸子弟、婦女進之。受胙。執事者設席于香案前。主人就席，北面。祝詣高祖考前，舉酒盤盞，詣主人之右。主人跪，祝亦跪。主人搢笏，受盤盞，祭酒啐酒。祝取匙并盤，抄取諸位之飯各少許，奉以詣主人之左，嘏于主人曰：「祖考命工祝，承致多福于汝孝孫，來汝孝孫，使汝受禄于天，宜稼于田，眉壽永年，勿替引之。」主人置酒于席前，出笏，俯伏，興，再拜，搢笏，跪受飯嘗之，實于左袂，掛袂于季指，取酒卒飲。執事者受盞，自右置注旁。受飯自左亦如之。主人執笏，俯伏，興，立於東階上，西向。祝立於西階上，東向。告利成，降復位，與在位者皆再拜。主人不拜，降復位。辭神。主人以下皆再拜。納主。主人、主婦皆升，各奉主納于櫝。主人以笥斂櫝，奉歸祠堂，如來儀。徹。主婦還，監徹酒之在盞注他器中者，皆入于瓶，緘封之。所謂福酒。果蔬、肉食，並傳于燕器。主婦監滌祭器而藏之。餕。是日，主人監分祭胙品，取少許置于合，并酒皆封之，遣僕執書，歸胙於親友。遂設席，男女異處，尊行自爲一列，南面，自堂中東西分首。若止一人，則當中而坐。其餘以次相對，分東西向。尊者一人先就坐，衆男叙立，世爲一行，以東爲上，皆再拜。子弟之長者一人少進立，執事者一人執注立于其右，一人執盤盞立于其左，獻者搢笏跪。弟獻則尊者起立，子姪則坐。受注斟酒，反注受盞。祝曰：「祝事既成，祖考嘉饗。伏願某親，備膺五福，保族宜家。」授執盞者，置于尊者之前。長者出笏，尊者舉酒，畢，長者俯伏，興，退復位，與衆男皆再拜。尊者命取注及長者之盞置于前，自斟之。祝曰：「祀事既成，五福之慶，與汝曹共之。」命執事者以次就位，斟酒皆遍。長者進，跪受飲畢，俯伏，興，退立。衆男進，揖，退立，飲。長者與衆男皆再拜。諸婦女獻女尊長於內，如衆男之儀，但不跪。既畢，乃就坐，薦肉食。諸婦女詣堂前，獻男尊長壽，男尊長酢之如儀。衆男詣中堂，獻女尊長壽，女尊長酢之如儀。乃就坐，薦麵食。內外執事者，各獻內外尊長壽如儀而不酢。遂就斟在坐者遍，俟皆舉，乃再拜，退，遂薦米食，然後泛行酒，間以祭饌酒饌，不足則以他酒他饌益之。將罷，主人頒胙于外僕，主婦頒胙于内執事者，遍及微賤。其日皆盡，受者皆再拜，乃徹席。

【附注】司馬公《書儀》曰：「禮，祭事既畢，兄弟及賓迭相獻酬，有無算爵。所以因其接會，使之交恩定好，優勸之。今亦取此儀。」

凡祭，主於盡愛敬之誠而已。貧則稱家之有無，疾則量筋力而行之，財力可及者，自當如儀。

文公家禮卷第十

初祖惟繼始祖之宗得祭。

【附注】問始祖之祭。先生曰：「古無此，伊川先生以義起。某當初也祭，後來覺得似僭，今不敢祭。」又曰：「始祖之祭似禘，先祖之祭似祫。」

冬至祭始祖。程子曰：「此厥初生民之祖也。冬至，一陽之始，故象其類而祭之。」前期三日，齋戒。如時祭之儀。前期一日，設位，主人衆丈夫，深衣，帥執事者洒掃祠堂，滌濯器具，設神位於堂中間北壁下，設屏風於其後，食牀於其前。陳器，設火爐於堂中，設炊烹之具于東階下盥東，炙具在其南。（東）〔束〕茅以下，並同時祭。主婦衆婦女，背子，帥執事者滌濯祭器，潔釜鼎，具果楪六、盤三、杅六、小盤三、盞盤匙筯各二、脂盤一、酒注爵酒盤盞一、受胙盤匙一。○按：此本（各）〔合〕用古祭器。今恐私家或不能辦，且用今器以從簡便。神位用蒲薦加草席，皆有緣，或用紫褥。皆長五尺，闊二尺有半。屏風如枕屏之制，足以圍席三面。食牀，以板爲面，長五尺，闊三尺餘，四圍亦以版，高一尺二寸，二寸之下，乃施版，面皆黑漆。具饌。晡時殺牲，主人親割毛血爲一盤，首、心、肝、肺爲一盤，脂雜以蒿爲一盤，皆腥之。左胖不用，右胖前足爲三段，脊爲三段，脅爲三條，後足爲三段，去近竅一節不用，凡十二〔二〕體。飯米一杅，置于一盤。蔬菓各六品。切肝一小盤，切肉一小盤。厥明，夙興，設蔬果酒饌。主人深衣，帥執事者設玄酒瓶及酒瓶于架上。酒注、酹酒盤盞、受胙盤盞匙各一，於東階卓子上，祝版及脂盤于西階卓子上，匙、筯各一於食牀北端之東西，相去二尺五寸，盤盞各一於筯西。果子在食牀南端，蔬在其北。毛血腥盤切肝肉，皆陳于階下饌牀上。米實階下炊具中，十二體實烹具中，以火爨而熟之。盤一、杅六，置饌牀上。質明，盛服就位。如時祭儀。降神，參神，主人盥，升，奉脂盤詣堂中爐前，跪告曰：「孝孫某，今以冬至，有事于皇始祖考、皇始祖妣。敢請尊靈，降居神位，恭伸奠獻。」遂燎脂于爐炭上，俯伏，興，少退立，再拜。執事者開酒，主人跪，酹（始）〔如〕時祭之儀。進饌。主人升，詣神位前。執事者奉毛血腥肉以進。主人受，設之于蔬北，西上。執事者出熟肉，置于盤，奉以進，主人受，設之腥盤之東。執事者以杅二盛（飲）〔飯〕，杅二盛肉湆不和者，又以杅二盛肉湆以菜者，奉以進，主人受設之，飯在盞西，大羹在盞東，鉶羹在大羹東。皆降復位。初獻，如時祭之儀，但主人既俯伏，興，兄弟炙肝加鹽，實于小盤以從。祝詞曰：「維年歲月朔日子，孝孫姓名，敢昭告于皇初祖考、皇初祖妣。今以中冬陽至之始，追惟報本，禮不敢忘。謹以潔牲柔毛、粢盛醴齊，祗薦歲事。尚饗！」亞獻，如時祭之儀，但衆婦炙肉加鹽以從。終獻。如時祭及上儀。侑食，闔門，啓門，受胙，辭神，徹，餕。並如時祭之儀。

〔二〕「二」，周復本作「一」。

先祖 繼始祖、高祖之宗得祭。繼始祖之宗，則自初祖而下，繼高祖之宗，則自先祖而下。

立春祭先祖。程子曰：「初祖以下、高祖以上之祖也。立春，生物之始，故象其類而祭之。」前三日，齋戒。如祭始祖之儀。前一日，設位，陳器，如祭初祖之儀。但設祖考神位于堂中之西，祖妣神位于堂中之（菜）〔東〕。蔬果楪各十二，大盤六，小盤六。餘並同。

【附注】問：「先生祭禮，立春日祭高祖而上，只設二位。若古人祫祭，須是逐位祭？」曰：「本是一氣。若祠堂中各有牌子，則不可。」〇又曰：「諸侯有四時之祫，畢竟是祭有不及處方如此。如《春秋》『有事于太廟』，太廟便是群祧之主皆在其中。」

具饌。如祭初祖之儀。但毛血爲一盤，首心爲一盤，肝肺爲一盤，脂蒿爲一盤，切肝兩小盤，切肉四小盤。餘並同。厥明，夙興，設蔬果酒饌。如祭初祖之儀。但每位匙筯各一，盤盞各二，置階下饌牀上。餘並同。質明，盛服就位，降神，參神，如祭始祖之儀。但告詞改「始」爲「先」。餘並同。進饌。如祭初祖之儀。但先詣祖考位，奉毛血、首心、前足上二節、脊三節、後足上一節；次詣祖妣位，奉肝、肺、前足一節、脅三節、後足下一節。餘並同。初獻，如祭初祖之儀。但獻正〔二〕位，各俯伏興，當中少立，兄弟炙肝兩小盤以從。祝詞改「初」爲

〔二〕「正」，周復本作「兩」。

「先」，「中冬陽至」爲「立春生物」。餘並同。亞獻，終獻。如祭初祖之儀。但從炙肉各二小盤。侑食，闔門，啓門，受胙，辭神，徹餕。並如祭初祖儀。

禰

繼禰之宗以上皆得祭，惟支子不祭。

季秋祭禰。程子曰：「季秋，成物之始。亦象其類而祭之。」前一月下旬，卜日。如時祭之儀。惟告辭改「孝孫」爲「孝子」，又改「祖考妣」爲「考妣」。若母在，則止云「皇考」，而告于本龕之前。餘並同。前三日，齋戒。前一日，設位，陳器，如時祭之儀。但止於正寢，合設兩位於堂中，西上。香案以下並同。具饌。如時祭之儀，二分。厥明，夙興，設蔬果酒饌。如時祭之儀。質明，盛服，詣祠堂，奉神主出就正寢。如時祭于正寢之儀。但告詞云：「孝子某，今以季秋成物之始，有事于皇考某官府君、皇妣某封某氏。」參神，降神，進饌，初獻，如時祭之儀。但祝辭云：「孝子某官某，敢昭告于皇考某官府君、皇妣某封某氏。今以季秋成物之始，感時追慕，昊天罔極。」餘並同。亞獻，終獻，侑食，闔門，啓門，受胙，辭神，納主，徹，餕。並如時祭之儀。

【附注】先生曰：「某家舊時，時祭外，有冬至、立春、季秋三祭。後以冬至、立春二祭似僭，覺得不安，遂已之。季秋依舊祭禰，而用某生日祭之，適值某生日在季秋，遂用此日：九月十五日。」

忌日

前一日，齋戒，如祭禰之儀。設位，如祭禰之儀。但止設一位。陳器，如祭禰之儀。具饌。如祭禰之饌，一分。厥明，夙興，設蔬果酒饌。如祭禰之儀。質明，主人以下變服，禰則主人兄弟黲紗幞頭、黲布衫、布裏角帶。祖以（下）〔上〕則黲紗衫。旁親則皂紗衫。主婦特髻，去飾，白大衣，淡黃帔。餘人皆去華盛之服。

【附注】問忌日何服。先生曰：「某只着白絹凉衫、黲巾。」問「黲巾以何爲之」，「白紗、絹皆可，某以紗」。又問黲巾之制。曰：「如帕複相似，有四隻帶，若當幞頭然。」〇「先生母、夫人忌日，着黲墨布衫，其巾亦然。」問今日服色何謂，曰「豈不聞君子有終身之喪」。

詣祠堂，奉神主出就正寢。如祭禰之儀。但告辭云：「今以某親某官府君遠諱之晨，敢請神主出就正寢，恭伸追慕。」餘並同。參神，降神，進饌。初獻，如祭禰之儀。但祝辭云：「歲序遷〔一〕易，諱日復臨。追遠感時，不勝永慕。」（老）〔考〕妣，改「不勝永慕」爲「昊天罔極」。旁親云：「諱日復臨，不勝感愴。」若考妣，則祝興，

〔一〕「遷」，周復本作「流」。

主人以下哭盡哀。餘並同。亞獻，終獻。侑食，闔門，啓門。並同祭禰之儀。但不受胙。辭神，納主，徹。並如祭禰之儀。但不餕。是日，不飲酒，不食肉，不聽樂，黲巾，素服，素帶以居，夕寢于外。

墓祭

三月上旬擇日。前一日齋戒，如家祭之儀。具饌。墓上每分如時祭之品，更設魚肉、米麵食各一大盤，以祭后土。厥明，灑掃，主人深衣，帥執事者詣墓所，再拜。奉行塋域内外，環繞哀省三周。其有草棘，即用刀斧鉏斬芟夷。灑掃訖，復位，再拜。又除地於墓左，以祭后土。布席，陳饌。用新潔席陳于墓前，設饌，如家祭之儀。參神，降神，初獻，如家祭之儀。但祝辭云：「某親某官府君之墓，氣序流易，雨露既濡，瞻掃封塋，不勝感慕。」餘並同。亞獻，終獻。並以子弟親賓爲之。辭神，乃徹，遂祭后土，布席，陳饌。四盤于席南端，設盤盞匙筯于其北。餘並同上。降神，參神，三獻，同上。但祝辭云：「某官姓名，敢昭告于后土氏之神。某恭脩歲事于某親某官府君之墓。惟時保佑，實賴神休。敢以酒饌，敬伸奠獻。尚享！」辭神，乃徹而退。

【附注】先生嘗書戒子云：「比見墓祭土神之禮，全然滅裂，吾甚懼焉。既爲先公託體山林，而祀其主者，豈可如此？今後可與墓前一樣菜菓鮓脯共十器，肉魚饅頭各一大盤，凡所具之物悉陳之，羹飯茶湯各一器，以盡吾寧親事神之意，勿令少有隆殺。」〇又問改葬。曰：「須告廟而後告墓，方啓墓以葬，葬畢，奠而歸。又告廟，哭而後畢，事方穩當。行葬更不必出主，祭告時却出主於寢。」

【增注】問：「墓祭有儀否？」先生曰：「也無儀，大槩略如家祭。古人無墓祭，唐人亦不見有墓祭，但是拜掃而已。」或問：「墓祭祭后土否？」曰：「就墓外設位而祭。」

右祭禮附注凡十六條

浦江鄭氏家範

（元）鄭濤 撰
王志躍 整理

《浦江鄭氏家範》解題

王志躍

鄭濤（生卒年不詳），字仲舒，元末浦江（今浙江浦江縣）人，父鑒，其兄濂、源。受業大儒柳貫、吴萊，以文翰知名。爲丞相脱脱所知，薦爲經筵檢討，每進講，天子爲之首肯。權參贊官，三轉升太常博士，階奉議大夫。後以論張士誠不當賜謚被黜。鄭濤生當元明易代之際，諸書所載鄭濤官職多所遺漏，據《珊瑚木難》、萬曆《秉强縣志》等，知鄭濤曾出任將仕郎、建康路提舉、國子助教、國子學正、國史院編修、翰林應奉等。鄭濤撰有《義門鄭氏三先生文集》之《藥房集》《旌義編》二卷（上卷即《浦江鄭氏家範》），以及《潛溪先生小傳》、《五賢贊》、《〈潘氏遺芳集〉序》、《東山道院記》等。其傳記未見於正史，可參康熙《浦江縣志》卷八《儒學》、光緒《浦江縣志》卷九《文苑》、《宋儒學案》卷八二《鄭濤傳》。

關於《浦江鄭氏家範》，諸書所載卷數、撰者并不統一，臚列如下：《續文獻通考》卷一百七十七載「《鄭氏家範》三卷，金華戴良訂正」；《世善堂藏書目録》卷上載「《鄭氏家範》三卷」，其注文曰「金華戴良」，易讓人誤以爲作者爲戴良；又，《元史·藝文志》載「《浦江鄭氏家範》三卷，鄭文融字太和撰」，《千頃堂書目》卷十一載「鄭綺《鄭氏家範》二卷」；《續修四庫全書》第九三五册謂「《浦江鄭氏家範》一卷，明鄭濤撰」。以上諸説，據《浦江鄭氏家範引》，知鄭綺爲鄭氏遠祖，所撰家規僅五十八則，而六世孫龍灣税課提領鄭太和所撰增至九十二則，而八世孫、太常博士鄭濤所撰則爲一百六十八則，故《浦江鄭氏家範》同名著作雖多，當以鄭濤所撰爲完本，此乃明初著名文人、開國大臣、鄭濤好友宋濂所書，故應可信。本次點校即以《續修四庫全書》據北京圖書館（今國家圖書館）藏清初毛氏汲古閣抄本影印《浦江鄭氏家範》爲底本。

由上可以看出，今存《浦江鄭氏家範》是鄭氏家人不斷豐富、接力完成的。義門鄭氏是宋元以來以禮治家（族）的成功典範，被明太祖譽爲「江南第一家」。而大儒宋濂則認爲鄭氏能「同居已十有餘世，歷二百六十餘年」，乃推行《家禮》使然。因此，《浦江鄭氏家範》是《家禮》與治族的完美結合，并且取得了極爲理想的效果。史載，「惟麟溪鄭氏，世號義門，天下之觀禮者皆自遠而來」。足見《鄭氏家範》不僅傳播了治族經驗，同時也推動了《家禮》的傳播。

通觀《鄭氏家範》，并無《家禮》儀節的具體展示，而是以條目的形式要求人們遵行，如「立祠堂一所，以奉先世神主。出入必告，正至朔望必參，俗節必薦時物。四時祭祀，其儀式并遵《文公家禮》」。又，關於作家制度，言「已有《家禮》可法，不必過奢」。不過，《浦江鄭氏家範》并非完全遵依《家禮》，如「宗子上奉祖考，下壹家族。家長當竭力教養，若其不肖，當遵横渠張子之説，擇次賢者易之」，即是對《家禮》宗子資格的發展與深化，同時亦表明《家禮》有不足。《浦江鄭氏家範》既總體遵循《家禮》，但又不盲從《家禮》，而是根據實際發展進行適當調整，是結合實際、靈活而更好遵循《家禮》的做法，不僅取得了治族的巨大成功，而且得到了明太祖的首肯，從而使得其條文更具權威與神秘性，這是後人紛紛效仿的重要原因。

鄭氏家範序

惟浦江義門鄭氏，治家作規，貽示孫子。家長教立宗子一人，以奉祖考，以一宗族，勗帥其屬。而勤家政，佐佑典事二人。糾正善不善，監視一人。會布泉穀粟出内，主記一人。掌計運，新管二人。掌冠婚喪祭饌，舊管一人。歲掌男女衣資，羞服長一人。日掌家衆膳食，掌膳一人。啓肆委人，畜牧樹蓺，各掌之。知賓二人，掌門户一人，虞燭一人。嘉禮莊一，義塾一，藥區一，義塋一，義祠一。功過月録勸懲一書，續寘業受産一書，穀内歲計總租一書，畸零一書，蠶棉督織一書，宗族黨里援拯推仁一書，鍾聞起夙興一書。宣規聲鍾，罰逆鼓鼓，規共百又六十八條。爨合十有餘世，歷二百六十餘年。明太祖高皇帝問其後胤濂治家所以長久之道，濂對曰：「守家規，不聽婦人言。」帝詔大褒異之。吾歙師山鄭公，致命時遺札子姪曰：「孝友必如浦江義門，祖宗之榮也。」迄萬曆乾菴江先生佐守金華，詢義門，獲其規，效於家五十餘年，厥嗣于常授施生璜，璜授鄭生永立。永立手家規，痛念其師山公札，喟然曰：「予先人之志也夫，予先人之志也夫。志乃志，事乃事。」爰榜師山書院，敦請諸老講明之，且梓之，廣勵族人。請予序。峕曰：於戲！事乃事，志乃志哉！懋哉！懋哉！此推行朱子之家禮也，巨冠婚喪祭，細竹樹陂池針澤履材衾絮湯茗藥楮櫝蟲鳥獵謳巫鑷，教惟孝惟友，惟禮惟讓，惟仁惟恕，惟公要惟誠，行十有餘世，年歷二百六十。此推行家禮之效也。作規厥祖布衣者，行篤爲義門鄭。於戲，户行户鄭矣，鄭云乎哉。於戲，居可爲之位，乘可爲之勢。如是，行周禮卜年卜世，夫焉有不成周者哉！時康熙戊申七月朔旦，新安友人胡岃題。

浦江鄭氏家範引

浦江鄭氏，世居縣東二十五里，鄉名感德，里曰仁義。其遠祖沖素處士綺。自宋建炎初至今，同居已十有餘世，歷二百六十餘年，守詩書禮樂之教弗墜。《宋》、《元》二史，具載《孝義傳》中。然其持守之規，前録五十八則，六世孫龍灣税課提領太和所建；後録七十則，續録九十二則，七世孫青榹府君欽江浙都事鉉所補：皆已勒石鋟梓。時公卿、大夫、士所遺詩文，亦類爲《麟溪集》二十二卷，刊示後昆。今八世孫太常博士濤復爲三規，閲世頗久，其中當有隨時變通者，乃率諸弟泳、渙、湜等，白於二兄濂、源，同加損益，而合於一。其聞諸父之訓曾行而登未載者，因增入之，總爲一百六十八則，名曰《鄭氏家範》。既刊板，可模印，請言其故於篇端。余與源爲姻家，濤爲同門友，而泳等又皆執經從余學，義不容辭。嗚呼，是編之行，其於厚人倫、美教化之道，誠有益哉！

洪武十一年冬十月庚子朔，翰林院學士金華宋濂引。

浦江鄭氏家範

一、立祠堂一所，以奉先世神主。出入必告，正至朔望必參，俗節必薦時物。四時祭祀，其儀式並遵《文公家禮》。然各用仲月望日行事，事畢，更行會拜之禮。

一、時祭之外，不得妄祀徼福。凡遇忌辰，孝子當用素衣致祭。不作佛事，象錢、寓馬亦併絶之。是日，不得飲酒、食肉、聽樂，夜則出宿於外。

一、祠堂所以報本。宗子當嚴灑掃、扃鑰之事。所有祭器服不許他用。祭器服，如深衣、席褥、盤盞、椀楪、椅桌、盥盤之類。

一、祭祀務在孝敬，以盡報本之誠。其或行禮不恭，離席自便，與夫跛倚、欠伸、噦噫、嚏咳，一切失容之事，督過議罰。督過不言，衆則罰之。

一、撥常稔之田一百五十畝，世遠逐增。別畜其租，專充祭祀之費。其田券印「義門鄭氏祭田」六字，字號、步畝，亦當勒石祠堂之左，俾子孫永遠保守。有言質鬻者，以不孝論。

一、子孫入祠堂者，當正衣冠，即如祖考在上，不得嬉笑、對語、疾步。晨昏皆當致恭而退。

一、宗子上奉祖考，下壹宗族。家長當竭力教養，若其不肖，當遵横渠張子之説，擇次賢者易之。

一、諸處塋冢，歲節及寒食、十月朔，子孫須親展省。婦人不與。近塋竹樹不許剪拜，各處庵宇更當葺治。至於作家制度，已有《家禮》可法，不必過奢。

一、墳塋年遠，其有平塌淺露者，宗子當擇潔土益之，更立石深刻名氏，勿致湮滅難考。

一、四月一日，係初遷之祖遂陽府君降生之朝，宗子當奉神主於有序堂，集家衆行一獻禮，復擊鼓一十五聲，令子弟一人朗誦譜圖一過，曰明譜會。圓揖而退。

一、朔望，家長率衆參謁祠堂畢，出坐堂上，男女分立堂下，擊鼓二十四聲，令子弟一人唱云「聽，聽，聽，凡爲子者必孝其親，爲妻者必敬其夫，爲兄者必愛其弟，爲弟者必恭其兄。聽，聽，聽，毋徇私以妨大義，毋怠惰以荒厥事，毋縱奢侈以干天刑，毋用婦言以間和氣，毋爲横非以擾門庭，毋耽麯蘖以亂厥性。有一於此，既殞爾德，復隳爾胤。睠兹祖訓，實係廢興。言之再三，爾宜深戒。聽，聽，聽。」衆皆一揖，分東西行而坐。復令子弟敬誦孝弟故實一過，會揖而退。

一、每旦，擊鐘二十四聲，家衆俱興。四聲咸盥漱，八聲入有序堂。家長中坐，男女分坐左右，令未冠子弟朗誦男女訓戒之辭。男訓云：「人家盛衰，皆係乎積善與積惡而已。何謂積善？居家則孝弟，處事則仁恕，凡所以濟人者，皆是也。何謂積惡？恃己之勢以自强，克人之財以自富，凡所以欺心者，皆是也。是故能愛子孫者，遺之以善；不愛子孫者，遺之以惡。《傳》

曰：『積善之家必有餘慶，積不善之家必有餘殃。』天理昭然，各宜深省。」女訓云：「家之和與不和，皆係婦人之賢否。何謂賢？事舅姑以孝順，奉丈夫以恭敬，待娣姒以温和，接子孫以慈愛，如此之類是已。何謂不賢？淫狎妬忌，恃强凌弱，摇鼓是非，縱意徇私，如此之類是已。天道甚近，福善禍淫，爲婦人者不可不畏。」誦畢，男女起，向家長一揖，復分左右行，會揖而退。九聲，男會膳於同心堂，女會膳於安貞堂。三時並同。其不至者，家長規之。

一、家長總治一家大小之務，凡事令子弟分掌，然須謹守禮法以制其下。其下有事，亦須咨禀而後行，不得私假，不得私與。

一、家長專以至公無私爲本，不得徇偏。如其有失，舉家隨而諫之。然必起敬起孝，毋妨和氣。若其不能任事，次者佐之。

一、爲家長者當以至誠待下，一言不可妄發，一行不可妄爲，庶合古人以身教之之意。臨事之際，毋察察而明，毋昧昧而昏，更須以量容人，常視一家如一身可也。

一、家中産業文券，既印「義門公堂産業子孫永守」等字，仍書字號。寘立《砧基簿書》，告官印押，續寘當如此法。家長會衆封藏，不可擅開。不論長幼，有敢言質鬻者，以不孝論。

一、子孫儻有私寘田業、私積貨泉，事迹顯然彰著，衆得言之家長，家長率衆告於祠堂，擊鼓聲罪而牓於壁。更邀其所與親朋，告語之。所私即便拘納公堂。有不服者，告官以不孝論。其有立心無私、積勞於家者，優禮遇之，更於《勸懲簿》上明記其績，以示於後。

一、子孫賭博、無賴及一應違於禮法之事，家長度其不可容，會衆罰拜以愧之。但長一年者，受三十拜；又不悛，則會衆而痛箠之；又不悛，則陳於官而放絶之。仍告於祠堂，於宗圖上削其名，三年能改者復之。

一、凡遇凶荒事故或有闕支，家長預爲區畫，不使匱乏。

一、朔望二日，家長檢點一應大小之務。有不篤行者議罰，諸簿籍或過日不算結及失時不具呈者，亦量情議罰。

一、内外屋宇、大小修造工役，家長常加檢點。委人用工，毋致損壞。

一、每歲掌事子弟交代，先須謁祠堂，書祝致告，次拜家長，然後領事。

一、設典事二人，以助家長行事。必選剛正公明、才堪治家、爲衆人之表率者爲之，並不論長幼、不限年月。凡一家大小之務，無不預焉。每夜須了諸事，方許就寢。違者，家長議罰。

一、每夜會聚之際，典事對衆商確，何日可行某事，書之於籍。上半月所書，下半月行之；下半月所書，次上半月行之，庶無迂滯之患。事當即行者，弗拘。

一、擇端嚴公明、可以服衆者一人，監視諸事。四十以上方可，然必二年一輪。有善公言之，有不善亦公言之。如或知而不言，與言而非實，衆告祠堂，鳴鼓聲罪，而易寘之。

一、監視涖事，告祠堂畢，集家衆於有序堂，先拜尊長四拜，次受卑幼四拜，然後鳴鼓，細説家規，使肅聽之。

一、監視糾正一家之是非，所以爲齊家之則，而家之盛衰係焉，不可顧忌不言。在上者，必當犯顔直諫，諫若不從，悦則復諫；在下者則教以人倫大義，不從則責，又不從則撻。

一、立《勸懲簿》，令監視掌之，月書功過，以爲善善惡惡之戒。有沮之者，以不孝論。

一、造二牌，一刻「勸」字，一刻「懲」字，下空一截，用紙寫帖。何人有何功，何人有何過，既上《勸懲簿》，更上牌中，挂會揖處，三日方收，以示賞罰。

一、設主記一人，以會貨泉穀粟出納之數。凡穀匣收滿，主記封記，不許擅開，違者，量輕重議罰。如遇開支，主記不親視，罰亦如之。鑰匙皆主記收，遇開則漸次付之，支訖，復還主記。

一、選老成有知慮者通掌門户之事。輸納賦租，皆稟家長而行。至於山林、陂池、防範之務，與夫增拓田業之勤，計會財息之任，亦併屬之。

一、立家之道，不可過剛，不可過柔，須適厥中。凡子弟，當隨掌門户者輪去州邑練達世故，庶無瞢暗不諳事機之患。若年過七十者，當自葆綏，不宜輕出。

一、增拓産業，長上必須與掌門户者詳其物與價等，然後行之。或掌門户者他出，必俟其歸，方可交易。然又預使子弟親去看視肥瘠及見在文憑無差，切不可鹵莽，以爲子孫之害。

一、凡寘産業，即時書於《受産簿》中，不許過於次日，仍用招人佃種。其或失時不行，家長朔望點檢議罰。

一、增拓産業，彼則出於不得已，吾則欲爲子孫悠久之計，當體究果值幾緡，盡數還足。不可與駔儈交謀，潛萌侵人利己之心，否則天道好還，縱得之，必失之矣。交券務極分明，不可以物貨逋負相準。或有欠者，後當索償，又不可以秋税暗附他人之籍，使人倍輸官府，積禍匪輕。

一、每年之中，命二人掌管新事，所掌收放錢粟之類；又命二人掌管舊事，所掌冠婚喪祭及飲食之類。然皆以六月而代，務使勞逸適均。

一、新舊管輪當，須視爲切己之事。計會經理，自二十五歲至六十歲止。過此血氣既衰，當優遇之，毋任以事。

一、新舊管皆寘《日簿》，每日計其所入幾何，所出幾何，總結於後，十日一呈監視。果無私濫，則監視書其下，曰：「體驗無私。」後若顯露，先責監視，次及新舊管。

一、新管寘一《總租簿》，明寫一年逐色穀若干石，總計若干石，又新寘田若干石。此是一定之額，却於當年十二月望日，以所收者與前數總較之，便知實欠多少，以憑催索。後索到者，别書於《畸零簿》。至交代時，却入《總租簿》内通算。

一、新管所收穀麥，每匣收訖，即結總數報於主記。寘《租賦簿》，令其親書「某號匣係某人於某年月日收，何等穀麥若干石」。量出之時，亦須寘簿，書寫「某匣椿磨自某日支起，至某日用畢」，以憑稽考。

一、新管所管穀麥，必當十分用心，及時收曬，免致黰爛；收支明白，不至虧折；關防勤謹，不至遺失。賞則及之。若有前弊，罰本年衣資綿線不給。如遇稱收繁冗，則撥子弟分收之。

一、佃人用錢貨折租者，新管當逐項收貯，別附於簿，每日納諸家長。至交代時通結大數，書於《總租簿》，云「收到佃家錢貨若干，總計租穀若干」。如以禽畜之類準折者，則付與舊管，支錢入帳，不可與雜色錢同收。

一、田地有荒蕪者，新管逐年招佃。或遇坍江，亦即書簿，以俟開墾。開墾既畢，復入原簿，免致失於照管。

一、田租既有定額，子孫不得別增數目。所有逋租，亦不可起息，以重困里黨之人。但務及時勤索，以免虧折。

一、佃家勞苦不可備陳，試與會計之，所獲何嘗補其所費。新管當矜憐痛憫，不可縱意過求，設使爾欲既遂，他人謂何。否則貽怒造物，家道弗延。除正租外，所有佃麥、佃雞之類，斷不可取。

一、鄰族分歲之飲，舊管於冬至後排日爲之。

一、男女六十者，禮宜異膳。舊管盡心奉養，務在合宜。違者罰之。

一、新管簿書不分明者，不許交代。一應催督錢穀，須是先期逐項詳注已未收索之數，於交代日分明條説，併承帳人交付。雖累更新管，要如出於一手，庶不使人欺隱。舊管簿書不分明者，亦不許交代。

一、所用監視及新舊管，其有才幹優長、不可遽代者，聽衆人舉留。

一、設羞服長一人，專掌男女衣資之事。宜先措置，夏衣之給，須在四月；冬衣之給，須在九月。不得臨時猝辦，如或過時不給，家長罰之。凡生男女，週歲則給。

一、男子衣資，一年一給；十歲已上者半其給，給以布；十六歲以上者全其給，兼以帛；四十歲已上者優其給，給以帛。仍皆給裁製之費。若年至二十者，當給禮衣一襲。巾履，則一年一更。

一、婦人衣資，照依前數，兩年一給之。女子及笄者，給銀首飾一副。

一、每歲羞服長除給男女衣資外，更於四時祭後一日，俵散諸婦履材及油澤、脂粉、針花之屬。

一、各房染段，羞服長斟酌爲之，仍寘簿書之，毋使多寡不均。

一、子孫須令飽煖，方能保全義氣。當令廉謹有爲者以掌羞服之事，務要合宜，而無不足之歎。

一、設掌膳二人，以供家衆膳食之事，務要及時烹爨，不許干預舊管雜役，亦須一年一輪。

一、擇廉謹子弟二人，收掌錢貨。所出所入，皆明白附簿。或有折陷者，勒其本房衣資首飾補還公堂。

一、擇廉幹子弟二人，以掌營運之事。歲終會算，通計其數，呈於家長。監視嚴加關防，察其私濫。

一、子孫以理財爲務者，若沉迷酒色，妄肆費用，以致虧陷，家長覈實罪之，與私寘私積者同。

一、委人啓肆，皆公堂給本與之，一年一度，新管爲之結算，其子錢納諸公堂。

一、畜牧樹藝，當令一人專掌之。須寘簿書寫數目，以憑稽考。然須常加點檢，務要增益。

一、設知賓二人，接奉談論、提督茶湯、點視牀帳被褥，務要合宜。如或失時不辦，住本人本年衣資不給。

一、親賓往來，掌賓客者稟於家長，當以誠意延款，務合其宜。雖至親，亦宜宿於外館。

一、親朋會聚若至十人，舊管不許於夜中設宴。時有小酌，亦不許至二更，晝則不拘。

一、親姻饋送，一年一度，非常吊慶則不拘。此切不可過奢，又不可視貧而加薄，視富而加厚。

一、子弟未冠者，學業未成，不聽食肉，古有是法。非惟有資於勤苦，抑欲其識虀鹽之味。

一、子弟未冠者不許以字行，不許以第稱，庶幾合於古人責成之意。

一、子弟年十六以上，許行冠禮，須能暗記四書一經正文，講説大義，方可行之。否則，直至二十一歲。弟若先能，則先冠，以媿之。

一、子弟當冠，須延有德之賓，庶可責以成人之道。其儀式盡遵《文公家禮》。

一、子弟已冠而習學者，每月十日一輪，挑背已記之書，及譜圖家範之類。初次不通，去巾一日；再次不通，則倍之；三次不通，則分紒如未冠時。通則復之。

一、女子年及笄者，母爲選賓行禮，製辭字之。

一、婚姻，乃人道之本。親迎、醮啐、奠雁、授綏之禮，人多違之。今一袪時俗之習，其儀式並遵《文公家禮》。

一、婚姻必須擇温良有家法者，不可慕富貴以虧擇配之義。其豪强、逆亂、世有惡疾者，毋得與議。

一、立嘉禮莊一所，撥田一千五百畝，世遠逐增，别儲其租，令廉幹子弟掌之，專充婚嫁諸費。男女各以穀一百五十石爲則。

一、娶婦須以嗣親爲重，不得享賓，不得用樂，違者罰之。入門四日，婿婦同往婦家，行謁見之禮。

一、娶婦三日，婦則見於祠堂，男則拜於中堂，行受家規之禮。先拜四拜，家長以家規授之，祝其謹守弗失；復拜四拜而去。又以房扁授之，使其揭於房闥之外，以爲出入觀省，會茶而退。

一、子孫當娶時，須用同身寸製深衣一襲，巾履各一事，仍令自藏，以備行禮之用。

一、子孫有妻子者，不得更寘側室，以亂上下之分，違者責之。若年四十無子者，許置一人，不得與公堂坐。

一、女子議親，須謀於衆，其或父母於幼年妄自許人者，公堂不與妝奩。

一、女適人者，若有外孫彌月之禮，惟首生者與之，餘並不許，但令人以食味慰問之。

一、甥婿初歸，除公堂以禮與之，不得別有私與，諸親並同。

一、姻家初見，當以幣帛爲贄，不用銀斝。他有饋者，此亦不受。

一、喪禮久廢，多惑於釋老之說，今皆絶之。其儀式並遵《文公家禮》。

一、子孫臨喪，當務盡禮，不得惑於陰陽，非禮拘忌，以乖大義。

一、喪事不得用樂。服未闋者，不得飲酒食肉，違者以不孝論。

一、子孫器識可以出仕者，頗資勉之。既仕，須奉公勤政，毋蹈貪黷，以忝家法。任滿交代，不可過於留戀；亦不宜恃貴自尊，以驕宗族。仍用一遵家範，違者以不孝論。

一、子孫儻有出仕者，當蚤夜切切以報國爲務。撫恤下民，實如慈母之保赤子；有申理者，哀矜懇惻，務得其情，毋得苛虐。又不可一毫妄取於民。若在任衣食不能給者，公堂資而勉之；其或廪禄有餘，亦當納之公堂，不可私於妻孥，競爲華麗之飾，以起不平之心。違者天實臨之。

一、子孫出仕，有以贓墨聞者，生則於《譜圖》上削去其名，死則不許入祠堂。如果被誣指者，則不拘此。

一、宗人實共一氣所生，彼病則吾病，彼辱則吾辱，理勢然也。子孫當委曲庇覆，勿使失所，切不可恃勢凌轢以忝厥祖。更於缺食之際，揆其貧者，月給穀六斗，直至秋成住給。其不能婚嫁者助之。

一、爲人之道，舍教其何以先？當營義方一區，以教宗族之子弟，免其束脩。

一、宗族之無所歸者，量撥房室以居之。更勸勿用火葬，無地者，聽埋義冢之中。

一、立義冢一所。鄉鄰死亡委無子孫者，與給槥櫝埋之；其鰥寡孤獨果無以自存者，時賙給之。

一、宗人無子，實墜厥祀，當擇親近者爲繼立之，更少資之。

一、宗人苦寒，深當憫恻。其果無衾與絮者，子孫當量力而資助之。

一、祖父所建義祠，蓋奉宗族之無後者。立春祭先祖畢，當令子弟設饌祭之，更爲修理，毋致隳壞。

一、立春當行會族之禮，不問親疏，户延一人，食品以三進爲節。

一、里黨或有缺食，裁量出穀借之，後催原穀歸還，勿收其息。其産子之家，給助粥穀二斗五升。

一、展藥市一區，收貯藥材。鄰族疾病，其證章章可驗，如瘧痢、癰癤之類，施藥與之。更須診察寒熱虚實，不可慢易。此外不可妄與，恐致悮人。

一、橋圮路淖，子孫儻有餘資，當助修治，以便行客。或遇隆暑，又當於通衢設湯茗一二處，以濟渴者。自六月朔至八月朔止。

一、里黨之痌瘝疾痛，吾子孫當深念之。彼不自給，况望其饋遺我乎？但有一毫相贈，亦不可受，違者必受天殃。

一、拯救宗族里黨一應等務，令監視置《推仁簿》逐項書之，歲終於家長前會算。其或沽名失實及執吝不肯支者，天必絶之。此吾拳拳真切之言，不可不謹，不可不慎。

一、子孫須恂恂孝友，實有義家氣象。見兄長，坐必起，行必以序，應對必以名，毋以爾我，諸婦並同。

一、子孫之於尊長，咸以正稱，不許假名易姓。

一、兄弟相呼，各以其字冠於兄弟之上；伯叔之命姪亦然，姪之稱伯叔，則以行稱繼之以父；夫妻亦當以字行，諸婦娣姒相呼並同。

一、子姪雖年至六十者，亦不許與伯叔連坐，違者家長罰之，會膳不拘。

一、卑幼不得抵抗尊長。一日之長皆是。其有出言不遜、制行悖戾者，姑誨之。誨之不悛者，則重箠之。

一、子孫受長上訶責，不論是非，但當俯首默受，毋得分理。

一、子孫固當竭力以奉尊長，爲尊長者亦不可挾此自尊。攘拳奮袂，忿言穢語，使人無所容身，甚非教養之道。若其有過，反覆諭戒之；甚不得已，會衆箠之，以示耻辱。

一、子孫黎明聞鐘即起。監視置《夙興簿》，令各人親書其名，然後就所業。或有托故不書者，議罰。

一、子孫飲食，幼者必後於長者。言語亦必有倫，應對賓客，不得雜以里俗方言。

一、子孫不得謔浪敗度、免巾徒跣。凡諸舉動，不宜掉臂跳足以陷輕儇。見賓客，亦當肅行祇揖，不可參差錯亂。

一、子孫不得觀非禮之書，其涉戲謔淫褻之語者，即焚毁之，妖幻符呪之屬並同。

一、子孫不得從事交結，以保助閭里爲名而恣行己意，遂致輕冒刑憲，墮圮家業。故吾再三言之，切宜刻骨。

一、子孫毋習吏胥，毋爲僧道，毋狎屠豎，以壞亂心術。當時以「仁義」二字銘心鏤骨，庶或有成。

一、廣儲書籍，以惠子孫，不許假人，以致散逸。仍識卷首云：「義門書籍，子孫是教；鬻及借人，兹爲不孝。」

一、延迎禮法之士，庶幾有所觀感，有所興起。其於問學，資益非小。若哤詞幻學之流，當稍款之，復遜辭以謝絶之。

一、小兒五歲者，每朔望參祠講書及忌日奉祭，可令學禮。入小學者，當預四時祭祀。每日蚤膳後，亦隨衆到書齋祗揖。須值祠堂者及齋長舉明，否則罰之；其母不容，亦罰之。

一、子孫自八歲入小學，十二歲出就外傅，十六歲入大學，聘致明師訓飭。必以孝弟忠信爲主，期底於有道。若年至二十一歲，其業無所就者，令習治家理財。向學有進者弗拘。

一、子孫年十二，於正月朔則出就外傅。見燈不許入中門，入者箠之。

一、子孫爲學，須以孝義切切爲務。若一向偏滯詞章，深所不取。此實守家第一事，不可不慎。

一、子孫年未二十五者，除綿衣用絹帛外，餘皆衣布。除寒凍用蠟履外，其餘遇雨皆以麻履。從事三十里内並須徒步。初到姻親家者不拘。

一、子孫年未三十者，酒不許入脣；壯者雖許少飲，亦不宜沉酗杯酌，喧呶鼓舞，不顧尊長，違者箠之。若奉延賓客，唯務誠慤，不必强人以酒。

一、子孫當以和待鄉曲，寧我容人，毋使人容我。切不可先操忿人之心；若累相凌逼，進進不已者，當理直之。

一、秋成穀價廉平之際，糴五百石，别爲儲畜；遇時闕食，依原價糶給鄉鄰之困乏者。

一、子孫不得惑於邪説，溺於淫祀，以徼福於鬼神。

一、子孫不得修造異端祠宇，妝塑土木形像。

一、子孫處事接物，當務誠朴，不可置纖巧之物，務以悦人，以長華麗之習。

一、子孫不得與人炫奇鬥勝，兩不相下。彼以其奢，我以吾儉，吾何害哉！

一、既稱義門，進退皆務盡禮。不得引進娼優，謳詞獻妓，娱賓狎客，上累祖宗之嘉訓，下教子孫以不善。甚非小失，違者家長箠之。

一、家業之成，難如升天，當以儉素是繩是準。唯酒器用銀外，子孫不得别造，以敗我家風。

一、俗樂之設，誨淫長奢，切不可令子孫聽，復習肄之，違者家長箠之。

一、棋枰、雙陸、詞曲、蟲鳥之類，皆足以蠱心惑志，廢事敗家，子孫當一切棄絶之。

一、子孫不得畜養飛鷹獵犬，專事游佚，亦不得恣情取饜，以敗家事。違者以不孝論。

一、吾家既以孝義表門，所習所行，無非積善之事。子孫皆當體此，不得妄肆威福，圖脅人財，侵凌人産，以爲祖宗植德之累，違者以不孝論。

一、子孫受人贄帛，皆納之公堂，後與回禮。

一、子孫不得無故設席，以致濫支。唯酒食是議，君子不取。

一、子孫不得私造飲饌，以徇口腹之欲，違者姑誨之；誨之不悛，則責之。産者、病者不拘。

一、凡遇生朝，父母舅姑存者，酒果三行；亡者，則致恭祠堂，終日追慕。

一、壽辰既不設筵，所有襪履，亦不可受，徒蠹女工，無益於事。

一、家中燕饗，男女不得互相獻酬，庶幾有别。若家長、舅姑禮宜饋食者不拘。

一、各房用度雜物，公堂總買而均給之，不可私托鄰族，越分競買鮮華之物，以起乖争。

一、家衆有疾，當痛念之，延良醫以救療之。

一、居室既多，守夜當輪用已娶子弟，終夜鳴磬以達於旦，仍鳴小磬，週行居室者四次。所過之處，隨手啓閉門扃，務在謹嚴，以防偷竊。有故不在家者，次輪當者續之。

一、防虞之事，除守夜及就外傳者，別設一人，謹察風燭，掃拂竈塵。凡可以救災之具，常須增寘，若油籃繫索之屬。更列水缸於房闥之外，冬月用草結蓋，以護寒凍。復於空地造屋，安置薪炭。所有辟蚊藁燼亦棄絶之。

一、旱暵之時，子弟不得吝惜陂塘之水，以妨灌注。

一、諸婦必須安詳恭敬，奉舅姑以孝，事丈夫以禮，待娣姒以和。然無故不出中門，夜行以燭，無燭則止。如其淫狎，即宜屏放。若有妬忌長舌者，姑誨之；誨之不悛，則責之；責之不悛，則出之。

一、諸婦媟言無恥及干與閫外事者，當罰拜以媿之。

一、諸婦初來，何可便責以吾家之禮？限半年，皆要通曉家規大意。或有不教者，罰其夫。

一、初來之婦，一月之外，許用便服。

一、諸婦服飾，毋事華靡，但務雅潔，違則罰之。更不許其飲酒。年過五十者弗拘。

一、諸婦之家，貧富不同，所用器物，或有或無。家長量度給之，庶使均而無怨。

一、諸婦主饋，十日一輪，年至六十者免之。新娶之婦，與假三月；三月之外，即當主饋。主饋之時，外則告於祠堂，内則會茶以聞于衆。托故不至者，罰其夫。膳堂所有鎖鑰及器皿之類，主饋者次第交之。

一、諸婦工作，當聚一處，機杼紡績，各盡所長，非但別其勤惰，且革其私心。

一、主母之尊，欲使家衆悦服，不可使側室爲之，以亂尊卑。

一、每歲畜蠶，主母分給蠶種與諸婦，使之在房畜飼。待成熟時，却就蠶屋上箔，須令子弟值宿，以防風燭。所得之繭，當就一處抽繅。更預先抄寫各房所畜多寡之數，照什一之法賞之。

一、諸婦每歲所治絲綿之類，羞服長同主母稱量付諸婦，共成段疋。羞服長復著其銖兩於簿，主母則催督而成之。諸婦能自織造者，羞服長先用什一之法賞之，然後給散於衆。

一、諸婦每歲公堂於九月俵散木棉，使成布疋。限以次年八月交收，通賣錢物，以給一歲衣資之用。公堂不許侵使。或有故意製造不佳及不登數者，則準給本房，甚者住其衣資不給。病者不拘。有能依期而登數者，照什一之法賞之，其事並係羞服長主之。

一、諸婦育子，不得接受鄰族雞子彘胃之類，舊管日週給之。

一、諸婦育子，苟無大故，必親乳子，不可置乳母，以飢人之子。

一、諸婦之於母家，二親存日，禮得歸寧。無者不許。其有慶吊勢不可已者，但令人往。

一、諸婦姻親頗多，除本房至親與相見外，餘並不許。可相見者亦須子弟引導，方入中門，見燈不許。違者會衆罰其夫。主母不拘。

一、婦人親族有爲僧道者，不許往來。

一、朔望後一日，令諸生聚揖之時，直説古《列女傳》，使諸婦聽之。

一、世人生女，往往多致溺没。縱曰女子難嫁，荆釵裙布，有何不可？諸婦違者議罰。

一、女子年及八歲者，不許隨母到外家。餘雖至親之家，亦不許往，違者重罰其母。

一、少母但可受自己子婦跪拜，其餘子弟不過長揖。諸婦並同。有違之者，監視議罰。死後忌日亦同。

一、男女不共圊溷，不共湢浴，以謹其嫌。春冬則十日一浴，夏秋不拘。

一、男女不親授受，禮之常也。諸婦不得用刀鑷工剃面。

一、莊婦類多無識之人，最能翻鬥是非。若非高明，鮮有不遭其聾瞽，切不可縱其來往。歲時展賀，亦不可令入房闥。

性理大全書·家禮

（明）胡廣等 編
唐青州 整理

《性理大全書・家禮》解題

呂振宇

《性理大全書・家禮》，南宋朱子撰，楊復、劉垓孫、黄瑞節、劉璋等注，明胡廣等奉敕修。

朱子《家禮》初成即佚，未得匡修，文本難稱完密，與朱子晚年叙論亦有差別，宋時即有陳淳、潘時舉、黄榦、方岳、劉垕、方氏、鄧炎、車垓等人商講補訂。其中，最早、最全、最精者當推楊復《附注》。楊復，字志仁，號信齋，福州長溪（今福建福安）人。受業朱子之門，與黄榦、劉子淵、陳日湖友善。真德秀帥閩，嘗建貴德堂於郡學，延其講教，閩士多就學焉。嘗續黄榦《儀禮經傳通解・祭禮》稿成《祭禮》十四卷，另著有《儀禮圖》《大學中庸口義》《論語問答》等。傳見《道南源委録》《萬曆福安縣志》等。嘉定十六年（一二二三），楊復附注《家禮》成，紹定四年（一二三一）間付梓。其書擇取朱子著述，用以釋解、補充、辨正《家禮》原文，並闡發朱子冠、婚、喪、祭相關禮學思想，實際上已成爲後世研習《家禮》不可繞行的要籍。淳祐五年（一二四五）間，周復刻《家禮》，附有楊注，然周氏「恐其間斷文公本書」，一一自《家禮》原文各條下抽出，别置《附録》中，且以「楊氏往往多不滿之意」，删汰幾三分之二，其貌蕩然。

元初，福建刻《纂圖集注文公家禮》。其書署「門人秦溪楊復附注、後學復軒劉垓孫增注」，收楊注九十八條、劉注十四條，係存世最早的楊復全注《家禮》本，以後《家禮》注釋書多從此出。劉垓孫號「復軒」，生平無考，唯其「增注」猶言「孝宗」「高宗」「光宗」且前有空格，或亦宋人。

元大德九年（一三〇五），黄瑞節編《朱子成書》成，内有《家禮》。黄瑞節，字觀樂，吉州安福（今江西安福）人。延祐間，以薦授泰和州學正，復起祠宇祀鄉先賢。嘗萃朱子所著《太極圖》《通書》《西銘》等十書，加以釋注，是爲《成書》。傳見《嘉靖江西通志》《同治泰和縣志》等。《成書》以「冠昏喪祭，折衷三千年之異同而歸之一，莫備於《家禮》」，取《纂圖集注文公家禮》爲藍本，間附補充、按語而成。《朱子成書·家禮》每撮采楊、劉注文，難稱完帙，唯圖有增廣，爲後世所襲。

元末明初，有增修《纂圖集注文公家禮》者。其書署「門人楊復附注　劉垓孫增注　劉璋補注」，較之前帙，增有劉璋「補注」三十七條。劉璋生平無考，但《朱子成書》未引其注而《性理大全》引之，似當爲元末明初人。

明太祖尊崇朱子，《家禮》因之采入國家禮典，頒示天下，通用民間。至永樂十三年（一四一五），明廷頒行《性理大全》，内有《家禮》，正式標誌著其書完成其經典化的躍進。《明太宗實録》卷一百六十八「永樂十三年九月己酉」記其事甚明：

《五經、四書大全》及《性理大全》書成。先是，上命翰林院學士兼左春坊大學士胡廣等編類是書，既成，廣等以稿進，上覽而嘉之，賜名《五經、四書、性理大全》，親制序於卷首。至是繕寫成帙，計二百二十九卷，廣等上表進，上御奉天殿受之，命禮部刊賜天下。

《孔子文化大全》（濟南：山東友誼書社，一九八九年）影印有明經廠本《性理大全》。其書正文半頁十行二十二字，小字雙行同，黑口，雙黑魚尾，四邊雙邊。有句讀、圖，無刻工、鈐印。首有朱棣《御制性理大全書序》，胡廣、楊榮、金幼孜《進書表》，《先儒姓氏》（周敦頤等一百二十一人）、纂修人員（胡廣等四十二人）、《性理大全書目録》。蓋「輯先儒成書及其論議格言，輔翼《五經》、《四書》，有裨於斯道者，類編爲帙」，凡七十卷。前二十六卷收録《太極圖説》、《通書》、《西銘》等九種成書，二十七卷以下則以諸家言論分門輯爲理氣、鬼神、性理等十三類。《大全》卷十八《家禮一》即《家廟之圖》、《祠堂之圖》、《深衣前圖》等二十九圖，全部翻刻《朱子成書·家禮》而來。卷十九《家禮二》，首爲朱子《家禮序》、楊復按語（黄瑞節拼湊改造之《家禮附注序》），後即「通禮」、「冠禮」、「昏禮」。卷二十《家禮三》即「喪禮」（「初終」至「反哭」）。卷二十一《家禮四》即「喪禮」（「虞祭」至諸書狀）、「祭禮」。正文先列《家禮》原文、原注，後臚陳諸家注解，大抵以二《纂圖集注文公家禮》、《朱子成書·家禮》爲主，間有補充。兹以「四龕以奉先世神主」句後注解爲例説明：

《纂圖集注文公家禮》：附注或問廟主……○問諸侯廟制……○司馬文正公曰所以西上者……○先生曰人家族衆……增注排祖先時……

《朱子成書·家禮》：伊川程子曰管攝天下人心……○張子曰宗法若立……○朱子曰大傳曰……按神主位次

《性理大全書·家禮》：程子曰管攝天下人心……○宗子法廢後世譜牒尚有遺風譜牒又廢人家不知來處無百年之家骨肉無統雖至親恩亦薄○張子曰宗法若立……○司馬温公曰所以西上者……○或問廟主……○問諸侯廟制……○大傳云……○楊氏復曰先生云人家族衆……○排祖先時……○黄氏瑞節曰按神主位次……

容易發現：

一　《大全》采入三書全部注解，並補充《程氏遺書》卷十五中程頤論譜牒一段，豐富詳贍，宜乎「大全」之名。

二　《大全》依照作者順序（程頤、張載、司馬光、朱子、楊復、黄瑞節）對注解作了規範調整。

三　《大全》在規整中存在錯注（「或問廟主」、「問諸侯廟制」實爲楊復注）、失注（「排祖先時」實爲劉垓孫注）。

四　《大全》客觀上孱亂了三書，其原貌不可復見。

《大全》刊行甚廣，今仍存明刻本多種，入清後康熙帝嘗命李光地等「擷其精華」，節編《性理精義》十二卷，此俱不贅。《家禮》緣此激推，遂得列於學宫，誦於士庶，行於民間，其勢益盛，影響深遠。

此次整理，即以《孔子文化大全》影印之明經廠本爲底本進行整理。不當之處，敬請專家學者指正。

目録

性理大全書卷之二十一　家禮四

性理大全書卷之十八　家禮一

性理大全書卷之十八
家禮一

家廟之圖

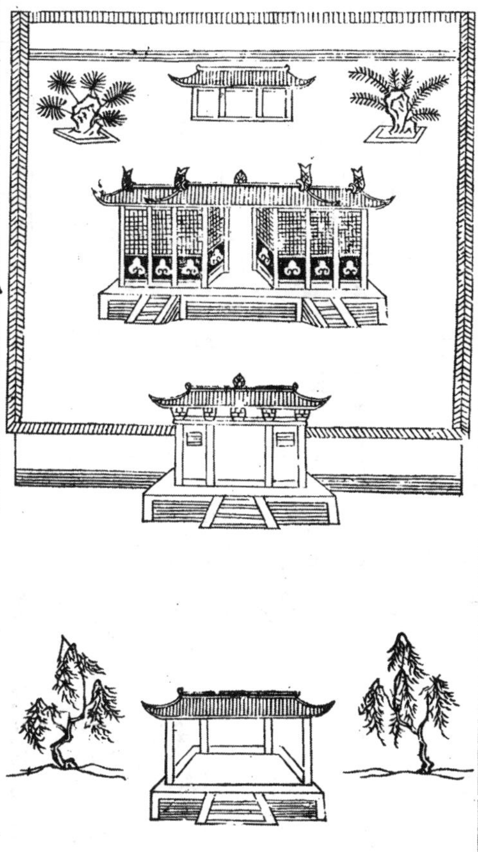

祠堂之圖

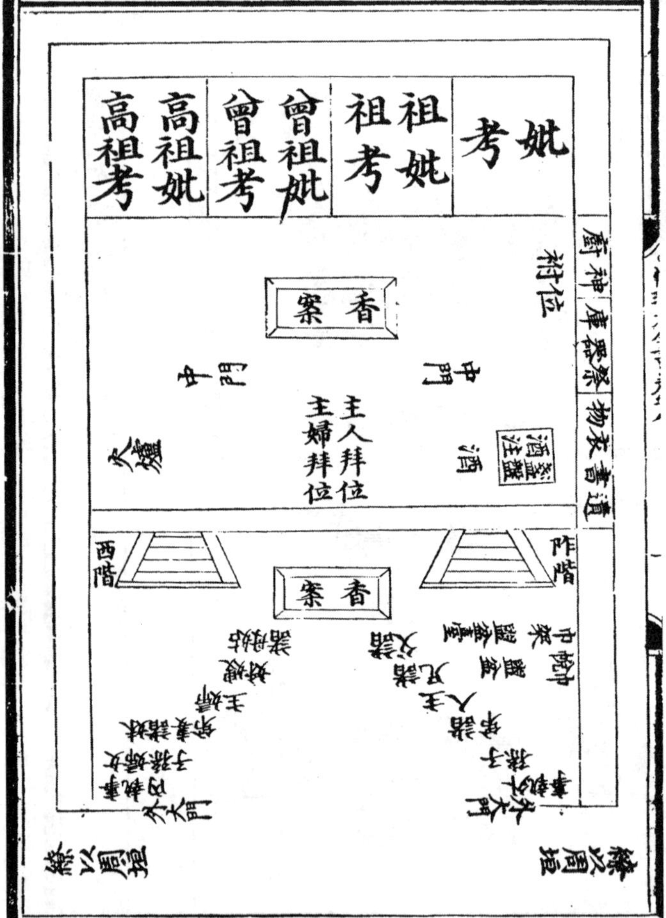
考
妣
祖考
祖妣
曾祖考
曾祖妣
高祖考
高祖妣
祔位
神廚
遺書衣物
祭器庫
香案
中門
中門
主人拜位
主婦拜位
酒
酒注盞盤
阼階
西階
香案
繚以周垣

深衣前圖

袷緣廣二寸
音劫
袪
袂
衣身二尺二寸
袂
袪
袪袖口也尺有二寸圍之則二尺有四寸緣廣寸半
格
縫合此處謂之續衽鉤邊
裳前後共十二幅
裳緣廣寸半與袪同
續衽鉤邊
裳下
曰齊
音咨

深衣後圖

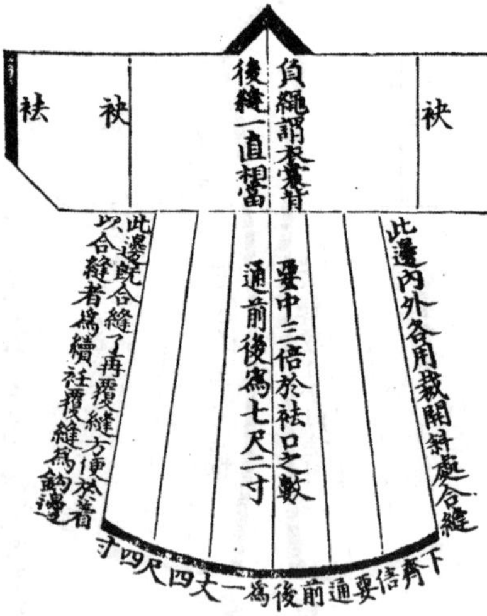
祛
袂
袂
負繩謂衣裳背
後縫一直想當
此邊内外各用裁開斜處合縫
要中三倍於祛口之數
通前後爲七尺二寸
此邊既合縫了再覆縫方便於着
以合縫者爲續衽覆縫爲鈎邊
下齊倍要通前後爲一丈四尺四寸

著深衣前兩襟相掩圖

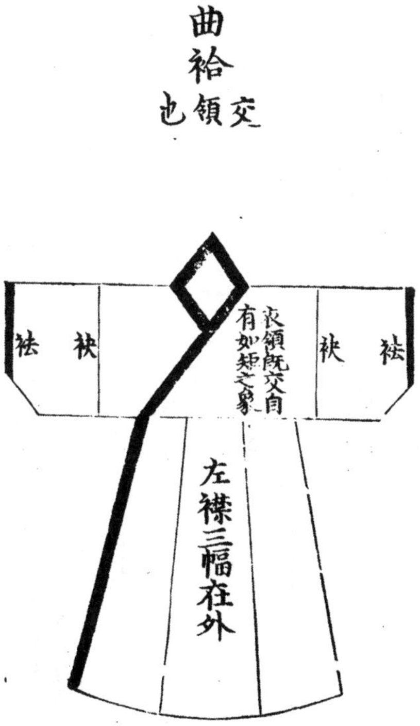
曲袷交領也
袪
袂
衣領既交自有如矩之象
袂
袪
左襟三幅在外

裁衣前法　裁衣後法

正身二尺二寸中綴領處斜長四寸庶綴裳相接處平正便於著也

四寸

正身二尺二寸中負繩處斜長一寸而綴裳相接則著時腰間綴痕平正

一寸

曲裾裁制

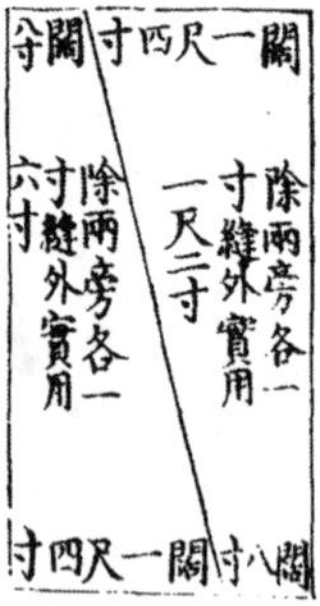

曲裾成制

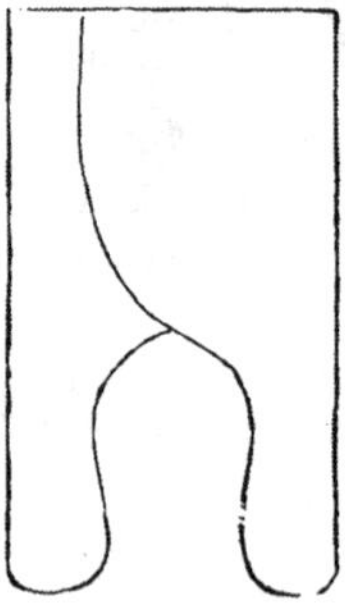

曲裾

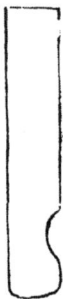

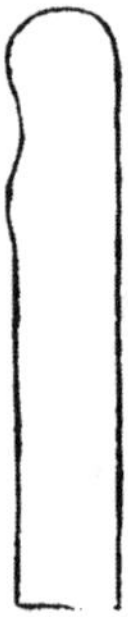

縫制

深衣冠履之圖

玉藻云天子素帶朱裏終辟諸侯素帶終辟大夫素帶辟垂註云大夫辟其紐及末士辟其末而已○按終充也辟緣也充辟謂盡緣之也紐兩耳也天子以素為帶以朱為裏從腰後至紳皆緣之也諸侯亦然但不朱裏耳大夫緣其兩耳及紳腰後則不緣也士惟緣其紳腰及兩耳皆不緣也

糊紙為之武高寸許廣三寸袤四寸上為五梁廣如武之袤而長八寸跨頂前後下著於武屈其兩端各半寸自外向內而黑漆之武之兩旁半寸之上竅以受笄笄用齒骨凡白物○王普制度云緇布冠用烏紗漆為之不如紙尤堅硬

用黑繒六尺許中屈之右邊就屈處為橫帆左邊反屈之自帆左四五寸間斜縫向左圓曲而下遂循左邊至于兩末復反所縫餘繒使之向裏以帆當額前裹之至兩耳旁各綴一帶廣二寸長二尺自巾外過頂後相結而垂之

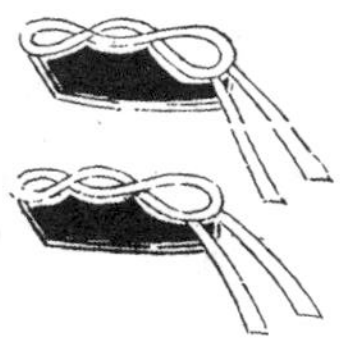

深衣用白屨狀如今之履絢音劬繶音益純音準綦音忌四者以緇絢者謂屨頭屈修或繒為鼻繶者縫中紃音旬也純謂屨口緣也綦所以繫屨也或用黑屨白純禮亦宜然

行冠禮圖

筵于東序少北此冠義所謂冠於阼也少北者主人位在東序端辟主人也

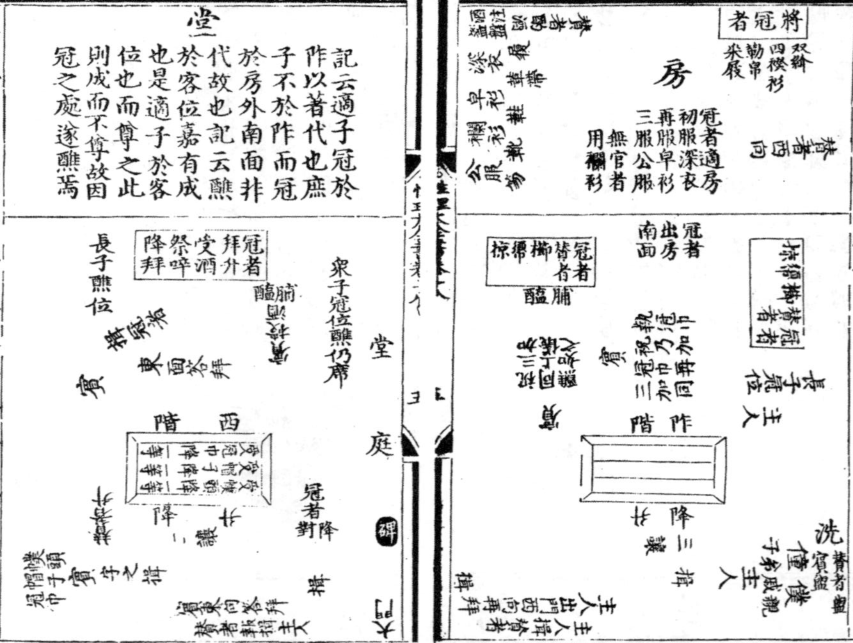

筵于堂少西堂西乃賓客之位此冠義所謂醮於客位也賈疏云必以西爲客位者地道尊右故也

昏禮親迎之圖

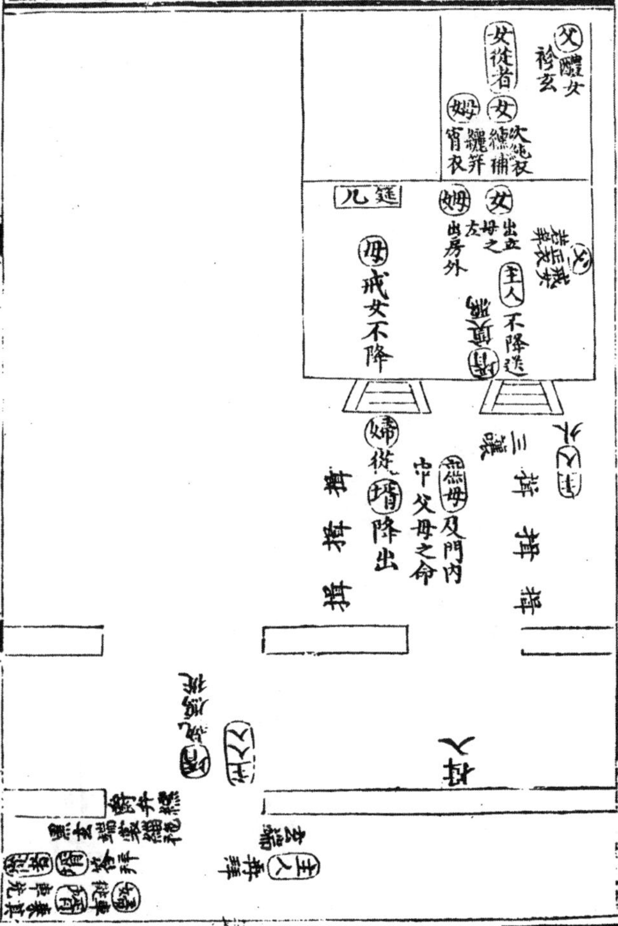
父 醴女 袗玄
女從者
女 次純衣纁袡
姆 宵衣 纚笄
女
姆
筵 几
母 戒女不降
主人 不降送
三讓
揖 揖 揖
婦從
婿 降出
及門內
父母之命
揖 揖 揖
揖入
主人 揖

衿鞶篋笥楎椸圖

衿鞶

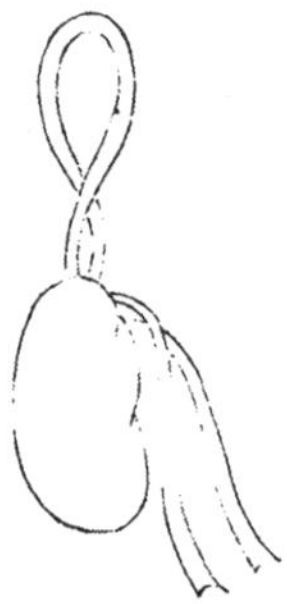

篋

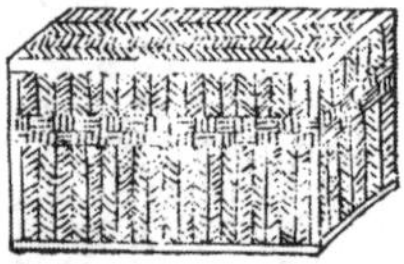

笥

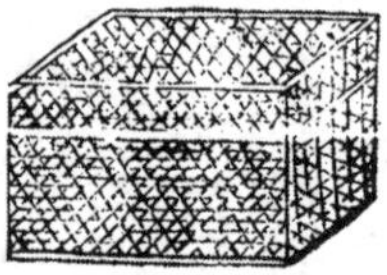

楎

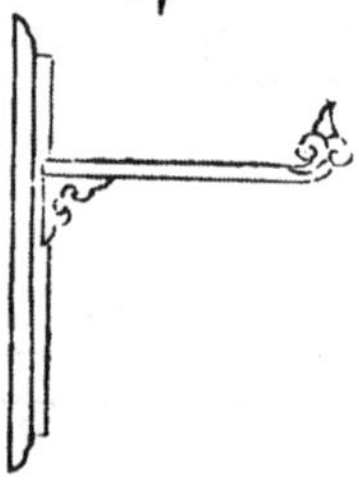

椸

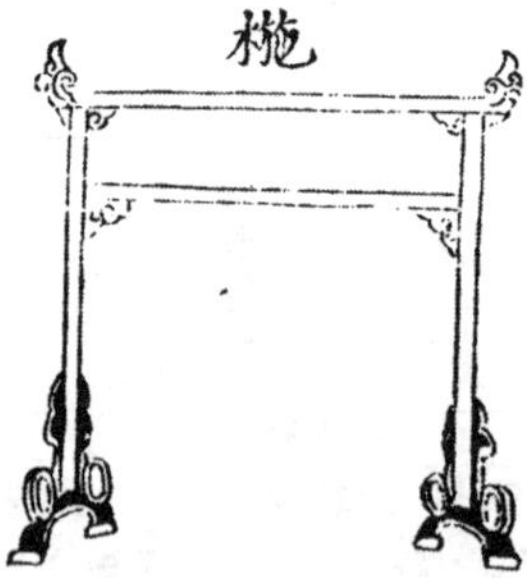

小斂襲含哭圖

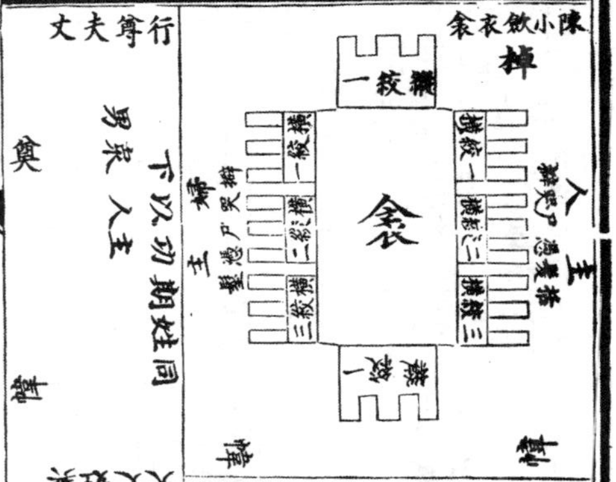

小斂先布絞之橫者三於尸牀，次布絞之縱者一於其上，次布衾於絞之上，次布小斂衣於衾之上，然後遷尸其上。舒絹疊衣以藉其首，卷兩端以補兩肩空處，又卷衣夾其兩脛，以餘衣掩尸左衽，裹之以衾，別又以衾覆之，俟將大斂然後去覆衾，而結絞先結縱者，後結橫者。

丈夫姪男

陳襲衣

襪勒帛之類袍襖汗衫袴深衣大帶履幎目帛握手帛幅巾一充耳二冒二上曰質下曰殺

大斂圖之位

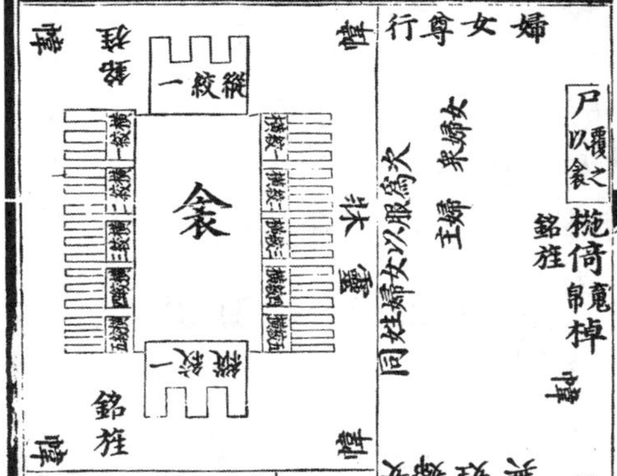

堂

女婦姪男

陳飯含

錢三實于小箱　米實于椀　櫛一　沐巾一　浴巾一

陳大斂衣衾

衣無常數　衾用有綿者

大斂先布絞之橫者五於棺中，次布絞之縱者於其上，次布衾之有綿者於其上，各垂其裔於四外，然後遷尸其中。又揣其空闕處，卷衣塞之，務令充實。以衾先掩足，次掩首，次掩左，次掩右，結絞先結縱者，次結橫者。

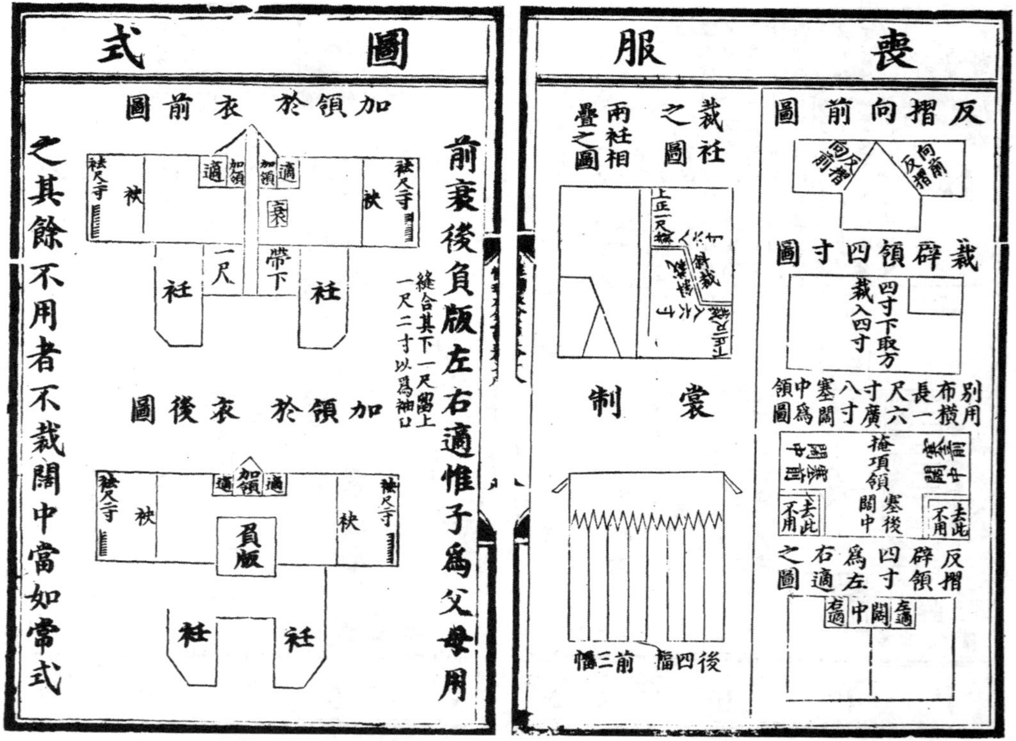
喪服圖式
反摺向前圖
向前反摺
反摺向前
裁辟領四寸圖
四寸下取方
裁入四寸
別用布長一尺六寸廣八寸塞闊中爲領圖
掩項領
塞後闊中
塞前闊中
去此不用
反摺辟領四寸爲左右適之圖
左適
闊中
右適
裁衽之圖
兩衽相疊之圖
裳制
前三幅
後四幅
加領於衣前圖
加領
適
衰
帶下
一尺
衽
袂
袪尺寸
縫合其下一尺留上一尺二寸以爲袖口
加領於衣後圖
負版
前衰後負版左右適惟子爲父母用
之其餘不用者不裁闊中當如常式

冠絰絞

士喪禮疏曰麻在首在腰皆曰絰分而言之首曰絰腰曰帶○問絰帶之制
朱先生曰首絰大一搤只是拇指與第二指一圍腰絰較小絞帶又小於腰
絰腰絰象大帶兩頭長垂下絞帶象革帶一頭有彄子以一頭串於中而束之

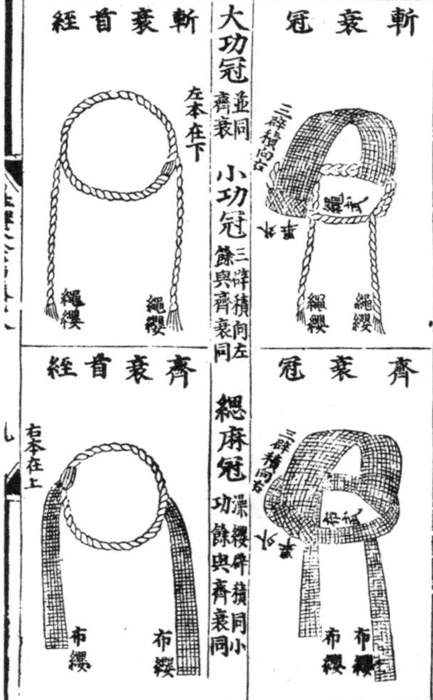

帶圖式

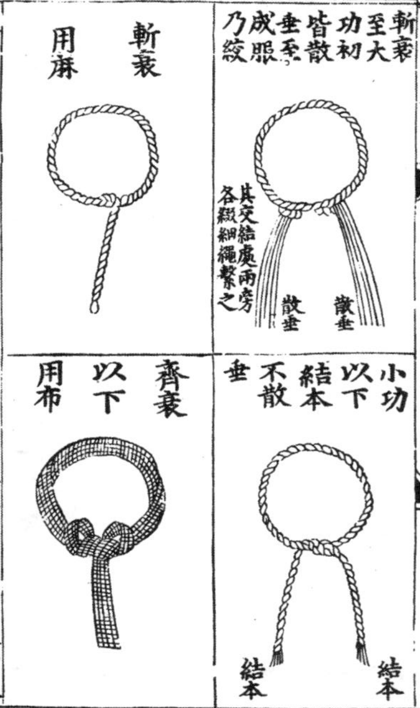

朱先生曰首絰右本在上者齊衰絰之制以麻根處著頭右邊而從
額前向左圍向頭後却就右邊元麻根處相接以麻尾藏在麻根之
下麻根搭在麻尾之上有纓者以其加於冠外須著纓方不脫落也

斬衰杖屨圖

苴杖

菅屨

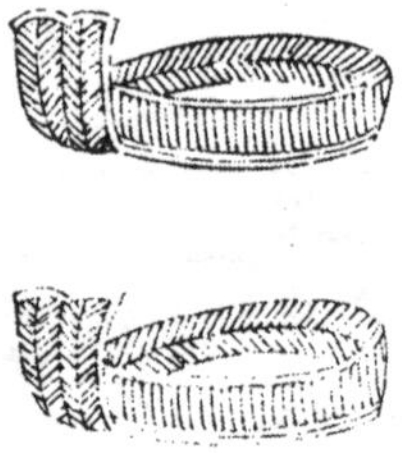

喪祭器

苞

筲

齊衰杖屨圖

削杖

疏屨

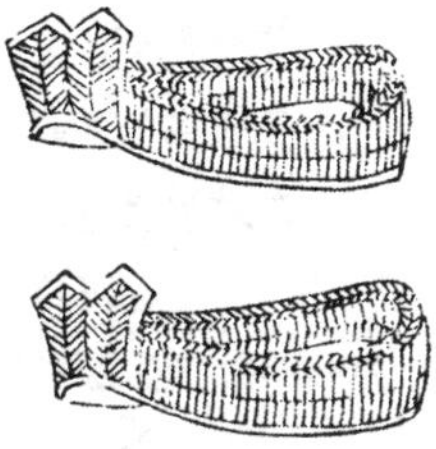

具之圖

竹格

以竹爲格以綵結之上如撮蕉亭施帷幔四角流蘇

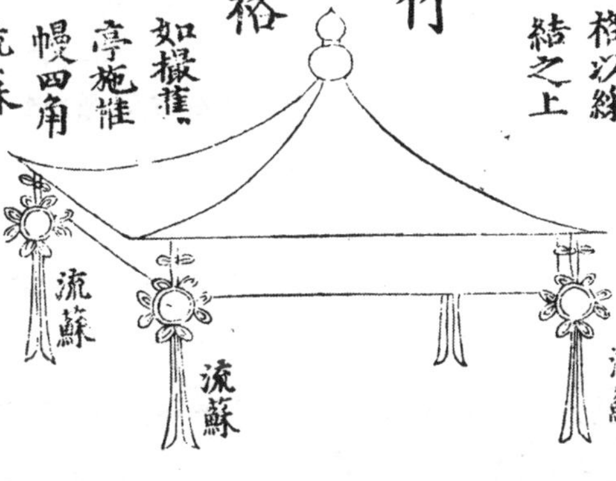

喪轝之圖

喪大記君飾棺黼翣二黻翣二畫翣二皆戴圭大夫士戴綏註
車行持之以障車既窆樹於壙中障柩尺度畫制戴本章註

翣

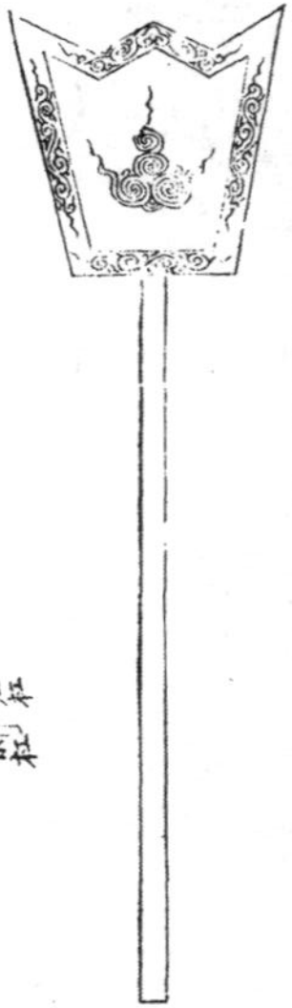

兩長杠上加伏兔附杠
處爲員鑿
別作小方牀載柩
旁立兩柱柱外施員
枘入鑿中長出其外
兩柱近上更爲方柄
加橫扃
扃兩頭出柱外者更
加小扃
杠兩頭施橫杠
橫杠上施短杠
短杠更加小杠

大轝

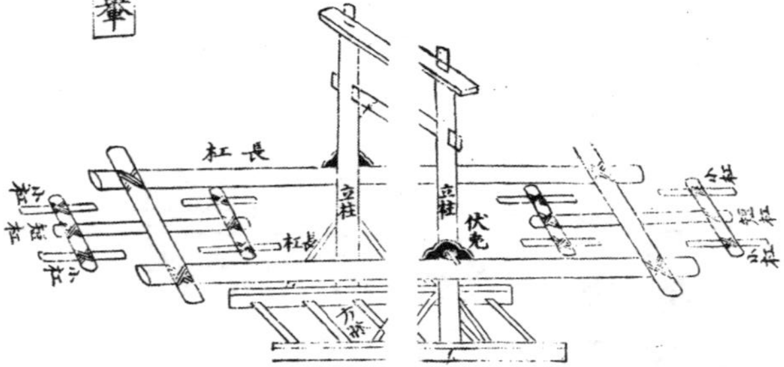

柳車之制具見三家禮圖及書儀註中然書儀云今
既難備略設帷幌花頭等不必繁華高大今家禮從
俗爲轝且爲竹格已有其制用以作圖易柳車云

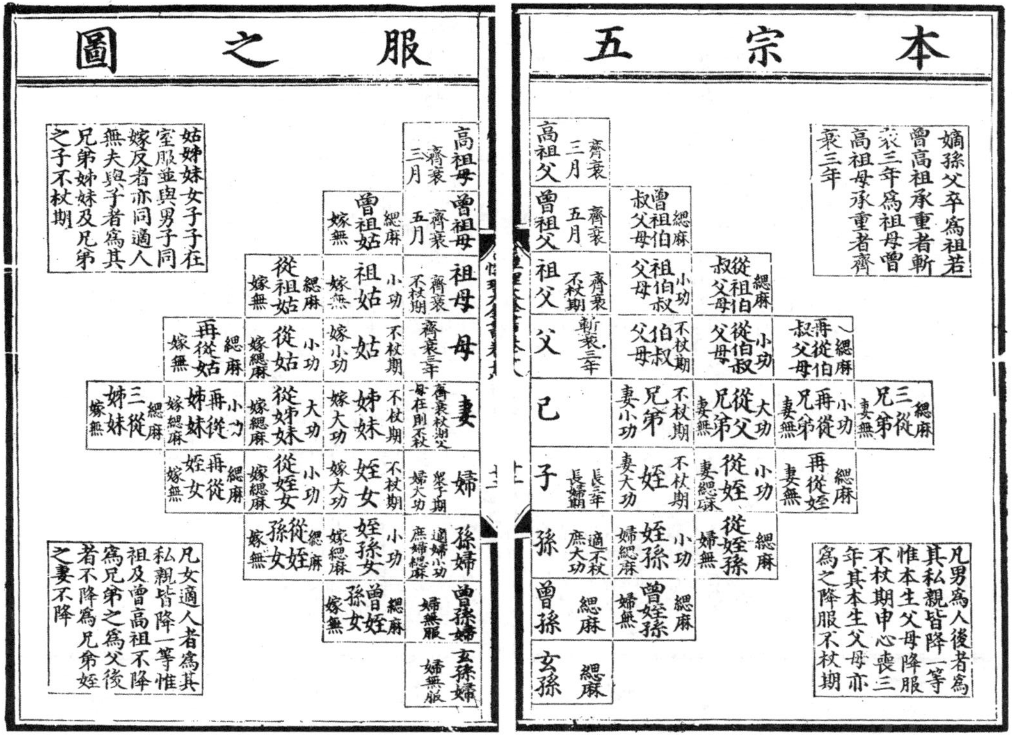
本宗五服之圖
嫡孫父卒爲祖若曾高祖承重者斬衰三年爲祖母曾高祖母承重者齊衰三年
高祖父 齊衰三月
曾祖父 齊衰五月
祖父 齊衰不杖期
父 斬衰三年
己
子 長子三年 長婦期
孫 適不杖 庶大功
曾孫 緦麻
玄孫 緦麻
曾祖伯叔父母 緦麻
祖伯叔父母 小功
伯叔父母 不杖期
兄弟 不杖期 妻小功
姪 不杖期 妻大功
姪孫 小功 婦緦麻
曾姪孫 緦麻 婦無
從祖伯叔父母 緦麻
從伯叔父母 小功
從父兄弟 大功 妻無
從姪 小功 妻緦麻
從姪孫 緦麻 婦無
再從伯叔父母 緦麻
再從兄弟 小功 妻無
再從姪 緦麻 妻無
三從兄弟 緦麻 妻無
凡男爲人後者爲其私親皆降一等惟本生父母降服不杖期申心喪三年其本生父母亦爲之降服不杖期
高祖母 齊衰三月
曾祖母 齊衰五月
祖母 齊衰不杖期
母 齊衰三年
妻 齊衰杖期 父母在則不杖
婦 衆子期 婦大功
孫婦 適婦小功 庶婦緦麻
曾孫婦 婦無服
玄孫婦 婦無服
曾祖姑 緦麻 嫁無
祖姑 小功 嫁無
姑 不杖期 嫁小功
姊妹 不杖期 嫁大功
姪女 不杖期 嫁大功
姪孫女 小功 嫁緦麻
曾姪孫女 緦麻 嫁無
從祖姑 緦麻 嫁無
從姑 小功 嫁緦麻
從姊妹 大功 嫁緦麻
從姪女 小功 嫁緦麻
從姪孫女 緦麻 嫁無
再從姑 緦麻 嫁無
再從姊妹 小功 嫁緦麻
再從姪女 緦麻 嫁無
三從姊妹 緦麻 嫁無
姑姊妹女子子在室服並與男子同嫁反者亦同適人無夫與子者爲其兄弟姊妹及兄弟之子不杖期
凡女適人者爲其私親皆降一等惟祖及曾高祖不降爲兄弟之爲父後者不降爲兄弟姪之妻不降

三父八母服制之圖

繼父

同居繼父父子皆無大功以上親乃義服不杖期

不同居謂先隨母嫁繼父同居後異或雖同居而繼父有子己有大功已上親服齊衰三月

元不同居則無服

附異父同母之兄弟姊妹各服小功五月

嫡母

妾生子謂父正室曰嫡母正服齊衰三年母與嫡子亦報服○爲衆子則服不杖期○庶子爲嫡母之父母兄弟姊妹小功母死不服

庶母

謂父妾之有子者衆子謂之義服緦麻○士之庶子爲其母齊衰三年爲父後則降○庶子爲父後者爲其母緦而爲其母之父母兄弟姊妹則無服○庶子之子爲父之母不杖期而爲祖後則無服○庶母爲其子爲君之衆子齊衰不杖期○爲君之長子齊衰三年○妾爲君斬衰三年○爲女君爲其父母不杖期○庶母慈己者謂自小乳養己者義服小功

慈母

謂庶子無母而父命他妾之無子者慈己也同親母義服齊衰三年不命則小功

出母

謂被父離弃降服杖期母爲子降服不杖期○子爲父後者則不服○女適人爲出母乃降服大功母爲女亦報服

繼母

謂父再娶之母義服齊衰三年○繼母爲長子報服齊衰三年○爲衆子乃服不杖期○繼母出則無服○若父卒繼母嫁而己從之乃服杖期繼母報服不杖期○母出爲繼母之兄弟姊妹小功

乳母

謂小乳哺曰乳母義服緦麻

養母

謂養同宗及三歲以下遺弃之子者與親母同正服齊衰三年

嫁母

謂父亡母再嫁降服杖期母爲子乃服不杖期○女子已適人者乃服大功母爲女報服○子爲父後者不服○前夫之子從己嫁者服不杖期

妻爲夫黨服圖

夫爲祖曾高祖及祖母曾高祖母承重者並從夫服

夫爲人後其妻爲本生舅姑服大功

夫高祖父母 緦麻

夫曾祖父母 緦麻

夫伯叔祖父母 緦麻
夫祖父母 大功
夫祖姑 緦麻

夫堂伯叔父母 緦麻
夫之伯叔父母 大功
舅 斬衰三年
姑 齊衰三年
夫親姑 小功
夫堂姑 緦麻

夫堂兄弟 緦麻
夫兄弟娣姒婦 小功
夫 斬衰三年
夫姊妹 小功
夫堂姊妹 緦麻

夫從堂姪 緦麻
夫堂姪婦 小功緦麻
夫姪婦 期年大功
子婦 長子齊衰三年衆子杖期嫡婦杖期衆婦大功
夫姪女 期年
夫堂姪女 小功
夫從堂姪女 緦麻

夫堂姪孫 緦麻
夫姪孫婦 小功緦麻
孫婦 大功緦麻
夫姪孫女 小功
夫堂姪孫女 緦麻

夫曾姪孫 緦麻
曾孫 緦麻
夫曾姪孫女 緦麻

元孫 緦麻

外族母黨妻黨服圖

	外祖父母小功 婦人爲夫外祖父母緦麻	
從母小功 母之姊妹婦人爲夫從母緦麻	妻父母緦麻 妻亡別娶亦同妻親母雖嫁出猶服	舅小功 母之兄弟婦人爲夫之舅緦麻
從母之子緦麻 兩姨兄弟姊妹謂從母之子也	己身	舅姑之子緦麻 姑之子曰外兄弟舅之子曰內兄弟
甥女小功 姊妹之女曰甥女	壻緦麻	甥小功婦緦麻 姊妹之子曰甥
	外孫緦麻 女之子也婦服並同	

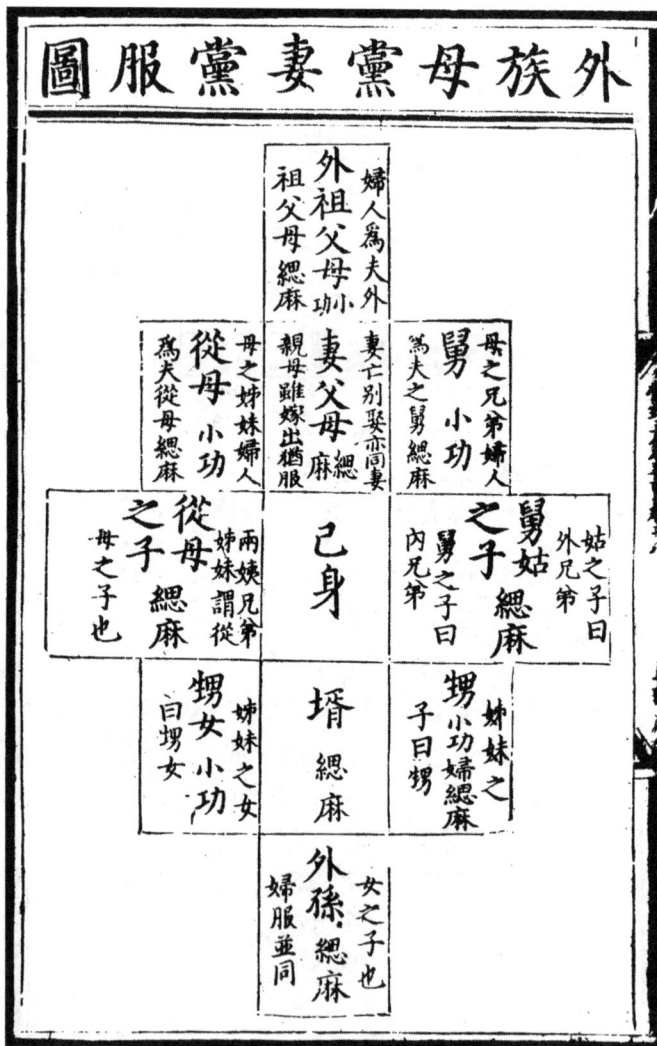

神主式

禮經及家禮舊本於高祖考上皆用皇字大德年間省部禁止回避皇字今用顯可也

全式

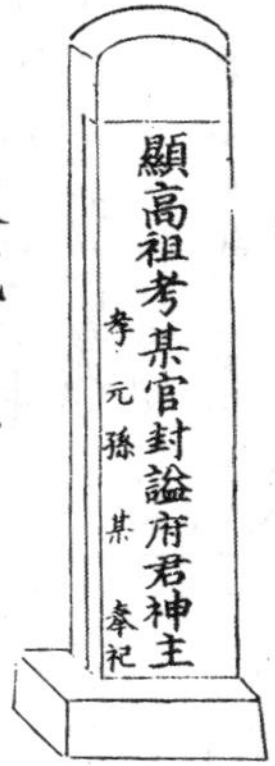

分式

前

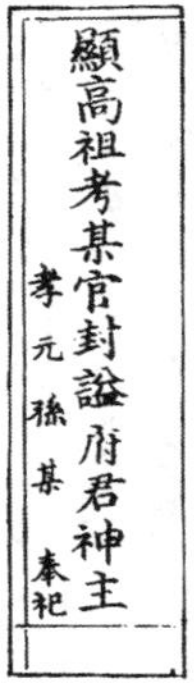

三分之一居前

後

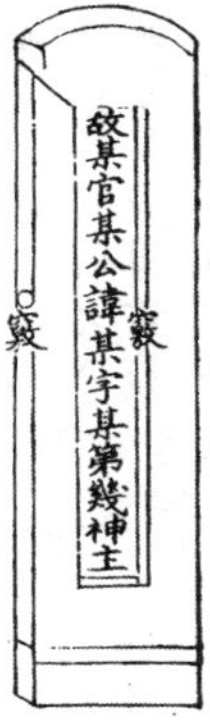

連頷三分之一居後

木主趺式

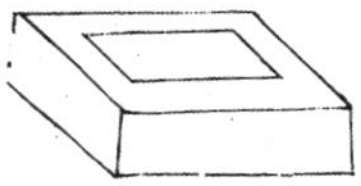

方四寸
厚寸二分

伊川先生云作主用栗取法於時日月辰趺方四寸象歲之四時高尺有二寸象十二月身博三十分象月之日厚十二分象日之辰（身趺皆厚一寸二分）剡上五分爲圓首寸之下勒前爲頷而判之一居前二居後（前四分後八分）陷中以書爵姓名行（書曰故某官某公諱某字某第幾神主陷中長六寸闊一寸）合之植於趺（身出趺上一尺八分并趺高一尺二寸）竅其旁以通中如身厚三之一（謂圓徑四分）居二分之上（謂在七寸二分之上）粉塗其前以書屬稱（屬謂高曾祖考稱謂官或號行如處士秀才幾郎幾公）旁題主祀之名（曰孝子某奉祀）加贈易世則筆滌而更之（水以灑廟牆）外改中不改

櫝韜藉式

按書儀云版下有趺韜之以囊藉之以褥府君夫人共爲一匣而無其式今以見於司馬家廟者圖之

坐式

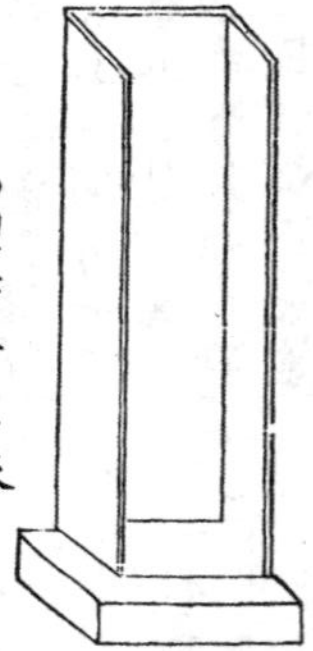

面頂俱虛

底蓋闊厚出令受蓋

蓋式

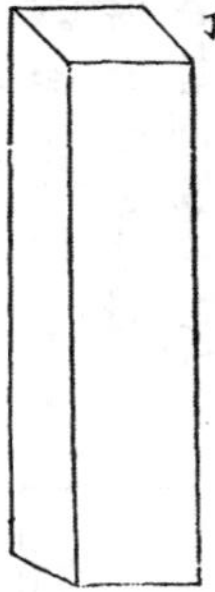

平頂

四向直下正闊旁狹

蓋座皆以黑漆飾之

韜全式

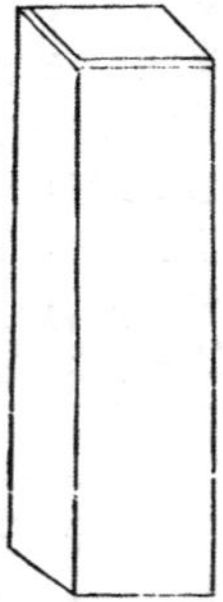

式如斗帳合縫居後之中稍留其末頂用薄版自上而下韜之與主身齊

韜縫式

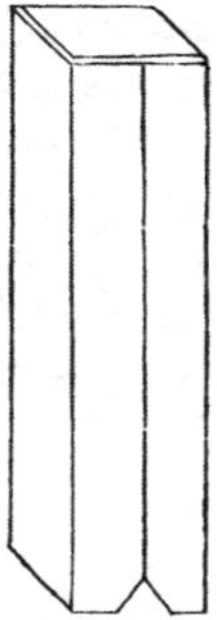

藉

方闊與櫝內同疊布加厚褁之以帛考紫妣緋囊亦如之

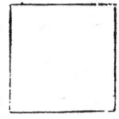

程先生木主之制取象甚精可以爲萬世法然用其制者多失其眞往往不攷用尺之長短故也蓋周尺當今省尺七寸五分弱而程氏文集與温公書儀多誤註爲五寸五分弱而所謂省尺者亦莫知其爲何尺時舉舊嘗質之晦翁先生答云省尺乃是京尺温公有圖子所謂三司布帛尺者是也繼從會稽司馬侍郎家求得此圖其間有古尺數等周尺居其右三司布帛尺居其左以周尺校之布帛尺正是七寸五分弱於是造主之制始定今不敢自隱因圖主式及二尺長短而著伊川之説於其旁庶幾用其制者可以曉然無惑也嘉定癸酉季秋乙卯臨海潘時舉仲善父識

櫝式

前作兩窻啓閉

平頂四直

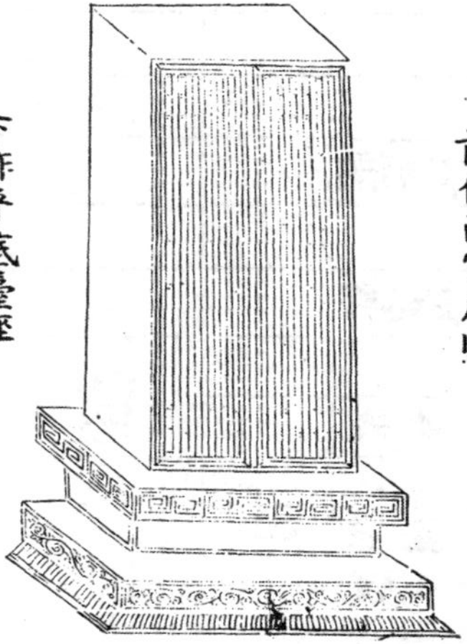

下作平底臺座

尺式

當今省尺五寸五分弱

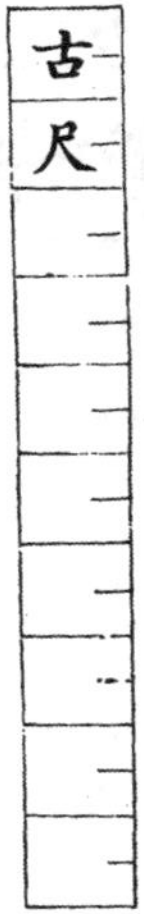

當三司布帛尺七寸五分弱當淅尺八寸四分

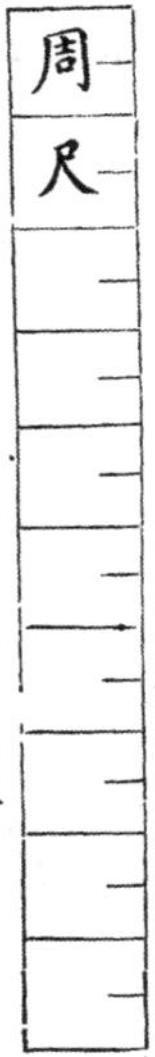

神主用周尺亦見南軒家所刻本

三司布帛尺　比上周尺更加三寸四分

即是省尺又名京尺當周尺一尺三寸四分當淅尺一尺一寸三分

右司馬公家石刻本

大宗小宗圖

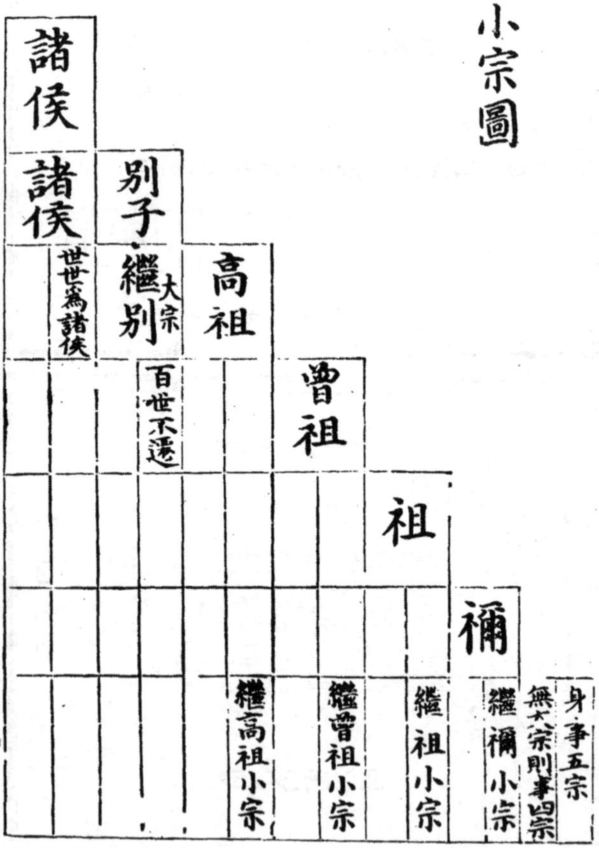
諸侯
諸侯
世世爲諸侯
別子
繼別
大宗
百世不遷
高祖
曾祖
祖
禰
繼高祖小宗
繼曾祖小宗
繼祖小宗
繼禰小宗
身事五宗
無大宗則事四宗

劉氏垓孫曰：「呂汲公《家祭儀》曰：『古者小宗有四：有繼禰之宗、繼祖之宗、繼曾祖之宗、繼高祖之宗，所以主祭祀而統族人。後世宗法既廢，散無所統。祭祀之禮，家自行之。支子不能不祭，祭不必告於宗子。今宗法雖未易復，而宗子主祭之義略可舉行。宗子爲士，庶子爲大夫以上，牲祭於宗子之家。故今議家廟雖因支子而立，亦宗子主其祭，而用其支子命數所得之禮，可合禮意。』」先生曰：「祭祀須是用宗子法，方不亂，不然前面必有不可處置者。」〇父在，主祭，予出仕宦不得祭；父没，宗子主祭。庶子出仕宦，祭時其禮亦合減殺，不得同宗子。〇宗子只得立適，雖庶長，立不得。若無適子，則亦立庶子，所謂「世子之同母弟」。世子是適，若世子死則立世子之親弟，亦適也，是庶子不得立也。〇大宗法既立不得，亦當立小宗法。祭自高祖以下，親盡則請出高祖就伯叔位，服未盡者祭之。嫂則别處後其子私祭之。今世禮全亂了。

正寢時祭之圖

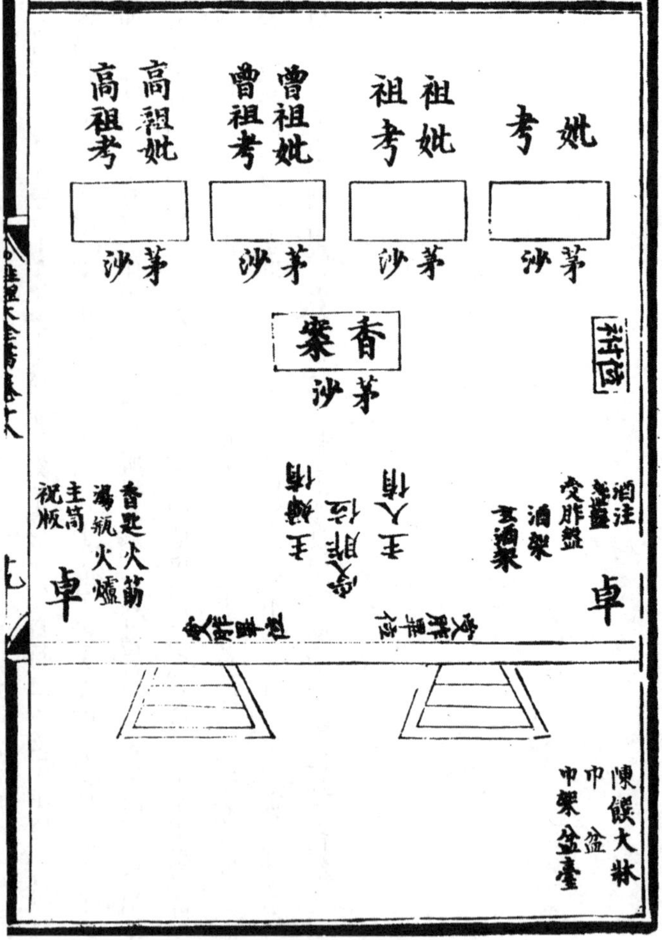
妣
考
祖妣
祖考
曾祖妣
曾祖考
高祖妣
高祖考
茅沙
茅沙
茅沙
茅沙
香案
茅沙
祔位
卓
卓
香匙火筯
湯瓶火爐
祝版
陳饌大牀
巾盆
巾架盆臺

每位設饌之圖

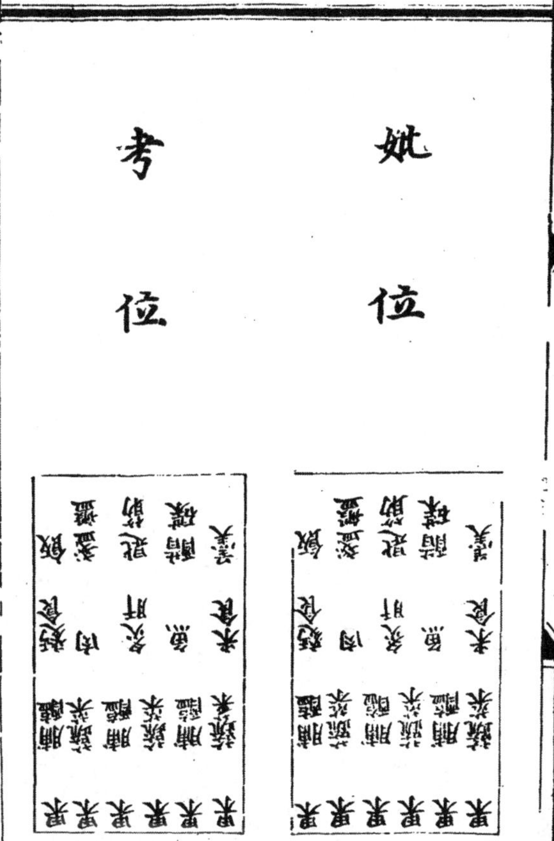

性理大全書卷之十九　家禮一

凡禮有本有文。自其施於家者言之，則名分之守、愛敬之實，其本也；冠昏喪祭儀章度數者，其文也。其本者有家日用之常體，固不可以一日而不脩；其文又皆所以紀綱人道之始終，雖其行之有時，施之有所，然非講之素明，習之素熟，則其臨事之際，亦無以合宜而應節，是亦不可一日而不講且習焉者也。三代之際，《禮經》備矣，然其存於今者，宫廬器服之制、出入起居之節，皆已不宜於世。世之君子，雖或酌以古今之變，更爲一時之法，然亦或詳或略，無所折衷，至或遺其本而務其末，緩於實而急於文，自有志好禮之士，猶或不能舉其要，而困於貧窶者，尤患其終不能有以及於禮也。熹之愚蓋兩病焉，是以嘗獨究觀古今之籍，因其大體之不可變者，而少加損益於其間，以爲一家之書。大抵謹名分、崇愛敬以爲之本，至其施行之際，則又略浮文，敷本實，以竊自附於孔子從先進之遺意。誠願得與同志之士熟講而勉行之，庶幾古人所以脩身齊家之道、謹終追遠之心猶可以復見，而於國家所以崇化導民之意，亦或有小補云。

楊氏復曰："先生服母喪，參酌古今，咸盡其變，因成喪、葬、祭禮，又推之於冠、昏，名曰《家禮》。既成，爲一童行竊之以逃。先生易簀，其書始出行於世。今按先生所定家、鄉、邦國、王朝禮，專以《儀禮》爲經，及自述家禮，則又通之以古今之宜。故冠禮則多取司馬氏；昏禮則參諸司馬氏、程氏；喪禮本之司馬氏，後又以高氏爲最善；及論祔遷，則取横渠；遺命治喪，則以《書儀》疏略而用《儀禮》；祭禮兼用司馬氏、程氏，而先後所見，又有不同；節祠則以韓魏公所行者爲法。若夫明大宗、小宗之法，以寓愛禮存羊之意，此又家禮之大義所繫，蓋諸書所未暇及，而先生於此尤拳拳也。惜其書既亡，至先生没而後出，不及再脩，以幸萬世。於是竊取先生平日去取折衷之言，有以發明家禮之意者，若昏禮親迎用温公，入門以後則從伊川之類是也。有後來議論始定，若祭禮祭始祖初祖，而後不祭之類是也。有不用疏家之説，若深衣續衽鈎邊是也。有用先儒舊義，與經傳不同，若喪服辟領，婦人不杖之類是也。凡此悉附於逐條之下云。」

通禮

此篇所著，皆所謂有家日用之常體，不可一日而不脩者。

祠堂

此章本合在《祭禮篇》，今以報本反始之心，尊祖敬宗之意，實有家名分之守，所以開業傳世之本也，故特著此，冠于篇端，使覽者知所以先立乎其大者，而凡後篇所以周旋升降、出入向背之曲折，亦有所據以考焉。然古之廟制不見於經，且今士庶人之賤，亦有所不得爲者，故特以祠堂名之，而其制度亦多用俗禮云。

司馬温公曰：「宋仁宗時，嘗詔聽太子少傅以上皆立家廟，而有司終不爲之定制度。惟文潞公立廟於西京，他人皆莫之立。故今但以影堂言之。」○朱子曰：「古命士得立家廟。家廟之制，内立寢廟，中立正廟，外立門，四面墻圍之。非命士止祭於堂上，只祭考妣。伊川謂，無貴賤，皆祭自高祖而下，但祭有豐殺疏數不同。廟向南，坐皆東嚮。伊川於此不審，乃云廟皆東向，祖先位面東，自廳側直入其所，反轉面西入廟中。其制非是。古人所以廟面東向坐者，蓋户在東，牖在西，坐於一邊，乃是奥處也。○嘗欲立一家廟，小五架屋，以後架作一長龕堂，以板隔截作四龕堂，堂置位牌，堂外用簾子。小小祭祀時，亦可只就其處，大祭祀則請出，或堂或廳上皆可。○唐大臣皆立廟於京師，宋朝惟文潞公法唐杜佑制，立一廟在西京，雖如韓司馬家亦不曾立廟。杜佑廟，祖宗時尚在長安。」○劉氏垓孫曰：「伊川先生云：『古者庶人祭於寢，士大夫祭於廟，庶人無廟，可立影堂。』今文公先生乃曰『祠堂』者，蓋以伊川先生謂祭時不可用影，故改『影堂』曰『祠堂』云。」

君子將營宫室，先立祠堂於正寢之東。祠堂之制三間，外爲中門，中門外爲兩階，皆三級。東曰阼階，西曰西階。階下隨地廣狹以屋覆之，令可容家衆敘立。又爲遺書、衣物、祭器庫及神厨於其東，繚以周垣，別爲外門，常加扃閉。若家貧地狹，則止立一間，不立厨庫，而東西壁下置立兩櫃，西藏遺書、衣物，東藏祭器亦可。正寢謂前堂也。地狹，則於廳事之東亦可。凡祠堂所在之宅，宗子世守之，不得分析。○凡屋之制，不問何向背，但以前爲南、後爲北、左爲東、右爲西，後皆放此。**爲四龕以奉先世神主。**祠堂之内，以近北一架爲四龕，每龕内置一卓，大宗及繼高祖之小宗，則高祖居西，曾祖次之，祖次之，父次之。繼曾祖之小宗，則不敢祭高祖而虚其西龕一。繼祖之小宗，則不敢祭曾祖而虚其西龕二。繼禰之小宗，則不敢祭祖而虚其西龕三。若大宗世數未滿，則亦虚其西龕，如小宗之制。神主皆藏於櫝中，置於卓上，南向。龕外各垂小簾，簾外設香卓於堂中，置香爐、香盒於其上，兩階之間又設香卓，亦如之。非嫡長子，則不敢祭其父。若與嫡長同居，則死而後其子孫爲立祠堂於私室，且隨所繼世數爲龕，俟其出而異居，乃備其制。若生而異居，則預於其地立齋以居，如祠堂之制，死則因以爲祠堂。

○主式見喪禮及前圖。

程子曰：「管攝天下人心，收宗族，厚風俗，使人不忘本，須是明譜系，收世族，立宗子法。宗子法壞，則人不知來處，以至流轉四方，往往親未絶不相識。」又曰：「今無宗子，故朝廷無世臣。若立宗子法，則人知尊祖重本，人既重本，則朝廷之勢自尊。古者子弟從父兄，今父兄從子弟，由不知本也。○宗子法廢，後世譜牒尚有遺風，譜牒又廢，人家不知來處。無百年之家，骨肉無統，雖至親恩亦薄。」○張子曰：「宗法若立，則人各知來處，朝廷大有所益。或問朝廷何所益？曰：『公卿各保其家，忠義豈有不立？忠義既立，朝廷豈有不固？』」○司馬温公曰：「所以西上者，神道尚右故也。」○或問廟主自西而列，朱子曰：「此也不是古禮。」○問：「諸侯廟制，太祖居北而南向，昭廟二在其東南，穆廟二在其西南，皆南北相重，不知當時每廟一室，或共一室各爲位也？」曰：「古廟制，自太祖而下，各是一室，陸農師《禮象圖》可考。西漢時高祖廟，文帝顧成廟，各在一處，但無法度，不同一處。至東漢明帝，謙貶不敢自當立廟，祔於光武廟，其後遂以爲例。至唐，太廟及群臣家廟，悉如今制，以西爲上也，至禰處謂之東廟，今太廟之制亦然。」○《大傳》云：「別子爲祖，繼別爲宗，繼禰者爲小宗，有百世不遷之宗，有五世則遷之宗。」何也？君適長爲世子，繼先君正統，自母弟以下皆不得宗，其次適爲別子，不得禰其父，又不可宗嗣君，又不可無統屬，故死後立爲大宗之祖，所謂別子爲祖也。其適子繼之則爲大宗，直下相傳，百世不遷，別子若有庶子，又不敢禰別子，死後立爲小宗之祖，其長子繼之則爲小宗，五世則遷。別子者，謂諸侯之弟，別於正適，故稱別子也。爲祖者，自與後世爲始祖，謂此別子子孫爲卿大夫，立此別子爲始祖也。繼別爲宗，謂別子之世世長子，當繼別子，與族人爲不遷之宗也。繼禰者爲小宗，禰謂別子之庶子，以庶子所生長子，繼此庶子，與兄弟爲小宗也。五世則遷者，上從高祖，下至玄孫之子，高祖廟毀，不復相宗，又別立宗也。然別子之後，族人衆多，或繼高祖者，與三從兄弟爲宗，至子五世，或繼曾祖者，與再從兄弟爲宗，至孫五世，或繼祖者，與同堂兄弟爲宗，至曾孫五世，或繼禰者，與親兄弟爲宗，至玄孫五世，皆自小宗之祖以降而言也。魯季友乃桓公別子所自出，故爲一族之大宗。滕，文之昭，武王爲天子，以次則周公爲長，故滕謂魯爲宗國。又有有大宗而無小宗者，皆適，則不立小宗也。有有小宗而無大宗者，無適，則不立大宗也。今法，長子死，則主父喪用次子不用姪，若宗子法立，則用長子之子。○楊氏復曰：「先生云：『人家族衆，或主祭者不可以祭及叔伯父之類，則須令其嗣子別得祭之。今且説同居，同出於曾祖，便有從兄弟及再從兄弟。祭時主於主祭者，其他或子不得祭其父母，若恁地衮做一處祭，不得。要好，則主祭之嫡孫，當一日祭其曾祖及祖及父，餘子孫與祭，次日却命次位子孫自祭其祖及父，又次日却令次位子孫自祭其父，此却有古宗法意，古今祭禮，這般處皆有之。今要如宗法祭祀之禮，須是在上之家，先就宗室及世族家行之，做個樣子，方可使以下士大夫行之。○排祖先時，以客位西邊爲上，高祖第一，高祖母次之。只是正排看正面，不曾對排。曾祖祖父皆然。其中有伯叔、伯叔母、兄弟、嫂、婦，無人主祭而我爲祭者，各以昭穆論。』」○黄氏瑞節曰：「神主位次，放宗法也。今依本注，姑以小宗法明之。小宗有四，繼高祖之小宗者，身爲玄孫，及祀小宗之祖爲高祖，而曾祖、祖父次之。繼曾祖之小宗者，身爲曾孫，及祀小宗之祖爲曾祖，而以上吾不得祀矣。繼祖之小宗者，身爲孫，及祀小宗之祖爲祖，而以上不得祀矣。繼禰之小宗者，身爲子，小宗之祖爲禰，而以上不得祀矣。不得祀者，以上爲大宗之祖，吾不得而祀之也。大宗亦然。先君世子大宗而下，又不得而祀之也。朱子云宗法須宗室及世族之家先行之，方使以下士大夫行之。然《家禮》以宗法爲主，所謂非嫡長子不敢祭其父，皆是意也。至於冠昏喪祭，莫不以宗法行其間云。」

旁親之無後者，以其班祔。伯叔祖父、母，祔于高祖。伯叔父、母，祔于曾祖。妻若兄弟，若兄弟之妻，祔于祖。子姪祔于父。皆西向。主櫝並如正位。姪之父自立祠堂，則遷而從之。○程子曰：「無服之殤不祭。下殤之祭，終父母之身。中殤之祭，終兄弟之身。長殤之祭，終兄弟之子之身。成人而無後者，其祭終兄弟之孫之身。此皆以義起者也。」

楊氏復曰：「按，祔位謂旁親無後，及卑幼先亡者，祭禮纔祭高祖畢，即使人酌獻祔于高祖者，曾祖祖考皆然，故祝文説以某人祔食尚饗，詳見後《祭禮篇》四時祭條。」○劉氏垓孫曰：「先生云，如祔祭伯叔，則祔于曾祖之傍邊，在位牌西邊安，伯叔母，則祔曾祖母東邊安，兄弟嫂妻婦，則祔于祖母之傍。伊川云『曾祖兄弟無主者，亦不祭』，不知何所據而云。伊川云『只是義起也』。」○「遇大時節請祖先祭于堂，或廳上，坐次亦如在廟時排定。祔祭旁親者，右丈夫，左婦女。坐以就裏爲大。凡祔於此者，不從昭穆了，只以男女左右大小分排，在廟却各從昭穆祔。」

置祭田。初立祠堂，則計見田。每龕取其二十之一以爲祭田，親盡則以爲墓田，後凡正位、祔位，皆放此。

宗子主之，以給祭用。上世初未置田，則合墓下子孫之田，計數而割之。皆立約聞官，不得典賣。**具祭器。**牀、席、倚、卓、盥盆、火爐、酒食之器，隨其合用之數，皆具貯於庫中而封鎖之，不得他用。無庫，則貯於櫃中。不可貯者，列於外門之内。**主人晨謁於大門之内。**主人，謂宗子，主此堂之祭者。晨謁，深衣，焚香再拜。**出入必告。**主人、主婦近出，則入大門，瞻禮而行，歸亦如之。經宿而歸，則焚香再拜。遠出經旬以上，則再拜焚香，告云：「某將適某所，敢告。」又再拜而行。歸亦如之，但告云：「某今日歸自某所，敢見。」經月而歸，則開中門，立於階下，再拜，升自阼階，焚香，告畢，再拜，降，復位，再拜。餘人亦然，但不開中門。○凡主婦，謂主人之妻。○凡升降，惟主人由阼階，主婦及餘人，雖尊長亦由西階。○凡拜，男子再拜，則婦人四拜，謂之俠拜。其男女相答拜亦然。**正至朔望則參。**正至朔望前一日，灑掃齋宿。厥明夙興，開門軸簾。每龕設新果一大盤於卓上，每位茶盞托、酒盞盤各一於神主櫝前。設束茅、聚沙，於香卓前。别設一卓於阼階上，置酒注盞盤一於其上，酒一瓶於其西。盥盆、帨巾各二於阼階下東南。有臺架者在西，爲主人親屬所盥；無者在東，爲執事者所盥。巾皆在北。主人以下，盛服入門就位。主人北面於阼階下，主婦北面於西階下。主人有母，則特位於主婦之前。主人有諸父、諸兄，則特位於主人之右少前，重行西上。有諸母、姑、嫂、姊，則特位主婦之左少前，重行東上。諸弟在主人之右少退。子孫外執事者，在主人之後，重行西上。主人弟之妻及諸妹，在主婦之左少退。子孫婦女内執事者，在主婦之後，重行東上。立定，主人盥帨，升，搢笏，啓櫝，奉諸考神主，置於櫝前。主婦盥帨，升，奉諸妣神主，置于考東。次出祔主，亦如之。命長子、長婦或長女，盥帨，升，分出諸祔主之卑者，亦如之。皆畢，主婦以下，先降復位。主人詣香卓前，降神，搢笏，焚香，再拜，少退立。執事者盥帨，升，開瓶，實酒于注。一人奉注，詣主人之右；一人執盞盤，詣主人之左。主人跪，執事者皆跪。主人受注，斟酒，反注，取盞盤奉之。左執盤，右執盞，酹于茅上，以盞盤授執事者。出笏，俯伏，興，少退，再拜，降，復位。與在位者皆再拜，參神。主人升，搢笏，執注斟酒，先正位，次祔位。次命長子斟諸祔位之卑者。主婦升，執茶筅，執事者執湯瓶隨之，點茶如前。命長婦或長女，亦如之。子婦執事者先降，復位。主人出笏，與主婦分立於香卓之前東西，再拜，降，復位。與在位者皆再拜，辭神而退。〇冬至則祭始祖畢，行禮如上儀。〇望日不設酒，不出主。主人點茶，長子佐之，先降。主人立於香卓之南，再拜乃降。餘如上儀。〇準《禮》，「舅沒則姑老」，不預於祭。又曰：「支子不祭。」故今專以世嫡宗子夫婦爲主人主婦，其有母及諸父母兄嫂者，則設特位於前如此。〇凡言盛服者，有官則幞頭、公服、帶、靴、笏。進士，則幞頭、襴衫、帶。處士，則幞頭、皂衫、帶。無官者通用帽子、衫、帶。又不能具，則或深衣，或凉衫。有官者，亦通服帽子以下，但不爲盛服。婦人則假髻、大衣、長裙。女在室者，冠子、背子。衆妾，假髻、背子。

楊氏復曰：「先生云：元旦，則在官者有朝謁之禮，恐不得專精於祭事。某鄉里却止於除夕前三四日行事，此亦更在斟酌也。」〇劉氏璋曰：「司馬温公注《影堂雜儀》，凡月朔則執事者於影堂裝香，具茶酒，常食數品。主人以下皆盛服，男女左右叙立如常儀。主人、主婦親出祖考以下祝版置於位，焚香，主人以下俱再拜。執事者斟祖考前茶酒，以授主人，主人搢笏，跪，酹茶酒，執笏，俯伏，興，帥男女俱再拜。次酹祖妣以下皆遍，納祠版出，徹。月望不設食，不出祠版，餘如朔儀。影堂門無事常閉，每旦子孫詣影堂前唱喏，出外歸亦然。若出外再宿以上，歸則入影堂，再拜。將遠適，及遷官，凡大事則盥手焚香，以其事告，退各再拜。有時新之物，則先薦于影堂，忌日則去華飾之服，薦酒食如月朔，不飲酒，不食肉，思慕如居喪禮。

君子有終身之喪，忌日之謂也。舊儀，不見客受吊，於禮無之，今不取。遇水火盜賊，則先救先公遺文，次祠版，次影，然後救家財。」

俗節則獻以時食。節如清明、寒食、重午、中元、重陽之類，凡鄉俗所尚者。食如角黍，凡其節之所尚者，薦以大盤，間以蔬果。禮如正至朔日之儀。

問：「俗節之祭如何？」朱子曰：「韓魏公處得好，謂之節祠，殺於正祭。但七月十五日，用浮屠設素饌祭，某不用。」○又答張南軒曰：「今日俗節，古所無有，故古人雖不祭而情亦自安。今人既以此爲重，至於是日，必具殽羞相宴樂，而其節物亦各有宜。故世俗之情，至於是日，不能不思其祖考，而復以其物享之，雖非禮之正，然亦人情之不能已者。且古人不祭，則不敢以燕，况今於此俗節，既已據經而廢祭，而生者則飲食宴樂，隨俗自如，非事死如事生、事亡如事存之意也。」又曰：「朔旦家廟用酒果，望旦用茶。重午、中元、九日之類，皆名俗節。大祭時每位用四味，請出木主。俗節小祭，只就家廟，止二味。朔旦俗節，酒止一上，斟一盃。」○楊氏復曰：「時祭之外，各因鄉俗之舊，以其所尚之時，所用之物，奉以大盤，陳於廟中，而以告朔之禮奠焉，則庶幾合乎隆殺之節，而盡乎委曲之情，可行於久遠而無疑矣。」

有事則告。如正至朔日之儀。但獻茶酒，再拜，訖，主婦先降，復位。主人立於香卓之南，祝執版，立於主人之左，跪讀之，畢，興。主人再拜，降，復位。餘並同。○告授官祝版云：「維年歲月朔日，孝子某官某，敢昭告于故某親某官封謚府君，故某親某封某氏，某以某月某日，蒙恩授某官，奉承先訓，獲霑祿位，餘慶所及，不勝感慕，謹以酒果，用伸虔告，謹告。」貶降則言「貶某官，荒墜先訓，皇恐無地」，「謹以」後同。若弟子則言「某之某某」，餘同。

○告追贈，則止告所贈之龕，別設香卓於龕前，又設一卓於其東，置浄水、粉盞、刷子、硯、墨、筆於其上，餘並同。但祝版云「奉某月某日制書，贈故某親某官，故某親某封，某奉承先訓，竊位于朝，祗奉恩慶，有此褒贈，禄不及養，摧咽難勝」，「謹以」後同。若因事特贈，則別爲文以叙其意。告畢，再拜。主人進，奉主置卓上。執事者洗去舊字，別塗以粉，俟乾，命善書者改題所贈官封，陷中不改。洗水以灑祠堂之四壁。主人奉主置故處，乃降復位。後同。○主人生嫡長子，則滿月而見，如上儀，但不用祝。主人立於香卓之前，告曰：「某之婦某氏，以某月某日生子，名某，敢見。」告畢，立於香卓東南，西向。主婦抱子進，立於兩階之間，再拜，主人乃降復位。後同。○冠昏則見本篇。○凡言祝版者，用版長一尺，高五寸，以紙書文，黏於其上，畢，則揭而焚之。其首尾皆如前。但於故高祖考、故高祖妣，自稱「孝元孫」；於故曾祖考、故曾祖妣，自稱「孝曾孫」；於故祖考、故祖妣，自稱「孝孫」；於故考、故妣，自稱「孝子」。有官封謚，則皆稱之；無則以生時行第稱號，加于府君之上。妣曰「某氏夫人」。凡自稱，非宗子不言孝。○告事之祝，四代共爲一版。自稱以其最尊者爲主，止告正位，不告祔位，茶酒則并設之。

朱子曰：「焚黄，近世行之墓次，不知於禮何據。張魏公贈謚只告于廟，疑爲得體，但今世皆告墓，恐未免隨俗耳。」○楊氏復曰：「按先生文集，有焚黄祝文云告于家廟，亦不云告墓也。」

或有水火盜賊，則先救祠堂，遷神主、遺書，次及祭器，然後及家財。易世，則改題主而遞遷之。改題遞遷，禮見《喪禮・大祥章》。大宗之家，始祖親盡，則藏其主於墓所，而大宗猶主其墓田，以奉其墓祭，歲率宗人一祭之，百世不改。其第二世以下祖親盡，及小宗之家高祖親盡，則遷其主而埋之，其墓田則諸位迭掌，而歲率其子孫一祭之，亦百世不改也。

或問：「而今士庶亦有始基之祖，莫亦只祭得四代，但四代以上，則可不祭否？」朱子曰：「而今祭四代已爲僭，古者官師，亦只祭得二代，若是始基之祖，想亦只存得墓祭。」○楊氏復曰：「此章云『始祖親盡，則藏其主於墓所』。《喪禮·大祥章》亦云『若有親盡之祖而其別子也，則祝版云云，告畢而遷于墓所不埋』。夫藏其主於墓所而不埋，則墓所必有祠堂，以奉墓祭。」

深衣制度

此章本在冠禮之後，今以前章已有其文，又平日之常服，故次前章。

朱子曰：「去古益遠，其冠服制度，僅存而可見者獨有此耳。然遠方士子亦所罕見，往往人自爲制，詭異不經，近於服妖，甚可歎也。」

裁用白細布，度用指尺。中指中節爲寸。

司馬温公曰：「凡尺寸皆當用周尺度之，周尺一尺，當今省尺五寸五分弱。」○楊氏復曰：「《説文》云：『周制寸尺咫尋，皆以人之體爲法。』」

衣全四幅，其長過脇，下屬於裳。用布二幅，中屈，下垂，前後共爲四幅，如今之直領衫，但不裁破腋下。其下過脇而屬於裳處，約圍七尺二寸，每幅屬裳三幅。

裳交解十二幅，上屬於衣，其長及踝。用布六幅，每幅裁爲二幅，一頭廣，一頭狹，狹頭當廣頭之半，以狹頭向上而連其縫，以屬於衣。其屬衣處約圍七尺二寸，每三幅屬衣一幅。其下邊及踝處約圍丈四尺四寸。圓袂，用布二幅，各中屈之，如衣之長，屬於衣之左右，而縫合其下，以爲袂。其本之廣，如衣之廣，而漸圓殺之，以至袂口，則其徑一尺二寸。

楊氏復曰：「左右袂各用布一幅，屬於衣。又按《深衣篇》云：『袂之長短，反屈之及肘。』夫袂之長短，以反屈及肘爲準，則不以一幅爲拘。」

方領，兩襟相掩，衽在腋下，則兩領之會自方。曲裾，用布一幅，如裳之長，交解裁之，如裳之制。但以廣頭向上，布邊向外，左掩其右，交映垂之，如燕尾狀。又稍裁其内旁太半之下，令漸如魚腹，而末爲鳥喙，内向綴於裳之右旁。《禮記》「深衣續衽鉤邊」，鄭注「鉤邊若今曲裾」。

蔡氏淵曰：「司馬所載方領與續衽鉤邊之制，引證雖詳而不得古意，先生病之，嘗以理玩經文與身服之宜，而得其説。謂方領者，只是衣領既交，自有如矩之象。謂續衽鉤邊者，只是連續裳旁，無前後幅之縫，左右交鉤即爲鉤邊，非有別布一幅，裁之如鉤而綴于裳旁也。方領之説，先生已修之《家禮》矣。而續衽鉤邊，則未及修焉。」○楊氏復曰：「深衣制度，惟續衽鉤邊一節難考。按《禮記·玉藻》《深衣》疏，皇氏、熊氏、孔氏三説皆不同。皇氏以喪服之衽，廣頭在上，深衣之衽，廣頭在下，喪服與深衣二者相對爲衽；孔氏以衣下屬，幅而下，裳上屬，幅而上，衣裳二者相對爲衽，此其不同者一也。皇氏以衽爲裳之兩旁皆有，孔氏以衽爲裳之一邊所有，此其不同者二也。皇氏所謂廣頭在上爲喪服之衽者，熊氏又以此爲齊祭服之衽，一以爲吉服之衽，一以爲凶服之衽，此其不同者三也。《家禮》以深衣續衽之制，兩廣頭向上，似與皇氏喪服之衽、熊氏齊祭服之衽相類，此爲可疑，是以先生晚歲所服深衣，去《家禮》舊説曲裾之制而不用，蓋有深意，恨未得聞其説之詳也。及得蔡淵所聞，始知先師所以去舊説曲裾之意，復又取《禮記·深衣篇》熟讀之，始知鄭康成注續衽二字文義甚明，特疏家亂之耳。按鄭注曰：『續，猶屬也。衽，在裳旁者也。屬連之，不殊裳前後也。』鄭注之意，蓋謂凡裳前三幅，後四幅，夫既分前後，則其旁兩幅分開而不相屬。惟深衣裳十二幅交裂裁之，皆名爲衽，見《玉藻》衽當旁注。所謂續衽者，指在裳旁兩幅言之，謂屬連裳旁兩幅，不殊裳前後也。疏家不詳考其文義，但見衽在裳旁一句，意謂别用布一幅，裁之如鈎而垂於裳旁，妄生穿鑿，紛紛異同，愈多愈亂。自漢至今二千餘年，讀者皆求之於别用一幅布之中，而注之本義爲其掩蓋而不可見。夫疏，所以釋注也，今推尋鄭注本文其義如此，而皇氏、熊氏等所釋其謬如彼，皆可以一掃而去之矣。先師晚歲知疏家之失而未及修定，愚故著鄭注於《家禮》深衣曲裾之下，以破疏家之謬，且以見先師晚歲已定之説云。」○劉氏璋曰：「深衣之制，用白細布，鍛濯灰治，使之和熟。其人肥大，則布幅隨而闊；瘦細，則幅隨而狹，不必拘於尺寸。裳十二幅以應十有二月。袂圜應規。袂，袖口也。曲袷如矩應方。曲袷者，交領也。負繩及踝應直。負繩，謂背後縫上下相當，而取直如繩之正，非謂用縫爲負繩也。踝，足跟也。及踝者，裳止其足，取長無被上之義。下齊如權衡應平。裳下曰齊，齊咨。齊，緝也。取齊如字。平若衡，而無低昂參差也。規矩繩權衡，五法已施，故聖人服之，先王貴之，可以爲文，可以爲武，可以擯相，可以治軍旅。自士以上，深衣爲之次，庶人吉服，深衣而已。夫事尊者，蓋以多飾爲孝，具大父母，衣純音準。以繢。胡對切。純，緣也。繢，畫也。畫五采以爲文，相次而畫。後人有以織錦爲純以代繢文者。具父母，衣純以青。孤子，純以素。今用黑繒，以從簡易也。」

黑緣，緣用黑繒，領表裏各二寸，袂口、裳邊表裏各一寸半，袂口布外，別此緣之廣。大帶，帶用白繒，廣四寸，夾縫之。其長圍腰而結於前，再繚之爲兩耳，乃垂其餘爲紳，下與裳齊，以黑繒飾其紳。復以五采條廣三分，約其相結之處，長與紳齊。緇冠，糊紙爲之。武高寸許，廣三寸，袤四寸。上爲五梁，廣如武之袤，而長八寸，跨頂前後，下著於武。屈其兩端各半寸，自外向内，而黑漆之。武之兩旁半寸之上，竅以受笄，笄用齒骨凡白物。幅巾，用黑繒六尺許，中屈之。右邊就屈處爲横㡇，左邊反屈之。自㡇左四五寸間，斜縫向左，圓曲而下，遂循左邊，至于兩末，復反所縫餘繒，使之向裏。以㡇當額前裹之。至兩鬢旁，各綴一帶，廣二寸，長二尺，自巾外過頂後，相結而垂之。黑履。白絇繶純綦。

劉氏垓孫曰：「履之有絇，謂履頭以條爲鼻，或用繒一寸，屈之爲絇。所以受繫穿貫者也。繶，謂履縫中紃音句。也。以白絲爲下緣，故謂之繶。純者，飾也。綦屬於跟，所以繫履者也。」

司馬氏居家雜儀

此章本在昏禮之後。今按此乃家居平日之事，所以正倫理、篤恩愛者，其本皆在於此。必能行此，然後其儀章度數有可觀焉。不然則節文雖具，而本實無取，君子所不貴也。故亦列於首篇，使覽者知所先焉。

凡爲家長，必謹守禮法，以御群子弟及家衆。分之以職，謂使之掌倉廩、廐庫、庖厨、舍業、田園之類。授之以事，謂朝夕所幹及非常之事。而責其成功。制財用之節，量入以爲出，稱家之有無，以給上下之衣食，及吉凶之費，皆有品節而莫不均壹。裁省冗費，禁止奢華，常須稍存贏餘，以備不虞。

凡諸卑幼，事無大小，毋得專行，必咨禀於家長。《易》曰：「家人有嚴君焉，父母之謂也。」安有嚴君在上，而其下敢直行自恣不顧者乎？雖非父母，當時爲家長者，亦當咨禀而行之。則號令出於一人，家政始可得而治矣。

凡爲子爲婦者，毋得蓄私財，俸禄及田宅所入，盡歸之父母、舅姑。當用，則請而用之。不敢私假，不敢私與。《内則》曰：「子婦無私貨，無私蓄，無私器，不敢私假，不敢私與。婦或賜之飲食、衣服、布帛、佩帨、茝蘭，則受而獻諸舅姑。舅姑受之則喜，如新受賜。若反賜之，則辭。不得命，如更受賜，藏之以待乏。」鄭康成曰：「待舅姑之乏也。不得命者，不見許也。」又曰：「婦若有私親兄弟將與之，則必復請其故賜，而後與之。」夫人子之身，父母之身也。身且不敢自有，況敢有財帛乎？若父子異財，互相假借，則是有子富而父母貧者，父母飢而子飽者。賈誼所謂：「借父耰鉏，慮有德色；母取箕箒，立而誶語。」不孝不義，孰甚於此。茝，昌改切。耰，音憂。誶，音碎。

凡子事父母，孫事祖父母同。婦事舅姑，孫婦亦同。天欲明，咸起，盥，音管，洗手也。漱，櫛，阻瑟切，梳頭也。總，所以束髮，今之頭繻。具冠帶。丈夫帽子衫帶，婦人冠子背子。昧爽，謂天明暗相交之際。

適父母、舅姑之所省問。丈夫唱喏，婦人道萬福。仍問侍者，夜來安否何如。侍者曰安，乃退。其或不安節，則侍者以告。此即禮之晨省也。父母、舅姑起，子供藥物，藥物乃關身之切務，人子當親自檢數調煮供進，不可但委婢僕，脱若有誤，即其禍不測。婦具晨羞。俗謂點心。《易》曰「在中饋」，《詩》云「惟酒食是議」。凡烹調飲膳，婦人之職也。近年婦女驕倨，皆不肯入庖厨，今縱不親執刀匕，亦當檢校監視，務令精潔。供具畢，乃退，各從其事。將食，婦請所欲於家長，謂父母、舅姑，或當時家長也。卑幼，各不得恣所欲。退具而供之。尊長舉筯，子婦乃各退就食。丈夫婦人各設食於他所，依長幼而坐，其飲食必均壹。幼子又食於他所，亦依長幼席地而坐。男坐於左，女坐於右。及夕食亦如之。既夜，父母、舅姑將寢，則安置而退。丈夫唱喏，婦女道安置。此即禮之昏定也。居閑無事，則侍於父母、舅姑之所，容貌必恭，執事必謹，言語應對必下氣怡聲，出入起居必謹扶衛之，不敢涕唾、喧呼於父母、舅姑之側。父母舅姑不命之坐，不敢坐；不命之退，不敢退。

凡子受父母之命，必籍記而佩之，時省而速行之，事畢則返命焉。或所命有不可行者，則和色柔聲，具是非利害而白之。待父母之許，然後改之。若不許，苟於事無大害者，亦當曲從。若以父母之命爲非，而直行己志，雖所執皆是，猶爲不順之子，况未必是乎？

凡父母有過，下氣怡色柔聲以諫。諫若不入，起敬起孝，悦則復諫；不悦，與其得罪於鄉黨州閭，寧熟諫。父母怒，不悦，而撻之流血，不敢疾怨，起敬起孝。

楊氏復曰：「父母有過，下氣怡聲以諫，所謂幾諫也。父母怒而撻之，猶不敢怨，況下於此者乎！諫不入，起敬起孝，諫而怒，亦起敬起孝，敬孝之外，豈容有他念哉！是説也，聖人著之《論語》矣。」

凡爲人子弟者，不敢以貴富加於父兄宗族。加，謂恃其富貴，不率卑幼之禮。

凡爲人子者，出必告，反必面。有賓客，不敢坐於正廳。有賓客，坐於書院，無書院，則坐於廳之旁側。升降，不敢由東階。上下馬，不敢當廳。凡事不敢自擬於其父。

楊氏復曰：「告，工毒反。告與面同。反言面者，從外來，宜知親之顏色安否。爲人親者，無一念而忘其子，故有倚閭、倚門之望；爲人子者，無一念而忘其親，故有出告、反面之禮。生則出告、反面，没則告行、飲至，事亡如事存也。」

凡父母、舅姑有疾，子婦無故不離側，親調嘗藥餌而供之。父母有疾，子色不滿容，不戲笑，不宴遊，舍置餘事，專以迎醫、檢方、合藥爲務。疾已，復初。《顏氏家訓》曰：「父母有疾，子拜醫以求藥。」蓋以醫者親之存亡所繫，豈可傲忽也！

凡子事父母，父母所愛，亦當愛之；所敬，亦當敬之。至於犬馬盡然，而況於人乎？

楊氏復曰：「孝子愛敬之心，無所不至，故父母之所愛敬者，雖犬馬之賤亦愛敬之，況人乎哉！故舉其尤者言之。若兄若弟，吾父母之所愛也，吾其可以不愛乎？若薄之，是薄吾父母也。若親若賢，吾父母之所敬也，吾其可不敬之乎？若嫚之，是嫚吾父母也。推類而長，莫不皆然。若晉武惑馮紞之譏，不思太后之言，而疏齊王攸；唐高宗溺武氏之寵，不念太宗顧託之命，而殺長孫無忌，皆禮經之罪人也。」

凡子事父母，樂其心，不違其志，樂其耳目，安其寢處，以其飲食，忠養之。幼事長，賤事貴，皆倣此。

劉氏璋曰：「樂其心者，謂左右侍養也，晨昏定省也，出入從遊也，起居奉侍也，必當瞔討其心之所好者、所惡者何在。苟非悖乎大義，則蔑不可從，所以安固老者之行以適其氣也。樂其耳目者，非聲色之末也。善言常入於親耳，善行常悦於親目，皆所以樂之也。安其寢處者，謂堂室庭除必完潔，簟席氈褥衾枕帳幄必修治之類。」

凡子婦未敬未孝，不可遽有憎疾，姑教之；若不可教，然後怒之；若不可怒，然後笞之；屢笞而終不改，子放婦出，然亦不明言其犯禮也。子甚宜其妻，父母不悦，出；子不宜其妻，父母曰是善事我，子行夫婦之禮焉，没身不衰。

凡爲宫室，必辨内外，深宫固門。内外不共井，不共浴堂，不共厠。男治外事，女治内事。男子晝無故不處私室，婦人無故不窺中門。男子夜行以燭，婦人有故出中門，必擁蔽其面。如蓋頭、面帽之類。男僕非有繕修及有大故，謂水火盗賊之類。不入中門，入中門，婦人必避之，不可避，亦謂如水火盗賊之類。亦必以袖遮其面。女僕無故不出中門，有故出中門，亦必擁蔽其面。雖小婢亦然。鈴下蒼頭，但主通内外之言，傳致内外之物，毋得輒升堂室，入庖厨。

凡卑幼於尊長，晨亦省問，夜亦安置。丈夫唱喏，婦人道萬福安置。坐而尊長過之則起，出遇尊長於塗則下馬。不見尊長，經再宿以上，則再拜；五宿以上，則四拜。賀冬至、正旦，六拜；朔、望，四拜。凡拜數，或尊長臨時減而止之，則從尊長之命。吾家同居宗族衆多，冬至、朔、望，聚於堂上。此假設南面之堂，若宅舍異制，臨時從宜。丈夫處左，西上；婦人處右，東上。左右，謂家長之左右。皆北向，共爲一列，各以長幼爲序。婦以夫之長幼爲序，不以身之長幼爲序。共拜家長畢，長兄立於門之左，長姊立於門之右，皆南向。諸弟妹以次拜訖，各就列。丈夫西上，婦人東上，共受卑幼拜。以宗族多，若人人致拜，則不勝煩勞，故同列共受之。受拜訖，先退。後輩立受拜於門東西，如前輩之儀。若卑幼自遠方至，見尊長，遇尊長三人以上同處者，先共再拜，敘寒暄，問起居訖，又三再拜而止。晨夜唱喏，萬福安置。若尊長三人以上同處，亦三而止，所以避煩也。

凡受女婿及外甥拜，立而扶之。扶謂搊策。外孫，則立而受之可也。

凡節序及非時家宴，上壽於家長，卑幼盛服序立，如朔望之儀。先再拜，子弟之最長者一人進，立於家長之前，幼者一人搢笏，執酒盞，立於其左；一人搢笏，執酒注，立於其右。長者搢笏，跪，斟酒，祝曰：「伏願某官備膺五福，保族宜家。」尊長飲畢，授幼者盞注，反其故處。長者出笏，俯伏，興，退。與卑幼皆再拜。家長命諸卑幼坐，皆再拜而坐。家長命侍者遍酢諸卑幼，諸卑幼皆起，序立如前，俱再拜。就坐，飲訖，家長命易服，皆退易便服，還復就坐。

凡子始生，若爲之求乳母，必擇良家婦人稍温謹者。乳母不良，非惟敗亂家法，兼令所飼之子性行亦類之。子能食，飼之，教以右手。子能言，教之自名，及唱喏、萬福安置。稍有知，則教之以恭敬尊長，有不識尊卑長幼者，則嚴訶禁之。古有胎教，況於已生？子始生未有知，固舉以禮，況於已有知？孔子曰：「幼成若天性，習慣如自然。」《顔氏家訓》曰：「教婦初來，教子嬰孩。」故於其始有知，不可不使之知尊卑長幼之禮。若侮詈父母，毆擊兄姊，父母不加訶禁，反笑而獎之，彼既未辨好惡，謂禮當然，及其既長，習以成性，乃怒而禁之，不可復制。於是父疾其子，子怨其父，殘忍悖逆，無所不至。蓋父母無深識遠慮，不能防微杜漸，溺於小慈，養成其惡故也。六歲，教之數謂一十百千萬。與方名。謂東西南北。男子始習書字，女子始習女工之小者。七歲，男女不同席，不共食。始誦《孝經》《論語》，雖女子亦宜誦之。自七歲以下，謂之孺子，早寢晏起，食無時。八歲，出入門户，及即席飲食，必後長者。始教之以謙讓。男子誦《尚書》，女子不出中門。九歲，男子誦《春秋》及諸史，始爲之講解，使曉義理；女子亦爲之講解《論語》《孝經》及《列女傳》《女戒》之類，略曉大意。古之賢女，無不觀圖史以自鑒，如曹大家之徒，皆精通經術，議論明正。今人或教女子以作歌詩，執俗樂，殊非所宜也。十歲，男子出就外傅，居宿於外。讀《詩》《禮》，傅爲之講解，使知仁義禮知信。自是以往，可以讀《孟》《荀》《揚子》，博觀群書。凡所讀書，必擇其精要者而讀之。如《禮記》：《學記》《大學》《中庸》《樂記》之類。他書倣此。其異端非聖賢之書，傳宜禁之，勿使妄觀，以惑亂其志。觀書皆通，始可學文辭。女子則教以婉娩婉，音晚。婉娩，柔順貌。

聽從，及女工之大者。女工，謂蠶桑、織績、裁縫及爲飲膳。不惟正是婦人之職，兼欲使之知衣食所來之艱難，不敢恣爲奢麗。至於纂組華巧之物，亦不必習也。未冠笄者，質明而起，總角、靧靧，音悔，洗面也。面，以見尊長，佐長者供養。祭祀則佐執酒食。若既冠笄，則皆責以成人之禮，不得復言童幼矣。

凡内外僕妾，雞初鳴，咸起，櫛總、盥漱、衣服。男僕灑掃廳事及庭，鈴下蒼頭灑掃中庭。女僕灑掃堂室，設倚卓，陳盥漱櫛靧之具。主父主母既起，則拂牀襞襞，音壁，疊衣也。衾，侍立左右，以備使令，退而具飲食。得間，則浣濯、紉縫，先公後私。及夜，則復拂牀展衾。當晝，内外僕妾，惟主人之命，各從其事，以供百役。

凡女僕，同輩謂兄弟所使。謂長者爲姊，後輩謂諸子舍所使。謂前輩爲姨，《内則》云：「雖婢妾，衣服飲食，必後長者。」鄭康成曰：「人，貴賤不可以無禮，故使之序長幼。」務相雍睦。其有鬥争者，主父主母聞之，即訶禁之。不止，即杖之。理曲者杖多。一止一不止，獨杖不止者。

凡男僕，有忠信可任者，重其禄；能幹家事，次之。其專務欺詐，背公徇私，屢爲盜竊，弄權犯上者，逐之。

凡女僕，年滿不願留者，縱之。勤舊少過者，資而嫁之。其兩面二舌，飾虚造讒，離間骨肉者，逐之。屢爲盜竊者，逐之。放蕩不謹者，逐之。有離叛之志者，逐之。

冠禮

冠

楊氏復曰：「有言《書儀》中冠禮簡易可行者，先生曰：『不獨《書儀》，古冠禮亦自簡易。』」

男子年十五至二十，皆可冠。司馬温公曰：「古者二十而冠，皆所以責成人之禮，蓋將責爲人子，爲人弟，爲人臣，爲人少者之行於其人，故其禮不可以不重也。近世以來，人情輕薄，過十歲而總角者，少矣。彼責以四者之行，豈知之哉？往往自幼至長，愚騃若一，由不知成人之道故也。今雖未能遽革，且自十五以上，俟其能通《孝經》《論語》，粗知禮義，然後冠之，其亦可也。」必父母無期以上喪，始可行之。大功未葬亦不可行。前期三日，主人告于祠堂。古禮筮日，今不能然，但正月内擇一日可也。主人，謂冠者之祖父，自爲繼高祖之宗子者。若非宗子，則必繼高祖之宗子主之。有故，則命其次宗子，若其父自主之。告禮見《祠堂章》。祝版前同，但云「某之子某，若某之某親之子某，年漸長成，將以某月某日，加冠於其首，謹以」，後同。若族人以宗子之命自冠其子，其祝版亦以宗子爲主，曰：「使介子某。」○若宗子已孤而自冠，則亦自爲主人，祝版前同，但云「某將以某月某日加冠於首，謹以」，後同。戒賓。古禮筮賓，今不能然，但擇朋友賢而有禮者一人可也。是日，主人深衣詣其門，所戒者出見，如常儀。啜茶畢，戒者起言曰：「某有子某，若某子某親有子某，將加冠於其首，願吾子之教之也。」對曰：「某不敏，恐不能供事，以病吾子，敢辭。」戒者曰：「願吾子之終教之也。」對曰：「吾子重有命，某敢不從？」地遠，則書初請之辭爲書，遣子弟致之。所戒者辭，使者固請，乃許，而復書曰：「吾子有命，某敢不從？」〇若宗子自冠，則戒辭但曰：「某將加冠於首。」後同。前一日，宿賓。遣子弟以書致辭曰：「來日某將加冠於子某，若某親某子某之首，吾子將莅之，敢宿。某上某人。」答書曰：「某敢不夙興。某上某人。」〇若宗子自冠，則辭之所改，如其戒賓。陳設。設盥帨於廳事，如祠堂之儀。以帟幕爲房於廳事之東北，或廳事無兩階，則以堊畫而分之，後放此。

司馬温公曰：「古禮謹嚴之事，皆行之於廟，今人既少家廟，其影堂亦褊隘，難以行禮，但冠於外廳，笄在中堂可也。《士冠禮》設洗直於東榮南北，以堂深，水在洗東，今私家無罍洗，故但用盥盆帨巾而已。盥，濯手也。帨，手巾也。廳事無兩階，則分其中央，以東者爲阼階，西者爲賓階，無室無房，則暫以帟幕截其北爲室，其東北爲房，此皆據廳堂南向者言之。」〇劉氏璋曰：「《冠義》曰：『冠禮，筮日筮賓，所以敬冠事。冠者，禮之始也，嘉事之重者也。是故古者重冠，重冠故行之於廟者，所以尊重事，尊重事而不敢擅重事，所以自卑而尊先祖也。』」

厥明夙興，陳冠服。有官者公服、帶、靴、笏，無官者襴衫、帶、靴，通用皂衫、深衣、大帶、履、櫛、纚、掠，皆卓子陳于房中，東領北上。酒注、盞盤，亦以卓子陳于服北。幞頭、帽子、冠笄巾，各以一盤盛之，蒙以帕，以卓子陳于西階下。執事者一人守之。長子則布席于阼階上之東，少北，西向。衆子則少西，南向。〇宗子自冠，則如長子之席少南。

程子曰：「今行冠禮，若制古服而冠，冠了又不常著，却是僞也，必須用時之服。」

主人以下序立。主人以下盛服就位。主人阼階下，少東，西向。子弟、親戚、僮僕在其後，重行西向，北上。擇子弟、親戚習禮者一人爲儐，立於門外，西向。將冠者雙紒、四䙆衫、勒帛、采屐，在房中，南面。若非宗子之子，則其父立於主人之右，尊則少進，卑則少退。○宗子自冠，則服如將冠者，而就主人之位。賓至，主人迎入，升堂。賓自擇其子弟、親戚習禮者爲贊冠者，俱盛服至門外東面立，贊者在右少退。儐者入告主人，主人出門左，西向再拜，賓答拜。主人揖贊者，贊者報揖，主人遂揖而行。賓、贊從之，入門分庭而行，揖讓而至階，又揖讓而升。主人由阼階先升，少東，西向。賓由西階繼升，少西，東向。贊者盥帨，由西階升，立於房中，西向。儐者筵于東序，少北，西面。將冠者出房，南面。○若非宗子之子，則其父從出迎賓，入從主人後賓而升，立於主人之右，如前。賓揖。將冠者就席，爲加冠巾。冠者適房，服深衣，納履，出。賓揖。將冠者出房，立于席右，向席。贊者取櫛、纚、掠，置于席左，興，立於將冠者之左。賓揖。將冠者即席西向跪。贊者即席，如其向跪，爲之櫛，合紒，施掠。賓乃降，主人亦降。賓盥畢，主人揖，升，復位。執事者以冠巾盤進，賓降一等，受冠笄，執之，正容徐詣將冠者前，向之祝曰：「吉月令日，始加元服。棄爾幼志，順爾成德。壽考維祺，以介景福。」乃跪加之，贊者以巾跪進，賓受加之，興，復位，揖。冠者適房，釋四䙆衫，服深衣，加大帶，納履，出房。正容南向，立良久。○若宗子自冠，則賓揖之就席，賓降盥畢，主人不降。餘並同。

楊氏復曰：「《書儀》始加以巾，《家禮》又先以冠笄乃加巾者，蓋冠笄正是古禮。」

再加帽子。服皂衫，革帶，繫鞋。賓揖。冠者即席跪。執事者以帽子盤進，賓降二等受之，執以詣冠者前，祝之曰：「吉月令辰，乃申爾服。謹爾威儀，淑慎爾德。眉壽永年，享受遐福。」乃跪加之，興，復位，揖。冠者適房，釋深衣，服皂衫，革帶，繫鞋，出房立。

楊氏復曰：「《儀禮》《書儀》，再加賓盥如初。」

三加幞頭。公服，革帶，納靴，執笏。若襴衫，納靴。禮如再加，惟執事者以幞頭盤進，賓降，没階受之，祝辭曰：「以歲之正，以月之令，咸加爾服。兄弟具在，以成厥德。黄耇無疆，受天之慶。」贊者徹帽，賓乃加幞頭。執事者受帽，徹櫛，入于房。餘並同。

楊氏復曰：「《儀禮》《書儀》，三加賓盥如初。」

乃醮。長子，則儐者改席于堂中間，少西，南向。衆子則仍故席。贊者酌酒于房中，出房立于冠者之左。賓揖。冠者就席右，南向，乃取酒就席前，北向，祝之曰：「旨酒既清，嘉薦令芳，拜受祭之，以定爾祥。承天之休，壽考不忘。」冠者再拜，升席，南向，受盞，賓復位，東向答拜。冠者進席前，跪，祭酒，興，就席末，跪，啐酒，興，降席，授贊者盞，南向再拜，賓東向答拜。冠者遂拜贊者，贊者賓左東向，少退答拜。

司馬温公曰：「古者，冠用醴，或用酒，醴則一獻，酒則三醮。今私家無醴，以酒代之，但改醴辭『甘醴惟厚』爲『旨酒既清』耳，所以從簡。」〇劉氏垓孫曰：「其曰醮者，即《禮記》所謂『醮於客位，加有成也』。」

賓字冠者。賓降階，東向。主人降階，西向。冠者降自西階，少東，南向。賓字之曰：「禮儀既備，令月吉日，昭告爾字。爰字孔嘉，髦士攸宜，宜之于嘏，永受保之，曰伯某父。」仲、叔、季，唯所當。冠者對曰：「某雖不敏，敢不夙夜祗奉。」賓或别作辭命，以字之之意亦可。出就次。賓請退，主人請禮賓，賓出就次。主人以冠者見于祠堂。如《祠堂章》内生子而見之儀。但改告辭曰：「某之子某，若某親某之子某，今日冠畢，敢見。」冠者進立於兩階間，再拜。餘並同。○若宗子自冠，則改辭曰：「某今日冠畢，敢見。」遂再拜，降復位。餘並同。○若冠者私室有曾祖、祖以下祠堂，則各因其宗子而見，自爲繼曾祖以下之宗則自見。冠者見于尊長。父母堂中南面坐，諸叔父兄在東序，諸叔父南向，諸兄西向。諸婦女在西序，諸叔母姑南向，諸姊嫂東向。冠者北向拜父母，父母爲之起。同居有尊長，則父母以冠者詣其室拜之，尊長爲之起。還就東西序，每列再拜，應答拜者答。若非宗子之子，則先見宗子及諸尊於父者於堂，乃就私室見於父母及餘親。○若宗子自冠，有母則見于母如儀。族人宗之者，皆來見於堂上。宗子西向拜其尊長，每列再拜，受卑幼者拜。

司馬温公曰：「《冠義》曰：『見於母，母拜之，見於兄弟，兄弟拜之。成人而與爲禮也。』今則難行，但於拜時，母爲之起立可也，下見諸父及兄，倣此。」

乃禮賓。主人以酒饌延賓及儐贊者，酧之以幣而拜謝之。幣多少隨宜，賓贊有差。

司馬温公曰：「《士冠禮》：乃禮賓以一獻之禮。注：一獻者，獻酢酧賓，主人各兩爵而禮成。又曰：主人酧賓，束帛、儷皮。注：束帛，十端也，儷皮，兩鹿皮也。又曰：贊者皆與，贊冠者爲介。注：介，賓之輔，以贊爲之，尊之也。鄉飲酒禮，賢者爲賓，其次爲介。又曰：賓出，主人送于門外，再拜，歸賓俎。注：使人歸諸賓家也。今慮貧家不能辦，故務從簡易。」

冠者遂出，見于鄉先生及父之執友。冠者拜，先生執友皆答拜。若有誨之，則對如對賓之辭，且拜之，先生執友不答拜。

笄

女子許嫁，笄。年十五，雖未許嫁，亦笄。母爲主。宗子主婦，則於中堂。非宗子而與宗子同居，則於私室。與宗子不同居，則如上儀。前期三日，戒賓。一日宿賓，賓，亦擇親姻婦女之賢而有禮者爲之。以牋紙書其辭，使人致之。辭如冠禮，但「子」作「女」，「冠」作「笄」，「吾子」作「某親」或「某封」。○凡婦人自稱於己之尊長則曰「兒」，卑幼則以屬。於夫黨，尊長則曰「新婦」，卑幼則曰「老婦」，非親戚而往來者，各以其黨爲稱。後放此。陳設。如冠禮，但於中堂布席如衆子之位。厥明，陳服，如冠禮，但用背子、冠笄。序立。主婦如主人之位，將笄者雙紒、衫子，房中南面。賓至，主婦迎入，升堂。如冠禮，但不用贊者，主婦升自阼階。賓爲將笄者加冠笄，適房服背子。略如冠禮，但祝用始加之辭，不能則省。乃醮，如冠禮，辭亦同。乃字，如冠禮，但改祝辭「髦士」爲「女士」。乃禮賓，皆如冠儀。

程子曰：「冠禮廢，天下無成人。或欲如魯襄公十二而冠，此不可。冠所以責成人事，十二年非可責之時，既冠矣，且不責以成人事，則終其身不以成人望之也。徒行此節文，何益？雖天子諸侯，亦必二十而冠。」○劉氏璋曰：「笄，今簪也。婦人之首飾也。女子笄，則當許嫁之時，然嫁止於二十，以其二十而不嫁，則爲非禮。」

昏禮

議昏

男子年十六至三十，女子年十四至二十。司馬温公曰：「古者，男三十而娶，女二十而嫁。今令文，男年十五，女年十三以上，並聽昏嫁。今爲此説，所以參古今之道，酌禮令之中，順天地之理，合人情之宜也。」身及主昏者，無期以上喪，乃可成昏。大功未葬，亦不可主昏。○凡主昏，如冠禮主人之法，但宗子自昏，則以族人之長爲主。必先使媒氏往來通言，俟女氏許之，然後納采。司馬温公曰：「凡議昏姻，當先察其婿與婦之性行，及家法何如，勿苟慕其富貴。婿苟賢矣，今雖貧賤，安知異時不富貴乎？苟爲不肖，今雖富盛，安知異時不貧賤乎？婦者，家之所由盛衰也，苟慕其一時之富貴而娶之，彼挾其富貴，鮮有不輕其夫而傲其舅姑，養成驕妬之性，異日爲患，庸有極乎？借使因婦財以致富，依婦勢以取貴，苟有丈夫之志氣者，能無媿乎？又世俗好於襁褓童幼之時，輕許爲昏，亦有指腹爲昏者，及其既長，或不肖無賴，或身有惡疾，或家貧凍餒，或喪服相仍，或從宦遠方，遂至棄信負約，速獄致訟者多矣。是以先祖太尉嘗曰：『吾家男女，必俟既長，然後議昏。既通書，不數月必成昏。』故終身無此悔。乃子孫所當法也。」

納采

納其采擇之禮，即今世俗所謂言定也。

主人具書，主人，即主昏者。書用牋紙，如世俗之禮。若族人之子，則其父具書告于宗子。夙興，奉以告祠堂。如告冠儀。其祝版前同，但云「某之子某，若某之某親之子某，年已長成，未有伉儷，已議娶某官某郡姓名之女，今日納采，不勝感愴，謹以」，後同。○若宗子自昏，則自告。乃使子弟爲使者如女氏，女氏主人出見使者，使者盛服如女氏，女氏亦宗子爲主主人，盛服出見使者。非宗子之女，則其父位於主人之右，尊則少進，卑則少退。啜茶畢，使者起致辭曰：「吾子有惠，貺室某也，某之某親某官有先人之禮，使某請納采。」從者以書進，使者以書授主人，主人對曰：「某之子若妹姪孫惷愚，又弗能教，吾子命之，某不敢辭。」北向再拜，使者避，不答拜。使者請退俟命，出就次。若許嫁者於主人爲姑姊，則不云「惷愚，又弗能教」，餘辭並同。遂奉書以告于祠堂。如壻家之儀，祝版前同，但云「某之第幾女，若某親某之第幾女，年漸長成，已許嫁某官某郡姓名之子，若某親某，今日納采，不勝感愴，謹以」，後同。出以復書授使者，遂禮之。主人出，延使者升堂，授以復書。使者受之，請退。主人請禮賓，乃以酒饌禮使者。使者至是始與主人交拜揖，如常日賓客之禮，其從者亦禮之別室，皆酹以幣。

使者復命婿氏，主人復以告于祠堂。不用祝。

納幣

古禮有問名、納吉，今不能盡用，止用納采、納幣，以從簡便。

納幣幣用色繒，貧富隨宜，少不過兩，多不踰十。今人更用釵釧、羊酒、果實之屬，亦可。具書，遣使如女氏。女氏受書，復書，禮賓，使者復命，並同納采之儀。禮如納采，但不告廟。使者致辭，改「采」爲「幣」。從者以書、幣進，使者以書授主人，主人對曰：「吾子順先典，貺某重禮，某不敢辭，敢不承命？」乃受書，執事者受幣。主人再拜，使者避之。復進請命，主人授以復書。餘並同。

楊氏復曰：「昏禮有納采、問名、納吉、納徵、請期、親迎六禮。《家禮》略去問名、納吉，止用納采、納幣，以從簡便。但親迎以前更有請期一節，有不可得而略者。今以例推之，請期，具書遣使如女氏，女氏受書、復書、禮賓、使者復命，並同納采之儀。使者致辭曰：『吾子有賜命，某既申受命矣，使某也請吉日。』主人曰：『某既前受命矣，惟命是聽。』賓曰：『某命某聽命於吾子。』主人曰：『某固惟命是聽。』賓曰：『某受命，吾子不許，某敢不告期，曰某日。』主人曰：『某敢不謹須。』餘並同。」

親迎

朱子曰：「親迎之禮，恐從伊川之説爲是。近則迎於其國，遠則迎於其館。○今妻家遠，要行禮，一則令妻家就近處設一處，却就彼往迎歸館行禮，一則妻家出至一處，婿即就彼迎歸至家成禮。」○有問昏禮：「今有士人對俗人結姻，士人欲行昏禮，而彼家不從，如何？」曰：「這也只得宛轉使人去與他商量，但古禮也省徑，人何苦不行？」

前期一日，女氏使人張陳其婿之室。世俗謂之鋪房。然所張陳者，但氈褥、帳幔、帷幙應用之物，其衣服鎖之篋笥，不必陳也。○司馬温公曰：「《文中子》曰：『昏娶而論財，夷虜之道也。』夫昏姻者，所以合二姓之好，上以事宗廟，下以繼後世也。今世俗之貪鄙者，將娶婦，先問資裝之厚薄；將嫁女，先問聘財之多少。至於立契約云，某物若干某物若干，以求售其女者，亦有既嫁而復欺紿負約者。是乃駔儈賣婢鬻奴之法，豈得謂之士大夫昏姻哉？其舅姑既被欺紿，則殘虐其婦，以攄其忿。由是愛其女者，務厚其資裝，以悦其舅姑者，殊不知彼貪鄙之人，不可盈厭，資裝既竭，則安用汝女哉？於是質其女以責貨於女氏。貨有盡而責無窮，故昏姻之家往往終爲仇讎矣。是以世俗生男則喜，生女則戚，至有不舉其女者，用此故也。然則議昏姻有及於財者，皆勿與爲昏姻可也。」厥明，婿家設位于室中。設倚、卓子兩位，東西相向。蔬果、盤盞、匕筯如賓客之禮，酒壺在東位之後。又以卓子置合卺一於其南，又南北設二盥盆勺於室東隅。又設酒壺盞注於室外或別室，以飲從者。○巹音謹，以小匏一判而兩之。女家設次于外。○初昏，壻盛服。世俗新壻帶花勝，擁蔽其面，殊失丈夫之容體，勿用可也。

朱子曰：「昏禮用命服，乃是古禮。如士乘墨車而執雁，皆大夫之禮也。冠帶只是燕服，非所以重正昏禮，不若從古之爲正。」○黄氏瑞節曰：「士昏禮謂之攝盛，蓋以士而服大夫之服，乘大夫之車，則當執大夫之贄也。」

主人告于祠堂。如納采儀，祝版前同，但云「某之子某，若某親之子某，將以今日親迎于某官某郡某氏，不勝感愴，謹以」，後同。○若宗子自昏，則自告。

朱子曰：「《儀禮》雖無娶妻告廟之文，而《左傳》曰『圍布几筵，告於莊、共之廟』，是古人亦有告廟之禮。」問：「今婦人入門即廟見，蓋舉世行之，近見鄉里諸賢頗信左氏先配後祖之説，豈後世紛紛之言不足據，莫若從古爲正否？」曰：「左氏固難盡信，然其後説親迎處，亦有布几筵告廟而來之説，恐所謂後祖者，譏其失此禮耳。」

遂醮其子，而命之迎。先以卓子設酒注盤盞於堂上。主人盛服坐於堂之東序，西向。設壻席於其西北，南向。壻升自西階，立於席西，南向。贊者取盞斟酒，執之，詣壻席前。壻再拜，升席，南向，受盞，跪，祭酒，興，就席末，跪，啐酒，興，降席西，授贊者盞，又再拜，進詣父坐前，東向跪。父命之，曰：「往迎爾相，承我宗事。勉率以敬，若則有常。」壻曰：「諾。惟恐不堪，不敢忘命。」俯伏，興，出。非宗子之子，則宗子告于祠堂，而其父醮于私室如儀，但改「宗事」爲「家事」。○若宗子已孤而自昏，則不用此禮。

司馬温公曰：「贊者，兩家各擇親戚婦人習於禮者爲之，凡婿及婦人行禮皆贊者相導之。」

婿出，乘馬。以二燭前導。至女家，俟于次。婿下馬于大門外，入俟于次。女家主人告于祠堂。如納采儀。祝版前同，但云「某之第幾女，若某親某之第幾女，將以今日歸于某官某郡姓名，不勝感愴，謹以」，後同。遂醮其女而命之。女盛飾，姆相之，立於室外，南向。父坐東序，西向；母坐西序，東向。設女席於母之東北，南向。贊者醮以酒，如婿禮。姆導女出於母左。父起，命之，曰：「敬之，戒之，夙夜無違舅姑之命。」母送至西階上，爲之整冠斂帔，命之，曰：「勉之，敬之，夙夜無違爾閨門之禮。」諸母、姑、嫂、姊送至于中門之内，爲之整裙衫，申以父母之命，曰：「謹聽爾父母之言，夙夜無愆。」非宗子之女，則宗子告于祠堂，而其父醮於私室如儀。主人出迎，婿入奠雁。主人迎婿于門外，揖讓以入，婿執雁以從，至于廳事。主人升自阼階，立，西向，婿升自西階，北向跪，置雁於地。主人侍者受之。婿俯伏，興，再拜，主人不答拜。若族人之女，則其父從主人出迎，立於其右，尊則少進，卑則少退。○凡贄用生雁，左首以生色繒交絡之，無則刻木爲之，取其順陰陽往來之義。程子曰：「取其不再偶也。」

問：「主人揖婿入，婿北面而拜，主人不答拜，何也？」朱子曰：「乃爲奠雁而拜，主人自不應答拜。」

姆奉女出登車。姆奉女出中門，婿揖之，降自西階，主人不降。婿遂出，女從之。婿舉轎簾以俟。姆辭曰：「未教，不足與爲禮也。」女乃登車。婿乘馬，先婦車。婦車亦以二燭前導。

司馬温公曰：「男率女，女從男，夫婦剛柔之義，自此始也。」

至其家，導婦以入。婿至家，立于廳事。俟婦下車，揖之，導以入。婿婦交拜。婦從者布婿席於東方，婿從者布婦席於西方。婿盥于南，婦從者沃之，進帨；婦盥于北，婿從者沃之，進帨。婿揖婦，就席。婦拜，婿答拜。

司馬温公曰：「從者皆以其家女僕爲之，女從者沃婿盥於南，婿從者沃女盥於北。夫婦始接，情有廉耻，從者交導其志。」○女子與丈夫爲禮，則俠音夾。拜，男子以再拜爲禮，女子以四拜爲禮，古無婿婦交拜之儀，今從俗。

就坐，飲食畢，婿出。婿揖婦，就坐，婿東婦西。從者斟酒，設饌。婿婦祭酒，舉殽。又斟酒，婿揖，婦舉飲，不祭，無殽。又取巹，分置婿婦之前，斟酒，婿揖，婦舉飲，不祭，無殽。婿出，就他室；姆與婦留室中。徹饌，置室外，設席。婿從者餕婦之餘，婦從者餕婿之餘。

司馬温公曰：「古者同牢之禮，婿在西東面，婦在東西面，蓋古人尚右，故婿在西，尊之也。今人既尚左，且從俗。」○劉氏璋曰：「《儀禮》疏云：『巹，謂牢瓢。以一匏分爲兩瓢，謂之巹，婿之與婦，各執一片以酳，故云『合巹而酳』。」○《昏義》曰：「婦至，婿揖婦以入，共牢而食，合巹而酳，所以合體同尊卑，以親之也。」

復入，脱服，燭出。婿脱服，婦從者受之；婦脱服，婿從者受之。○司馬温公曰：「古詩云『結髮爲夫婦』，言自小年束髮即爲夫婦，猶李廣言『結髮與匈奴戰』也。今世俗昏姻，乃有結髮之禮，謬誤可笑，勿用可也。」主人禮賓。男賓於外廳，女賓於中堂。古禮明日饗從者，今從俗。

司馬温公曰：「『不用樂』注云：《曾子問》曰：『娶婦之家，三日不舉樂，思嗣親也。』今俗昏禮用樂，殊爲非禮。」

婦見舅姑

明日夙興，婦見于舅姑。婦夙興，盛服，俟見。舅姑坐於堂上，東西相向，各置卓子於前。家人男女少於舅姑者立於兩序，如冠禮之叙。婦進立於阼階下，北面，拜舅，升，奠贄幣于卓子上，舅撫之，侍者以入。婦降又拜。畢，詣西階下，北面，拜姑，升，奠贄幣，姑舉以授侍者。婦降又拜。○若非宗子之子，而與宗子同居，則先行此禮於舅姑之私室，與宗子不同居，則如上儀。

司馬温公曰：「古者拜于堂上，今拜于下，恭也。可從衆。」

舅姑禮之。如父母醮女之儀。婦見于諸尊長。婦既受禮，降自西階。同居有尊於舅姑者，則舅姑以婦見於其室，如見舅姑之禮。還拜諸尊長于兩序，如冠禮，無贄。小郎小姑皆相拜。非宗子之子，而與宗子同居，則既受禮，詣其堂上拜之，如舅姑禮，而還見于兩序。其宗子及尊長不同居，則廟見而後往。若冢婦，則饋于舅姑。是日食時，婦家具盛饌酒壺，婦從者設蔬果卓子于堂上舅姑之前，設盥盆于阼階東南，帨架在東。舅姑就坐。

婦盥，升自西階，洗盞斟酒，置舅卓子上，降，俟舅飲畢，又拜，遂獻姑進酒，姑受，飲畢，婦降，拜，遂執饌，升，薦于舅姑之前，侍立姑後，以俟卒食，徹飯。侍者徹饌，分置别室。婦就餕姑之餘，婦從者餕舅之餘，婿從者又餕婦之餘。非宗子之子，則於私室如儀。

舅姑饗之。如禮婦之儀。禮畢，舅姑先降自西階，婦降自阼階。

司馬温公曰：「《士昏禮》：婦盥饋，特豚合升側載。注：側載者，右胖載之舅俎，左胖載之姑俎。今恐貧者不辦殺特，故但具盛饌而已。」

廟見

三日，主人以婦見于祠堂。古者三月而廟見，今以其太遠，改用三日。如子冠而見之儀，但告辭曰：「子某之婦某氏，敢見。」餘並同。

婿見婦之父母

明日，婿往見婦之父母。婦父迎送揖讓，如客禮。拜，即跪而扶之。入見婦母，婦母闔門左扉，立于門內，婿拜于門外。皆有幣。婦父非宗子，即先見宗子夫婦，不用幣，如上儀，然後見婦之父母。次見婦黨諸親。不用幣，婦女相見如上儀。婦家禮婿如常儀。親迎之夕，不當見婦母及諸親，及設酒饌，以婦未見舅姑故也。

程子曰：「『昏禮不用樂，幽陰之義』，此說非是。昏禮豈是幽陰？但古人重此大禮，嚴肅其事，不用樂也。『昏禮不賀，人之序也』，此說却是。婦質明而見舅姑，成婦也。三日而後宴樂，禮畢也。宴不以夜，禮也。」○朱子曰：「人著書只是自入些己意，便做病。司馬與伊川定昏禮，都依《儀禮》，只略改一處，便不是古人意。司馬云：『親迎，奠雁，見主昏者即出。』伊川却教拜了，又入堂拜大男小女。伊川非是。伊川云：『婦至次日，見舅姑，三月廟見。』司馬却說婦入門即拜影堂。司馬非是。蓋親迎不見妻父母者，婦未見舅姑也。入門不見舅姑者，未成婦也。今親迎用温公，入門以後用伊川，三月廟見，改爲三日云。」

性理大全書卷之二十　家禮三

喪禮

初終

疾病，遷居正寢。凡疾病，遷居正寢，内外安静，以俟氣絶。男子不絶於婦人之手，婦人不絶於男子之手。

既絶乃哭。

司馬温公曰：「疾病，謂疾甚時也。近世孫宣公，臨薨遷于外寢，蓋君子謹終，不得不爾也。」○高氏曰：「廢牀寢於地。」注：「人始生在地，故廢牀寢於地，庶其生氣之復也。」本出《儀禮》及《禮記·喪大記》。○劉氏璋曰：「凡人病危篤，氣微難節，乃屬纊以俟氣絶。纊乃今之新綿，易爲摇動，置口鼻之上以爲候也。」

復。侍者一人，以死者之上服嘗經衣者，左執領，右執要，自前榮升屋中霤，北面招以衣，三呼曰：「某人復。」畢，卷衣，降，覆尸上。男女哭擗無數。○上服，謂有官則公服，無官則襴衫、皂衫、深衣，婦人大袖、背子。呼某人者，從生時之號。

司馬温公曰：《士喪禮》：「復者一人，升自前東榮中屋，北面招以衣，曰：皋某復，三。」注：「皋，長聲也。」今升屋而號，慮其驚衆，但就寢庭之南，男子稱名，婦人稱字，或稱官封，或依常時所稱。○高氏曰：「今淮南風俗，民有暴死，則使數人升其居屋，及於路傍，遍呼之，亦有蘇活者，豈復之餘意歟？」○劉氏璋曰：《喪大記》曰：「凡復，男子稱名，女人稱字。」復聲必三者，禮成於三也。

立喪主，凡主人謂長子；無，則長孫承重，以奉饋奠。其與賓客爲禮，則同居之親且尊者主之。

司馬温公曰：《奔喪》曰：「凡喪，父在父爲主。」注：「與賓客爲禮，宜使尊者。」○「父没，兄弟同居，各主其喪。」注：「各爲妻子之喪爲主也。」○「親同，長者主之。」注：「昆弟之喪，宗子主之。」○「不同，親者主之。」注：「從父，昆弟之喪也。」《雜記》曰：「姑姊妹其夫死而夫黨無兄弟，使夫之族人主喪。妻之黨雖親弗主。夫若無族矣，則前後家東西家。無有則里尹主之。」《喪大記》曰：「喪有無後，無無主。」若子孫有喪而祖父主之，子孫執喪，祖父拜賓。

主婦，謂亡者之妻；無，則主喪者之妻。護喪，以子弟知禮能幹者爲之，凡喪事皆禀之。司書、司貨，以子弟或吏僕爲之。乃易服不食。妻子、婦妾皆去冠及上服，被髮。男子扱上衽，徒跣。餘有服者皆去華飾。爲人後者爲本生父母，及女子已嫁者，皆不被髮、徒跣。諸子三日不食。期九月之喪，三不食；五月三月之喪，再不食。親戚隣里爲糜粥以食之，尊長强之，少食可也。○扱上衽，謂插衣前襟之帶。華飾，謂錦繡、紅紫、金玉、珠翠之類。治棺。護喪命匠擇木爲棺，油杉爲上，柏次之，土杉爲下。其制方直，頭大足小，僅取容身，勿令高大及爲虚檐高足。内外皆用灰漆。内仍用瀝青溶瀉，厚半寸以上。以煉熟秫米灰鋪其底，厚四寸許。加七星板。底四隅各釘大鐵環，動則以大索貫而舉之。○司馬温公曰：「棺欲厚，然太厚則重而難以致遠，又不必高大占地，使壙中寬，易致摧毁，宜深戒之。椁雖聖人所制，自古用之，然板木歲久終歸腐爛，徒使壙中寬大，不能牢固，不若不用之爲愈也。孔子葬鯉，有棺而無椁，又許貧者還葬而無椁，今不欲用非爲貧也，乃欲保安亡者爾。」○程子曰：「雜書有松脂入地千年爲茯苓，萬年爲琥珀之説。蓋物莫久於此，故以塗棺，古人已有用之者。」

高氏曰：「伊川先生謂棺之合縫，以松脂塗之，則縫固而木堅。注云松脂與木性相入而又利水，蓋今人所謂瀝青者是也。須以少蚌粉、黄蠟、清油合煎之，乃可用，不然則裂矣。其棺椁之間，亦宜以此灌之。」○胡氏泳曰：「松脂塗縫之説未然。先生葬時，蔡氏兄弟主用松脂，嘗問用黄蠟麻油否，答云用油蠟則松脂不得全其性矣。此言有理。但彭止堂作《訓蒙》云：『灌以松脂，宜於北方，江南用之，適爲蟻房。』彭必有考，更詳之。」○劉氏璋曰：「凡送死之道，唯棺與椁爲親身之物，孝子所宜盡之。初喪之日，擇木爲棺，恐倉卒未得其木，灰漆亦未能堅完。或值暑月，尸難久留。古者國君即位而爲椑，蒲力切。歲一漆之。今人亦有生時自爲壽器者，此乃猶行其道，非豫凶事也。其木油杉及柏爲上，毋事高大以圖美觀，惟棺周於身，椁周於棺足矣。棺内外皆用布裹漆，務令堅實。余嘗見前人葬墓，掩壙之後，即以松脂溶化灌於棺外，其厚尺餘。後爲人侵掘，松脂歲久，凝結愈堅，斧斤不能加，得免大患。今有葬者用之，可謂宜矣。」

訃告于親戚僚友。護喪、司書爲之發書。若無，則主人自訃親戚，不訃僚友。自餘書問悉停，以書來吊者並須卒哭後答之。

沐浴　襲　奠　爲位　飯含

執事者設幃及牀，遷尸，掘坎。執事者以幃障卧内，侍者設牀於尸牀前，縱置之，施簀去薦，設席枕，遷尸其上，南首，覆以衾，掘坎于屏處潔地。陳襲衣，以卓子陳于堂前東壁下，西領，南上。幅巾一。充耳二，用白纊，如棗核大，所以塞耳者也。幎目，帛方尺二寸，所以覆面者也。握手用帛，長尺二寸，廣五寸，所以裹手者也。深衣一。大帶一。履二。袍襖、汗衫、袴襪、勒帛、裹肚之類，隨所用之多少。

楊氏復曰：《儀禮·士喪》「襲三稱」，衣單複具曰稱。三稱者，爵弁服，皮弁服、褖衣。「設冒櫜之」注云：「冒，韜尸者。制如直囊，上曰質，下曰殺。其用之，先以殺韜足而上，後以質韜首而下，齊手。君錦冒黼殺綴旁七，大夫玄冒黼殺綴旁五，士緇冒經殺綴旁三，凡冒，質長與手齊，殺三尺。」〇劉氏璋曰：「古者人死不冠，但以帛裹其首，謂之掩。《士喪禮》『掩，練帛，廣終幅，五尺，析其末』注：『掩，裹首也。析其末，爲將結於頤下，又還結於項中。』蓋以襲斂主於保庇肌體，貴於柔軟緊實，冠則磊嵬難安。況今幞頭以鐵爲脚，長三四尺，帽用漆紗爲之，上有虛檐，置於棺中，何由安帖？莫若襲以常服，上加幅巾、深衣、大帶及履，既合於古，又便於事。幅巾所以當掩也，其制如今之暖帽。深衣、帶、履，自有制度。若無深衣、帶、履，止用衫、勒帛、鞋亦可。其幞頭、腰帶、靴、笏，俟葬時安於棺上可也。」〇幎目用緇，方尺二寸，充之以絮，四角有繫，於後結之。握手用玄纁，長尺二寸，廣五寸，令裹親膚。據從手內置之，長尺二寸，中掩之，手纔相對也。兩端各有繫，先以一端繞掔一匝，還從上自貫，又以一端向上鉤中指，反與繞掔者結於掌後節也。

沐浴、飯含之具。以卓子陳于堂前西壁下，南上。錢三，實于小箱。米二升，以新水淅令精，實于盌。櫛一，沐巾一，浴巾二，上下體各用其一也。乃沐浴，侍者以湯入，主人以下皆出帷外，北面。侍者沐髮，櫛之，晞以巾，撮爲髻，抗衾而浴，拭以巾，剪爪。其沐浴餘水并巾櫛棄于坎而埋之。襲。侍者別設襲牀於幃外，施薦席褥枕，先置大帶、深衣、袍襖、汗衫、袴襪、勒帛、裹肚之類於其上，遂舉以入，置浴牀之西，遷尸於其上，悉去病時衣及復衣，易以新衣，但未著幅巾、深衣、履。徙尸牀，置堂中間。卑幼則各於室中間，餘言在堂者放此。乃設奠。執事者以卓子置脯醢，升自阼階。祝盥手洗盞，斟酒奠于尸東，當肩，巾之。○祝以親戚爲之。

劉氏璋曰：「《士喪禮》：『復者降，楔齒綴足，即奠脯醢與酒于尸東。』鄭注：『鬼神無象，設奠以憑依之。』《開元禮》五品以上如《士喪禮》，六品以下襲而後奠。今不以官品高下，沐浴正尸然後設奠，於事爲宜。奠謂斟酒奉至卓上而不酹，主人虞祭然後親奠酹。巾者，以辟塵蠅也。」

主人以下爲位而哭。主人坐於牀東奠北。衆男應服三年者坐其下，皆藉以稾。同姓期功以下各以服次坐于其後，皆西向南上。尊行以長幼坐于牀東北壁下，南向西上，藉以席薦。主婦、衆婦女坐于牀西，藉以稾。同姓婦女以服爲次，坐于其後，皆東向南上。尊行以長幼坐于牀西北壁下，南向東上，藉以席薦。妾婢立於婦女之後。別設幃以障内外。異姓之親，丈夫坐於幃外之東，北向西上；婦人坐於帷外之西，北向東上。皆藉以席，以服爲行，無服在後。○若内喪，則同姓丈夫尊卑坐于幃外之東，北向西上；異姓丈夫坐于帷外之西，北向東上。○三年之喪，夜則寢於尸旁，藉稾枕塊。羸病者，藉以草薦可也。期以下，寢於側近，男女異室，外親歸家可也。乃飯含。主人哭盡哀，左袒，自前扱於腰之右，盥手，執箱以入。侍者一人，插匙于米盌，執以從，置于尸西，徹枕，以幎巾入，覆面。主人就尸東，由足而西，牀上坐，東面舉巾，以匙抄米，實于尸口之右，并實一錢，又於左、於中亦如之。主人襲所袒衣，復位。侍者卒襲，覆以衾。加幅巾，充耳，設幎目，納履，乃襲深衣，結大帶，設握手，乃覆以衾。

司馬温公曰：「古者死之明日小歛，又明日大歛，顛倒衣裳，使之正方，束以絞紟，韜以衾冒，皆所以保其肌體也。今世俗有襲而無大小歛，所闕多矣。然古者士襲衣三稱，大夫五稱，諸侯七稱，公九稱。小歛尊卑通用十九稱。大歛士三十稱，大夫五十稱，君百稱，此非貧者所辦也。今從簡易，襲用衣一稱，小大歛則據死者所有之衣，及親友所襚之衣，隨宜用之。若衣多，不必盡用也。」高氏曰：「《禮》，士襲衣三稱。而子羔之襲也衣三稱。孔子之喪，公西赤掌殯葬焉，襲衣十一稱，加朝服一。《雜記》曰士襲九稱。蓋襲數之不同如此，大抵衣衾惟欲其厚耳。衣衾之所以厚者，豈徒以設飾哉！蓋人死斯惡之矣，聖人不忍言也，但制爲典禮，使厚其衣衾而已。今世之襲者，不知此意，或止用單袷一稱，雖富貴之家衣衾畢備，皆不以襲歛，又不能謹藏。古人遺衣裳，必置於靈座，既而藏於廟中。乃或相與分之，甚至輒計直貿易以充喪費，徒加功於無用，擯財於無謂，而所以附其身者，曾不之慮。嗚乎！又孰若用以襲歛，而使亡者獲厚芘於九泉之下哉。」○楊氏復曰：「按高氏一用《禮經》，而襲歛用衣之多，故襲有冒，小歛有布絞，大歛有布絞、布紟，所以保其肌體者固矣。司馬公欲從簡易，而襲斂用衣之少，故小斂雖有布絞，而襲則無冒，大斂則無絞紟，此爲疏略。先生初述家禮，皆取司馬公《書儀》，後與學者論禮，以高氏喪禮爲最善，遺命治喪俾用《儀禮》，此可以見其去取折衷之意矣。况夫古者襲斂用衣之多，故古有襚禮，衣服曰襚。《士喪禮》親者襚，庶兄弟襚，朋友襚，又君使人襚。今世俗有襲而無大小斂，故襚禮亦從而廢，惜哉！然欲悉從高氏之說，則誠非貧者所能辦，有如司馬公之所慮者，但當量其力之所及可也。愚故於襲、小斂、大斂之下悉述《儀禮》并高氏之說以備參考。

靈座　魂帛　銘旌

置靈座，設魂帛，設椸於尸南，覆以帕，置倚卓其前。結白絹爲魂帛，置倚上。設香爐合、盞注、酒果於卓子上。侍者朝夕設櫛頮奉養之具，皆如平生。○司馬温公曰：「古者鑿木爲重，以主其神。今令式亦有之，然士民之家，未嘗識也。故用束帛依神，謂之魂帛，亦古禮之遺意也。世俗皆畫影，置於魂帛之後，男子生時有畫像，用之猶無所謂。至於婦人，生時深居閨門，出則乘輜軿，擁蔽其面，既死，豈可使畫工直入深室，揭掩面之帛，執筆訾相，畫其容貌？此殊爲非禮。又世俗或用冠帽衣履裝飾如人狀，此尤鄙俚，不可從也。」

問重。朱子曰：「《三禮圖》有畫像可考，然且如司馬公之說，亦自合時之宜，不必過泥於古也。」○楊氏復曰：「禮，大夫無主者，束帛依神。司馬公用魂帛，蓋取束帛依神之意。高氏曰：『古人遺衣裳必置於靈座，既而藏於廟中。』恐當從此説。以遺衣裳置於靈座而加魂帛於其上可也。」

立銘旌，以絳帛爲銘旌，廣終幅。三品以上，九尺；五品以下，八尺；六品以下，七尺。書曰：「某官某公之柩。」無官，即隨其生時所稱，以竹爲杠，如其長，倚於靈座之右。

司馬温公曰：「銘旌設跗立於殯東。」注：「跗，杠足也，其制如傘架。」

不作佛事，司馬温公曰：「世俗信浮屠誑誘，於始死及七七日、百日、期年、再期、除喪，飯僧，設道場，或作水陸大會，寫經造像，修建塔廟，云爲死者滅彌天罪惡，必生天堂，受種種快樂，不爲者必入地獄，銼燒舂磨，受無邊波吒之苦。殊不知人生含氣血，知痛癢，或剪爪剃髮從而燒斫之，已不知苦，況於死者，形神相離，形則入於黄壤，朽腐消滅，與木石等，神則飄若風火，不知何之，借使銼燒舂磨，豈復知之？且浮屠所謂天堂地獄者，計亦以勸善而懲惡也，苟不以至公行之，雖鬼可得而治乎？是以唐廬州刺史李舟《與妹書》曰：『天堂無則已，有則君子登；地獄無則已，有則小人入。』世人親死而禱浮屠，是不以其親爲君子，而爲積惡有罪之小人也，何待其親之不厚哉。就使其親實積惡有罪，豈賂浮屠所能免乎？此則中智所共知，而舉世滔滔信奉之，何其易惑而難曉也。甚者至有傾家破産然後已，與其如此，曷若早賣田營墓而葬之乎？彼天堂地獄，若果有之，當與天地俱生。自佛法未入中國之前，人死而復生者，亦有之矣。何故無一人誤入地獄，見閻羅等十王者耶？不學者固不足與言，讀書知古者亦可以少悟矣！」執友親厚之人，至是入哭可也。主人未成服而來哭者，當服深衣，臨尸哭盡哀，出，拜靈座，上香，再拜，遂吊。主人相向哭盡哀。主人以哭對，無辭。

小斂袒　括髮　免　髽　奠　代哭

厥明，謂死之明日。執事者陳小斂衣衾，以卓子陳于堂東壁下，據死者所有之衣，隨宜用之，若多，則不必盡用也。衾用複者。絞横者三，縱者一，皆以細布或彩一幅而析其兩端爲三，横者取足以周身相結，縱者取足以掩首至足而結於身中。

高氏曰："「襲衣所以衣尸，斂衣則包之而已，此襲、斂之辨也。○小斂衣尚少，但用全幅細布，析其末而用之。凡斂欲方，半在尸下，半在尸上，故散衣有倒者，惟祭服不倒。凡鋪斂衣，皆以絞紟爲先。小斂美者在内，故次布散衣，後布祭服。大斂美者在外，故次布祭服，後布散衣也。○斂以衣爲主，小斂之衣必以十九稱，大斂之衣多至五十稱。夫既襲之後，而斂衣若此之多，故非絞以束之，則不能以堅實矣。凡物束縛緊急，則細小而堅實。夫然，故衣衾足以朽肉，而形體深秘，可以使人之勿惡也。今之喪者衣斂既薄，絞冒不施，懼夫形體之露也，遽納之於棺。乃以入棺爲小斂，蓋棺爲大斂。入棺既在始襲之時，蓋棺又在成服之日，則是小斂、大斂之禮皆廢矣。」○楊氏復曰："「按《儀禮·士喪》，小斂衣十九稱，『絞横三縮一，廣終幅，析其末』。注云：『絞，所以收束衣服爲堅急也，以布爲之。縮，縱也。横者三幅，縱者一幅，析其末令可結也。』」

設奠，設卓子于阼階東南，置奠饌及盞注于其上，巾之。設盥盆、帨巾各二于饌東，其東有臺者，祝所盥也。其西無臺者，執事者所盥也。別以卓子設潔滌盆、新拭巾於其東，所以洗盞拭盞也。此一節至遣並同。具括髮麻、免布、髽麻，括髮，謂麻繩撮髻，又以布爲頭𦆽也。免，謂裂布或縫絹廣寸，自項向前交於額上，却繞髻如著掠頭也。髽，亦用麻繩撮髻，竹木爲簪也。設之皆于別室。設小斂牀、布絞衾衣，設小斂牀，施薦席褥于西階之西，鋪絞衾衣，舉之升自西階，置于尸南。先布絞之横者三於下，以備周身相結，乃布縱者一於上，以備掩首及足也。衣或顛或倒，但取正方，唯上衣不倒。乃遷襲奠，執事者遷置靈座西南，俟設新奠，乃去之。後凡奠皆放此。遂小斂。侍者盥手舉尸，男女共扶助之，遷于小斂牀上。先去枕而舒絹疊衣以藉其首，仍卷兩端以補兩肩空處。又卷衣夾其兩脛，取其正方，然後以餘衣掩尸，左衽不紐，裹之以衾，而未結以絞，未掩其面，蓋孝子猶俟其復生欲時見其面故也。斂畢，別覆以衾。主人、主婦憑尸哭擗，主人西向憑尸哭擗，主婦東向亦如之。○凡子於父母，憑之；父母於子、夫於妻，執之；婦於舅姑，奉之；舅於婦，撫之；於昆弟，執之。凡憑尸，父母先，妻子後。袒、括髮、免、髽于別室。男子斬衰者，袒、括髮；齊衰以下至同五世祖者，皆袒、免于別室。婦人髽于別室。

司馬温公曰：「古禮，袒者皆當肉袒，免者皆當露髮。今袒者止袒上衣，免者惟主人不冠。齊衰以下去帽、著頭巾，加免於其上，亦可也。婦人髽也，當去冠梳。」○楊氏復曰：「小斂變服，斬衰者袒、括髮，今人無袒、括髮一節何也？緣世俗以襲爲小斂，故失此變服一節。在禮，聞喪奔喪，入門詣柩前，再拜，哭盡哀，乃就東方去冠及上服，被髮徒跣，如始喪之儀。詣殯，東面坐，哭盡哀，乃就東方袒、括髮，又哭盡哀，如小斂之儀。明日後日，朝夕哭，猶袒、括髮，至家四日乃成服。夫奔喪，禮之變也，猶謹其序，而况處禮之常，可欠小斂一節，又無袒、括髮乎？此則孝子知禮者所當謹而不可忽也。」

還遷尸牀于堂中，執事者徹襲牀，遷尸其處。哭者復位，尊長坐，卑幼立。乃奠。祝帥執事者，盥手舉饌，升自阼階，至靈座前，祝焚香，洗盞斟酒奠之。卑幼者皆再拜。侍者巾之。主人以下哭盡哀，乃代哭不絶聲。

大斂

厥明，小斂之明日，死之第三日也。○司馬温公曰：「《禮》曰『三日而斂』者，俟其復生也。三日而不生，則亦不生矣，故以三日爲之禮也。今貧者喪具或未辦，或漆棺未乾，雖過三日亦無傷也。世俗以陰陽拘忌，擇日而斂，盛暑之際，至有汁出蟲流，豈不悖哉！」執事者陳大斂衣衾，以卓子陳于堂東壁下，衣無常數，衾用有綿者。

高氏曰：「大斂之絞，縮者三，蓋取一幅布裂爲三片也，横者五，蓋取布二幅裂爲六片而用五也。以大斂衣多，故每幅三析用之，以爲堅之急也。衾凡二，一覆之，一藉之。」○楊氏復曰：「《儀禮·士喪》：『大斂衣三十稱，紟不在算，不必盡用。』注云：『紟，單被也。小斂衣數自天子達，大斂則異矣，大斂布絞，縮者三，橫者五。』」

設奠具，如小斂之儀。舉棺入置于堂中少西，執事者先遷靈座及小斂奠於旁側，役者舉棺以入，置于牀西，承以兩凳。若卑幼，則於別室。役者出。侍者先置衾于棺中，垂其裔於四外。○司馬温公曰：「周人殯于西階之上，今堂室異制，或狹小，故但於堂中少西而已。今世俗多殯僧舍，無人守視，往往以年月未利，踰數十年不葬，或爲盜賊所發，或爲僧所棄，不孝之罪，孰大於此？」乃大斂。侍者與子孫、婦女俱盥手，掩首結絞，共舉尸納于棺中，實生時所落齒髮及所剪爪于棺角，又揣其空缺處，卷衣塞之，務令充實，不可摇動。謹勿以金玉珍玩置棺中，啓盜賊心。收衾先掩足，次掩首，次掩左，次掩右，令棺中平滿。主人、主婦憑哭盡哀。婦人退入幕中。乃召匠加蓋，下釘。徹牀，覆柩以衣。祝取銘旌，設跗于柩東，復設靈座於故處，留婦人兩人守之。○司馬温公曰：「凡動尸舉棺，哭擗無算，然殯斂之際，亦當輟哭臨視，務令安固，不可但哭而已。」○按古者大斂而殯，既大斂則累墼塗之，今或漆棺未乾，又南方土多螻蟻，不可塗殯，故從其便。設靈牀于柩東。牀帳、薦席、屏枕、衣被之屬，皆如平生時。乃設奠。如小斂之儀。主人以下各歸喪次，中門之外，擇朴陋之室，爲丈夫喪次。斬衰，寢苫枕塊，不脱經帶，不與人坐焉，非時見乎母也，不及中門。齊衰，寢席。大功以下異居者，既殯而歸，居宿於外，三月而復寢。婦人次于中門之内別室，或居殯側，去帷帳衾褥之華麗者，不得輒至男子喪次。止代哭者。

成服

厥明，大斂之明日，死之第四日也。五服之人，各服其服，入就位，然後朝哭，相吊如儀。

楊氏復曰：「三日大斂，可以成服矣。必四日而後成服，何也？大斂雖畢，人子不忍死其親，故不忍遽成服，必四日而後成服也。《禮》：『生與來日，死與往日。』取此義也。」

其服之制，一曰斬衰三年，斬，不緝也。衣裳皆用極麤生布，旁及下際皆不緝也，衣縫向外。裳，前三幅，後四幅，縫内向，前後不連，每幅作三㡇。㡇，謂屈其兩邊，相著而空其中也。衣長過腰，足以掩裳上際，縫外向，背有負版，用布方尺八寸，綴於領下垂之。前當心有衰，用布長六寸，廣四寸，綴於左衿之前。左右有辟領，各用布方八寸，屈其兩頭，相著爲廣四寸，綴於領下，在負版兩旁，各攙負版一寸。兩腋之下有衽，各用布三尺五寸，上下各留一尺正方，一尺之外，上於左旁裁入六寸，下於右旁裁入六寸，便於盡處相望斜裁，却以兩方左右相沓，綴於衣兩旁，垂之向下，狀如燕尾，以掩裳旁際也。冠，比衣裳用布稍細，紙糊爲材，廣三寸，長足跨頂，前後裹以布，爲三㡇，皆向右縱縫之。用麻繩一條，從額上約之至項後交過前，各至耳，結之以爲武。屈冠兩頭入武内，向外反屈之縫於武。武之餘繩垂下爲纓，結於頤下。首絰以有子麻爲之，其圍九寸，麻本在左，從額前向右圍之，從頂過後，以其末加於本上，又以繩爲纓以固之，如冠之制。腰絰大七寸有餘，兩股相交，兩頭結之，各存麻本，散垂三尺，其交結處兩旁各綴細繩繫之。絞帶用有子麻繩一條，大半腰絰，中屈之爲兩股，各一尺餘，乃合之，其大如絰。圍腰從左過後至前，乃以其右端穿兩股間，而反插於右，在經之下。○苴杖用竹，高齊心，本在下。屨亦粗麻爲之。婦人則用極粗生布爲大袖、長裙、蓋頭，皆不緝。布頭帬、竹釵、麻屨。衆妾則以背子代大袖。凡婦人皆不杖。其正服，則子爲父也。其加服，則嫡孫父卒爲祖若曾、高祖承重者也，父爲嫡子，當爲後者也。其義服，則婦爲舅也。夫承重則從服也。爲人後者爲所後父也，爲所後祖承重也。夫爲人後，則妻從服也，妻爲夫也，妾爲君也。

問：「周制有大宗之禮，立嫡以爲後，故父爲長子三年。今大宗之禮廢，無立嫡之法，而子各得以爲後，則長子少子不異。庶子不得爲長子三年，不必然也。父爲長子三年，亦不可以嫡庶論也。」朱子曰：「宗法雖未能立，然服制自當從古，是亦愛禮存羊之意，不可妄有改易也。如漢時宗子法已廢，然其詔令猶云賜民當爲父後者爵一級，是此禮猶在也，豈可謂宗法廢而庶子皆得爲父後者乎！」○楊氏復曰：「喪服制度，惟辟領一節沿襲差誤，自《通典》始。按《喪服記》云：『衣二尺有二寸。』蓋指衣身自領至腰之長而言之也。用布八尺八寸，中斷以分左右，爲四尺四寸者二。又取四尺四寸者二，中摺以分前後，爲二尺二寸者四，此即尋常度衣身之常法也。合二尺二寸者四疊爲四重，從一角當領處四寸下取方裁入四寸，乃《記》所謂『適博四寸』。注疏所謂『辟領四寸』是也。按《鄭注》云：「適，辟領也。」則兩物即一物也。今《記》曰『適』，注疏又曰『辟領』，何爲而異其名也？辟猶開也，從一角當領處取方裁開入四寸，故曰『辟領』。以此辟領四寸，反摺向外，加兩肩上，以爲左右適，故曰『適』，乃疏所謂『兩相向外，各四寸』是也。辟領四寸，既反摺向外，加兩肩上，以爲左右適，故後之左右，各有四寸，虛處當脊而相並，謂之『闊中』，前之左右，各有四寸，虛處當肩而相對，亦謂之『闊中』，乃疏所謂『闊中八寸』是也。此則衣身所用布之處與裁之之法也。注又云『加辟領八寸而又倍之』者，謂别用布一尺六寸，以塞前後之闊中也。布一條縱長一尺六寸，横闊八寸，又縱摺而中分之，其下一半裁斷，左右兩端各四寸，除去不用，只留中間八寸，以加後之闊中元裁辟領各四寸處，而塞其缺當脊之相並處，此所謂『加辟領八寸』是也。其上一半，全一尺六寸不裁，以布之中間從項上分左右對摺向前垂下，以加於前之闊中，與元裁斷處當肩相對處相接，以爲左右領也。夫下一半加於後之闊中者，用布八寸，而上一半從項而下，以加前之闊中也，又倍之而爲一尺六寸焉，此所謂『而又倍之者』是也。此則衣領所用之布與裁之之法也。古者衣服吉凶異制，故衰服領與吉服領不同，而其制如此也。注又云『凡用布一丈四寸』者，衣身八尺八寸，衣領一尺六寸，合爲一丈四寸也。此是用布正數，又當少寬其布，以爲針縫之用。然此即衣身與衣領之數，若負衰帶下及兩衽，又在此數之外矣。但領必有袷，此布何從出乎？曰：衣領用布闊八寸，而長一尺六寸。古者布幅闊二尺二寸，除衣領用布闊八寸之外，更餘闊一尺四寸，而長一尺六寸，可以分作三條。施於袷而適足無餘欠也。《通典》以辟領爲適，本用注疏。又自謂《喪服記》文難曉，而用臆説以參之。既别用布以爲辟領，又不言制領所用何布，又不計衣身衣領用布之數，失之矣。但知衣身八尺八寸之外，又别用布一尺六寸以爲領，凡用布共一丈四寸，則文義不待辨而自明矣。〇又按《喪服記》及注云『袂二尺二寸』，緣衣身二尺二寸。故左右兩袂亦二尺二寸，欲使縱横皆正方也。《喪服記》又云『袪尺二寸』。袪者，袖口也。袂二尺二寸，縫合其下一尺，留上一尺二寸以爲袖口也。〇又按《喪服記》云『衣帶下尺』，緣古者上衣下裳，分别上下，不相侵越。衣身二尺二寸，僅至腰而止，無以掩裳上際，故於衣帶之下，用縱布一尺，上屬於衣，横繞於腰，則以腰之闊狹爲準，所以掩裳上際，而後綴兩衽於其旁也。○度用指尺，中指中節爲寸。首絰、腰絰圍九寸七寸之類亦同。○菅屨。《儀禮》注：『菅屨，菲屨也。』《家禮》云：『屨以粗麻爲之。』恐當從《儀禮》爲正。○《儀禮》：妻爲夫，妾爲君，女子子在室爲父，布總、箭笄、髽衰三年。以家禮參考之。《儀禮》小斂婦人髽于室，以麻爲髽。《家禮》小斂婦人用麻繩撮髻爲髽，其制同。《儀禮》婦人成服，布總六寸，謂出紒後所垂者六寸，箭笄長尺。《家禮》婦人成服，布頭繻、竹釵。所謂布頭繻，即《儀禮》之布總也；所謂竹釵，即《儀禮》之箭笄也。凡喪服，上曰衰，下曰裳。《儀禮》婦人但言衰不言裳者，婦人不殊裳，衰如男子衰，下如深衣，無帶下尺，無衽。夫衰如男子衰，未知備負版、辟領之制與否。下如深衣，未知裳用十二幅與否。此雖無文可明，但衣身必二尺二寸，袂必屬幅，裳必上屬於衣，裳旁兩幅必相連屬，此所以衣不用帶下尺，裳旁不用衽也。今考《家禮》則不用此制，婦人用大袖、長裙、蓋頭，男子衰服純用古制，而婦人不用古制，此則未詳。《儀禮》婦人有絰帶。絰，首絰也。帶，腰帶也。圍之大小無明文，大約與男子同。卒哭，丈夫去麻帶，服葛帶，而首絰不變。婦人以葛爲首絰，而麻帶不變。既練，男子除絰，婦人除帶，其謹於絰帶變除之節若此。《家禮》婦人並無絰帶之文，當以禮經爲正。○《喪服・斬衰傳》曰：『童子何以不杖？不能病也。婦人何以不杖？不能病也。』疏曰：童子不杖，此庶童子也。《問喪》云：『童子當室，則免而杖矣。』謂適子也。婦人不杖，亦謂童子婦人。若成人婦人正杖，《喪大記》云：『三日子、夫人杖，五日大夫、世婦杖。』諸經皆有婦人杖。又如姑在爲夫杖，母爲長子杖。按《喪服小記》云：『女子子在室爲父母，其主喪者不杖，則子一人杖。』鄭云：『女子子在室，亦童子也，無男昆弟，使同姓爲攝主不杖，則子一人杖謂長女也。許嫁及二十而笄，笄爲成人，成人正杖也。』是其童女爲喪主，則亦杖矣。愚按：《家禮》用《書儀》服制，婦人皆不杖，與《問喪》《喪大記》《喪服小記》不同，恨未得質正。」○劉氏璋曰：「衰服之制，前言已載，惟裳制則未之詳。按司馬温公曰：『古者五服皆用布，以升數爲别。』其以八十縷爲一升。又衰裳記曰：『凡衰外削幅，裳内削幅，幅三袧。』疏曰：『衰外削幅者，謂縫之邊幅向外，裳内削幅者，謂縫之邊幅向内。有幅三袧者，據裳而言，用布七幅，幅二尺二寸，兩畔各去一寸爲削幅，則二七十四，丈四尺。若不辟積其腰中，則束身不得就。故一幅布凡三處屬之。』又禮惟斬衰不緝，餘衰皆緝之，緝必外向，所以别其吉服也。○又杖屨一節，按《三家禮》云：『斬衰苴杖，竹也。爲父，所以杖用竹者，父是子之天，竹圓亦象天，内外有節，象子爲父亦有内外之痛，又貫四時而不變，子之爲父亦經寒温而不改，故用之也。』菅屨，謂以菅草爲屨。《毛傳》云：『野菅也，已漚爲菅。』又云：『菅菲外納。』則周公時謂之屨，子夏時謂菲。外納者，外其飾，向外編之也。」○黄氏瑞節曰：「先生長子塾卒，以繼體服斬衰，禮謂之加服，俗謂之報服也。」

二曰齊衰三年，齊，緝也。其衣裳冠制，並如斬衰，但用次等麤生布，緝其旁及下際。冠以布爲武及纓。首絰以無子麻爲之，大七寸餘，本在右，末繫本下，布纓。腰絰大五寸餘。絞帶以布爲之，而屈其右端尺餘。杖以桐爲之，上圓下方。婦人服同斬衰，但布用次等爲異。後皆倣此。其正服，則子爲母也，士之庶子爲其母同，而爲父後，則降也。其加服，則嫡孫父卒爲祖母，若曾高祖母承重者也，母爲嫡子，當爲後者也。其義服，則婦爲姑也。夫承重則從服也。爲繼母也。爲慈母，謂庶子無母而父命他妾之無子者慈己也。繼母爲長子也，妾爲君之長子也。

楊氏復曰：「按《儀禮》補服條，當增『祖父卒，而後爲祖母後者也。爲所後者之妻若子也』。」○劉氏璋曰：「齊衰削杖，桐也。爲母。按《三家禮》云：『桐者，言同也。取内心悲痛，同於父也。以外無節，象家無二尊，外屈於天，削之使下方者，取母象於地也。』疏屨者，粗屨也。疏，讀如不熟之疏，草也。斬衰重而言菅，以見草體，舉其惡貌，齊衰輕而言疏，舉草之總稱也。不杖章言麻屨。齊衰三月與大功同繩屨。小功、緦麻輕，又没其屨號。麻屨，注云不用草。」〇凡言杖者，皆下本，順其性也，高下各齊其心，其大小如腰絰。

杖期。服制同上。但又用次等生布。其正服，則嫡孫父卒祖在爲祖母也。其降服，則爲嫁母、出母也。其義服，則爲父卒，繼母嫁而已從之者也。夫爲妻也。子爲父後，則爲出母、嫁母無服。繼母出則無服也。

楊氏復曰：「按齊衰杖期，恐當添『爲所後者之妻若子也』。祖父在，嫡孫爲祖母也』。據先生《儀禮經傳補服條》修，首一條已具齊衰三年下。」

不杖期。服制同上。但不杖，又用次等生布。其正服，則爲祖父母。女雖適人，不降也。庶子之子爲父之母，而爲祖後則不服也。爲伯叔父也，爲兄弟也。爲衆子男女也，爲兄弟之子也，爲姑姊妹女在室及適人而無夫與子者也，婦人無夫與子者爲其兄弟姊妹及兄弟之子也，妾爲其子也。其加服，則爲嫡孫若曾玄孫當爲後者也，女適人者爲兄弟之爲父後者也。其降服，則嫁母、出母、爲其子，子雖爲父後猶服也。妾爲其父母也。其義服，則繼母、嫁母爲前夫之子從己者也，爲伯叔母也，爲夫兄弟之子也。繼父同居，父子皆無大功之親者也。妾爲女君也，妾爲君之衆子也，舅姑爲嫡婦也。

楊氏復曰：「按不杖期注正服當添一條『姊妹既嫁相爲服也』」。〇其義服當添一條『父母在，則爲妻不杖也』。○按爲人後者爲其父母報，女子子適人者爲其父母，此是不杖期大節目，何以不書也？蓋此條在後『凡男爲人後者，與女適人者，爲其私親皆降一等』中，故不見於此。」

五月。服制同上。其正服，則爲曾祖父母，女適人者不降也。三月，服制同上。其正服，則爲高祖父母，女適人者不降也。其義服，則繼父不同居者，謂先同今異，或雖同居而繼父有子己有大功以上親者也。其元不同居者則不服。

楊氏復曰：「按《儀禮》補服條當增『爲所後者之祖父母若子也』。」

三曰大功九月，服制同上。但用稍粗熟布，無負版、衰、辟領，首絰五寸餘，腰絰四寸餘。其正服，則爲從父兄弟姊妹，謂伯叔父之子也，爲衆孫男女也。其義服，則爲衆子婦也，爲兄弟子之婦也，爲夫之祖父母、伯叔父母、兄弟子之婦也。夫爲人後者，其妻爲本生舅、姑也。

楊氏復曰：「《儀禮》注云：『前有衰，後有負版，左右有辟領，孝子哀戚之心無所不在。』《疏》云：『衰者，孝子有哀摧之志；負者，負其悲哀；適者，指適緣於父母，不念餘事。』○又按注疏釋衰、負版、辟、領三者之義，惟子爲父母用之，旁親則不用也。《家禮》至大功乃無衰、負版、辟領者，蓋《家禮》乃初年本也，後先生之家所行之禮，旁親皆無衰、負版、辟領，若此之類，皆從後來議論之定者爲正。○大功九月恐當添『爲同母異父之昆弟也』，或曰爲外祖母也。據先生《儀禮經傳》補服條修。同母異父之昆弟，本子游答公叔木之問，以同父同母則服期。今但同母而是親者血屬故降一等，蓋恩繼於母，不繼於父，若子夏答狄儀以爲齊衰則過矣，故注疏家以大功爲是。外祖母，只據魯莊公爲齊王姬服大功，《檀弓》『或曰：外祖母也』。今《家禮》以外祖父母爲小功正服，則當以《家禮》爲正。○劉氏垓孫曰：沈存中說喪服中曾祖齊衰服，曾祖以上皆謂之曾祖。恐是如此，如此則皆合有齊衰三月服，看來高祖死，豈有不爲服之禮，須合行齊衰三月也。伊川頃言祖父母喪，須是不赴舉，後來不曾行。今法令雖無明文，看來爲士者，爲祖父母期服內不當赴舉。今人齊衰用布大細，又大功、小功皆用苧布，恐皆非禮。大功須用市中所賣火麻布稍細者，或熟麻布亦可；小功須用虔布之屬。古者布帛精粗皆用升數，所以説『布帛精粗不中數，不鬻於市』，今更無此制。聽民之所爲，所以倉卒難得中度者，只得買來自以意擇製之耳。」

四曰小功五月，服制同上。但用稍熟細布，冠左縫，首絰四寸餘，腰絰三寸餘。其正服，則爲從祖祖父、從祖祖姑，謂祖之兄弟姊妹也。爲兄弟之孫。爲從祖父、從祖姑，謂從祖祖父之子、父之從父兄弟姊妹也。爲從父兄弟之子也。爲從祖兄弟姊妹，謂從祖父之子所謂再從兄弟姊妹者也。爲外祖父母，謂母之父母也。爲舅，謂母之兄弟也。爲甥也，謂姊妹之子也。爲從母，謂母之姊妹也。爲同母異父之兄弟姊妹也。其義服，則爲從祖祖母也，爲夫兄弟之孫也，爲從祖母也，爲夫從兄弟之子也。爲夫之姑姊妹，適人者不降也。女爲兄弟姪之妻，已適人亦不降也。爲娣、姒婦，謂兄弟之妻相名，長婦謂次婦曰娣婦，娣婦謂長婦曰姒婦也。庶子爲嫡母之父母、兄弟姊妹，嫡母死，則不服也。母出則爲繼母之父母、兄弟姊妹也。爲庶母慈己者，謂庶母之乳養己者也。爲嫡孫若曾玄孫之當爲後者之婦，其姑在則否也。爲兄弟之妻也，爲夫之兄弟也。

楊氏復曰：「按《儀禮》補服條，當增『爲所後者妻之父母若子也，姑爲適婦不爲舅後者也，諸侯爲嫡孫之婦也』。」

五曰緦麻三月。服制同上。但用極細熟布，首絰三寸，腰絰二寸，並用熟麻，纓亦如之。其正服，則爲族曾祖父、族曾祖姑，謂曾祖之兄弟姊妹也。爲兄弟之曾孫也。爲族祖父、族祖姑，謂族曾祖父之子也。爲從父兄弟之孫也。爲族父、族姑，謂族祖父之子也。爲從祖兄弟之子也。爲族兄弟姊妹，謂族父之子，所謂三從兄弟姊妹也。爲曾孫、玄孫也，爲外孫也。爲從母兄弟姊妹，謂從母之子也。爲外兄弟，謂姑之子也。爲内兄弟，謂舅之子也。其降服，則庶子爲父後者爲其母，而爲其母之父母、兄弟、姊妹則無服也。其義服，則爲族曾祖母也，爲夫兄弟之曾孫也，爲族祖母也，爲夫從兄弟之孫也，爲族母也，爲夫從祖兄弟之子也，爲庶孫之婦也。士爲庶母，謂父妾之有子者也。爲乳母也，爲婿也。爲妻之父母，妻亡而别娶亦同，即妻之親母，雖嫁出猶服也。爲夫之曾祖、高祖也，爲夫之從祖、祖父母也，爲兄弟孫之婦也，爲夫兄弟孫之婦也，爲夫之從祖父母也，爲從父兄弟子之婦也，爲夫從兄弟子之婦也，爲夫從父兄弟之妻也。爲夫之從父姊妹，適人者不降也。爲夫之外祖父母也，爲夫之從母及舅也，爲外孫婦也。女爲姊妹之子婦也，爲甥婦也。

楊氏復曰：「當增『爲同爨也，爲朋友也，爲改葬也。大夫爲貴妾也，士爲妾有子也』。按《通典》漢戴德云：『以朋友有同道之恩，故加麻三月。』晉曹述初問：『有仁人義士，矜幼携養積年，爲之制服當無疑耶？』徐邈答曰：『禮緣情耳。同爨緦，朋友麻。』又按《儀禮》補服條，同爨，謂以同居生，於禮可許，既同爨而食，合有緦麻之親。改葬，謂墳墓以他故崩壞，將亡失尸柩也。言改葬者，明棺物毁敗，改設之如葬時也。此臣爲君也，子爲父也，妻爲夫也，餘無服。必服緦者，親見尸柩，不可以無服。緦三月而除之，謂葬時服之。又按《通典》戴德云：『制緦麻具而葬，葬而除，謂子爲父，妻妾爲夫，臣爲君，孫爲祖後者也。其餘親皆吊服。』魏王肅云：『非父母無服，無服則吊服加麻。』士妾有子而爲之緦，無子則已。謂士卑，妾無男女則不服，不別貴賤也。大夫貴，妾雖無子猶服之，故大夫爲貴妾緦，是別貴賤也。」○劉氏垓孫曰：「司馬公《書儀》斬衰古制，而功緦又不古制，此却可疑。蓋古者五服皆用麻，但布有差等，皆用冠絰，但功緦之絰小耳。今人吉服不古，而凶服古，亦無意思。今俗喪服之制，下用横巾作襴，惟斬衰用不得。」

凡爲殤服，以次降一等，凡年十九至十六爲長殤，十五至十二爲中殤，十一至八歲爲下殤。應服期者，長殤降服大功九月，中殤七月，下殤小功五月。應服大功以下，以次降等。不滿八歲爲無服之殤，哭之以日易月，生未三月則不哭也。男子已娶，女子許嫁，皆不爲殤。凡男爲人後，女適人者，爲其私親，皆降一等，私親之爲之也亦然。女適人者，降服未滿被出，則服其本服，已除則不復服也。○凡婦服夫黨，當喪而出，則除之。
○凡妾爲其私親，則如衆人。

司馬温公曰：「《喪服小記》云：『爲父母喪，未練而出，則三年；既練而出則已。未練而返則期，既練而返則遂之。』」

成服之日，主人及兄弟始食粥。諸子食粥，妻妾及期九月，疏食水飲，不食菜果，五月三月者，飲酒食肉，不與宴樂。自是無故不出，若以喪事及不得已而出之，則乘樸馬布鞍、素轎布簾。凡重喪未除而遭輕喪，則制其服而哭之，月朔設位，服其服而哭之，既畢返重服，其除之也，亦服輕服；若除重喪，而輕服未除，則服輕服以終其餘日。

問：「從母之夫，舅之妻，皆無服何也？」朱子曰：「先王制禮，父族四，故由父而上，爲從曾祖服緦麻，姑之子、姊妹之子、女子之子，皆有服，皆由父而推之故也。母族三，母之父，母之母，母之兄弟，恩止於舅，故從母之夫、舅之妻皆不爲服，推不去故也。妻族二，妻之父，妻之母。乍看時似乎雜亂無紀，子細看則皆有義存焉。又言《吕與叔集》中一婦人墓誌，凡遇功緦之喪，皆蔬食終其月，此可爲法。」○問：「喪禮衣服之類，逐時換去，如葬後換葛衫，小祥後換練布之類。今之墨縗可便於出入，而不合於《禮經》，如何？」曰：「若能不出則不服之亦好，但要出外治事，則只得服之。」○問：「居喪爲尊長强之以酒，當如何？」曰：「若不得辭，則勉徇其意，亦無害，但不可至沾醉。食已復初可也。」問：「坐客有歌唱者，如之何？」曰：「當起避。」○楊氏復曰：「心喪三年。按《儀禮》『父在爲母期』注：『子於母，雖爲父屈而期，心喪猶三年』。唐前上元元年，武后上表，請父在爲母終三年之喪。○《禮記》：『師心喪三年。』○今服制令庶子爲後者爲其母緦，亦解官，申心喪三年。○母出及嫁，爲父後者雖不服，申心喪三年。○爲人後者，爲其父母不杖期，亦解官，申心喪三年。○嫡孫，祖在，爲祖母齊衰杖期，雖期除，仍心喪三年。先生曰：『喪禮須從《儀禮》爲正。如父在，爲母期，非是薄於母，只爲尊在其父，不可復尊在母，然亦須心喪三年。這般處皆是大項事，不是小節目，後來都失了，而今國家法，爲所生父母，皆心喪三年，此意甚好。』○又按：先生此書雖自《儀禮》中出，其於國家之法未嘗遺也。前章所論，爲所生父母心喪，槩可見矣。五服年月之制，既已備載，則式假一條，恐亦當補入。今喪葬假寧格，非在職遭喪，期三十日，大功二十日，小功十五日，緦麻七日，降而絶服三日。無服之殤，期五日，大功三日，小功二日，緦麻一日。葬，期五日，大功三日，小功二日，緦麻一日。除服，期三日，大功二日，小功緦麻一日。○在職遭喪，期七日，大功五日，小功緦麻三日，降而絶服之殤一日，本宗及同居無服之親之喪一日。改葬，期以下親一日。私忌，在職非在職，祖父母、父母並一日，逮事高曾同。」

朝夕哭奠　上食

朝奠，每日晨起，主人以下皆服其服入就位。尊長坐哭，卑者立哭。侍者設盥櫛之具于靈牀側，奉魂帛出就靈座，然後朝奠。執事者設蔬果、脯醢。祝盥手焚香斟酒，主人以下再拜，哭盡哀。

劉氏璋曰：「凡奠用脯醢者，蓋古人家常有之，如無別具，饌數器亦可。夫朝夕奠者，謂陰陽交接之時思其親也。朝奠將至，然後徹夕奠，夕奠將至，然後徹朝奠。各用罩子，若暑月恐臭敗，則設饌，如食頃去之，止留茶酒果屬，仍罩之。」

食時上食，如朝奠儀。夕奠，如朝奠儀。畢，主人以下奉魂帛入就靈座，哭盡哀。哭無時。朝夕之間，哀至則哭於喪次。朔日則於朝奠設饌，饌用肉魚麪米食羹飯各一器，禮如朝奠之儀。

問：「母喪朔祭，子爲主？」朱子曰：「『凡喪，父在父爲主。』則父在子無主，喪之禮也。又曰：『父没，兄弟同居，各主其喪。』注云：『各爲妻子之喪爲主也。』則是凡妻之喪，夫自爲主也。今以子爲喪主，似未安。」〇高氏曰：「若遇朔望節序，則具盛饌，其品物比朝夕奠差。衆禮疏曰：士則月望不盛奠，唯朔奠而已。」〇楊氏復曰：「按初喪立喪主條，凡主人謂長子，無則長孫承重，以奉饋奠。今乃謂父在父爲主，父在子無主喪之禮，二説不同，何也？蓋長子主喪，以奉饋奠。以子爲母喪，恩重服重故也。朔奠則父爲主者，朔，殷奠，以尊者爲主也。《喪服小記》曰：『婦之喪，虞，卒哭，其夫若子主之。』虞，卒哭，皆是殷祭，故其夫主之，亦謂父在父爲主也。朔祭父爲主，義與虞、卒哭同。」

有新物則薦之。如上食儀。

劉氏璋曰：「孝子之心，事死如事生，斯須不忘其親也。如遇五穀百果一應新熟之物，必以薦之，如上奠儀。凡靈座之間，除金銀酒器之外，盡用素器，不用金銀錢飾，以主人有哀素之心故也。」

吊 奠 賻

凡吊皆素服，幞頭、衫、帶，皆以白生絹爲之。

問：「今吊人用横烏，此禮如何？」朱子曰：「此是玄冠以吊，正與孔子所謂羔裘玄冠不以吊者相反。」

奠用香、茶、燭、酒果，有狀，或用食物，即别爲文。賻用錢帛，有狀，惟親友分厚者有之。

司馬温公曰：「東漢徐穉每爲諸公所辟雖不就，有死喪負笈赴吊，嘗於家豫炙雞一隻，以一兩綿絮漬酒中暴乾以裹雞，徑到所赴冢隧外，以水漬絮，使有酒氣，汁米飯，白茅爲藉，以雞置前，醊酒畢，留謁則去，不見喪主。然則奠貴哀誠，酒食不必豐腆也。」

具刺通名，賓主皆有官，則具門狀，否則名紙，題其陰面，先使人通之，與禮物俱入。入哭奠訖，乃吊而退。既通名，喪家炷火燃燭布席，皆哭以俟。護喪出迎賓。賓入至廳事，進揖曰：「竊聞某人傾背，不勝驚怛，敢請入酹，并伸慰禮。」護喪引賓入，至靈座前，哭盡哀，再拜焚香，跪酹茶酒，俯伏，興。護喪止哭者，祝跪讀祭文奠賻狀於賓之右，畢，興。賓主皆哭盡哀。賓再拜。主人哭，出，西向，稽顙再拜。賓亦哭，東向答拜，進曰：「不意凶變，某親某官，奄忽傾背，伏惟哀慕，何以堪處。」主人對曰：「某罪逆深重，禍延某親，伏蒙奠酹，并賜臨慰，不勝哀感。」又再拜，賓答拜，又相向哭盡哀。賓先止，寬譬主人曰：「脩短有數，痛毒奈何。願抑孝思，俯從禮制。」乃揖而出。主人哭而入，護喪送至廳事，茶湯而退。主人以下止哭。○若亡者官尊，即云「薨逝」，稍尊，即云「捐館」；生者官尊，則云「奄棄榮養」；存亡俱無官，即云「色養」。若尊長拜賓，禮亦同此，惟其辭各如啓狀之式，見卷末。

司馬温公曰：「凡吊人者，必易去華盛之服，有哀戚之容。若賓與亡者爲執友，則入酹。婦人非親戚與其子爲執友，嘗升堂拜母者，則不入酹。凡吊及送喪者，問其所乏，分導營辦。貧者爲之執紼負土之類，毋擾及其飲食財貨可也。」○高氏曰：「既謂之奠，而乃燒香酹酒，則非奠矣。世俗承習久矣，非禮也。」○又曰：「喪禮，賓不答拜，凡非吊喪，無不答拜者。胡先生《書儀》曰：『若吊人是平交，則落一膝，展手策之，以表半答。若孝子尊吊人卑，則側身避位，候孝子伏次，卑者即跪。還須詳緩去就，無令跪伏與孝子齊。』」○楊氏復曰：「按程子、張子與朱先生後來之説，奠謂安置也。奠酒則安置於神座前，既獻則徹去。

奠而有爵者，初酌酒則傾少酒于茅，代神祭也。今人直以奠爲爵，而盡傾之於地，非也。高氏之説亦然。與此條所謂入爵、跪爵似相牴牾，蓋《家禮》乃初年本，當以後來已定之説爲正。詳見祭禮降神條。」○又曰：「按吊禮，主人拜賓，賓不答拜，此何義也？蓋吊，賓來有哭拜或奠禮，主人拜賓以謝之，此賓所以不答拜也。故高氏書有半答跪還之禮。凡禮必有義，不可苟也。《書儀》《家禮》從俗，有賓答拜之文，亦是主人拜賓，賓不敢當乃答拜。今世俗吊，賓來見几筵哭拜，主人亦拜，謂代亡者答拜，非禮也。既而賓吊主人，又相與交拜，亦非禮也。」

聞喪　奔喪　治葬

始聞親喪，哭，親，謂父母也。以哭答使者，又哭盡哀，問故。易服，裂布爲四脚白布衫，繩帶麻屨。遂行。日行百里，不以夜行，雖哀戚，猶辟害也。道中哀至則哭，哭避市邑喧繁之處。○司馬温公曰：「今人奔喪及從柩行者，遇城邑則哭，過則止，是飾詐之道也。」望其州境、其縣境、其城、其家皆哭。家不在城，望其鄉哭。入門詣柩前，再拜，再變服，就位哭。初變服，如初喪，柩東西向坐，哭盡哀，又變服如大小斂，亦如之。後四日成服。與家人相吊，賓至，拜之如初。若未得行，則爲位不奠。設椅子一枚，以代尸柩，左右前後設位，哭如儀，但不設奠。若喪側無子孫，則此中設奠如儀。變服，亦以聞後之第四日。在道至家，皆如上儀。

若喪側無子孫，則在道朝夕爲位設奠，至家但不變服，其相吊、拜賓如儀。若既葬，則先之墓哭拜，之墓者，望墓哭，至墓哭拜，如在家之儀。未成服者，變服於墓，歸家，詣靈座前哭拜。四日成服如儀。已成服者亦然，但不變服。齊衰以下聞喪，爲位而哭。尊長於正堂，卑幼於別室。○司馬温公曰：「今人皆擇日舉哀。凡悲哀之至，在初聞喪即當哭之，何暇擇日？但法令有不得於州縣公廨舉哀之文，則在官者當哭於僧舍，其他皆哭於本家可也。」若奔喪，則至家成服；奔喪者釋去華盛之服，裝辦即行，既至，齊衰望鄉而哭，大功望門而哭，小功以下至門而哭。入門詣柩前，哭再拜，成服，就位，哭吊如儀。若不奔喪，則四日成服。不奔喪者，齊衰三日中朝夕爲位會哭，四日之朝成服亦如之；大功以下，始聞喪爲位會哭，四日成服亦如之。皆每月朔爲位會哭，月數既滿，次月之朔，乃爲位會哭而除之。其間哀至則哭可也。

三月而葬，前期擇地之可葬者。司馬温公曰：「古者天子七月，諸侯五月，大夫三月，士踰月而葬。今五服年月，敕王公以下，皆三月而葬。然世俗信葬師之説，既擇年月日時，又擇山水形勢，以爲子孫貧富貴賤，賢愚壽夭，盡繫於此。而其爲術又多不同，争論紛紜，無時可決，至有終身不葬，或累世不葬，或子孫衰替，忘失處所，遂棄捐不葬者。正使殯葬實能致人禍福，爲子孫者，亦豈忍使其親臭腐暴露，而自求其利邪？悖禮傷義，無過於此！然孝子之心，慮患深遠，恐淺則爲人所抇音骨，深則濕潤速朽，故必求土厚水深之地而葬之，所以不可不擇也。」或問：「家貧鄉遠，不能歸葬，則如之何？」公曰：「子游問喪具，夫子曰：『稱家之有無。』子游曰：『有無惡音烏乎齊了細切？』夫子曰：『有毋過禮。苟無矣，斂手足形，還葬懸棺而窆彼斂切，人豈有非之者哉？』昔廉范千里負喪，郭平自賣營墓，豈待豐富然後葬其親哉？在禮，未葬不變服，食粥，居廬，寢苫枕塊，蓋閔親之未有所歸，故寢食不安。

奈何舍之出游，食稻衣錦，不知其何以爲心哉？世人又有遊宦没於遠方，子孫火焚其柩，收燼歸葬者。夫孝子愛親之肌體，故斂而藏之。殘毁他人之尸，在律猶嚴，况子孫乃悖謬如此！其始蓋出於羌胡之俗，浸染中華，行之既久，習以爲常，見者恬然，曾莫之怪，豈不哀哉！延陵季子適齊，其子死，葬於嬴博之間。孔子以爲合禮，必也不能歸葬，葬于其地可也。豈不猶愈於焚之哉？」○程子曰：「卜其宅兆，卜其地之美惡也，非陰陽家所謂禍福者也。地之美，則其神靈安，其子孫盛，若培壅其根而枝葉茂，理固然矣。地之惡者則反是。然則曷謂地之美者？土色之光潤，草木之茂盛，乃其驗也。父祖子孫同氣，彼安則此安，彼危則此危，亦其理也。而拘忌者惑以擇地之方位，決日之吉凶，不亦泥乎？甚者不以奉先爲計，而專以利後爲慮，尤非孝子安厝之用心也！惟五患者不得不謹，須使他日不爲道路，不爲城郭，不爲溝池，不爲貴勢所奪，不爲耕犂所及也。」一本云：「所謂五患者，溝、渠、道路、避村落、遠井窑。」○按，古者葬地葬日皆決於卜筮，今人不曉占法，且從俗擇之可也。

擇日開塋域，祠后土。主人既朝哭，帥執事者，於所得地掘穴，四隅外其壤，掘中南其壤，各立一標，當南門立兩標，擇遠親或賓客一人，告后土氏。祝帥執事者，設位於中標之左，南向，設盞注、酒果、脯醢於其前，又設盥盆、帨巾二於其東南，其東有臺架，告者所盥，其西無者，執事者所盥也。告者吉服入，立於神位之前，北向，執事者在其後，東上，皆再拜。告者與執事者皆盥帨。執事者一人取酒注，西向跪，一人取盞，東向跪。告者斟酒反注取盞，酹于神位前，俯伏，興，少退立。祝執版立於告者之左，東向跪，讀之曰：「維某年歲月朔日，子某官姓名，敢告于后土氏之神，今爲某官姓名，營建宅兆，神其保佑，俾無後艱，謹以清酌脯醢，祇薦于神，尚饗。」訖，復位。告者再拜，祝及執事者皆再拜，徹出。主人若歸，則靈座前哭再拜，後倣此。

司馬温公曰：「莅卜或命筮者，擇遠親或賓客爲之。及祝、執事者，皆吉冠素服。注云：非純吉，亦非純凶，素服者，但徹去華采珠金之飾而已。」

遂穿壙，司馬温公曰：「今人葬有二法：有穿地直下爲壙，而懸棺以窆者；有鑿隧道，旁穿土室，而攛柩於其中者。按古者唯天子得爲隧道，其他皆直下爲壙，而懸棺以窆。今當以此爲法，其穿地宜狹而深。狹則不崩損，深則盜難近也。」

問合葬夫妻之位，朱子曰：「某初葬亡室時，只存東畔一位，亦不曾考禮是如何。」陳安卿云：「地道以右爲尊，恐男當居右。」曰：「祭時以西爲上，則葬時亦當如此方是。〇人家墓壙棺槨，切不可太大，當使壙僅能容槨，槨僅能容棺，乃善。去年此間陳家墳墓遭發掘者，皆緣壙中太闊。其不能發者，皆是壙中狹小，無著脚手處，此不可不知也。此間墳墓山脚低卸，故盜易入。」問：「墳與墓何別？」曰：「墓想是塋域，墳即封土隆起者。《光武紀》云，爲墳但取其稍高，四邊能走水足矣。古人墳極高大，壙中容得人行，也没意思。今法令一品以上，墳得高一丈二尺，亦自儘高矣。」李守約云：「墳墓所以遭發掘者，亦陰陽家之説有以啓之。蓋凡發掘者，皆以葬淺之故，若深一二丈，自無此患。古禮葬亦許深。」曰：「不然，深葬有水。嘗見興化、漳泉間，墳墓甚高。問之則曰，棺只浮在土上，深者僅有一半入地，半在地上，所以不得不高其封。後來見福州人舉移舊墓，稍深者無不有水，方知興化、漳泉淺葬者，蓋防水爾。北方地土深厚，深葬不妨，豈可同也。」

作灰隔，穿壙既畢，先布炭末於壙底，築實，厚二三寸，然後布石灰、細沙、黄土拌匀者於其上，灰三分，二者各一可也，築實，厚二三尺。别用薄板爲灰隔，如椁之狀，内以瀝青塗之，厚三寸許，中取容棺。墻高於棺四寸許，置於灰上。乃於四旁旋下四物，亦以薄板隔之，炭末居外，三物居内，如底之厚。築之既實，則旋抽其板近上，復下炭灰等而築之，及墻之平而止。蓋既不用椁，則無以容瀝青，故爲此制。又炭禦木根，辟水蟻，石灰得沙而實，得土而黏，歲久結而爲全石，螻蟻盜賊皆不得進也。○程子曰：「古人之葬，欲比化者不使土親膚。今奇玩之物，尚保藏固密，以防損汙，况親之遺骨，當何如哉？世俗淺識，惟欲不見而已，又有求速化之説者，是豈知必誠必信之義？且非欲求其不化也，未化之間，保藏當如是爾。」

問：「槨外可用灰雜沙土否？」朱子曰：「只純用炭末，置之槨外，槨内實以和沙石灰。」或曰：「可純用灰否？」曰：「純灰恐不實，須雜以篩過細沙，久之灰沙相乳入，其堅如石。槨外四圍上下一切實以炭末，約厚七八寸許。既辟濕氣，免水患，又截樹根不入。樹根遇炭皆生轉去，以此見炭灰之妙，蓋炭是死物無情，故樹根不入也。《抱朴子》曰：炭入地千年不變。」問：「范家用黄泥拌石灰實槨外如何？」曰：「不可，黄泥久之亦能引樹根。」又問：「古人用瀝青，恐地氣蒸熱，瀝青溶化，棺有偏陷，却不便。」曰：「不曾親見用瀝青利害，但書傳間多言用者，不知如何。」○「禮，壙中用生體之屬，久之必潰爛，却引蟲蟻，非所以爲亡者慮久遠也。古人壙中置物甚多，以某觀之，禮文之意大備，則防患之意反不足。要之只當防慮久遠，毋使土親膚而已，其他禮文皆可略也。又如古者棺不釘，不用漆粘，而今灰漆如此堅密，猶自蟻子入去，何况不使釘漆。此皆不可行。」○楊氏復曰：「先生答廖子晦曰：『所問葬法，後來講究，木槨瀝青，似亦無益。但於穴底先鋪炭屑築之，厚一寸許，其上即鋪沙灰，四傍即用炭屑，側厚一寸許，下與先所鋪者相接，築之既平，然後安石槨於其上，四傍又下三物如前，槨底及棺四傍上面復用沙灰實之。俟滿加蓋，復布沙灰，而加炭屑於其上，然後以土築之，盈坎而止，蓋沙灰以隔螻蟻，愈厚愈佳。頃嘗見籍溪先生說，嘗見用灰葬者，後因遷葬，則見灰已化爲石矣。炭屑則以隔木根之自外至者，亦里人改葬所親見。故須令常在沙灰之外，四面周密，都無縫罅，然後可以爲固，但法中不許用石槨，故此不敢用全石，只以數片合成，庶幾不戾法意耳。』」

刻誌石，用石二片，其一爲蓋，刻云「某官某公之墓」，無官則書其字曰「某君某甫」。其一爲底，刻云：「某官某公諱某字某，某州某縣人，考諱某某官，母氏某封，某年月日生，叙歷官遷次，某年月日終，某年月日葬于某鄉某里某處，娶某氏某人之女，子男某某官，女適某官某人。」婦人夫在則蓋云「某官姓名某封某氏之墓」，無封則云「妻」，夫無官則書夫之姓名；夫亡則云「某官某公某封某氏」，夫無官則云「某君某甫妻某氏」。其底叙年若干適某氏，因夫子致封號，無則否。葬之日，以二石字面相向，而以鐵束束之，埋之壙前，近地面三四尺間，蓋慮異時陵谷變遷，或誤爲人所動，而此石先見，則人有知其姓名者，庶能爲掩之也。**造明器**，刻木爲車馬、僕從、侍女，各執奉養之物，象平生而小。准令五品六品，三十事；七品八品，二十事；非陞朝官，十五事。**下帳**，謂牀帳、茵席、椅卓之類，亦象平生而小。**苞**，竹掩一，以盛遣奠餘脯。

劉氏璋曰：《既夕禮》苞二，所以裹奠羊豕之肉。注云『用便易』者，謂茅長難用，裁取三尺一道編之。」

筲，竹器五，以盛五穀。

司馬温公曰：「今但以小甕貯五穀各五升可也。」○劉氏璋曰：「《既夕禮》筲三，容與簋同，盛黍稷麥，其實皆瀹。注云：『皆湛之以湯，神之所享，不用食道，所以爲敬。』」

甖，甕器三，以盛酒醯醢。○司馬温公曰：「自明器以下，俟實土及半，乃於其旁，穿便房以貯之。」○按，此雖古人不忍死其親之意，然實非有用之物，且脯肉腐敗，生蟲聚蟻，尤爲非便，雖不用可也。大轝，古者柳車制度甚詳，今不能然，但從俗爲之，取其牢固平穩而已。其法用兩長杠，杠上加伏兔，附杠處爲圓鑿，別作小方床以載柩，足高二寸，旁立兩柱，柱外施圓枘，令入鑿中，長出其外，枘鑿之間，須極圓滑，以膏塗之，使其上下之際柩常適平，兩柱近上更爲方鑿，加橫扃，扃兩頭出柱外者更加小扃，杠兩頭施橫杠，橫杠上施短杠，短杠上或更加小杠，仍多作新麻大索以備扎縛。此皆切要實用，不可闕者。但如此制，而以衣覆棺，亦足以少華道路。或更欲加飾，則以竹爲之格，以彩結之，上如撮蕉亭，施帷幔，四角垂流蘇而已。然亦不可太高，恐多罣礙，不須大華，徒爲觀美。若道路遠，决不可爲此虛飾，但多用油單裹柩，以防雨水而已。

朱子曰：「某舊爲先人飾棺，考制度作帷幌，延平先生以爲不切。而今禮文覺繁多，使人難行。後聖有作，必是裁減了，方始行得。」

翣，以木爲筐，如扇而方，兩角高，廣二尺，高二尺四寸，衣以白布，柄長五尺。黼翣畫黼，黻翣畫黻，畫翣畫雲氣。其緣皆爲雲氣，皆畫以紫准格。作主。程子曰：「作主用栗，趺方四寸，厚寸二分，鑿之洞底，以受主身。身高尺二寸，博三寸，厚寸二分，剡上五分爲圓首，寸之下勒前爲頷而判之，四分居前，八分居後，頷下陷中，長六寸，廣一寸，深四分，合之植於趺，下齊。竅其旁以通中，圓徑四分，居三寸六分之下，下距趺面七寸二分，以粉塗其前面。」○司馬温公曰：「府君、夫人共爲一櫝。」○按，古者虞主用桑，將練而後易之以栗。今於此便作栗主，以從簡便。或無栗，止用木之堅者，櫝用黑漆，且容一主，夫婦俱入祠堂，乃如司馬氏之制。

程子曰：「庶母亦當爲主，但不可入廟，子當祀於私室，主之制度則一。蓋有法象不可益損，益損則不成矣。」○朱子曰：「伊川制士庶不用主，只用牌子。看來牌子當如古制，只不消二片相合及竅其旁以通中，且如今人未仕只用牌子，到任後不中换了。若是士人只用主，亦無大利害，主式仍伊川先生所制，初非朝廷立法，固無官品之限，萬一繼世無官，亦難遽易，但繼此不當作耳。牌子亦無定制，竊意亦須似主之大小高下，但不爲判合陷中可也。凡此皆是後賢義起之制，今復以意斟酌，於古禮未有考也。今詳伊川主式書屬稱本注，屬謂高曾祖考，稱謂官或號行，如處士秀才、幾郎幾公之類。如此則士庶可通用。周尺當省尺七寸五分弱，《程集》與《書儀》誤注五寸五分弱，温公圖以謂三司布帛尺，即省尺。程沙隨尺，即布帛尺。今以周尺校之，布帛尺正是七寸五分弱。然非有聲律高下之差，亦不必屑屑然也。得一書爲據足矣。」

遷柩　朝祖　奠　賻　陳器　祖奠

發引前一日，因朝奠以遷柩告。設饌如朝奠。祝斟酒訖，北面跪，告曰：「今以吉辰遷柩，敢告。」俯伏，興。主人以下哭盡哀，再拜。蓋古有啓殯之奠，今既不塗殯，則其禮無所施，又不可全無節文，故爲此禮也。

楊氏復曰：「古禮自啓殯至卒哭，更有兩變服之節。啓殯，斬衰男子括髮，婦人髽。蓋小斂括髮、髽。今啓殯亦見尸柩，故變同小斂之節也。此是一節。今既不塗殯，則亦不啓，雖不變服可也。古禮啓殯之後，斬衰男子免，至虞、卒哭皆免。此又是一節。《開元禮》，主人及諸子皆去冠絰，以邪布巾帕頭，亦放古意。《家禮》今皆不用，何也？司馬公曰：『自啓殯至于卒哭，日數甚多，若使五服之親，皆不冠而袒免，恐其驚俗，故但各服其服而已。』」

奉柩朝于祖，將遷柩，役者入，婦人退避。主人及衆主人輯杖立視。祝以箱奉魂帛前行，詣祠堂前。執事者奉奠及倚卓次之，銘旌次之，役者舉柩次之。主人以下從哭。男子由右，婦人由左，重服在前，輕服在後，服各爲叙，侍者在末。無服之親，男居男右，女居女左，皆次主人主婦之後。婦人皆蓋頭，至祠堂前，執事者先布席，役者致柩於其上，北首而出。婦人去蓋頭。祝帥執事者設靈座及奠于柩西東向。主人以下就位立，哭盡哀止。此禮蓋象平生將出，必辭尊者也。

楊氏復曰：「按《儀禮》朝祖正柩之後，遂、匠始納載柩之車于階間，即《家禮》所謂大轝也。方其朝祖時，又别有輁軸，注云『輁軸，狀如長牀』。夫輁狀如長牀，則僅可承棺，轉之以軸，輴之以人，故得以朝祖。既正柩，則用夷牀。蓋朝祖時，載柩則有輁軸，正柩則有夷牀，後世皆闕之。今但使役者舉柩，柩既重大，如何可舉，恐非謹之重之之意。若但魂帛朝于祖，亦失遷柩朝祖之本意。恐當從《儀禮》，别制輁軸以朝祖，至祠堂前，正柩用夷牀，北首。祝帥執事者設靈座及奠于柩西東向。主人以下就位立，哭盡哀止。○

輯，斂也，謂舉之不以拄地也。○《既夕禮》：『遷于祖，正柩于兩楹間，席升，設于柩西，奠設如初。』注：『奠設如初，東面也。不統於柩。神不西面也。不設柩東，東非神位也。』」

遂遷于廳事，執事者設帷於廳事，役者入，婦人退避。祝奉魂帛導柩右旋，主人以下男女哭從如前，詣廳事，執事者布席，役者置柩于席上，南首，而出。祝設靈座及奠于柩前，南向。主人以下就位坐哭。藉以薦席。乃代哭。如未斂之前，以至發引。親賓致奠賻。如初喪儀。陳器。方相在前，役夫爲之，冠服如道士，執戈揚盾，四品以上，四目爲方相；以下，兩目爲魌頭。次明器、下帳、苞、筲、甖，以牀舁之；次銘旌，去跗執之；次靈車，以奉魂帛香火；次大轝，轝旁有翣，使人執之。

劉氏璋曰：「司馬温公《喪禮·陳器篇》內，於『下帳』之下，有曰『上服』二字者。注云：『有官則公服靴笏幞頭，無官則襴衫鞋履之類。』又大轝旁有翣，貴賤有數，庶人無之。』今書雖不曾載，姑附此亦備引用。」

日晡時，設祖奠。饌如朝奠。祝斟酒訖，北向跪，告曰：「永遷之禮，靈辰不留，今奉柩車，式遵祖道。」俯伏，興。餘如朝夕奠儀。○司馬温公曰：「若柩自他所歸葬，則行日但設朝奠，哭而行，至葬乃備此，乃下遣奠禮。」

遣奠

厥明，遷柩就轝。轝夫納大轝於中庭，脱柱上横扃。執事者徹祖奠。祝北向跪，告曰：「今遷柩就轝，敢告。」遂遷靈座置傍側。婦人退避。召役夫遷柩就轝，乃載施扃加楔，以索維之，令極牢實。主人從杠鈴柩哭降視載。婦人哭於帷中。載畢，祝帥執事者遷靈座于柩前，南向。

司馬温公曰：「啓殯之日，備布三尺，以盥濯灰治之布爲之，祝御柩，執此指麾役者。」〇劉氏璋曰：「《儀禮》云：『商祝拂柩用功布，幠火吴切用侇衾。』注曰：『商祝，祝習商禮者，商人教之以敬於接神，功布拂去棺上塵土，幠覆之，爲其形露也。侇之言尸也，侇衾，覆尸之衾也。』」

乃設遣奠，饌如朝奠。有脯。惟婦人不在。奠畢，執事者徹脯納苞中，置舁牀上，遂徹奠。

楊氏復曰：「高氏禮，祝跪告曰：『靈輀既駕，往即幽宅，載陳遣禮，永訣終天。』〇載謂升柩於轝也，以新絙左右束柩於轝，乃以横木楔柩足兩旁，使不動摇。」

祝奉魂帛升車，焚香。別以箱盛主置帛後。至是，婦人乃蓋頭出帷，降階立哭。守舍者哭辭盡哀，再拜而歸。尊長則不拜。

發引

柩行，方相等前導，如陳器之叙。主人以下男女哭步從，如朝祖之叙。出門則以白幕夾障之。尊長次之，無服之親又次之，賓客又次之。皆乘車馬。親賓或先待於墓所，或出郭哭拜辭歸。親賓設幄於郭外道旁，駐柩而奠，如在家之儀。塗中遇哀則哭。若墓遠，則每舍設靈座於柩前，朝夕哭奠。食時上食，夜則主人兄弟皆宿柩旁，親戚共守衛之。

及墓　下棺　祠后土　題木主　成墳

未至，執事者先設靈幄，在墓道西，南向，有倚卓。親賓次，在靈幄前十數步，男東女西，次北與靈幄相直，皆南向。婦人幄。在靈幄後壙西。方相至，以戈擊壙四隅。明器等至，陳於壙東南，北上。靈車至，祝奉魂帛就幄座，主箱亦置帛後。遂設奠而退。酒果脯醢。柩至，執事者先布席於壙南，柩至，脱載置席上，北首。執事者取銘旌，去杠，置柩上。主人男女各就位哭，主人、諸丈夫立於壙東，西向。主婦、諸婦女立於壙西幄內，東向。皆北上。如在塗之儀。賓客拜辭而歸。主人拜之，賓答拜。乃窆。先用木杠橫於灰隔之上，乃用索四條穿柩底鐶，不結而下之，而杠上，則抽索去之。别摺細布若生絹兜柩底而下之，更不抽出，但截其餘棄之。若柩無鐶，即用索兜柩底，兩頭放下，至杠上乃去索，用布如前。大凡下柩，最須詳審用力，不可誤有傾墜動摇，主人兄弟宜輟哭，親臨視之。已下再整柩衣銘旌，令平正。主人贈。玄六，纁四，各長丈八尺，主人奉置柩旁，再拜稽顙。在位者皆哭盡哀，家貧或不能具此數，則玄、纁各一可也。其餘金玉寶玩並不得入壙，以爲亡者之累。加灰隔內外蓋，先度灰隔大小，制薄板一片，旁距四墻取令脗合。至是加於柩上，更以油灰彌之。然後旋旋少灌瀝青於其上，令其速凝，即不透板，約已厚三寸許，乃加外蓋。實以灰，三物拌勻者居下，炭末居上，各倍於底及四旁之厚，以酒灑而躡實之，恐震柩中，故未敢築，但多用之，以俟其實耳。乃實土而漸築之。下土每尺許，即輕手築之，勿令震動柩中。祠后土於墓左。如前儀，祝版前同，但云「今爲某官封謚，窆茲幽宅」，「神其」後同。

劉氏璋曰：「爲父母形體在此，故禮其神以安之。」

藏明器等，實土及半，乃藏明器、下帳、苞、筲、甖於便房，以版塞其門。下誌石，墓在平地，則於壙内近南先布磚一重，置石其上，又以磚四圍之，而覆其上。若墓在山側峻處，則於壙南數尺間掘地深四五尺，依此法埋之。復實以土而堅築之。下土亦以尺許爲準，但須密杵堅築。題主，執事者設卓子於靈座東南，西向，置硯筆墨，對卓置盥盆帨巾如前。主人立於其前，北向。祝盥手，出主卧置卓上，使善書者盥手，西向立，先題陷中。父則曰「故某官某公諱某字某第幾神主」，粉面曰「考某官封謚府君神主」，其下左旁曰「孝子某奉祀」。母則曰「故某封某氏諱某字某第幾神主」，粉面曰「妣某封某氏神主」，旁亦如之。無官封則以生時所稱爲號。題畢，祝奉置靈座，而藏魂帛於箱中，以置其後。炷香，斟酒，執版出於主人之右，跪讀之，曰子同前，但云：「孤子某，敢昭告于考某官封謚府君，形歸窀穸，神返室堂，神主既成，伏惟尊靈，舍舊從新，是憑是依。」畢，懷之，興，復位。主人再拜，哭盡哀，止。母喪稱「哀子」，後放此。凡有封謚皆稱之，後皆放此。

問：「夫在，妻之神主宜書何人奉祀？」朱子曰：「旁注施於所尊，以下則不必書也。」○高氏曰：「觀木主之制，旁題主祀之名，而知宗子之法不可廢也。宗子承家主祭，有君之道，諸子不得而抗焉。故禮，支子不祭，祭必告於宗子。宗子爲士，庶子爲大夫，則以上牲祭於宗子之家。其祝詞曰：『孝子某爲介子某薦其常事。』若宗子居于他國，庶子無廟，則望墓爲壇以祭。其祝詞曰：『孝子某使介子某執其常事。』若宗子死，則稱名不稱孝，蓋古人重宗如此。自宗子之法壞，而人不知所自來，以至流轉四方，往往親未絶而有不相識者，是豈教人尊祖收族之道哉！」

祝奉神主升車，魂帛箱在其後。執事者徹靈座，遂行。主人以下哭從，如來儀。出墓門，尊長乘車馬，去墓百步許，卑幼亦乘車馬，但留子弟一人，監視實土以至成墳。墳高四尺，立小石碑於其前，亦高四尺，趺高尺許。司馬温公曰：「按令式，墳碑石獸大小多寡雖各有品數，然葬者當爲無窮之規。後世見此等物，安知其中不多藏金玉邪？是皆無益於亡者，而反有害。故令式又有貴得同賤，賤不得同貴之文。然則不若不用之爲愈也。」○今按孔子防墓之封，其崇四尺，故取以爲法。用司馬公説，别立小碑，但石須闊尺以上，其厚居三之二，圭首而刻其面，如誌之蓋，乃略述其世系名字行實，而刻於其左，轉及後右而周焉。婦人則俟夫葬乃立面，如夫亡誌蓋之刻云。

司馬温公曰：「古人有大勳德，勒銘鍾鼎，藏之宗廟，其葬則有豐碑以下棺耳。秦漢以來，始命文士褒贊功德，刻之於石，亦謂之碑。降及南朝，復有銘誌，埋之墓中。使其人果大賢邪，則名聞昭顯，衆所稱頌，流播終古，不可掩蔽，豈待碑誌始爲人知？若其不賢也，雖以巧言麗詞，强加采飾，功侔吕望，德比仲尼，徒取譏笑，其誰肯信？碑猶立於墓道，人得見之，誌乃藏於壙中，自非開發莫之睹也。隋文帝子秦王俊薨，府僚請立碑，帝曰：『欲求名，一卷史書足矣，何用碑爲？徒與人作鎮石耳。』此實語也。今既不能免，依其誌文，但可直叙鄉里世家官簿始終而已。季札墓前有石，世稱孔子所篆，云：『嗚呼，有吴延陵季子之墓。』豈在多言，然後人知其賢也。今但刻姓名於墓前，人自知之耳。」

反哭

主人以下奉靈車，在塗徐行哭。其反，如疑爲親在彼，哀至則哭。至家哭。望門即哭。祝奉神主入，置于靈座。執事者先設靈座於故處。祝奉神主入就位，櫝之，并出魂帛箱置主後。主人以下，哭于廳事，主人以下及門哭，入，升自西階，哭于廳事。婦人先入，哭於堂。

朱子曰：「反哭升堂，反諸其所作也。主婦入于室，反諸其所養也。須知得這意思，則所謂『踐其位，行其禮』等事，行之自安，方見得『繼志述事』之事。」○楊氏復曰：「按先生此言，蓋謂古者反哭于廟，反諸其所作，謂親所行禮之處。反諸其所養，謂親所饋食之處。皆指反哭于廟而言也。先生《家禮》反哭于廳事，婦人先入哭于堂，又與古異者，後世廟制不立，祠堂狹隘，所謂廳事者乃祭祀之地，主婦饋食亦在此堂也。」

遂詣靈座前哭。盡哀，止。有吊者，拜之如初，謂賓客之親密者，既歸，待反哭而復吊。《檀弓》曰：「反哭之吊也，哀之至也，反而亡焉，失之矣，於是爲甚。」期九月之喪者，飲酒食肉，不與宴樂。小功以下、大功異居者可以歸。

性理大全書卷之二十一　家禮四

喪禮

虞祭

葬之日，日中而虞。或墓遠，則但不出是日可也。若去家經宿以上，則初虞於所館行之。鄭氏曰：「骨肉歸于土，魂氣則無所不之。孝子爲其彷徨，三祭以安之。」

朱子曰：「未葬時奠而不祭，但酌酒陳饌，再拜。虞始用祭禮，卒哭謂之吉祭。」

主人以下皆沐浴，或已晚不暇，即略自澡潔可也。執事者陳器，具饌。盥盆、帨巾各二，於西階西，南上。東盆有臺，巾有架，西者無之。凡喪禮皆放此。酒瓶并架一於靈座東南，置卓子於其東，設注子及盤盞於其上，火爐、湯瓶於靈座西南，置卓子於其西，設祝版於其上。設蔬果盤盞於靈座前卓上，匕筯居内當中，酒盞在其西，醋楪居其東，果居外，蔬居果内，實酒于瓶，設香案居堂中，炷火於香爐，束茅聚沙於香案前。具饌如朝奠，陳於堂門外之東。祝出神主于座，主人以下皆入哭，主人及兄弟倚杖於室外，及與祭者皆入，哭於靈座前。其位皆北面，以服爲列，重者居前，輕者居後。尊長坐，卑幼立。丈夫處東，西上，婦人處西，東上。逐行各以長幼爲序。

侍者在後。降神，祝止哭者。主人降自西階，盥手，帨手，詣靈座前，焚香，再拜。執事者皆盥帨，一人開酒，實于注，西面跪，以注授主人，主人跪受；一人奉卓上盤盞，東面，跪於主人之左。主人斟酒於盞，以注授執事者，左手取盤，右手執盞，酹之茅上，以盤盞授執事者，俯伏，興，少退，再拜，復位。祝進饌，執事者佐之，其設之敘如朝奠。初獻，主人進，詣注子卓前，執注北向立。執事者一人取靈座前盤盞立於主人之左。主人斟酒，反注於卓子上，與執事者俱詣靈座前，北向立。主人跪，執事者亦跪，進盤盞，主人受盞，三祭於茅束上，俯伏，興，執事者受盞，奉詣靈座前，奠於故處。祝執版出於主人之右，西向跪讀之，前同，但云：「日月不居，奄及初虞，夙興夜處，哀慕不寧，謹以潔牲柔毛，粢盛醴齊，哀薦祫事，尚饗。」祝興。主人哭，再拜，復位，哭止。牲用豕，則曰「剛鬣」，不用牲，則曰「清酌庶羞」。祫，合也，欲其合於先祖也。亞獻，主婦爲之，禮如初，但不讀祝，四拜。終獻，親賓一人，或男或女爲之，禮如亞獻。侑食。執事者執注，就添盞中酒。主人以下皆出，祝闔門。主人立於門東，西向。卑幼丈夫在其後，重行，北上。主婦立於門西，東向，卑幼婦女亦如之。尊長休於他所，如食間。

楊氏復曰：「士虞禮無尸者，祝闔牖户，如食間，詳見後四時祭禮。」

祝啓門，主人以下入哭辭神。祝進當門，北向噫歆，告啓門三，乃啓門。主人以下入就位。執事者點茶。祝立于主人之右，西向，告利成，斂主匣之，置故處。主人以下哭再拜，盡哀止，出就次。執事者徹。祝埋魂帛，祝取魂帛，帥執事者埋於屏處潔地。罷朝夕奠。朝夕哭，哀至哭如初。遇柔日再虞，乙丁巳辛癸爲柔日，其禮如初虞，惟前期一日陳器具饌，厥明夙興，設蔬果酒饌，質明行事。祝出神主于座，祝詞改「初虞」爲「再虞」，「祫事」爲「虞事」爲異。若墓遠，途中遇柔日，則亦於所館行之。遇剛日三虞。甲丙戊庚壬爲剛日，其禮如再虞，惟改「再虞」爲「三虞」，「虞事」爲「成事」。若墓遠，亦途中遇剛日，且闕之，須至家乃可行此祭。

卒哭

《檀弓》曰：「卒哭曰『成事』。是日也，以吉祭易喪祭。」故此祭漸用吉禮。

三虞後遇剛日卒哭。前期一日，陳器，具饌。並同虞祭，惟更設玄酒瓶一於酒瓶之西。厥明夙興，設蔬果酒饌。並同虞祭，唯更取井花水充玄酒。質明，祝出主，同再虞。主人以下皆入哭，降神。並同虞祭。主人主婦進饌，主人奉魚肉，主婦盥帨，奉麵米食。主人奉羹，主婦奉飯以進，如虞祭之設。初獻，並同虞祭，惟祝執版出於主人之左，東向跪讀爲異。詞並同虞祭，但改「三虞」爲「卒哭」，「哀薦成事」下云：「來日隮祔于祖考某官府君，尚饗。」○按此云祖考，謂亡者之祖考也。

朱子曰：「温公以虞祭讀祝於主人之右，卒哭讀祝於主人之左，蓋得禮意。」○楊氏復曰：「高氏禮，祝進讀祝文曰：『日月不居，奄及卒哭。叩地號天，五情糜潰。謹以清酌庶羞，哀薦成事，尚饗。』」

亞獻，終獻，侑食，闔門，啓門，辭神，並同虞祭，唯祝西階上東面，告利成。自是朝夕之間，哀至不哭，猶朝夕哭。主人兄弟，疏食水飲，不食菜果，寢席枕木。

楊氏復曰：「按古者既虞、卒哭有受服，練、祥、禫皆有受服。蓋服以表哀，哀漸殺則服漸輕，然受服數更，近於文繁。今世俗無受服，自始死至大祥，其哀無變，非古也。《書儀》《家禮》從俗而不泥古，所以從簡。」

祔

《檀弓》曰：「殷既練而祔，周卒哭而祔。孔子善殷。」注曰：「期而神之，人情。」然殷禮既亡，其本末不可考，今三虞卒哭皆用周禮次第，則此不得獨從殷禮。

卒哭明日而祔。卒哭之祭既徹，既陳器，具饌。器如卒哭，唯陳之於祠堂。堂狹，即於廳事，隨便。設亡者祖考妣位於中，南向西上，設亡者位於其東南，西向。母喪則不設祖考位。酒瓶、玄酒瓶於阼階上，火爐、湯瓶於西階上。具饌如卒哭而三分，母喪則兩分，祖妣二人以上，則以親者。○《雜記》曰：「男子祔于王父則配，女子祔于王母則不配。」注：「有事於尊者，可以及卑；有事於卑者，不敢援尊也。」

高氏曰：「若祔妣，則設祖妣及妣之位，更不設祖考位，若父在而祔妣，則不可遞遷祖妣，宜別立室以藏其主，待考同祔。若考妣同祔，則並設祖考及祖妣之位。」○胡氏泳曰：「高氏別室藏主之說恐未然，先生內子之喪主只祔在祖妣之傍，此當爲據。」楊復曰：「父在祔妣，則父爲主，乃是夫祔妻於祖妣。三年喪畢未遷，尚祔於祖妣，待父他日三年喪畢，遞遷祖考妣，始考妣同遷也。高氏父在不可遞遷祖妣之說亦是，但別室藏主之說則非也。」

厥明夙興，設蔬果酒饌。並同卒哭。質明，主人以下哭於靈座前，主人兄弟皆倚杖于階下，入哭盡哀止。○按此謂繼祖宗子之喪，其世嫡當爲後者主喪，乃用此禮。若喪主非宗子，則皆以亡者繼祖之宗主此祔祭。○《禮》注云：「祔于祖廟，宜使尊者主之。」詣祠堂，奉神主出，置于座。祝軸簾，啓櫝，奉所祔祖考之主置于座內。執事者奉祖妣之主置于座，西上。若在他所，則置于西階上卓子上，然後啓櫝。○若喪主非宗子，而與繼祖之宗異居，則宗子爲告于祖，而設虛位以祭，祭訖，除之。還奉新主入祠堂，置于座。主人以下還詣靈座所，哭。祝奉主櫝，詣祠堂西階上卓子上。主人以下哭從，如從柩之叙，至門止哭。祝啓櫝出主，如前儀。若喪主非宗子，則唯喪主、主婦以下還迎。叙立，若宗子自爲喪主，則叙立如虞祭之儀。若喪主非宗子，則宗子、主婦分立兩階之下，喪主在宗子之右，喪主婦在宗子婦之左，長則居前，少則居後，餘亦如虞祭之儀。參神，在位者皆再拜，參祖考妣。降神。若宗子自爲喪主，則喪主行之。若喪主非宗子，則宗子行之，並同卒哭。祝進饌，並同虞祭。初獻，若宗子自爲喪主，則喪主行之。若喪主非宗子，則宗子行之。並同卒哭，但酌獻先詣祖考妣前。日子前同卒哭，祝版但云：「孝子某，謹以潔牲柔毛，粢盛醴齊，適于某考某官府君，隮祔孫某官，尚饗。」皆不哭。內喪則云「某妣某封某氏，隮祔孫婦某封某氏」。次詣亡者前。若宗子自爲喪主，則祝版同前，但云：「薦祔事于先考某官府君，適于某考某官府君，尚饗。」若喪主非宗子，則隨宗子所稱，若亡者於宗子爲卑幼，則宗子不拜。亞獻，終獻，若宗子自爲喪主，則主婦爲亞獻，親賓爲終獻。若喪主非宗子，則喪主爲亞獻，主婦爲終獻。並同卒哭及初獻儀，惟不讀祝。侑食，闔門，啓門，辭神，並同卒哭，但不哭。祝奉主各還故處。祝先納祖考妣神主于龕中匣之，次納亡者神主西階卓子上匣之，奉之反于靈座，出門。主人以下哭從，如來儀，盡哀止。若喪主非宗子，則哭而先行，宗子亦哭送之，盡哀止。若祭於他所，則祖考妣之主亦如新主納之。

程子曰：「喪須三年而祔。若卒哭而祔，則三年却都無事。禮，卒哭猶存朝夕哭，無主在寢，哭於何處？」○朱子曰：「古者廟有昭穆之次，昭常爲昭，穆常爲穆，故祔新死者于其祖父之廟，則爲告其祖父以當遷他廟，而告新死者以當入此廟之漸也。今公私之廟，皆爲同堂異室以西爲上之制，而無復左昭右穆之次，一有遞遷，則群室皆遷，而新死者當入于其禰之故室矣。此乃禮之大節，與古不同，而爲禮者猶執祔于祖父之文，似無意義。然欲遂變而祔于禰廟，則又非愛禮存羊意。」○楊氏復曰：「司馬禮、《家禮》並是既祔之後，主復于寢，所謂奉主各還故處也。」

小祥

鄭氏云：「祥，吉也。」

期而小祥。自喪至此，不計閏，凡十三月。古者卜日而祭，今止用初忌，以從簡易。大祥倣此。前期一日，主人以下沐浴，陳器，具饌，主人率衆丈夫灑掃滌濯。主婦率衆婦女滌釜鼎，具祭饌。他皆如卒哭之禮。設次，陳練服。丈夫、婦人各設次於别所，置練服於其中。男子以練服爲冠，去首絰、負版、辟領、衰。婦人截長裙，不令曳地。應服期者改吉服，然猶盡其月，不服金珠、錦繡、紅紫。唯爲妻者猶服禫，盡十五月而除。

楊氏復曰：「按《儀禮·喪服記》載衰、負版、辟領之制甚詳，但有闕文，不言衰、負版、辟領何時而除。

司馬公《書儀》云：『既練，男子去首絰、負版、辟領、衰。』故《家禮》據《書儀》云：『小祥去首絰、負版、辟領、衰。』但《禮經》既練，男子除首絰，婦人除腰帶。《家禮》於婦人成服時，並無婦人絰帶之文，此爲疏略。故既練亦不言婦人除帶，當以《禮經》爲正。」

厥明夙興，設蔬果酒饌。並同卒哭。質明，祝出主，主人以下入哭。皆如卒哭，但主人倚杖於門外，與期親各服其服而入。若已除服者來預祭，亦釋去華盛之服，皆哭盡哀止。乃出，就次易服，復入哭，祝止之。降神，如卒哭。三獻，如卒哭之儀，祝版同前，但云：「日月不居，奄及小祥，夙興夜處，小心畏忌，不惰其身，哀慕不寧。敢用潔牲柔毛，粢盛醴齊，薦此常事，尚饗。」侑食，闔門，啓門，辭神，皆如卒哭之儀。止朝夕哭，惟朔望，未除服者會哭。其遭喪以來，親戚之未嘗相見者相見，雖已除服，猶哭盡哀，然後叙拜。始食菜果。

問妻喪踰期主祭。朱子曰：「此未有考，但司馬氏大小祥祭已除服者皆與祭，則主祭者雖已除服，亦何害於與祭乎！但不可純用吉服，須如吊服及忌日之服可也。」

大祥

再期而大祥。自喪至此，不計閏，凡二十五月。亦止用第二忌日祭。前期一日，沐浴，陳器，具饌，皆如小祥。設次，陳禫服，司馬温公曰：「丈夫垂脚黲紗幞頭，黲布衫，布裹角帶，未大祥間暇以出謁者。婦人冠梳假髻，以鵞黄青碧皂白爲衣履，其金珠、紅繡皆不可用。」

問：「子爲母大祥及禫，夫已無服，其祭當如何？」朱子曰：「今禮几筵必三年而除，則小祥、大祥之祭，皆夫主之，但小祥之後，夫即除服。大祥之祭，夫亦恐須素服，如巾服可也，但改其祝詞，不必言爲子而祭也。」

告遷于祠堂。以酒果告，如朔日之儀。若無親盡之祖，則祝版云云告畢，改題神主如加贈之儀。遞遷而西，虚東一龕以俟新主。若有親盡之祖，而其别子也，則祝版云云告畢，而遷于墓所不埋。其支子也，而族人有親未盡者，則祝版云云告畢，遷于最長之房使主其祭，其餘改題遞遷如前。若親皆已盡，則祝版云云告畢，埋于兩階之間，其餘改題遞遷如前。厥明行事，皆如小祥之儀。惟祝版改「小祥」曰「大祥」，「常事」曰「祥事」。畢，祝奉神主入于祠堂，主人以下哭從，如祔之叙，至祠堂前哭止。徹靈座，斷杖棄之屏處，奉遷主埋于墓側，始飲酒食肉而復寢。

問祧主。朱子曰：「天子諸侯有太廟夾室，則祧主藏於其中。今士人家無此，祧主無可置處。《禮記》説藏於兩階間，今不得已只埋於墓所。」〇李繼善問曰：「納主之儀，禮經未見。《書儀》但言遷祠版匣於影堂，别無祭告之禮。周舜弼以爲昧然歸匣，恐未爲得。先生前云諸侯三年喪畢皆有祭，但其禮亡，而大夫以下又不可考，然則今當何所據耶？」曰：「横渠説三年後祫祭於太廟，因其告祭畢還主之時，遂奉祧主歸於夾室，遷主、新主皆歸于其廟。此似爲得禮。鄭氏《周禮注》大宗伯享先王處，似亦有此意。而舜弜所疑，與熹所謂三年喪畢有祭者，似亦暗與之合。但既祥而徹几筵，其主且當祔于祖父之廟，俟祫畢然後遷耳。」○楊氏復曰：「《家禮》祔與遷，皆祥祭一時之事。前期一日以酒果告訖，改題遞遷而西，虚東一龕以俟新主。厥明祥祭畢，奉神主入于祠堂。又按先生與學者書，則祔與遷是兩項事。『既祥而徹几筵，其主且當祔于祖父之廟，俟三年喪畢，合祭而後遷。』蓋世次迭遷，昭穆繼序，其事至重，豈可無祭告禮。但以酒果告，遽行迭遷乎？在禮，喪三年不祭，故横渠説三年喪畢祫祭於太廟，因其祭畢還主之時迭遷神主，用意婉轉，此爲得禮，而先生從之。或者又以大祥除喪，而新主未得祔廟爲疑。竊嘗思之，新主所以未遷廟者，正爲體亡者尊敬祖考之意，祖考未有祭告，豈敢遽遷也。况禮辨昭穆，孫必祔祖，凡合祭時，孫常祔祖，今以新主且祔於祖父之廟，有何所疑？當俟告祭前一夕，以薦告遷主畢乃題神主，厥明合祭畢，奉神主埋於墓所，奉遷主、新主各歸于廟，故並述其説以俟參考。○高氏告祔遷祝文曰：『年月日，孝曾孫某罪積不滅，歲及免喪，世次迭遷，昭穆繼序，先王制禮，不敢不至。』」

禫

鄭氏曰：「澹澹然平安之意。」

大祥之後，中月而禫。間一月也，自喪至此，不計閏，凡二十七月。

司馬温公曰：「《士虞禮》：『中月而禫。』鄭注云：『中，猶間也。禫，祭名也。自喪至此，凡二十七月。』按魯人有朝祥而暮歌者，子路笑之。夫子曰：『踰月則其善也。』孔子既祥，五日彈琴而不成聲，十日而成笙歌。《檀弓》曰：『祥而縞。』注：『縞，冠素紕也。』又曰：『禫徙月樂。』《三年問》曰：『三年之喪，二十五月而畢。』然則所謂『中月而禫』者，蓋禫祭在祥月之中也，歷代多從鄭説。今律勑三年之喪，皆二十七月而除，不可違也。」○朱子曰：「二十五月祥後便禫，看來當如王肅之説，於是月禫徙月樂之説爲順。而今從鄭氏之説，雖是禮宜從厚，然未爲當。」

前一月下旬卜日。下旬之首，擇來月三旬各一日，或丁或亥，設卓子于祠堂門外，置香爐、香合、环珓、盤子于其上，西向。主人禫服，西向。衆主人次之，少退，北上。子孫在其後，重行，北上。執事者北向，東上。主人炷香熏珓，命以上旬之日，曰：「某將以來月某日，祗薦禫事于先考某官府君，尚饗。」即以珓擲于盤，以一俯一仰爲吉，不吉更命中旬之日，又不吉，則用下旬之日。主人乃入祠堂本龕前，再拜。在位者皆再拜。主人焚香。祝執辭立於主人之左，跪告曰：「孝子某，將以來月某日，祗薦禫事于先考某官府君，卜即得吉，敢告。」主人再拜，降，與在位者皆再拜。祝闔門，退。若不得吉，則不用「卜既得吉」一句。前期一日，沐浴設位，陳器，具饌。設神位於靈座故處。他如大祥之儀。厥明行事，皆如大祥之儀。但主人以下詣祠堂。祝奉主櫝置于西階卓子上，出主置于座。主人以下皆哭盡哀。三獻，不哭，改祝版「大祥」爲「禫祭」，「祥事」爲「禫事」。至辭神，乃哭盡哀。送神主至祠堂，不哭。

朱子曰：「薦新告朔，吉凶相襲，似不可行。未葬可廢，既葬則使輕服或已除者入廟行禮可也。四時大祭，既葬亦不可行。如韓魏公所謂節祠者，則如薦新，行之可也。」又曰：「家間頃年居喪，於四時正祭則不敢舉，而俗節薦享則以墨衰行之。蓋正祭三獻受胙，非居喪所可行。而俗節則唯普同一獻，不讀祝，不受胙也。」○又曰：「喪三年不祭。但古人居喪，衰麻之衣不釋於身，哭泣之聲不絶於口，其出入、居處、言語、飲食皆與平日絶異，故宗廟之祭雖廢，而幽明之間兩無憾焉。今人居喪與古人異，卒哭之後，遂墨其衰，凡出入、居處、言語、飲食與平日之所爲皆不廢也，而獨廢此一事，恐亦有所未安。竊謂欲處此義者，但當自省所以居喪之禮，果能始卒一一合於曲禮，即廢祭無可疑。若他時不免墨衰出入，或其他有所未合者尚多。即卒哭之前，不得已準禮且廢，卒哭之後，可以略倣《左傳》杜注之説，遇四時祭日，以衰服特祀於几筵，用墨衰常祀於家廟可也。」○楊氏復曰：「先生以子喪，不舉盛祭，就祠堂内致薦，用深衣幅巾。祭畢反喪服，哭奠子則至慟。」

居喪雜儀

《檀弓》曰：「始死，充充如有窮；既殯，瞿瞿如有求而弗得；既葬，皇皇如有望而弗至。練而慨然；祥而廓然。」「顔丁善居喪，始死，皇皇如有求而弗得。及殯，望望焉如有從而弗及。既葬，慨然如不及其反而息。」《雜記》：「孔子曰：少連、大連善居喪，三日不怠，三月不解，期悲哀，三年憂。」《喪服四制》曰：「仁者可以觀其愛焉，知者可以觀其理焉，彊者可以觀其志焉。禮以治之，義以正之。孝子、弟弟、貞婦，皆可得而察焉。」《曲禮》曰：「居喪未葬，讀喪禮。既葬，讀祭禮。喪復常，讀樂章。」《檀弓》曰：「大功廢業。或曰：大功誦可也。」今居喪但勿讀樂章可也。《雜記》：「三年之喪，言而不語，對而不問。」言，言己事也，爲人說爲語。《喪大記》：「父母之喪，非喪事不言。既葬，與人立。君言王事，不言國事。大夫、士言公事，不言家事。」《檀弓》：「高子皋執親之喪，未嘗見齒。」言笑之微。《雜記》：「疏衰之喪，既葬，人請見之則見，不請見人。小功，請見人可也。」又：「凡喪，小功以上，非虞、祔、練、祥，無沐浴。」《曲禮》：「頭有創則沐，身有瘍則浴。」《喪服四制》：「百官備，百物具，不言而事行者，扶而起。言而後事行者，杖而起。身自執事而後行者，面垢而已。」凡此，皆古禮。今之賢孝君子，必有能盡之者。自餘相時量力而行之可也。

致賻奠狀

具位姓某

某物若干

右謹專送上　某人靈筵。聊備　賻儀，香茶酒食云「奠儀」。伏惟　歆納。謹狀　年月日，具位姓某狀。

封皮：狀上某官靈筵。具位姓某謹封。

劉氏璋曰：「司馬公書儀云：亡者官尊，其儀乃如此。若平交及降等，即狀內無年，封皮上用面簽，題曰『某人靈筵』，下云『狀謹封』。」

謝狀

三年之喪，未卒哭，只令子姪發謝書。

具位姓某。

某物若干

右伏蒙　尊慈，以某發書者名。某親違世，大官云「薨没」。特賜　賻儀，襚奠隨事。下誠平交，不用此二字。不任哀感之至，謹具狀上謝。謹狀。餘並同前，但封皮不用「靈筵」二字。

劉氏璋曰：「司馬公云：此與所尊敬之儀，如平交則狀內改『尊慈』爲『仁私』，『賜』爲『貺』，去『下誠』字，後云『謹奉狀陳謝，謹狀』，無年。封皮上用面簽題云『某人』，下云『狀謹封』。」

慰人父母亡疏 慰嫡孫承重者同。

某頓首再拜言：降等止云「頓首」。平交但云「頓首言」。不意凶變，亡者官尊，即云「邦國不幸」，後皆放此。先某位，無官即云「先府君」。有契即加「幾丈」於「某位」「府君」之上。○母云「先某封」，無封即云「先夫人」。○承重，則云「尊祖考某位」「尊祖妣某封」，餘並同。奄棄榮養。亡者官尊，即云「奄捐館舍」，或云「奄忽薨逝」。母封至夫人者，亦云「薨逝」。若生者無官，即云「奄違色養」。承訃驚怛，不能已已。伏惟平交云「恭惟」，降等云「緬惟」。孝心純至，思慕號絶，何可堪居？日月流邁，遽踰旬朔，經時即云「已忽經時」。已葬即云「遽經襄奉」。卒哭、小祥、大祥、禫、除，各隨其時。哀痛奈何，罔極奈何，不審自罹荼毒，父在母亡，即云「憂苦」。氣力何如？平交云「何似」。伏乞平交云「伏願」，降等云「惟冀」。强加餐粥，已葬則云「疏食」。俯從禮制。某役事所縻，在官，即云「職業有守」。未由奔慰，其於憂戀，無任下誠。平交已下，但云「未由奉慰，悲係增深」。謹奉疏，平交云「狀」。伏惟鑒察。平交以下，去此四字。不備，謹疏。平交云「不宣，謹狀」。月日，具位降等用「郡望」。姓某疏上平交云「狀」。某官大孝。苫前，母亡即云「至孝」。平交以下，云「苫次」。封皮：疏上某官大孝。苫前。具位姓某謹封。降等，即用面簽，云「某官大孝苫次，郡望姓名狀謹封」。若慰人母亡，即云「至孝」。

劉氏璋曰：「裴儀云：父母亡日月遠云『哀前』，平交已下云『哀次』。劉儀云：百日内云『苫次』，百日外『服次』，如尊則稱『苫前』『服前』。今從劉儀。」

重封：疏上平交云「狀」。某官。具位姓某謹封。

父母亡答人慰疏 嫡孫承重者同。

某稽顙再拜言：降等，云「叩首」，去言字。

劉氏璋曰：「劉儀：『某叩頭泣血言。』按稽顙而後拜，以頭觸地曰稽顙，三年之禮也。雖於平交、降等者亦如此。但去言字，何則？古禮受吊必拜之，不問幼賤故也。」

某罪逆深重，不自死滅，禍延先考。母云「先妣」。承重則祖父云「先祖考」，祖母云「先祖妣」。攀號擗踊，五内分崩。叩地叫天，無所逮及。日月不居，奄踰旬朔，隨時，同前。酷罰罪苦，父在母亡，即云「偏罰罪深」。父先亡，則母與父同。無望生全。即日蒙恩，平交以下，去此四字。祇奉几筵，苟存視息。伏蒙尊慈，俯賜慰問，哀感之至，無任下誠。平交，云「仰承仁恩，俯垂慰問，其爲哀感，但切下懷」。降等，云「特承慰問，哀感良深」。○司馬温公曰：「凡遭父母喪，知舊不以書來吊問，是無相恤之心，於禮不當先發書。不得已，須至先發，即删此四句。」未由號訴，不勝隕絶。謹奉疏，降等云「狀」。荒迷不次，謹疏。

降等云「狀」。月日，孤子母喪，稱「哀子」；俱亡，即稱「孤哀子」。承重者稱「孤孫」「哀孫」「孤哀孫」。姓名疏上某位。座前謹空。○平交以下，去此二字。

朱子曰：「父喪稱孤子，母喪稱哀子。温公所稱，蓋因今俗以别父母，不欲混并之也。且從之，亦無害。」

封皮、重封並同前。但改「具位」爲「孤子」。

慰人祖父母亡啓狀謂非承重者。伯叔父母、姑、兄、姊、弟、妹、妻、子、姪、孫同。

某啓：不意凶變，子、孫，不用此句。尊祖考某位，奄忽違世。祖母，曰「尊祖妣某封」。無官封，有契，已見上。○伯叔父母、姑，即加「尊」字。兄、姊、弟、妹，加「令」字。降等，皆加「賢」字。若彼一等之親有數人，即加行第，云「幾某位」，無官云「幾府君」。有契，即加「幾丈」「幾兄」於「某位」「府君」之上。姑、姊、妹，則稱以夫姓，云「某宅尊姑令姊妹」。○妻，則云「賢閤某封」；無封，則但云「賢閤」。○子，即云「伏承令子幾某位」。姪、孫並同。降等則曰「賢」。無官者，稱「秀才」。承訃驚怛，不能已已。妻，改「怛」爲「愕」。子、孫但云「不勝驚怛」。伏惟「恭惟」「緬惟」見前。孝心純至，哀慟摧裂，何可勝任。伯叔父母、姑，云「親愛加隆，哀慟沉痛，何可堪勝」。○兄、姊、弟、妹，則云「友愛加隆」。○妻，則云「伉儷義重，悲悼沉痛」。○子、姪、孫，則云「慈愛隆深，悲慟沉痛」。餘與伯叔父母、姑同。孟春猶寒，寒溫隨時。不審尊體何似？稍尊，云「動止何如」。降等，云「所履何似」。伏乞平交以下，如前。深自寬抑，以慰慈念。其人無父母，即但云「遠誠」，連書，不上平。某事役所縻，在官如前。未由趨慰，其於憂想，無任下誠。平交以下，如前。謹奉狀，伏惟鑒察。平交，如前。不備。平交，如前。謹狀。月日，具位姓名狀上某位。服前，平交云「服次」。封皮、重封同前。

祖父母亡答人啓狀

謂非承重者。伯叔父母、姑、兄、姊、弟、妹、妻、子、姪、孫同。

某啓：家門凶禍，伯叔父母、姑、兄、姊、弟、妹，云「家門不幸」。〇妻，云「私家不幸」。〇子、姪、孫，云「私門不幸」。先祖考祖母，云「先祖妣」。〇伯叔父母，云「幾伯叔父母」。〇姑，云「幾家姑」。〇兄、姊，云「幾家兄」「幾家姊」。〇弟、妹，云「幾舍弟」「幾舍妹」。〇妻，云「室人」。〇子，云「小子某」。〇姪，云「從子某」。〇孫，曰「幼孫某」。奄忽棄背，兄、弟以下，云「喪逝」。〇子、姪、孫，云「遽爾夭折」。痛苦摧裂，不自勝堪。伯叔父母、姑、兄、姊、弟、妹，云「摧痛酸苦，不自堪忍」。〇妻，改「摧痛」爲「悲悼」。〇子、姪、孫，改「悲悼」爲「悲念」。伏蒙尊慈，特賜慰問，哀感之至，不任下誠。平交、降等，如前。孟春猶寒，寒溫隨時。伏惟「恭惟」「緬惟」如前。某位尊體起居萬福。平交不用「起居」，降等但云「動止萬福」。某即日侍奉，無父母，即不用此句。幸免他苦，未由面訴，徒增哽塞。謹奉狀上平交云「陳」。謝，不備。平交，如前。謹狀。

月日，某郡姓名狀上某位。座前謹空。平交，如前。

封皮、重封如前。

劉氏璋曰：「司馬公云：『自伯叔父母以下，今人多只用平時往來啓狀，止於小簡中言之。雖亦可行，但裴儀舊有此式，古人風義敦篤當如此，不敢輒删。』」

祭禮

四時祭

司馬温公曰：「《王制》：『大夫、士有田則祭，無田則薦。』注：『祭以首時，薦以仲月。』」〇高氏曰：「何休云：『有牲曰祭，無牲曰薦。大夫牲用羔。士牲特豚。庶人無常牲：春薦韭，夏薦麥，秋薦黍，冬薦稻，韭以卵，麥以魚，黍以豚，稻以雁，取其新物相宜。凡庶羞不踰牲，若祭以羊，則不以牛爲羞也。』今人鮮用牲，唯設庶羞而已。

時祭用仲月，前旬卜日。孟春下旬之首，擇仲月三旬各一日，或丁或亥。主人盛服，立於祠堂中門外，西向。兄弟立於主人之南，少退，北上。子孫立於主人之後，重行，西向，北上。置卓子於主人之前，設香爐、香合、环珓及盤於其上。主人搢笏，焚香薰珓，而命以上旬之日，曰：「某將以來月某日，諏此歲事，適其祖考，尚饗。」即以珓擲于盤，以一俯一仰爲吉。不吉，更卜中旬之日，又不吉，則不復卜，而直用下旬之日。既得日，祝開中門，主人以下，北向立，如朔望之位，皆再拜。主人升，焚香再拜。祝執詞，跪于主人之左，讀曰：「孝孫某，將以來月某日，祇薦歲事于祖考。卜既得吉，敢告。」用下旬日，則不言「卜既得吉」。主人再拜，降，復位，與在位者皆再拜。祝闔門，主人以下復西向位。執事者立于門西，皆東面，北上。祝立于主人之右，命執事者曰：「孝孫某，將以來月某日，祇薦歲事于祖考。有司具脩。」執事者應曰「諾」，乃退。

司馬温公曰：「孟詵家祭儀，用二至二分，然今仕宦者職業既繁，但時至事暇可以祭則卜筮，亦不必亥日及分至也。若不暇卜日，則止依孟儀用分至，於事亦便也。」○問：「舊嘗收得先生一本祭儀，時祭皆用卜日，今聞却用二至二分祭，是如何？」朱子曰：「卜日無定，慮有不虔，司馬公云只用分至亦可。」

前期三日齊戒。前期三日，主人帥衆丈夫致齊于外，主婦帥衆婦女致齊于內。沐浴，更衣。飲酒，不得至亂；食肉，不得茹葷。不吊喪，不聽樂。凡凶穢之事，皆不得預。

司馬温公曰：「主婦，主人之妻也。禮，舅没則姑老不與於祭，主人、主婦必使長男、長婦爲之。若或自欲與祭，則特位於主婦之前，參神畢，升，立於酒壺之北，監視禮儀。或老疾不能久立，則休於他所，俟受胙，復來受胙辭神而已。」○劉氏璋：「《祭義》云：『齊之日，思其居處，思其笑語，思其志意，思其所樂，思其所嗜。齊三日，乃見其所以爲齊者。』專致思於祭祀也。」

前一日，設位陳器。主人帥衆丈夫深衣，及執事灑掃正寢，洗拭倚卓，務令蠲潔。設高祖考妣位於堂西北壁下，南向，考西妣東，各用一倚一卓而合之。曾祖考妣、祖考妣、考妣以次而東，皆如高祖之位。世各爲位，不屬。祔位皆於東序，西向北上，或兩序相向，其尊者居西，妻以下則於階下。設香案於堂中，置香爐、香合於其上。束茅聚沙於香案前及逐位前地上。設酒架於東階上，别置卓子於其東，設酒注一、酹酒盞一、盤一、受胙盤一、匕一、巾一、茶合、茶筅、茶盞托、鹽楪、醋瓶於其上。火爐、湯瓶、香匙、火筯於西階上，别置卓子於其西，設祝版於其上。設盥盤、帨巾各二，於阼階下之東，其西者有臺架，又設陳饌大牀于其東。

問：「今人不祭高祖，如何？」程子曰：「高祖自有服，不祭甚非，某家却祭高祖。」又曰：「自天子至於庶人，五服未嘗有異，皆至高祖，服既如是，祭祀亦須如是。」○朱子曰：「考諸程子之言，則以爲高祖有服，不可不祭。雖七廟五廟，亦止於高祖，雖三廟一廟，以至祭寢，亦必及於高祖，但有疏數之不同耳。疑此最爲得祭祀之本意。今以祭法考之，雖未見祭必及高祖之文，然有月祭享嘗之别，則古者祭祀以遠近爲疏數，亦可見矣。禮家又言『大夫有事，省於其君，干祫及其高祖』。此則可爲立三廟而祭及高祖之驗。○古人宗子承家主祭，仕不出鄉，故廟無虚主，而祭必於廟。惟宗子越在他國，則不得祭，而庶子居者代之。祝曰：『孝子某使介子某執其常事。』然猶不敢入廟，特望墓爲壇以祭。蓋其尊祖敬宗之嚴如此。今人主祭者遊宦四方，或貴仕於朝，又非古人越在他國之比，則以其田禄，脩其薦享，尤不可闕，不得以身去國，而使支子代之也。泥古則闊於事情，徇俗則無所品節，必欲酌其中制，適古今之宜，則宗子所在，奉二主以從之，於事爲宜。蓋上不失萃聚祖考精神之義，二主常相從，則精神不分矣。下使宗子得以田禄薦享祖宗，處禮之變而不失其中，所謂『禮雖先王未之有，可以義起』者蓋如此。但支子所得自主之祭，則當留以奉祀，不得隨宗子而徙也。或謂留影於家，奉祠版而行，恐精神分散，非鬼神所安。而支子私祭上及高曾，又非所以嚴大宗之正也。○兄弟異居，廟初不異，只合兄祭，而弟與執事或以物助之爲宜。而相去遠者，則兄家設主，弟不立主，只於祭時旋設位，以紙榜標記，逐位祭畢焚之，如此似亦得禮之變也。」

省牲，滌器，具饌。主人帥衆丈夫深衣省牲莅殺。主婦帥衆婦女背子滌濯祭器，潔釜鼎，具祭饌。每位果六品，蔬菜及脯醢各三品，肉、魚、饅頭、糕各一盤，羹、飯各一椀，肝各一串，肉各二串，務令精潔。未祭之前，勿令人先食，及爲猫犬蟲鼠所污。

朱子嘗書戒子塾曰：「吾不孝，爲先公棄捐，不及供養，事先妣四十年，然愚無識知，所以承顔順色甚有乖戾。至今思之，常以爲終天之痛，無以自贖。惟有歲時享祀，致其謹潔，猶是可著力處。汝輩及新婦等，切宜謹戒。凡祭肉臠割之餘及皮毛之屬，皆當存之，勿令殘穢褻慢，以重吾不孝。」○劉氏璋曰：「往者，士大夫家，婦女皆親滌祭器，造祭饌，以供祭祀。近來婦女驕倨，不肯親入庖厨，雖家有使令之人效役，亦須身親監視，務令精潔。按：古禮有省牲、陳祭器等儀。今人祭其先祖，未必皆殺牲。司馬公祭儀用時蔬、時果各五品，膾、生肉、炙、乾肉、羹、炒肉、骰、骨頭、軒音獻、白肉、脯、乾脯、醢、肉醬，庶羞珎異之味，麵食餅饅頭之類，米食糍糕之類共不過十五品。今先生品饌異同者，蓋恐一時不能辦集，或家貧則隨鄉土所有，惟蔬果肉麵米食數器亦可。祭器簠簋、籩豆、鼎俎、罍洗之類，豈私家所有，但用平日飲食之器，滌濯嚴潔，竭其孝敬之心亦足矣。」

厥明夙興，設蔬果酒饌。主人以下深衣，及執事者俱詣祭所，盥手，設果楪於逐位卓子南端，蔬菜、脯醢相間次之，設盞盤、醋楪于北端，盞西楪東，匙筯居中。設玄酒及酒各一瓶於架上。玄酒，其日取井花水充，在酒之西。熾炭于爐，實水于瓶。主婦背子炊煖祭饌，皆令極熱，以合盛出。置東階下大牀上。**質明，奉主就位，**主人以下各盛服，盥手帨手，詣祠堂前。衆丈夫敘立，如告日之儀。主婦西階下，北向立。主人有母，則特位於主婦之前，諸伯叔母、諸姑繼之，嫂及弟婦、姊妹在主婦之左，其長於主母、主婦者皆少進，子孫婦女內執事者，在主婦之後重行，皆北向東上，立定。主人升自阼階，搢笏焚香，出笏，告曰：「孝孫某，今以仲春之月，有事于高祖考某官府君，高祖妣某封某氏，曾祖考某官府君，曾祖妣某封某氏，祖考某官府君，祖妣某封某氏，考某官府君，妣某封某氏，以某親某官府君，某親某封某氏祔食。敢請神主出就正寢，恭伸奠獻。」告辭仲夏秋冬各隨其時。祖考有無官爵封謚，皆如題主之文。祔食，謂旁親無後者及早逝先亡者，無即不言。告訖，搢笏斂櫝，正位祔位，各置一笥，各以執事者一人捧之。主人出笏前導，主婦從後，卑幼在後。至正寢，置于西階卓子上。主人搢笏啓櫝，奉諸考神主出就位。主婦盥帨升，奉諸妣神主亦如之。其祔位則子弟一人奉之。既畢，主人以下皆降，復位。**參神，**主人以下敘立，如祠堂之儀，立定再拜。若尊長老疾者，休於他所。

司馬溫公曰：「古之祭者不知神之所在，故灌用鬱鬯，臭陰達于淵泉，蕭合黍稷，臭陽達于墻屋，所以廣求神也。今此禮既難行於士民之家，故但焚香酹酒以代之。」○北溪陳氏曰：「廖子晦廣州所刊本，降神在參神之前，不若臨漳傳本，降神在參神之後爲得之。蓋既奉主於其位，則不可虛視其主，而必拜而肅之，故參神宜居於前，至灌則又所以爲將獻，而親饗其神之始也，故降神宜居於後。然始祖、先祖之祭，只設虛位而無主，則又當先降而後參，亦不容以是爲拘。

降神，主人升，搢笏，焚香，出笏，少退立。執事者一人開酒，取巾拭瓶口，實酒于注，一人取東階卓子上盤盞，立于主人之左，一人執注立于主人之右。主人搢笏，跪。奉盤盞者亦跪，進盤盞，主人受之，執注者亦跪，斟酒于盞，主人左手執盤，右手執盞，灌于茅上，以盤盞授執事者，出笏，俯伏，興，再拜，降，復位。

問：「既奠之酒，何以置之？」程子曰：「古者灌以降神，故以茅縮酌，謂求神於陰陽有無之間，故酒必灌於地。若謂奠酒，則安置在此，今人以澆在地上，甚非也。既獻則徹去可也。」○張子曰：「奠酒，奠，安置也，若言奠摯、奠枕是也。謂注之於地，非也。」○朱子曰：「酹酒有兩説：一用鬱鬯灌地以降神，則惟天子諸侯有之；一是祭酒，蓋古者飲食必祭，今以鬼神自不能祭，故代之祭也。今人雖存其禮而失其義，不可不知。」○問：「酹酒是少傾，是盡傾？」曰：「降神是盡傾。」○楊氏復曰：「此四條降神酹酒是盡傾。三獻奠酒，不當澆之於地。《家禮》初獻，取高祖妣盞祭之茅上者，代神祭也。禮，祭酒少傾於地，祭食於豆間，皆代神祭也。」

進饌。主人升，主婦從之，執事者一人以盤奉魚肉，一人以盤奉米麵食，一人以盤奉羹飯，從升。至高祖位前，主人搢笏，奉肉，奠于盤盞之南。主婦奉麵食，奠于肉西。主人奉魚，奠于醋楪之南。主婦奉米食，奠于魚東。主人奉羹，奠于醋楪之東。主婦奉飯，奠于盤盞之西。主人出笏，以次設諸正位，使諸子弟婦女各設祔位。皆畢，主人以下皆降，復位。初獻，主人升，詣高祖位前。執事者一人執酒注，立于其右，冬月即先煖之。主人搢笏，奉高祖考盤盞，位前東向立。執事者西向，斟酒于盞，主人奉之，奠于故處。次奉高祖妣盤盞，亦如之。出笏，位前北向立。執事者二人，奉高祖考妣盤盞立于主人之左右。主人搢笏，跪，執事者亦跪。主人受高祖考盤盞，右手取盞，祭之茅上，以盤盞授執事者，反之故處，受高祖妣盤盞，亦如之。出笏，俯伏，興，少退立。執事者炙肝于爐，以楪盛之。兄弟之長一人奉之，奠于高祖考妣前，匙筯之南。祝取版立於主人之左，跪讀曰：「維年歲月朔日子，孝玄孫某官某，敢昭告于高祖考某官府君，高祖妣某封某氏，氣序流易，時維仲春，追感歲時，不勝永慕，敢以潔牲柔毛，牲用彘則曰「剛鬣」。粢盛醴齊，祗薦歲事，以某親某官府君，某親某封某氏祔食，尚饗。」畢，興。主人再拜，退詣諸位，獻祝如初。每逐位讀祝畢，即兄弟衆男之不爲亞終獻者，以次分詣本位所祔之位，酌獻如儀，但不讀祝。獻畢，皆降復位。執事者以他器徹酒及肝，置盞故處。○曾祖前稱「孝曾孫」。考前稱「孝子」，改「不勝永慕」爲「昊天罔極」。○凡祔者，伯叔祖父祔于高祖，伯叔父祔于曾祖，兄弟祔于祖，子孫祔于考。餘皆倣此。如本位無，即不言「以某親祔食」。○祖考無官及改夏秋冬字，皆已見上。

楊氏復曰：「司馬公《書儀》：『主人升自阼階，詣酒注所，西向立。執事一人左手奉曾祖考酒盞，右手奉曾祖妣酒盞，一人奉祖考妣酒盞，一人奉考妣酒盞，皆如高祖考妣之次，就主人所。主人搢笏，執注，以次斟酒，執事者奉之，徐行反置故處，主人出笏，詣曾祖考妣神座前，北向。執事者一人奉曾祖考酒盞立于主人之左，一人奉曾祖妣酒盞立于主人之右，主人搢笏，跪，取曾祖考妣酒酹之，授執事者盞反故處，乃讀祝。』此其禮與虞禮同。《家禮》則主人升，詣神位前，主人奉祖考妣盤盞。一人執注立于其右斟酒，此則與虞禮異。竊詳虞禮神位惟一時祭，則神位多。《家禮》主人升，詣神位前，奉盤盞，位前東向立，執事者斟酒，主人奉之奠于故處，次奉祖妣盤盞亦如之，如此則禮嚴而意專。若《書儀》則時祭與虞祭同，主人詣酒注卓子前，執事者左右手奉兩盤盞，則其禮不嚴。主人執注盡斟諸神位酒，則其意不專。此《家禮》所以不用《書儀》之禮，而又以義起之也。」

亞獻。主婦爲之，諸婦女奉炙肉及分獻，如初獻儀，但不讀祝。

朱子曰：「祭禮，主人作初獻，未有主婦，則弟得爲亞獻，弟婦爲終獻。」○楊氏復曰：「按亞獻如初儀，潮州所刊家禮云：『惟不祭酒于茅。』潮本所云不祭酒于茅是乎？曰：『所謂祭酒于茅者，爲神祭也。古者飲食必祭，及祭祖考，祭外神，亦爲神祭。《少牢饋食禮》：主人初獻尸，尸祭酒，而後啐酒，卒爵。主婦亞獻尸，尸祭酒，而後卒爵。賓長三獻尸，尸祭酒，而後卒爵。《士虞》《特牲禮》亦然。凡三獻尸皆祭酒，爲神祭也。鄉射、大射，獲者獻侯，先右個，次中，次左個，皆祭酒，爲侯祭也。以此觀之，三獻皆當祭酒于茅，潮本蓋或者以意改之，故與他本不同，失之矣。』」

終獻，兄弟之長或長男或親賓爲之。衆子弟奉炙肉及分獻，如亞獻儀。侑食，主人升，搢笏，執注，就斟諸位之酒，皆滿，立於香案之東南。主婦升，扱匙飯中，西柄，正筯，立于香案之西南。皆北向，再拜，降，復位。闔門，主人以下皆出。祝闔門，無門處即降簾可也。主人立於門東，西向，衆丈夫在其後。主婦立於門西，東向，衆婦女在其後。如有尊長，則少休於他所，此所謂厭也。

楊氏復曰：「《士虞禮》：『無尸者，祝闔牖户如食間。』注：『如尸一食九飯之頃也』。又曰：『祝聲三，啓户。』注：『聲者，噫歆也』。今祭既無尸，故須設此儀。」

啓門，祝聲三噫歆，乃啓門。主人以下皆入，其尊長先休于他所者，亦入就位。主人主婦奉茶，分進于考妣之前，祔位，使諸子弟婦女進之。**受胙**，執事者設席于香案前。主人就席，北面。祝詣高祖考前，舉酒盤盞，詣主人之右。主人跪，祝亦跪，主人搢笏，受盤盞，祭酒啐酒。祝取匙并盤，抄取諸位之飯各少許，奉以詣主人之左，嘏于主人曰：「祖考命工祝，承致多福于汝孝孫，來汝孝孫使汝受祿于天，宜稼于田，眉壽永年，勿替引之。」主人置酒于席前，出笏，俯伏，興，再拜，搢笏，跪，受飯嘗之，實于左袂，掛袂于季指，取酒卒飲。執事者受盞，自右置注旁，受飯，自左亦如之。主人執笏，俯伏，興，立於東階上，西向。祝立於西階上，東向，告利成，降復位，與在位者皆再拜。主人不拜，降復位。

劉氏璋曰：「《韓魏公家祭》云：『凡祭飲福受胙之禮久已不行。今但以祭餘酒饌，命親屬長幼分飲食之可也』。」

辭神，主人以下皆再拜。**納主**，主人主婦皆升，各奉主納于櫝。主人以笥斂櫝，奉歸祠堂，如來儀。**徹**，主婦還監徹，酒之在盞注他器中者，皆入于瓶，緘封之，所謂福酒。果蔬、肉食並傳于燕器，主婦監滌祭器而藏之。**餕**。是日，主人監分祭胙品，取少許置于合，并酒皆封之，遣僕執書歸胙於親友。遂設席，男女異處，尊行自爲一列，南面，自堂中東西分首。若止一人，則當中而坐，其餘以次相對，分東西向。尊者一人先就坐，衆男敘立，世爲一行，以東爲上，皆再拜。子弟之長者一人少進立，執事者一人執注立于其右，一人執盤盞立于其左。獻者搢笏，跪，弟獻則尊者起立，子姪則坐。受注斟酒，反注受盞，祝曰：「祀事既成，祖考嘉饗，伏願某親備膺五福，保族宜家。」授執盞者，置于尊者之前。長者出笏，尊者舉酒，畢，長者俯伏，興，退復位，與衆男皆再拜。尊者命取注及長者之盞置于前，自斟之，祝曰：「祀事既成，五福之慶，與汝曹共之。」命執事者以次就位，斟酒皆遍。長者進，跪受飲畢，俯伏，興，退立。衆男進，揖，退立，飲。長者與衆男皆再拜。諸婦女獻女尊長於内，如衆男之儀，但不跪。既畢，乃就坐，薦肉食。諸婦女詣堂前，獻男尊長壽，男尊長酢之如儀。衆男詣中堂，獻女尊長壽，女尊長酢之如儀。乃就坐，薦麵食。内外執事者，各獻内外尊長壽如儀，而不酢，遂就斟在坐者遍，俟皆舉，乃再拜退。遂薦米食，然後泛行酒，間以祭饌酒饌，不足則以他酒他饌益之。將罷，主人頒胙于外僕，主婦頒胙于内執事者，遍及微賤。其日皆盡，受者皆再拜，乃徹席。

楊氏復曰：「司馬温公《書儀》曰：『禮，祭事既畢，兄弟及賓迭相獻酬，有無算爵，所以因其接會，使之交恩定好，優勸之。今亦取此儀。』」

凡祭，主於盡愛敬之誠而已。貧則稱家之有無，疾則量筋力而行之。財力可及者，自當如儀。

初祖惟繼始祖之宗得祭。

問始祖之祭。朱子曰：「古無此，伊川先生以義起。某當初也祭，後來覺得似僭，今不敢祭。」〇始祖之祭似禘，先祖之祭似祫，今皆不敢祭。

冬至祭始祖。程子曰：「此厥初生民之祖也。冬至一陽之始，故象其類而祭之。」前期三日齊戒。如時祭之儀。前期一日設位，主人衆丈夫深衣，帥執事者灑掃祠堂，滌濯器具，設神位於堂中間北壁下，設屏風於其後，食牀於其前。陳器，設火爐於堂中。設炊烹之具于東階下盥東，炙具在其南，束茅以下並同時祭。主婦衆婦女背子，帥執事者滌濯祭器，潔釜鼎，具果楪六、盤三、杅六、小盤三、盞盤匙筯各二、脂盤一、酒注酹酒盤盞一、受胙盤匙一。○按此本合用古祭器。今恐私家或不能辦，且用今器以從簡便。神位用蒲薦，加草席，皆有緣，或用紫褥，皆長五尺，闊二尺有半，屏風如枕屏之制，足以圍席三面。食牀以版爲面，長五尺，闊三尺餘，四圍亦以版，高一尺二寸，二寸之下乃施版，面皆黑漆。具饌，晡時殺牲，主人親割毛血爲一盤，首、心、肝、肺爲一盤，脂雜以蒿爲一盤，皆腥之。左胖不用，右胖前足爲三段，脊爲三段，脅爲三條，後足爲三段，去近竅一節不用，凡十二體。飯米一杅，置于一盤，蔬果各六品，切肝一小盤，切肉一小盤。厥明夙興，設蔬果酒饌。主人深衣，帥執事者設玄酒瓶及酒瓶于架上，酒注、酹酒盤盞、受胙盤匙各一，於東階卓子上，祝版及脂盤于西階卓子上，匙、筯各一於食牀北端之東西，相去二尺五寸，盤盞各一於筯西，果在食牀南端，蔬在其北。毛血腥盤、切肝肉皆陳於階下饌牀上，米實階下炊具中，十二體實烹具中，以火爨而熟之。盤一杅六置饌牀上。質明，盛服就位。如時祭儀。降神，參神，主人盥，升，奉脂盤詣堂中爐前，跪，告曰：「孝孫某，今以冬至有事于始祖考、始祖妣，敢請尊靈降居神位，恭伸奠獻。」遂燎脂于爐炭上，俯伏，興，少退立，再拜。執事者開酒，主人跪，酹酒于茅上，如時祭之儀。

劉氏璋曰：「茅盤用甆匾盂，廣一尺餘，或黑漆小盤，截茅八寸餘作束，束以紅，立于盤內。」

進饌，主人升，詣神位前，執事者奉毛血、腥肉以進，主人受，設之于蔬北，西上。執事者出熟肉，置于盤，奉以進，主人受，設之腥盤之東。執事者以杅二盛飯，杅二盛肉湆不和者，又以杅二盛肉湆以菜者，奉以進。主人受，設之，飯在盞西，大羹在盞東，鉶羹在大羹東。皆降，復位。初獻，如時祭之儀。但主人既俯伏，興，兄弟炙肝加鹽實于小盤以從。祝詞曰：「維年歲月朔日子，孝孫姓名，敢昭告于初祖考、初祖妣，今以中冬陽至之始，追惟報本，禮不敢忘，謹以潔牲柔毛，粢盛醴齊，祗薦歲事，尚饗。」亞獻，如時祭之儀。但衆婦炙肉加鹽以從。終獻，如時祭及上儀。侑食，闔門，啓門，受胙，辭神，徹，餕。並如時祭之儀。

先祖

繼始祖、高祖之宗得祭。繼始祖之宗，則自初祖而下；繼高祖之宗，則自先祖而下。

立春祭先祖。程子曰：「初祖以下，高祖以上之祖也。立春生物之始，故象其類而祭之。」前三日，齊戒。如祭始祖之儀。前一日，設位陳器。如祭初祖之儀。但設祖考神位于堂中之西，祖妣神位于堂中之東。蔬果楪各十二，大盤六，小盤六，餘並同。

問：「祭禮立春云祭高祖而上，只設二位。若古人祫祭，須是逐位祭。」朱子曰：「本是一氣，若祠堂中各有牌子，則不可。○諸侯有四時之祫，畢竟是祭有不及處方如此，如《春秋》『有事于大廟』，大廟便是群祧之主皆在其中。」

具饌。如祭初祖之儀，但毛血爲一盤，首心爲一盤，肝肺爲一盤，脂膋爲一盤，切肝兩小盤，切肉四小盤，餘並同。厥明夙興，設蔬果酒饌。如祭初祖之儀。但每位匙筯各一，盤盞各二，置階下饌牀上，餘並同。質明，盛服就位，降神，參神，如祭始祖之儀，但告詞改「始」爲「先」，餘並同。進饌，如祭初祖之儀，但先詣祖考位，瘞毛血，奉首心、前足上二節、脊三節、後足上一節；次詣祖妣位，奉肝、肺、前足一節、脅三節、後足下一節。餘並同。初獻，如祭初祖之儀。但獻兩位，各俯伏興，當中少立。兄弟炙肝兩小盤以從。祝詞改「初」爲「先」，「中冬陽至」爲「立春生物」。餘並同。亞獻，終獻，如祭初祖之儀。但從炙肉各二小盤。侑食，闔門，啓門，受胙，辭神，徹，餕。並如祭初祖儀。

禰 繼禰之宗以上皆得祭，惟支子不祭。

季秋祭禰。程子曰：「季秋成物之始，亦象其類而祭之。」前一月下旬卜日。如時祭之儀，惟告辭改「孝孫」爲「孝子」，又改「祖考妣」爲「考妣」。若母在，則止云「考」，而告于本龕之前，餘並同。前三日齊戒。前一日，設位陳器。如時祭之儀，但止於正寢，合設兩位於堂中，西上。香案以下並同。具饌。如時祭之儀，二分。厥明夙興，設蔬果酒饌。如時祭之儀。質明，盛服，詣祠堂，奉神主出就正寢，如時祭于正寢之儀，但告詞云：「孝子某，今以季秋成物之始，有事于考某官府君、妣某封某氏。」參神，降神，進饌，初獻，如時祭之儀，但祝辭云：「孝子某官某，敢昭告于考某官府君、妣某封某氏，今以季秋成物之始，感時追慕，昊天罔極。」餘並同。

亞獻，終獻，侑食，闔門，啓門，受胙，辭神，納主，徹，餕。並如時祭之儀。

朱子曰：「某家舊時，時祭外有冬至、立春、季秋三祭，後以冬至、立春二祭似僭，覺得不安，遂已之。季秋依舊祭禰，而用某生日祭之，適值某生日在季秋。」

忌日

前一日齊戒，如祭禰之儀。設位，如祭禰之儀，但止設一位。陳器，如祭禰之儀。具饌。如祭禰之饌，一分。厥明夙興，設蔬果酒饌。如祭禰之儀。質明，主人以下變服。禰則主人兄弟黲紗幞頭，黲布衫，布裹角帶。祖以上則黲紗衫。旁親則皂紗衫。主婦特髻，去飾，白大衣，淡黃帔。餘人皆去華盛之服。

問：「忌日何服？」朱子曰：「某只著白絹、凉衫、黲巾。」問黲巾以何爲之。曰：「紗絹皆可。某以紗。」又問黲巾之制。曰：「如帕複相似，有四隻帶。若當幞頭然。」○楊氏復曰：「先生母、夫人忌日，著黲墨布衫，其巾亦然。問今日服色何謂，曰豈不聞君子有終身之喪。」

詣祠堂，奉神主出就正寢，如祭禰之儀，但告辭云：「今以某親某官府君遠諱之辰，敢請神主出就正寢，恭伸追慕。」餘並同。參神，降神，進饌，初獻。如祭禰之儀，但祝辭云：「歲序遷易，諱日復臨，追遠感時，不勝永慕。」考妣改「不勝永慕」爲「昊天罔極」，旁親云「諱日復臨，不勝感愴」。若考妣，則祝興，主人以下哭盡哀。餘並同。亞獻，終獻，侑食，闔門，啓門，並如祭禰之儀，但不受胙。辭神，納主，徹。並如祭禰之儀，但不哭。是日不飲酒，不食肉，不聽樂，黲巾、素服、素帶以居，夕寢于外。

墓祭

三月上旬擇日。前一日齊戒，如家祭之儀。具饌。墓上每分如時祭之品，更設魚肉、米麵食各一大盤，以祭后土。厥明灑掃。主人深衣，帥執事者詣墓所，再拜，奉行塋域内外，環繞哀省三周，其有草棘，即用刀斧鉏斬芟夷，灑掃訖，復位，再拜。又除地於墓左，以祭后土。布席，陳饌，用新潔席陳於墓前，設饌，如家祭之儀。參神，降神，初獻，如家祭之儀，但祝辭云：「某親某官府君之墓，氣序流易，雨露既濡，瞻掃封塋，不勝感慕。」餘並同。亞獻，終獻。並以子弟親朋薦之。辭神，乃徹，遂祭后土，布席，陳饌，四盤于席南端，設盤盞匙筯于其北。餘並同上。降神，參神，三獻。同上，但祝辭云：「某官姓名，敢昭告于后土氏之神，某恭脩歲事于某親某官府君之墓，惟時保佑，實賴神休。敢以酒饌敬伸奠獻，尚饗。」辭神，乃徹而退。

朱子曰：「祭儀以墓祭、節祠爲不可，然先正皆言墓祭不害義理。又節物所尚，古人未有，故止於時祭。今人時節隨俗燕飲，各以其物，祖考生存之日蓋嘗用之。今子孫不廢此，而能恝然於祖宗乎。○改葬須告廟，而後告墓，方啓墓以葬。葬畢，奠而歸，又告廟，哭而後畢，事方穩當。行葬更不必出主，祭告時却出主於寢。○祭祀之禮，亦只得依本子做，誠敬之外，別未有著力處也。○籩、豆、簠、簋之器，乃古人所用，故當時祭享皆用之。今以燕器代祭器，常饌代俎肉，楮錢代幣帛，是亦以平生所用，是謂從宜也。○嘗書戒子云：『比見墓祭土神之禮，全然滅裂，吾甚懼焉。既爲先公託體山林，而祀其主者豈可如此？今後可與墓前一樣，菜果、鮓脯、飯茶湯各一器，以盡吾寧親事神之意，勿令其有隆殺。』」○劉氏璋曰：「周元陽《祭録》曰：『唐開元勑許寒食上墓，同拜掃禮，若拜掃非寒食，則先期卜日。古者宗子去他國，庶子無廟，孔子許望墓爲壇以時祭祀。即今之寒食上墓，義或有憑依，不卜日耳。今或羈宦寓於他邦，不及此時拜掃松檟，則寒食在家亦可祠祭。』○夫人死之後，葬形於原野之中，與世隔絶，孝子追慕之心何有限極？當寒暑變移之際，益用增感，是宜省謁墳墓，以寓時思之敬。今寒食上墓之祭，雖禮經無文，世代相傳，寖以成俗。上自萬乘有上陵之禮，下達庶人有上墓之祭，田野道路，士友遍滿，皂隷庸丐之徒，皆得以登父母丘壠。馬醫夏畦之鬼，無有不受子孫追養者。凡祭祀品味，亦稱人家貧富，不貴豐腆，貴在脩潔，罄極誠愨而已。事亡如事存，祭祀之時，此心致敬常在乎祖宗。而祖宗洋洋如在，安得不格我之誠，而歆我之祀乎！」○黄氏瑞節曰：「南軒張氏次司馬公、張子、程子三家之書，爲冠昏喪祭禮五卷。《家禮》蓋參三家之説，酌古今之宜，而大意隱然以宗法爲主，不可以弗講也。然禮書之備，有《儀禮經傳集解》，亦朱子所輯次云。」